Devocional

Tesouros Escondidos 2

Publicações Pão Diário

Keys for Kids is a publication of CBH Ministries. All rights reserved.
© 2010 CBH Ministries • Box 1001, Grand Rapids, Michigan 49501-1001
Publicado e traduzido com permissão.

Autores:
Annette Bury, Jane Chase, Cathy Garnaat, Jan Hansen, Jody Hedlund, Beth Hopper, Vera Hutchcraft, Janice M. Jones, Joyce Lee, Suzanne M. Lima, Agnes Livezey, Nancy Merical, Elise L. Perl, Margaret Primrose, A. J. Schut, Kim Sheard, Steven R. Smith, Heather Tekavec, Kimberly R. Thigpen, Robert Truesdale, Mary Watkins, Barbara Westberg.

Tradução: Sandra Pina
Edição e Revisão: Rita Rosário, Thaís Soler, Lozane Winter
Projeto Gráfico: Audrey Novac Ribeiro, Lucila Lis
Capa: Lucila Lis
Diagramação: Lucila Lis

Proibida a reprodução total ou parcial, sem prévia autorização, por escrito, da editora. Todos os direitos reservados e protegidos pela Lei 9.610, de 19/02/1998.

Exceto quando indicado no texto, os trechos bíblicos mencionados são da edição Nova Tradução na Linguagem de Hoje © 2011 Sociedade Bíblica do Brasil.

Publicações Pão Diário
Caixa Postal 4190
82501-970 Curitiba/ PR
publicacoes@paodiario.org
www.publicacoespaodiario.com.br
Telefone: (41) 3257-4028

Código: RH484
ISBN: 978-1-60485-998-0

1.ª edição: 2015 • 3.ª impressão: 2021

Impresso na China

SUMÁRIO

CRÉDITOS..02

INTRODUÇÃO 04

JANEIRO 05

    ATIVIDADE ESPECIAL 36

FEVEREIRO..37

    ATIVIDADE ESPECIAL 66

MARÇO 67

    ATIVIDADE ESPECIAL 98

ABRIL 99

MAIO 129

    ATIVIDADE ESPECIAL 160

JUNHO 161

    ATIVIDADE ESPECIAL 191

    ANOTAÇÕES..192

JULHO 193

    ANOTAÇÕES..224

AGOSTO 225

    ATIVIDADE ESPECIAL 256

SETEMBRO 257

    ATIVIDADE ESPECIAL 287

    ANOTAÇÕES..288

OUTUBRO 289

    ATIVIDADE ESPECIAL 320

NOVEMBRO 321

DEZEMBRO 351

    ATIVIDADE ESPECIAL 382

    ANOTAÇÕES..383

RESPOSTAS...384

INTRODUÇÃO

Prepare-se para transformar a sua família e cultivar a fé para toda a vida.

Aproveite o momento atual para influenciar os seus filhos enquanto eles são pequenos com um texto prático e muito envolvente. Pais, esta é a melhor idade para trabalhar os valores e princípios cristãos na mente deles. A Bíblia é sempre muito clara ao nos advertir que devemos ensiná-los no caminho em que devem andar. No entanto, para muitas famílias, a fé representa apenas o momento em que vão à igreja para o culto dominical. Não deixe passar esta oportunidade para compartilhar com seus filhos como eles poderão ter um relacionamento íntimo com Deus em sua caminhada diária.

Você encontrará dicas e orientações adequadas para solucionar dúvidas e participar do crescimento espiritual deles. As perguntas ao final de cada página são práticas e de fácil aplicação além de convidar a criança a exercitar a fé em suas vivências. É importante que os pais dediquem este momento de qualidade para comunicar-lhes verdades bíblicas imutáveis.

Cada devocional traz situações e conflitos comuns a todas as crianças e a reflexão final contextualiza à verdade bíblica que se sobressai no texto. O versículo final incute um princípio bíblico no coração do leitor, que ficará com ele para sempre.

Os *Tesouros Escondidos* são encontrados num lugar muito especial, a Palavra de Deus. Descubra nestas meditações diárias, e na leitura bíblica recomendada, algumas dessas riquezas e reavalie o seu dia à luz da Palavra de Deus.

Eduque a criança no caminho em que ela deve andar.

Entre com tudo nesta grande aventura!

—DOS EDITORES DE **PÃO DIÁRIO**

ESQUILO ESPERTO

1.º de janeiro

LEITURA:
MATEUS 4:1-11

"**U**au! Quanto trabalho! Seria mais fácil com o aspirador consertado!", disse Sérgio enquanto ajudava o pai a limpar o quintal. "Podemos descansar? Está frio aqui fora."

"Certo," concordou o pai. "Vamos entrar um pouco para aquecer."

Os dois penduraram as pás na garagem e foram para a cozinha, onde a mãe preparava duas canecas de chocolate quente. "Vi vocês entrando e achei que gostariam disso," falou sorrindo.

"Obrigado, mãe," disse Sérgio. Ele o pai tiraram as botas, penduraram os casacos e sentaram na sala para tomar o chocolate. Falaram sobre o jogo que tinham assistido na TV na noite anterior e sobre a festa da turma de Sérgio na Escola Dominical, na próxima semana. "A propósito, decorou o versículo bíblico para amanhã?", perguntou o pai.

"Ainda não," Sérgio deu um suspiro. "Não sei para que decorar versículos toda semana. A gente fala na classe e é só. Provavelmente nunca mais vamos repetir."

O pai ficou quieto por uns instantes. Então apontou para um esquilo subindo numa árvore, do lado de fora da janela. "Olha ali," falou. "Sabe o que o esquilo tem na boca?"

"Uma noz?" arriscou Sérgio. "Deve estar estocando comida para o inverno. Esquilo esperto."

"Provavelmente," respondeu o pai, "e deve ter sido difícil achar comida com as tempestades dos últimos dias." E olhou para Sérgio. "De tempos em tempos, encaramos tempestades na vida. Hoje e no futuro," acrescentou. "Haverá momentos em que você não saberá o que fazer. É quando vai precisar desses versículos que está 'estocando' agora. Quando Jesus viveu na terra, também encarou tentações e desafios. Lembra-se do que Ele fez quando foi tentado?"

"Claro," Sérgio pensou rapidamente. "Citou as Escrituras para Satanás."

"Se Jesus precisou das Escrituras," falou o pai, "certamente precisamos também." O pai se levantou. "Vamos terminar nosso trabalho lá fora e depois, você decora o versículo."

"Certo. Vou ser que nem aquele esquilo," concordou Sérgio. "Só que vou estocar versículos."

POR QUE É IMPORTANTE DECORAR VERSÍCULOS?

Você entende que conhecer a Palavra de Deus ajuda quando estamos com problemas ou encarando tentações? Ela nos orienta a tomar decisões. Os versículos da Bíblia que você aprende hoje o ajudarão sempre.

DECORE VERSÍCULOS DA BÍBLIA

VERSÍCULO-CHAVE

Guardo a tua palavra no meu coração para não pecar contra ti.
–SALMO 119:11

2 de janeiro
LEITURA:
ROMANOS 5:6-11

O DOADOR

Na sala de espera do hospital, Selma estava nervosa porque seu irmãozinho tinha se ferido num acidente. "Caio vai ficar bem, pai?" perguntou ansiosa depois de ver o médico conversar baixinho com os pais.

"Sim," o pai respondeu, "mas ele precisa da sua ajuda, querida. Caio tem um tipo muito raro de sangue, e precisa de um pouco do seu para viver. Tudo bem?"

Selma hesitou um momento. Então falou: "Tu-tudo bem. Amo muito Caio, e se meu sangue vai fazer ele viver, eu… eu dou para ele." O pai explicou o que ia acontecer, mas Selma estava nervosa e não entendeu muito bem.

Logo tudo estava pronto e uma simpática enfermeira se preparou para tirar um pouco do sangue de Selma. A menina estava muito tensa e apertou a mão da mãe com força. Depois de alguns minutos, olhou para cima e perguntou, "Quanto tempo vou levar para morrer?"

A mãe engasgou. "Morrer? Acha que dar seu sangue vai fazer você morrer, Selma?" A menina, apavorada, fez que sim com a cabeça. "Ah, querida," a mãe abraçou a filha, "você não vai morrer. Só vai dar um pouquinho do seu sangue."

A enfermeira concordou. "Talvez fique um pouquinho fraca, mas vai passar e logo estará correndo de novo," garantiu.

Quando o pai soube, deu mais um abraço em Selma. "Desculpe, achamos que você tinha entendido o que ia acontecer," disse. Fez um carinho nos cachos da filha. "Não pediríamos a você para dar sua vida pela do seu irmão," acrescentou, "mas nunca esqueceremos que estaria disposta a fazer isso. Agradeço a Deus por você, e por esse lembrete do que Jesus fez por nós."

"Como assim, papai?", perguntou Selma.

"Me lembrei daquele que *morreu* por nós: Jesus, o Filho de Deus," respondeu o pai. "Ele deu Seu sangue, Sua vida, por cada homem, mulher, menino e menina. Por Jesus ter feito isso, somos perdoados de nossos pecados quando colocamos nossa confiança nele. E Ele nos dá vida eterna."

Selma concordou. "Jesus morreu por mim," disse simplesmente. "Eu o amo por isso."

VOCÊ SABIA QUE JESUS MORREU POR VOCÊ?

Como Ele o ama muito, recebeu o castigo que você merecia e lhe dá de presente a vida eterna. Você já aceitou esse presente? reconheça que você é um pecador e que precisa de perdão. Acredite que Jesus é o Filho de Deus, e que Ele morreu por você. Peça-lhe que o perdoe e salve. Ele vai salvá-lo!

JESUS MORREU PARA QUE NÓS VIVAMOS

VERSÍCULO-CHAVE

...Deus nos mostrou o quanto nos ama: Cristo morreu por nós...
—ROMANOS 5:8

APENAS UM PEQUENO 'B'

3 de janeiro

LEITURA:
COLOSSENSES
3:17,23,24

"**M**ãe!", gritou Maria, entrando correndo em casa. "Janete me chamou para ir de bicicleta até a casa da avó dela hoje à tarde. Posso?"

"Não dá tempo," respondeu a mãe. "Você tem ensaio. Seu grupo de fantoches vai participar da programação da Escola Dominical esta semana, lembra?"

"Eu posso faltar ao ensaio," falou Maria. "Nem teria problema se eu faltasse. Só tenho algumas falas. Posso ir com a Janete? Por favor?"

A mãe balançou a cabeça. "Essas falas são importantes."

"Ah, mãe! Eu nunca me divirto," reclamou.

"Você me lembrou de um bilhete que enviei para minha avó quando era criança," a mãe disse franzindo a testa, e Maria ficou curiosa. "Minha mãe me deixou usar a máquina de escrever," continuou, "e escrevi um bilhete para agradecer minha avó por umas balas que ela tinha mandado. Mas havia um problema: o 'b' da máquina não funcionava. Meu bilhete começava assim." Ela pegou um pedaço de papel e escreveu "Origada pelas alas." Entregou o papel à filha. "Que tal?"

Maria balançou a cabeça. "Não dá para escrever 'obrigada' ou 'balas' sem o 'b'," disse.

"Não, mas como eu podia usar outras vinte e cinco letras, continuei," falou a mãe. "Achei que o 'b' não era importante. Não é tão usado como 'a' ou 'e'. Minha avó iria entender o recado."

"Talvez sim, mas não ficou muito bom", insistiu Maria. "O 'b' pode não ser tão usado como outras letras, mas é tão importante quanto!" Ela riu: "Acho até que lembro da vovó falar desse bilhete. Ela disse que guardou, que ainda tem, e que ainda ri dele."

"Eu sei!" falou a mãe. "E cada parte da peça de fantoches é como aquela letra. Algumas falas podem não parecer muito importantes, em especial as menores. Mas se uma estiver faltando, a peça não vai ser tão boa, não é?"

"Bem... acho que não," admitiu Maria.

"Quando temos uma obrigação, Deus quer que façamos a nossa parte: na igreja, em casa ou em qualquer lugar," disse a mãe, "e Ele quer que façamos o melhor!"

O QUE VOCÊ FAZ PARA DEUS É COMO OS 'B's?

Você acha que não sentirão sua falta se não for a alguma atividade programada? Não é verdade. Todos os 'b's são importantes! Faça a sua parte! Faça suas tarefas de casa e da escola com alegria. Seja amigável e prestativo com os outros. Faça essas coisas para o Senhor, lembrando que Ele quer que você faça o melhor que puder.

FAÇA O SEU MELHOR PARA DEUS

VERSÍCULO-CHAVE

O que vocês fizerem façam de todo o coração...
—COLOSSENSES 3:23

4 de janeiro
LEITURA:
SALMO 40:1-5

ALGO BELO

Pedro estava andando pela praia. Seus pensamentos eram tristes. *Sou um ninguém*, disse. *Meus pais se divorciaram e não sou bom na escola. Não entrei na equipe de basquete e meu professor nunca me escolhe para ser monitor.* Suspirou e tentou segurar as lágrimas. *Não faço nada direito. Nem queria ter nascido!*

Foi então que um senhor, sentado perto de uma doca, chamou sua atenção. *Aquele é o avô do Omar,* pensou. *Ele está visitando.* Cadê o Omar? Pedro viu o homem cortar pequenos pedaços de um toco de madeira velha. "O que está fazendo?" perguntou.

"Ah, tenho grandes planos para esse velho pedaço de madeira," respondeu. "Dessa vez estou esculpindo uma baleia. Gosto de esculpir animais." Ele pegou um belo golfinho entalhado e entregou a Pedro. "Eu fiz esse," acrescentou.

"Incrível!" o menino exclamou. Ergueu o golfinho e olhou novamente para a madeira na mão do homem. "Essa madeira que o senhor está entalhando é tão velha e... suja. Parece inútil!", disse. "Como uma coisa legal assim pode sair de um lixo como esse?"

O homem sorriu. "Leva tempo, trabalho e habilidade para se livrar da sujeira e fazer algo belo," ele respondeu. "Entalho com cuidado, esfrego com areia e dou polimento." Ele virou a madeira na mão e olhou bem para Pedro. "Essa madeira é como eu," falou.

"Como o senhor?", perguntou Pedro. "Como assim?"

"Houve um tempo em que me sentia inútil, como se tudo o que fizesse ou falasse fosse errado, e eu até queria desistir," disse o homem. "Mesmo sabendo mais coisas agora, de vez em quando ainda tenho esses sentimentos. Já se sentiu desse jeito?" Pedro acenou que sim. "Bem, certamente não somos inúteis. Não para Deus!" continuou. "Na verdade, Ele tem planos para cada um de nós! O Senhor pode pegar criaturas pobres e pecadoras como nós e transformar-nos em algo belo. Já pediu a Deus para fazer isso por você?"

Pedro balançou a cabeça e sentou-se na areia aos pés do homem. Queria saber mais sobre os planos que Deus tinha para ele.

ÀS VEZES VOCÊ SE SENTE INÚTIL?
Como se nunca fosse capaz de fazer algo importante? Não acredite nisso! Você já é importante: é especial para Deus. Ele o ama e tem planos para sua vida. Talvez você ainda não conheça esse plano, mas viva do jeito que Deus quer, e acredite que o Senhor fará da sua vida algo muito belo!

DEUS TEM GRANDES PLANOS PARA VOCÊ

VERSÍCULO-CHAVE

Só eu conheço os planos que tenho para vocês...
—JEREMIAS 29:11

5 de janeiro

LEITURA:
SALMO 139:13-16

MARAVILHOSAMENTE FEITO

"Oi," disse Carlos quando o pai entrou na sala. "Beto e eu estamos trabalhando em nosso projeto de ciências. É sobre estrelas e planetas. Quer ver o cartaz que estamos fazendo?"

"Claro," respondeu o pai. Os garotos mostraram o trabalho. "Pensem," disse, olhando o cartaz, "são bilhões de estrelas, e Deus, o Criador, conhece todas pelo nome." Pegou um livro. "Vim buscar isso. Continuem." Se virando para sair, abriu o livro. "Ah, eis outra grande criação de Deus."

Os garotos foram olhar. "É só um homem," falou Carlos.

"Só um homem?" repetiu o pai. "Sabia que o coração desse homem, não maior que uma mão fechada, bombeia mais de 15 mil litros de sangue por dia?"

"Aprendemos isso na escola," disse Beto. "E também sobre os olhos, que ficam em buracos e são protegidos por sete ossos conectados."

"E as pestanas e sobrancelhas os protegem da poeira e do suor; e cada vez que piscamos, um fluido lava os nossos olhos," acrescentou Carlos.

O pai riu. "Certo! E as palmas das mãos que têm um tipo de antiderrapante para pegarmos as coisas? E pensem em tudo o que os dedos podem fazer: escrever, pintar, pregar, construir uma ponte…"

"Pegar uma bola," interrompeu Carlos.

O pai concordou. "Deus diz que somos feitos de forma 'maravilhosa,' e isso é verdade. Não é para rir do grande trabalho dele, né?"

"Rir?" perguntou Beto. "Não entendi."

"Deus fez o mundo para prosseguir," falou o pai. "Árvores e flores soltam sementes, que brotam em mais árvores e flores. Cães e gatos têm filhotes. Deus quer o mesmo para o homem. Ele planejou homem e mulher para amar, casar e ter uma família, mas algumas pessoas, incluindo jovens como vocês, riem do plano de Deus."

"Que nem as revistas que uns garotos levam para escola?" disse Beto.

"Sim. Espero que vocês recusem essas coisas," falou o pai, e sorriu para os garotos. "Só quero lembrar que pensamentos impuros em relação aos seus corpos é pecado aos olhos do Senhor. Tenham isso em mente." Os dois concordaram.

VOCÊ É TENTADO A RIR DA CRIAÇÃO DE DEUS?
Isso é errado! Recuse-se a ficar por perto quando outros garotos contarem piadas que você não contaria a seus pais. Não olhe fotos que teria vergonha de mostrar a seu pai ou sua mãe. Deus quer que você dê a Ele seu coração e a sua vida, e que o honre.

NÃO RIA DA CRIAÇÃO DE DEUS

VERSÍCULO-CHAVE

...Tudo o que fazes é maravilhoso, e eu sei disso muito bem.
—SALMO 139:14

6 de janeiro

LEITURA: DEUTERONÔMIO 10:12-14,20,21

UM PRESENTE VALIOSO

Lisa prestou atenção quando a professora da Escola Dominical começou a aula com uma pergunta. "O que vocês têm de mais valioso?" perguntou dona Sara. "Sua bicicleta? Uma joia? Dinheiro? Um animalzinho?" Fez uma pausa e continuou. "Pensem um pouco enquanto leio uma história."

Ela pegou o livro e começou. "Há muitos anos, a rainha Helena governava um pequeno país. Como não tinha herdeiros para o trono, decidiu procurar uma criança que amasse e servisse a Deus, assim como ela. 'Pedi a Deus para me ajudar a escolher o próximo governante desta terra,' disse ao povo. 'Marcarei um dia especial para que qualquer criança que queira se tornar o governante me traga seu bem mais valioso. Deve ser algo que possa ser dado à sua rainha, e também ao próprio Deus! Quem trouxer tal presente será o novo rei ou rainha.'

"Chegou o dia especial e muitas crianças estavam prontas com seus presentes. Uma a uma, elas os mostraram à rainha. Trouxeram dinheiro, poder, terra — todo tipo de coisas — mas todas foram rejeitadas. 'Não têm valor algum,' disse a rainha Helena. 'Está ficando tarde. Verei mais uma criança hoje.'

"Uma menina entrou lentamente na sala. 'Sua Majestade,' murmurou, 'Não pensava em vir, porque sou muito pobre e achei que não poderia trazer um presente que aceitasse. Mas eu estava orando ontem e achei que Deus me disse que deveria lhe oferecer o que já dei a Ele.' A garota ajoelhou perante a rainha. 'Coloco aos pés da minha rainha um coração cheio de amor e devoção, e uma vida de serviços.'

"'Levante-se criança,' disse a rainha Helena. 'Um coração de devoção e amor, uma vida de serviço: essas são as qualidades que devem governar uma nação. Deus as aceita, e eu também. Você será a rainha, minha filha, porque apenas seu presente foi valioso!'"

Quando dona Sara fechou o livro, sorriu. "Busquem em seus corações," falou para a turma. "O que oferecerão a Deus? Darão o que o agrada: amor, devoção e serviço? É isso o que Ele quer de vocês."

SABE O QUE DEUS QUER DE VOCÊ?

Ele quer seu bem mais precioso: não dinheiro, brinquedos, roupas ou pessoas queridas. Deus quer seu coração e vida. Você já se entregou totalmente a Ele? O Senhor quer que você o ame e o sirva de coração todos os dias. Isso não significa que não possa gostar dos tesouros terrenos, mas eles devem ser menos importantes. Você encontrará alegria de verdade servindo ao Senhor.

DÊ O SEU CORAÇÃO E VIDA PARA DEUS

VERSÍCULO-CHAVE

...Deus [...] quer que o amem e que o sirvam com todo o coração...
— DEUTERONÔMIO 10:12

7 de janeiro
LEITURA:
ATOS 16:19-25

IRMÃO MAIS VELHO

"Casar!", explodiu Marco. "Você vai casar? Com o Sr. João Ferreira? Por quê? Ele já tem dois filhos. Ele não nos quer. Por que não casa de novo com papai?"

"Marco, você sabe que seu pai se casou depois que saiu de casa. Ele não vai voltar," disse a mãe. "Pensei que gostasse do João."

"Não como um pai!" exclamou Marco. Ele se virou e correu porta afora para o quintal do vizinho. "Mamãe vai se casar com um homem com dois filhos pequenos!" Marco disse, com raiva, ao sr. Silva. "Não quero o pai dos outros! Preciso ir embora." E sentou-se no degrau da varanda. "Vou embora — de vez! Se eles casarem, nunca vou ser feliz aqui."

"E você acha que será feliz em outro lugar?" perguntou o sr. Silva.

Marco deu de ombros. "Aqui, com certeza, não!"

"Sabe, Marco," falou o vizinho, "felicidade não é algo que você encontra. É algo que você faz acreditando em Deus. A Bíblia nos diz que Paulo e Silas cantavam mesmo quando estavam na prisão. Aprenda com o exemplo deles. Perceba que também pode ser feliz, mesmo sem estar exatamente contente." O Sr. Silva colocou o braço no ombro do menino. "Você é cristão. Não crê que Deus vai ajudá-lo?" Perguntou.

"Mas eu… mas ele…" Marco começou a protestar.

"Sei que é um momento difícil, mas… e seus irmãos?" perguntou o Sr. Silva. "Seria certo fugir e deixá-los lidar sozinhos com a situação? Eles precisam do irmão mais velho. Seus novos irmãos também vão precisar de ajuda. Também será difícil para eles. Você pode ser testemunha do Senhor para todos."

Marco hesitou. "Bem, pode até ser," murmurou.

"Acho que seu futuro padrasto merece uma chance de ser um bom pai para todos, não acha?" encorajou o homem.

Marco hesitou novamente. "Acho que todos merecem uma chance," admitiu finalmente.

O sr. Silva concordou. "Vamos orar para Deus usá-lo para ajudar todos a serem felizes."

ALGO EM SUA VIDA O DEIXA INFELIZ?

Você gostaria de deixar isso para trás? Fugir dos problemas não traz felicidade. Ela vem da confiança em Deus, mesmo em momentos de dificuldades. Peça a Ele para ajudá-lo a aceitar coisas que você não pode mudar e para fazer o que puder para deixar a vida dos que o cercam mais feliz. Então você perceberá que é mais feliz também!

CRER EM DEUS TRAZ FELICIDADE

VERSÍCULO-CHAVE

…quem confia no Senhor será feliz. —PROVÉRBIOS 16:20

8 de janeiro

LEITURA:
ATOS 8:36-42;
PROVÉRBIOS 22:1

O QUE HÁ EM UM NOME?

Com uma corrida, um pulo e uma batida de porta, Alexis entrou em casa, dizendo: "a mãe e a irmãzinha da Helena já estão em casa!" E exclamou. "É tão bonitinha e se chama Gabrielle. Amei o nome! Mãe, como as pessoas escolhem o nome para seus bebês?"

"Bem", respondeu a mãe, "alguns dão nomes de alguém da família ou de uma pessoa que os pais gostam muito. Algumas vezes é pelo significado."

Alexis ficou surpresa. "Nomes têm significados?"

"Alguns sim," falou a mãe. "Por exemplo, 'Alexis' significa 'ajudante' ou 'defensora.' Tenho um livro com o significado de muitos nomes. Quer ver?"

"Claro!" disse Alexis. Então a mãe lhe deu o livro e ela saiu dali, fascinada.

A menina estava olhando os nomes de seus amigos quando o pastor passou por ela. "Nomes são interessantes," disse o pastor Santos depois que Alexis explicou o que estava fazendo. "Sabia que a Bíblia diz que é melhor escolher um bom nome do que grandes riquezas?"

"Mas não escolhemos nossos nomes, pastor," ela falou. "Nossos pais fazem isso."

O pastor Santos sorriu. "Não importa o nome que temos, podemos escolher ter um bom nome pelo que fazemos," disse. "Lembra-se da a história de Dorcas, na Bíblia?"

"Dorcas?" repetiu Alexis. "Ela costurava para os pobres, né? Esse nome tem significado?"

"Sim," ele respondeu. "Significa 'gazela.' Um pequeno antílope. Mas acha que as pessoas se lembram de gazela quando ouvem o nome 'Dorcas'?"

"Bem… se ela era graciosa, talvez, mas imagino que lembram mais das coisas boas que ela fazia," disse Alexis, pensativa. "Ah! Entendi! Um bom nome é como uma boa reputação: como você é conhecido."

"Isso mesmo," falou o pastor, "e há outra coisa importante para lembrar. Quando você aceitou Jesus como Salvador, passou a ter o nome de Cristo: cristão. Deus quer que você viva honrando o nome dele."

Alexis sorriu. "Se eu fizer isso, terei também um bom nome."

O QUE OS OUTROS PENSAM QUANDO OUVEM O SEU NOME?

Se eles pensam em alguém agradável, alegre, gentil, amigo, honesto e prestativo, uma pessoa que faz a coisa certa, você tem um bom nome. Os outros o conhecem como 'cristão'? Para isso, é preciso conhecer Jesus como seu Salvador. Todos os dias peça ajuda a Ele para fazer tudo para honrá-lo. Quando você honra a Deus no que faz, verdadeiramente tem um bom nome.

VOCÊ PODE TER UM BOM NOME

VERSÍCULO-CHAVE

E tudo o que vocês fizerem [...], façam em nome do Senhor Jesus...
—COLOSSENSES 3:17

9 de janeiro
LEITURA:
GÊNESIS 25:29-34

UMA TROCA BOBA

"**O**lha Carla!" exclamou Mateus ao abrir o envelope que a irmã trouxe da caixa de correio. "Meu professor da Escola Dominical, Sr. Ramos, mandou um cartão de aniversário com dez moedas! O que ele quis dizer com 'Estas moedas são especiais. Seja cuidadoso ao gastá-las, e ao gastar sua vida.'?" Mateus olhou as moedas. "Por que são especiais?"

"Não sei," respondeu Carla, "mas pode perguntar amanhã na Escola Dominical."

"Pergunte por mim," pediu Mateus. "Não vou mais a Escola Dominical. É coisa de criança. Mamãe não vai e não liga se a gente vai ou não. Então, estou saindo."

Carla não gostou, mas, no dia seguinte, em vez de ir à igreja, Mateus saiu para comprar balas com as moedas que ganhou.

Naquela semana, Mateus foi surpreendido pela visita do seu professor. O menino agradeceu o cartão e o dinheiro. "De nada," disse o professor. "Entendeu porque as moedas eram especiais?" Mateus balançou a cabeça. "São de prata, por isso cada uma vale um pouco mais de dez centavos," explicou. "Pegue uma. Vou mostrar como é diferente de uma moeda comum."

"Eu… não tenho mais," admitiu. "… precisei delas para umas coisas."

"Ah, desculpe não ter explicado mais no cartão," falou o Sr. Ramos. "Pensei que fosse à Escola Dominical e planejava usá-las para ilustrar a lição sobre Esaú. No tempo dele, o filho mais velho tinha direitos especiais, chamados de primogenitura. A Bíblia diz que Esaú vendeu seu direito por um prato de comida. Fez uma troca boba, que nem você fez com as moedas. Pena que não ouviu a lição."

"Bem, eu… sou muito velho para Escola Dominical," murmurou.

"Mateus," disse o Sr. Ramos, "Satanás quer que você faça uma troca boba também. Quer que troque seu tempo, seus talentos e sua vida pela ideia de que é dono de si mesmo. Se fizer isso, estará lhe obedecendo. Todas as coisas boas que ele promete não o farão feliz de verdade. Apenas Jesus pode fazer você feliz." O Sr. Ramos balançou a cabeça. "Seja muito cuidadoso ao gastar sua vida," acrescentou.

VOCÊ SE ACHA GRANDE PARA CUIDAR DE SUA VIDA?

Cuidado! Você precisa de Jesus. Mesmo que conheça o Senhor, Satanás ainda vai querer fazer trocas com você. Talvez sugira que será mais feliz se trocar sua honestidade por traição, o tempo de oração por alguns minutos a mais para brincar, ou a leitura da Bíblia por uma revista em quadrinhos. Seja bem cuidadoso, não deixe ele enrolar você numa troca boba.

NÃO GASTE SUA VIDA TOLAMENTE

VERSÍCULO-CHAVE

A falta de juízo é o que faz a pessoa cair na desgraça…
—PROVÉRBIOS 19:3

10 de janeiro

LEITURA:
2 CORÍNTIOS 9:6-11

SE EU SOUBESSE

"Uau! Que terremoto teve lá na Itália!" exclamou Joyce no caminho da igreja para casa. "Queria ter mil dólares! Daria uma oferta especial semana que vem para ajudar aquelas crianças que ficaram órfãs."

O pai sorriu. "Bem, só porque não tem mil dólares para doar, não significa que não pode doar o que tem," disse.

"Não tenho nada sobrando agora," respondeu Joyce. "Estou economizando para comprar um *iPod* e isso vai levar muito tempo!" Fez uma pausa e acrescentou, "Se eu doasse para todos que precisam no mundo, nunca teria dinheiro algum."

"É verdade," concordou o pai, "mas algumas vezes devemos pesar as necessidades especiais e todas as coisas que queremos ter. Acho que esse é o caso. Vamos pensar e orar sobre isso, incluindo você, Joyce, e então tomaremos uma decisão e doaremos o que o nosso coração mandar."

No domingo seguinte, após a igreja, o pai perguntou a Joyce. "Poderia nos dizer quanto colocou na oferta de hoje? Sua mãe e eu temos um motivo especial para perguntar."

"Dei R$10,00", respondeu Joyce e suspirou. "Sei que não é muito, mas ainda não estou nem perto de ter o suficiente para o meu *iPod*." Ela ficou surpresa quando o pai colocou a mão no bolso, tirou R$20,00 e lhe entregou. "Obrigado, pai!", exclamou Joyce. "Por que isso?"

"Bem, Deus promete alegria e recompensa àqueles que doam, e eu e sua mãe decidimos seguir o exemplo e lhe dar uma recompensa também," explicou o pai. "Resolvemos premiar você de acordo com o valor do seu sacrifício, e lhe dar em dobro o que você doou."

"Ah, não!" Joyce resmungou. "Se eu soubesse, teria doado mais!"

"Sabe Joyce, precisamos pensar muito sobre essa frase que você disse," falou o pai. "A Bíblia diz que os cristãos serão recompensados de acordo com o que ofereceram a Deus. Não podemos nem imaginar as maravilhas que Ele preparou, mas fico me perguntando quantos de nós iremos um dizer dia,' Se eu soubesse..."

VOCÊ É GENEROSO COM DEUS?

Seu dinheiro? Seu serviço? Um dia Deus irá recompensá-lo por tudo o que deu a Ele. O Senhor recompensará cada um "segundo as suas obras." Seja generoso para não passar vergonha quando Cristo voltar: seja generoso, para não ser um dos que dirão "Se eu soubesse...".

DOAR TRAZ RECOMPENSAS

VERSÍCULO-CHAVE

...Vou trazer comigo as minhas recompensas, para dá-las a cada um...
—APOCALIPSE 22.12

ESQUENTANDO O BANCO

11 de janeiro
LEITURA:
1 SAMUEL 23:14-18

"Vou desistir do basquete," anunciou Theo quando seu pai entrou na sala.

"Desistir!" exclamou o pai. "Mas você estava doido para entrar no time."

Theo franziu a testa. "Só o que eu faço é esquentar o banco," reclamou. "O treinador dificilmente me deixa jogar."

"Não, por enquanto," disse o pai, "mas ele me falou que você tem muito potencial."

"Se ele acha, por que não me coloca para jogar mais?" perguntou Theo.

"Os garotos mais velhos têm mais experiência," respondeu o pai, "e o treinador, naturalmente vai usar os melhores jogadores para vencer, quando for necessário."

"Jogo tão bem quanto eles," insistiu Theo. "Pelo menos, jogaria, se entrasse em mais partidas. Tem basquete quase o ano todo!"

"Seja paciente," falou o pai. "Às vezes, precisamos esperar pacientemente. Diria que esse é o seu caso agora, Theo."

"Já esperei demais," resmungou o menino.

O pai pegou uma das tarefas da Escola Dominical na mesa de Theo. "Vejo que tem estudado o rei Davi," comentou. "Ele também aquecia o banco."

"Ele nunca jogou basquete!", protestou o filho. "Não existia naquela época."

"Não," concordou o pai, "mas ele ficou no banco por muito tempo. Quando Davi era um garoto, o profeta Samuel o ungiu para ser um rei, mas os estudiosos da Bíblia disseram que deveria esperar cerca de 20 anos até assumir o trono."

"Sei," falou Theo, "mas ser um rei é uma coisa importante, e Deus disse que ia acontecer. Não acho que Deus se importa se vou jogar basquete ou não."

"Basquete não é tão importante quanto desistir," disse o pai. "Quando Deus nos permite passar por experiências como essa, acho que Ele espera de nós o aprendizado de virtudes importantes como, nesse caso, a paciência."

"Bem, talvez," falou Theo pensativo, e suspirou. "Certo. Acho que você está certo, então…" Levantou-se e convidou: "Que tal bater uma bolinha, pai?"

"E você não vai mais desistir?" perguntou o pai.

"Não," ele respondeu. "Não desisto! Só espero não ter que esperar 20 anos para jogar."

ÀS VEZES VOCÊ TEM VONTADE DE DESISTIR?

Você está aprendendo algo novo enquanto espera alguma coisa acontecer? Aprenda agora a desenvolver paciência e perseverança por meio das experiências diárias. É sempre difícil esperar por algo, mas Deus recompensa a persistência. Não desista!

NÃO DESISTA, SEJA PACIENTE!

VERSÍCULO-CHAVE

…sejam como os que creem […] assim recebam o que Deus prometeu.
—HEBREUS 6:12

12 de janeiro
LEITURA:
COLOSSENSES 3:12-16

DOÇURA ESCONDIDA

Paula fez cara feia quando tomou um gole. Finalmente, empurrou o copo. "Essa limonada não está boa," reclamou. "Está terrivelmente amarga!"

"Estranho," disse a mãe. "É a marca que usamos sempre. Talvez você não tenha colocado açúcar suficiente."

"Coloquei sim. Tenho certeza!" insistiu Paula, franzindo a testa e cruzando os braços. "Essa limonada é que nem a Meire," acrescentou. "As duas são amargas."

"Meire é amarga?" perguntou a mãe. "Meire Souza, da igreja? Sempre a achei um doce de garota."

"Era, mas não é mais," respondeu a menina. "Desde que ela não entrou na equipe de vôlei, ficou muito chata e grossa com todo mundo, especialmente com quem entrou."

"Mesmo! Bem, não seja tão cruel com ela, querida," disse a mãe. "A decepção é dolorosa, e tenho certeza de que ela está triste."

Paula deu de ombros, pegou o copo e bebeu outro gole da limonada. Olhou para a jarra sobre a mesa. De repente, entendeu o que tinha acontecido. "Já sei porque a limonada está amarga!" disse. "Adocei, mas não mexi direito. Olha! Dá para ver o açúcar no fundo." Paula pegou uma colher, mexeu a limonada e provou novamente. "Bem melhor!" exclamou.

A mãe sorriu. "Todo o açúcar estava no fundo da jarra, então a limonada ficou amarga até você mexer direito e adoçá-la. Provavelmente é o que está acontecendo com Meire. Acredito que ela é uma cristã, então a doçura do amor de Deus está escondida no fundo de seu coração agora. Talvez o Senhor possa usar você para 'mexer' até que se mostre novamente."

"Como vou fazer isso?" Paula perguntou.

"Primeiro, ore por ela," sugeriu a mãe. "Depois, seja compreensiva. Ouça, se ela quiser falar. Talvez Meire precise de alguém que a escute. Algumas vezes é o bastante. Lembre-a de que Deus a ama e faça ela ver que você também se preocupa com ela."

Paula concordou pensativa. "Certo, vou tentar."

VOCÊ CONHECE CRISTÃOS QUE FICAM "AZEDOS"?

Algumas vezes é difícil querer continuar a ser amigo ou legal com quem age dessa forma. Em vez de reagir com indiferença ou raiva, seja gentil e paciente. Seja um bom ouvinte. Ore por eles e mostre que você e Deus se importam com eles.

MOSTRE GENTILEZA E PACIÊNCIA

VERSÍCULO-CHAVE

...vistam-se de misericórdia, de bondade, [...] e de paciência.
—COLOSSENSES 3:12

CRESCIMENTO ESPECIAL

13 de janeiro

LEITURA:
ÊXODO 4:10-12

"Oi mãe," Elza falou quando ela e Roberto chegaram da escola. "André está acordado? Posso levá-lo para passear no parque?"

"De novo? Você dá atenção demais ao bebê! Não quer primeiro me ajudar a cortar a grama?" implicou Roberto. "Afinal, também sou seu irmão."

"É… mas não é tão fofinho como o André," Elza deu um sorrisinho.

No dia seguinte, quando os irmãos chegaram em casa, encontraram os pais. "Oi!" Elza disse. "Vocês levaram André ao médico hoje, né?" Esticou os braços. "Vem, André. O que o médico falou? Se comportou direitinho?"

"Ele se comportou bem direitinho," disse a mãe com um sorriso forçado, "mas vocês sabem que estávamos preocupados por ele não estar fazendo coisas que a maioria dos bebês da idade dele fazem. Dr. Elias fez alguns exames, e disse que devíamos nos preparar para aceitar o fato de que André talvez tenha o que ele chama de 'deficiência de desenvolvimento'. Bem, os resultados chegaram e André tem problemas. Ele tem uma debilidade mental e o Dr. Elias nos disse que não devemos esperar que ele seja capaz de aprender como as outras crianças."

Roberto e Elza ficaram assustados. "Isso quer dizer que… ele vai ser… diferente?" perguntou Elza com a voz trêmula. Como Deus pôde deixar isso acontecer? Pensou.

Roberto fez a pergunta em voz alta: "Por que Deus permite isso? Por quê?"

"Não sabemos a razão agora," falou o pai. "Mas cremos que Deus tem um bom motivo para tudo. Talvez um dia, no céu, saberemos, porém, por enquanto, vamos amar e cuidar do André."

Elza desabou no choro. "Isso não é justo."

"É difícil aceitar," concordou o pai, "mas nunca pense que Deus é injusto. Por motivos que só Ele conhece, o Senhor permite que algumas pessoas sejam mais especiais, com debilidades físicas ou mentais. Ele as ama e tem um propósito para a vida delas."

"Precisamos ajudar e amar o André do jeito que Deus ama, incondicionalmente," disse a mãe. "Tenho certeza de que ele trará bênçãos especiais e alegria à nossa vida."

VOCÊ CONHECE ALGUÉM COM NECESSIDADE ESPECIAL?

Lembre-se de que todo mundo tem algum tipo de debilidade. Por exemplo, algumas pessoas consertam de tudo; outras nem trocam um pneu. Algumas leem uma página e praticamente a memorizam; outras nunca aprendem as letras. Jamais ria, encare ou fale coisas desagradáveis sobre pessoas com algum tipo de necessidade especial. Deus tem propósitos para a vida delas também. Sorria, fale e aprenda com elas.

DEUS TEM UM PROPÓSITO PARA CADA VIDA

VERSÍCULO-CHAVE

...Quem dá a boca ao ser humano? [...] Sou eu, Deus, o Senhor.

–ÊXODO 4:11

14 de janeiro
LEITURA:
1 PEDRO 2:1-5

CRESCIMENTO ESPECIAL 2

"Elza," disse a mãe no sábado de manhã, "preciso ir até o mercado e queria que você cuidasse do André enquanto eu estiver fora."

"Ah, mãe, tenho mesmo? Não dá para pedir ao Roberto?" Ela perguntou. "Quero terminar o livro que estou lendo."

A mãe franziu a testa. O comportamento de Elza com o irmãozinho havia mudado desde que souberam que ele não seria capaz de fazer o que outras crianças fazem. A irmã passou a dar menos atenção a ele. Ajudava quando necessário, mas sempre que possível, arranjava outra coisa para fazer.

"Elza," disse a mãe, "você amava cuidar do André e levá-lo para passear. Por que não quer mais fazer isso?"

A menina corou. "É que… é que não é mais a mesma coisa," gaguejou.

"O que não é a mesma coisa, querida?" insistiu a mãe.

"André não é o mesmo!" exclamou Elza. "Ele é diferente dos outros bebês. Cuidar dele não é mais divertido."

"André é o mesmo," a mãe respondeu. "É o mesmo bebezinho que sempre foi. Acho que quem mudou foi você. Não é mais a menina doce e alegre que era."

"Mas, mãe," argumentou Elza, "não pode me culpar por estar desapontada!"

"Todos estamos desapontados, Elza," a mãe disse, "mas não ficamos amargos. Sinto-me incomodada ao ver você evitando cuidar dele. Está agindo como se não o amasse, como se amasse apenas a si mesma. Detesto dizer isso, mas me parece que sua amargura está impedindo o seu crescimento espiritual. Acho que tenho dois filhos portadores de necessidades especiais: um com insuficiência mental, e outra com insuficiência espiritual."

Elza ficou chocada. Nunca tinha pensado dessa forma, mas sabia que era verdade. "Ah, mãe," ela soluçou, "Desculpe! André, vem comigo! Vou cuidar dele. Vou abraçar e amá-lo e…" E afundou o rosto no pescoço do bebê, dizendo: "Ah, André… você é um amor!"

A mãe sorriu. "E você também, querida," falou. "Está voltando a crescer."

VOCÊ ESTÁ CRESCENDO ESPIRITUALMENTE?

Você está crescendo fisicamente e aprendendo sobre o mundo ao seu redor? Está ficando mais parecido com Jesus ao aprender sobre e obedecer a Palavra de Deus? Crescer espiritualmente é mais importante do que crescer física ou mentalmente. O crescimento espiritual deve refletir um comportamento alegre, prestativo e amoroso. Dedique tempo a Deus todos os dias para crescer espiritualmente.

VOCÊ PRECISA CRESCER ESPIRITUALMENTE

VERSÍCULO-CHAVE

…continuem a crescer na graça e no conhecimento do nosso Senhor…
—2 PEDRO 3:18

15 de janeiro

LEITURA:
JOÃO 14:1-6

INDO AO PARAÍSO

"**N**o sábado, vamos distribuir folhetos no *shopping*?" Alex perguntou intrigado. "Vão deixar?"

"Já falei com o gerente e ele disse que podemos," respondeu seu Benito, o professor da Escola Dominical. "Sei que a maioria de nós não está acostumada a fazer isso, mas será uma boa experiência. Quase todos os dias encontramos pessoas que não conhecem o caminho para o paraíso, e é nossa responsabilidade ensiná-las." Ele olhou para a classe. "Quem vai no sábado?" A maior parte da turma levantou a mão, inclusive Alex.

No sábado pela manhã, os garotos estavam nervosos. Não era fácil falar sobre Deus com estranhos. Precisavam de coragem até para distribuir folhetos, mas o fizeram. Ouviram comentários diversos. "Deus abençoe. Vou orar por você," disse uma pessoa. "Não quero essa porcaria," falou outra. E uma senhora comentou, "Está bem, vou ler e pensar a respeito."

Alex estava sorrindo e feliz quando entregou a um homem, um folheto que dizia em letras maiúsculas: "VOCÊ CONHECE O CAMINHO PARA O PARAÍSO?"

O homem sorriu e perguntou: "Já esteve no paraíso?"

"Não, mas…" começou Alex.

"Então você não conhece o caminho!" interrompeu o homem. "Nunca esteve lá, nem conhece ninguém que esteve."

"Bem, … na realidade, não é verdade, senhor!" disse Alex. "Conheço Jesus. Ele esteve lá, e…" fez uma pausa para lembrar-se de uma história que ouvira na igreja. "Nunca estive em Curitiba," continuou, "mas tenho um mapa que me ensina como chegar. Alguém que foi lá fez o mapa. Também nunca estive no paraíso, senhor, mas tenho um livro que me mostra como chegar. É a Bíblia, e tem as instruções para ir ao paraíso. Foi escrito por Deus, que criou o mundo todo! Se confiamos num mapa feito por um homem, não acha que podemos confiar nas instruções dadas por Deus?"

O homem ficou surpreso. "Tenho que admitir que não esperava uma resposta tão boa," ele falou. "Certo, vou pegar seu papelzinho e ver o que diz sobre como chegar ao paraíso."

VOCÊ CONHECE O CAMINHO PARA O PARAÍSO?

Um mapa é uma ótima ajuda quando se quer ir a algum lugar aqui na terra. A Bíblia é o "mapa" que nos ensina a chegar ao paraíso. Fala de Jesus, o Filho de Deus, que deixou a glória celeste e veio à terra por você. Fala do lugar maravilhoso que Ele está preparando na casa de Seu Pai: o paraíso. Deus diz que só há um caminho para chegar lá. É por meio de Jesus. Confie nele hoje.

JESUS É O ÚNICO CAMINHO PARA O PARAÍSO

VERSÍCULO-CHAVE

…Eu sou o caminho, a verdade e a vida…
—JOÃO 14:6

16 de janeiro

LEITURA:
SALMO 118:5-9

NÃO TENHA MEDO

Estava escuro na varanda e Cíntia soltou um grito agudo. "Cíntia!" exclamou o pai enquanto abria a porta rapidamente. "O que houve?"

"Davi me trancou do lado de fora!" A voz de Cíntia estava trêmula. "Ele sabe que eu tenho medo de escuro."

"Só estava tentando ajudar Cíntia a superar o medo," explicou Davi quando viu o olhar do pai. "Ela vai conseguir, se ficar sozinha no escuro."

"Isso está certo?" perguntou o pai, secamente. "Não acha que os gritos dela indicam que seu plano não está funcionando?" Ele continuou com a testa franzida. "Do que você tem medo, Davi?" perguntou.

"De nada," o menino respondeu.

"Tem sim! Medo de abelhas e vespas," Cíntia entregou.

O pai balançou a cabeça. "Acha que vai superar seu medo se alguém mandar abelhas atrás de você até se acostumar com elas?" perguntou.

"Mas, pai, abelhas machucam," Davi se defendeu. "O escuro não!"

"Então diga a Cíntia que o escuro não vai machucar," falou o pai. "Não a aterrorize!"

Quando a mãe colocou Cíntia na cama naquela noite, a menina pediu para que ficasse no quarto um pouco. "Por favor, mãe," implorou. "Ainda estou com medo."

"Certo," a mãe concordou, "mas só um pouquinho." Alguns minutos mais tarde, ela perguntou, "Está dormindo?"

"Não," a menina respondeu com um bocejo. "Ainda não."

"Está com medo?" quis saber a mãe.

"Não. Você está aqui, então não estou com medo."

"Mas a luz está apagada e você não pode ver no escuro. Além disso, seus olhos estão fechados, então como sabe que estou aqui?" perguntou a mãe.

"Você disse que ia ficar," explicou Cíntia, "então eu sei que ficou."

"Sabe, Cíntia," a mãe sorriu e falou, "você aceitou Jesus como seu Salvador, e Ele disse para não ter medo porque sempre estará ao seu lado. Jesus não mente. Mesmo que você não possa vê-lo, tenha a certeza de que Ele está com você, porque disse que estaria. Vai tentar lembrar-se disso?"

"Vou, mãe," Cíntia murmurou, e caiu no sono.

VOCÊ TEM MEDO DE ESCURO? OU DE COBRAS?

Você sente-se melhor se alguém estiver com você na hora de encarar o que o amedronta? Se conhece Jesus, lembre-se de que Deus promete estar sempre com Seus filhos. Aprenda o versículo-chave de hoje e *acredite* nesta verdade. Quando algo o assustar, confie que Deus está cuidando de você e nunca o deixará sozinho.

DEUS ESTÁ SEMPRE COM VOCÊ

VERSÍCULO-CHAVE

Não tenha medo, pois eu estou com você...
—ISAÍAS 43:5

17 de janeiro
LEITURA:
JOÃO 15:10-15

UM AMIGO COMO EU

"Mãe, você não adivinha o que aconteceu!" Cristina disse quando entrou em casa. "A tia da Liane que mora na Inglaterra mandou cinco moedas de uma libra para ela. Liane nos mostrou na escola. Joana saiu mais cedo e, sabe o que aconteceu? Depois que ela foi embora, estava faltando uma moeda! Todo mundo acha que a Joana pegou!"

"Ah, tenho certeza que ela não faria isso!" respondeu a mãe. "Você defendeu sua amiga?" Cristina balançou lentamente a cabeça. "Viu Joana pegar o dinheiro?" a mãe perguntou. "Alguma vez você viu Joana pegar alguma coisa dos outros?"

"Bem, não, mas quem poderia ter pego?" perguntou Cristina. "Procuramos em todos os lugares e não achamos!" Ela olhou para o relógio. "Ah, não!" suspirou. "Combinei de encontrar-me com Joana em quinze minutos para irmos à biblioteca, mas acho que não quero mais ir. Se Liane ou os outros me virem com ela, o que vão achar? Vou ligar e dizer que não vou."

"Preste atenção no que acabou de dizer!" repreendeu a mãe. "Você não tem motivos para achar que Joana é culpada. Marcou um encontro e deve ir."

Diante da insistência da mãe, Cristina se encontrou com Joana, conforme o combinado. No caminho, passaram pela porta da casa de Liane e Cristina ficou sem graça ao ver a menina saindo. "Esperem!" chamou Liane. "Vou com vocês."

"Vai gastar suas cinco libras?" Joana perguntou sorrindo.

"Ah, não!" respondeu Liane. "Vou guardar!" E riu. "Você devia ter visto a gente hoje à tarde, Joana! Procuramos uma das moedas em todos os lugares, mas eu não sabia que minha mãe tinha pego uma para mostrar ao vizinho." Cristina riu, mas sentiu-se envergonhada.

Quando voltou para casa, contou a mãe o que havia acontecido com o dinheiro. "Com uma amiga como eu, quem precisa de inimigos?" concluiu. "Estou com tanta vergonha!"

A mãe concordou. "Tenho certeza que você aprendeu uma lição," disse. "Acho que Provérbios 17:17 seria um bom versículo para decorar. Certo?"

QUE TIPO DE AMIGO É VOCÊ?
Você se recusa a ouvir fofocas sobre seus amigos — ou a espalhar? É um amigo constante ou passa tempo com alguém um dia e no outro ignora essa pessoa? Seja o tipo de amigo em quem as pessoas sempre confiam. Seja o tipo de amigo que o Senhor manda ser — um que ama os outros como Deus ama você.

SEJA UM AMIGO VERDADEIRO

VERSÍCULO-CHAVE
O amigo ama sempre...
–PROVÉRBIOS 17:17

18 de janeiro

LEITURA:
1 CORÍNTIOS 10:6-11

APRENDER DO JEITO DIFÍCIL

"Oi Breno," disse Raul, quando o amigo chegou ao quintal.

"Oi," Breno respondeu. "Trouxe uma coisa para experimentar. Você vai…"

Raul interrompeu o menino, pulando para pegar o irmãozinho. "Celso!", exclamou. "Não toque naquela flor! Tem uma abelha!"

"Bichinho," Celso balbuciou, ainda esticando a mão, enquanto Raul o levava para longe da flor. "Ninito."

"A abelha é bonita," concordou Raul, "mas pode machucar. Não bota o dedo, está…?" Celso não falou nada, mas correu para olhar outra flor. Raul riu. "Desculpe, Breno. O que você queria que eu experimentasse?"

Breno olhou em volta e então tirou um cigarro do bolso. "Isso… não tem ninguém em casa, né? Experimente isso," falou. "Dá uma coisa, faz você se sentir bem."

Assustado, Raul perguntou: "Isso é droga?" Breno acenou que sim e ia começar a falar, mas Raul o cortou. "Não quero nada com isso, nem com qualquer outro cigarro," disse. "Drogas prejudicam o corpo e a mente."

"Ah, qual é! Você não sabe o efeito se não provar," declarou Breno.

"Isso é loucura," insistiu Raul. "Já ficou provado que é ruim. É fato, não preciso experimentar drogas para saber."

Bem nessa hora, Celso deu um grito e levantou um dedo. "Aúl!" chamou. "Aúl, ele fez dodói!"

Raul correu para ajudar o irmão. "Eu falei para não tocar na abelha!" falou. Enquanto olhava o dedo, um carro virou na entrada da garagem. "Ah, que bom! Mamãe chegou," disse Raul. "Vem, Celso. Mamãe tem um remédio para fazer o dedo melhorar." Levou o irmão para a mãe e então voltou para o quintal, onde Breno o esperava.

"Você disse ao Celso que a abelha ia machucar, mas ele teve que ir lá e tocar," falou Breno, balançando a cabeça.

"Ele aprendeu do jeito mais difícil — as abelhas picam," Raul concordou. Franziu a testa e olhou para Breno. "Foi um alerta de que as drogas são perigosas e podem deixar a gente dependente," acrescentou Raul. "Sei que eu é que não vou aprender sobre drogas do jeito mais difícil. Espero que você também não, Breno."

VOCÊ ACHA QUE PRECISA EXPERIMENTAR?

Não aprenda do jeito mais difícil. Não é preciso colocar o dedo numa chama para saber que queima. Não precisa entrar na frente de um carro em movimento para saber que será atropelado. Você aprende sobre essas coisas, vendo o que aconteceu com os outros. Você também pode evitar o pecado e suas terríveis consequências, aprendendo com o exemplo de outros.

APRENDA COM OS EXEMPLOS

VERSÍCULO-CHAVE

…tudo o que está nas Escrituras foi escrito para nos ensinar…
—ROMANOS 15:4

19 de janeiro

LEITURA:
LUCAS 6:27;
ROMANOS 12:19-21

O INIMIGO DE TUFÃO

"**S**enhor Wilson chutou Tufão! Tentou machucá-lo!" Os olhos de César brilhavam de raiva. "Sei que combinamos orar pelo sr. Wilson," acrescentou, "mas acho que não vou mais!"

A mãe franziu a testa. "Ah, lamento ouvir isso. Jesus disse que devemos amar nossos inimigos e orar por aqueles que são maus conosco," lembrou.

"Eu sei," César suspirou, "mas é muito difícil."

No dia seguinte, sr. Wilson veio até a casa. "Aquele maldito cachorro saiu e me mordeu!" resmungou. "Vou denunciar vocês à polícia." E mostrou o ferimento em sua mão. Os pais de César pediram desculpas e se ofereceram para pagar o tratamento médico.

Depois que o vizinho foi embora, conversaram sobre o que deviam fazer. "Tufão não morde!" insistiu César. "O sr. Wilson deve ter provocado." Mas o menino acabou concordando em achar um lar para Tufão, no campo.

"Vamos contar ao sr. Wilson nossa decisão, César," disse o pai.

"Eu tenho que ir?" Ele perguntou desanimado.

"Tufão é seu cachorro," afirmou o pai, "então o sr. Wilson precisa saber que você está cuidando do problema."

Temeroso, César foi até a casa do vizinho com o pai. Como imaginava, o sr. Wilson reclamou. "Quem convidou vocês?"

"Desculpe," César disse. "Não sei como Tufão saiu, mas mordeu o senhor, e eu vou… vou me livrar dele."

O sr. Wilson ficou olhando para o menino. "Você… você vai? Quer dizer, vai fazer isso por mim?" Triste demais, César fez que sim com a cabeça. "Bem, ah…" a voz do sr. Wilson ficou hesitante. "Na verdade, eu… soltei o cachorro," admitiu. "Achei que ele iria fugir. Quanto tentei puxá-lo pela coleira, ele me mordeu. Não foi culpa do Tufão, não se livre dele." César ficou surpreso. "Não ia contar," murmurou o homem, "mas tem alguma coisa diferente em vocês. Preciso descobrir o que é."

"É o Senhor Jesus," o pai disse. "Gostaria de falar um pouco mais sobre Ele para o senhor, pode ser?" Os olhos de César se arregalaram maravilhados. Realmente funciona orar por seus inimigos, pensou, como diz a Bíblia.

VOCÊ ACHA QUE ALGUÉM NÃO GOSTA DE VOCÊ?

Alguém o trata mal? O que você faz? Tenta dar o troco? Não! Deus diz que a vingança pertence a Ele. E mais, diz também para "vencer o mal com o bem" e mostra como fazer isso. Entre outras coisas, Deus manda orar pelos nossos inimigos e encontrar algo bom a fazer por eles. Mesmo que nada mude de imediato, continue orando. Deixe o resultado com o Senhor.

ORE POR SEUS INIMIGOS

VERSÍCULO-CHAVE

…amem os seus inimigos e orem pelos que perseguem vocês. —MATEUS 5:44

20 de janeiro

LEITURA:
FILIPENSES 1:9-11

SOBREMESA DEMAIS

"Você precisa comer mais legumes," falou Enzo, passando as ervilhas para a irmã. "Toma."

"Não quero!" Mariana fez cara feia. "Não gosto de ervilha."

"Mas faz bem." Enzo colocou uma porção de cenoura em seu prato. "Todo mundo deveria comer cinco porções de legumes por dia."

"Desde quando você é especialista em legumes?" perguntou Mariana.

"Estou estudando os grupos de comida na escola," respondeu o irmão. "Precisamos de comida saudável, como pães, frutas, legumes, laticínios e carne."

"Sem sobremesas?" perguntou a mãe, apontando para o bolo de chocolate na bancada. "Então nada de bolo esta noite." Um coro de descontentamento ecoou ao redor da mesa.

"Ah, não é bem isso!" Enzo se apressou em explicar. "Se a gente comer alimentos suficientes de outros grupos, um pouco de sobremesa não faz mal."

"Uau! Isso é muito bom," a mãe deu uma piscadela. "Então terminem o jantar saudável, para comermos o bolo."

Mais tarde, naquela noite, Enzo olhou para a tela da televisão. "Posso jogar *video game*?" perguntou.

"Ainda não usou o seu tempo de *video game* de hoje?" o pai quis saber.

"Não todo e …" o menino fez uma careta, "todos os meus amigos podem jogar mais tempo do que eu. Por que não posso?"

O pai sentou-se ao lado de Enzo. "Vamos conversar," disse. "Hoje, na mesa do jantar, você ficou falando sobre a sobremesa em relação aos grupos de comidas. O que disse?"

O menino olhou surpreso. "Que precisamos de comida saudável de cada um dos grupos, e que não deveríamos comer sobremesa demais, porém um pouco não tem problema."

"Sim. Seu corpo precisa de comida saudável, e sua mente também," falou o pai. "Encha sua mente com coisas boas e sólidas, então lhe dê sobremesa… mas não demais!"

"E *video game* é a sobremesa?" Enzo riu.

"Isso mesmo," respondeu o pai. "Assim como o bolo; se divertir e jogar não tem problema, porém demais não é saudável para a sua mente. Se a encher com *video games*, não terá espaço para o que é realmente importante na vida."

SUA MENTE ESTÁ TENDO SOBREMESA DEMAIS?

Você está enchendo a mente com *video games*, programas de TV ou filmes? Um pouco dessas coisas não têm problema, mas Deus quer que você se controle e tenha primeiro o "alimento saudável" para a mente. Pode ser a lição da escola, histórias, esportes, devocionais e, em especial, a Bíblia — o alimento mais importante de todos.

ENCHA SUA MENTE DE COISAS BOAS

VERSÍCULO-CHAVE

…cheia das boas qualidades que só Jesus Cristo pode produzir…
—FILIPENSES 1:11

21 de janeiro

LEITURA:
DEUTERONÔMIO 18:10-12

QUEM SABE?

Kátia e Daniel correram para contar aos pais o que tinha acontecido. "Ele morreu," engasgou Kátia. "Júlio morreu!" Júlio era um garoto da vizinhança que estava doente há muito tempo.

"Ah, que triste, mas é bom saber que Júlio aceitou Jesus como seu Salvador na Escola Bíblica de Férias do verão passado," falou a mãe consolando-os. "Júlio está no céu agora."

Semanas mais tarde, Kátia e Daniel voltavam da escola com a irmã de Júlio, Ana: "Sabia que pessoas mortas ainda falam com a gente?" disse animadamente. Ao ver a careta de Daniel, ela se apressou em afirmar. "É verdade. Amanhã vamos a uma sessão espírita. É uma reunião onde tem um médium, uma pessoa que contata espíritos de pessoas mortas." Quando se aproximaram da casa dela, Ana virou-se para Kátia e Daniel. "Esperem," entrou correndo e voltou trazendo um tabuleiro. "Perguntamos a esse *Tabuleiro Ouija* se Júlio viria para falar conosco, e ela disse que sim," Ana contou. "Coloquem o dedo no tabuleiro comigo e façam uma pergunta. Ela pode prever o futuro também."

"De jeito nenhum!" declarou Daniel. "Não quero me meter com isso!"

"Ah, anda, tenta," insistiu Ana, mas os dois se recusaram.

Quando chegaram em casa, contaram a mãe sobre o ocorrido. "Colocar sua fé num *Tabuleiro Ouija* ou numa sessão espírita é errado," a mãe disse. "Normalmente há espíritos malignos envolvidos nessas coisas. O 'médium' que a Ana falou, é uma pessoa que lucra com espíritos malignos, que imita e finge ser a pessoa morta falando. A Bíblia nos diz que não devemos nos meter com esse tipo de coisa. Na verdade, diz que são abominações aos olhos de Deus. Em outras palavras, Ele as detesta."

"Uau!" exclamou Daniel. "Está bastante claro."

"É assustador," falou Kátia.

"É mesmo," concordou a mãe. "Lembrem-se sempre de que existem dois poderes na terra: o de Deus e o de Satanás. E Deus é muito mais forte do que Satanás. Vamos orar por Ana e seus pais, para que aprendam a confiar no Senhor — Deus é o único que sabe tudo sobre o futuro."

JÁ OUVIU SOBRE QUEM TENTA FALAR COM OS MORTOS?

Ou pessoas que tentam encontrar alguém que possa lhes dizer o que vai acontecer? Você quer saber o que acontecerá no futuro? Não acredite em horóscopos, *Tabuleiros Ouija* ou qualquer tipo de adivinhação. É perigoso brincar com coisas que Satanás usa e que Deus detesta. Deus é mais poderoso do que qualquer tipo de adivinhação. Confie nele para construir o melhor futuro para você.

DEUS É MAIS PODEROSO DO QUE SATANÁS

VERSÍCULO-CHAVE

...vocês são de Deus e têm derrotado os falsos profetas...
—1 JOÃO 4:4

22 de janeiro

LEITURA: MATEUS 18:11; LUCAS 15:4-7

OVELHINHA PERDIDA

"Mãe!" chamou Gilda. "Minha ovelha sumiu! Eu sei que fechei a porta depois de botar comida, mas está aberta e Lãzinha sumiu."

"Bem, vamos sair e procurá-la," disse a mãe.

E saíram chamando o nome de Lãzinha enquanto olhavam nos arbustos e campos perto da estrada. "Olha," Gilda apontou para uma casa não muito longe. "Vovô e vovó Ramos estão trabalhando no jardim. Será que viram Lãzinha?" As duas pararam para explicar o que estavam fazendo e perguntar se tinham visto a ovelha.

"Não vimos," disse o avô, "mas vamos ajudar a procurar." Então os dois pararam o trabalho e se juntaram na busca.

Finalmente, vovô Ramos achou Lãzinha atrás de um celeiro vizinho, e Gilda levou a ovelha para casa. Depois de assegurar-se de que ela não sairia novamente, voltou para agradecer aos avós. "Posso ajudar vocês a terminar o trabalho?" perguntou. "Lamento que tenham parado o que estavam fazendo."

"Tudo bem, querida," disse a avó. "Queríamos ajudar, e acho que chega por hoje."

O avô concordou e sorriu para Gilda. "Lembra a parábola que Jesus contou sobre a ovelhinha perdida?".

"Lembro," respondeu a menina. "O pastor deixou todas as ovelhas num lugar seguro e foi procurar pela ovelhinha que estava faltando."

"Isso mesmo," disse o avô, "e você aprendeu que as pessoas são como a ovelha perdida?"

"Sim, e que Jesus é o Bom Pastor." Gilda falou. "Ele deixou os céus e deu Sua vida para nos achar e nos salvar."

"Exatamente," concordou o avô. "Acho que nossa busca por Lãzinha vai nos ajudar a lembrar que nunca devemos estar ocupados para procurar outras 'ovelhas perdidas'; pessoas que não conhecem Jesus."

Gilda ficou pensativa. "Acho que minha nova amiga Sílvia não conhece Jesus," falou, "então ela está tão perdida como a minha ovelha. Não tinha pensado nisso. Vou pedir ajuda a Deus para falar com ela sobre Jesus."

"Muito bem," disse a avó. "Vamos orar por ela também, e por você. Vamos orar para que ela seja encontrada logo, como Lãzinha, e não fique mais perdida."

VOCÊ CONHECE ALGUMA OVELHA PERDIDA?

Amigos, colegas, parentes ou vizinhos? Se eles não conhecem o Senhor, estão perdidos no pecado. Mas Jesus veio para encontrar e salvar os perdidos. Muitas pessoas não sabem disso, e Deus pode usar você. O que fazer? Convide-as para a Escola Dominical; diga o que Jesus fez por você; ore por eles e seja uma testemunha, vivendo pelo Senhor. Faça o que puder para ajudar outros a conhecer Jesus.

FALE DE JESUS AOS OUTROS

VERSÍCULO-CHAVE

"...o Pai [...] não quer que nenhum destes pequeninos se perca."
—MATEUS 18:14

JOGO DA RECLAMAÇÃO

23 de janeiro

LEITURA:
SALMO 78:10-22

"Venha secar os pratos, Diogo," chamou a mãe. "Não pode chamar a Diana? Detesto secar pratos!" Reclamou Diogo. "Estou cheio disso."

"Ah, você está sempre cheio de uma coisa ou de outra," falou Diana.

O pai parou de ler o jornal. "Parece que temos a doença do 'cheio de alguma coisa' por aqui," disse. "Estamos ficando quase tão ruins quando os israelitas que reclamavam e resmungavam apesar de todas as boas coisas que Deus fazia por eles."

"Tenho uma ideia de um jogo," a mãe falou. "Quando um de nós for pego dizendo que está 'cheio de alguma coisa', terá que dizer também algo pelo qual é grato; algo bom, sobre a mesma coisa."

"Certo. Ninguém vai me pegar!" Declarou Diana. E Diogo só disse: "Não mesmo!"

Durante um tempo, todos ficaram mais atentos ao que falavam e ouviam com mais cuidado, esperando pegar o outro usando a frase proibida.

Um dia, Diana chegou da escola com a mochila cheia. "Estou tão cheia de todas essas tarefas!" falou.

Diogo entrou na sala naquele momento. "E o que tem de bom no dever de casa, querida irmã?" perguntou ironicamente.

"Ah, não!" Então sorriu e disse. "Acho que sou grata por saber como fazer."

Algumas vezes, Diana pegava o irmão usando a frase também. Um dia, quando ele estava indo para o quintal com um copo de leite na mão, ela saiu de um canto e trombaram. "Olha só o que você fez!" Diogo exclamou, olhando o leite espirrado em seu jeans limpo. "Estou cheio!"

"Desculpe, Diogo," Diana falou docemente, "mas agora me diga, qual a sua gratidão por mim?"

Diogo ficou surpreso por um momento, e então disse solenemente: "Bem, sou grato por não sermos gêmeos."

"Ah!" soltou Diana, começando a correr atrás dele.

Os pais riram ao ver os filhos brincarem juntos. "Acho que esse jogo está fazendo muito bem à nossa família," disse o pai. "Somos mais felizes quando tomamos cuidados para não reclamar."

VOCÊ TEM O HÁBITO DE RECLAMAR?

Deus não ficou satisfeito quando os israelitas reclamaram, e não fica feliz quando os Seus filhos reclamam nos dias de hoje. Quando se pegar reclamando, pare o que estiver fazendo até encontrar um motivo para agradecer a Deus por tudo o que fez você reclamar.

TRANSFORME A RECLAMAÇÃO EM GRATIDÃO

VERSÍCULO-CHAVE

Façam tudo sem queixas nem discussões.
—FILIPENSES 2:14

24 de janeiro

LEITURA:
HEBREUS 12:1-3

COISAS PERIGOSAS

"Parece que estamos numa floresta!" declarou Sérgio, enquanto aparava os enormes arbustos da cerca viva ao redor do quintal. Ajudar a podar os arbustos era como uma aventura para Sérgio e sua irmã, Alexandra.

"Esses arbustos têm espinhos grandes," alertou o pai. "Cuidado!"

"Teremos," concordaram. Mas, toda hora um espinho prendia na camiseta, ou picava, ou arranhava um braço. E o pai, gentilmente e com cuidado, removia os espinhos das roupas ou da pele!

Durante quase duas horas eles cortaram e se embrenharam entre aqueles arbustos teimosos, às vezes até rastejando. "Olhe para gente!" exclamou Alexandra quando terminaram de cuidar da mata espinhosa. "Estamos todos arranhados e sangrando. Até você, pai."

"Aqueles arbustos estavam terríveis," declarou Sérgio. "Eram bem mais perigosos do que pareciam."

"Eu achava a cerca viva bonitinha," falou Alexandra, "mas os espinhos nos arranharam muito!"

O pai concordou. "Aquele arbustos são um exemplo de que coisas ruins podem parecer bonitas," disse.

"Sei no que você está pensando. No sermão do pastor Hélio da semana passada, né?" Perguntou Sérgio. "Ele disse que coisas erradas podem não parecer tão ruins. Mas falou que o pecado sempre machuca a gente."

"Lembro-me disso também," falou Alexandra, "e dele falar de programas e filmes ruins. Mas que outras coisas ruins podem parecer bonitas, pai? Não consigo pensar em nenhuma."

"Bem… qualquer coisa que promova um estilo de vida que não agrade a Deus," respondeu o pai. "Certos tipos de música parecem boas, mas letras imorais podem grudar na nossa cabeça. Ou até o querer que outras pessoas gostem de nós, pode nos influenciar a fazer coisas erradas."

"Então devemos lembrar desses arbustos espinhentos e não ceder à coisas pecaminosas que não pareçam tão ruins," falou Sérgio. "O mal que causam é bem pior do que…" Ele ergueu o dedo. "Pior do que esse espinho que ainda está preso no meu dedo," concluiu. "Tira isso, pai, por favor!"

O QUE VOCÊ OLHA NA INTERNET?

De que outras atividades você gosta? Sem dúvida, tudo isso pode parecer legal, mas há algo em seus valores que contraria o que Deus fala em Sua Palavra? Lembre-se de que, mesmo coisas que não parecem tão ruins, são ruins se o tentarem a fazer o que não deve. Cuidado! Não permita que essas mesmas coisas envolvam você no pecado.

EVITE AS MÁS INFLUÊNCIAS

VERSÍCULO-CHAVE

…deixemos de lado tudo o que nos atrapalha e o pecado que se agarra…

—HEBREUS 12:1

25 de janeiro

LEITURA:
JOÃO 5:11-13

CÉU OU INFERNO?

César colocou os cotovelos na mesa e o queixo nas mãos. "Se Deus ama tanto todo mundo, por que Ele envia pessoas para o inferno?" Perguntou tristemente.

"Ótima pergunta," respondeu a professora da Escola Dominical. "Acho que uma história verídica de Bangladesh vai ajudar a entender." Dona Marta servira muitos anos como missionária naquele país asiático, e contou.

"Eu tinha dois jovens amigos em Bangladesh chamados Reuben e Milo," continuou. "Eles eram carentes, humildes e tinham muito poucas coisas. Um dia, os levei ao mercado comigo. Assim que entramos, o gerente começou a perseguir Reuben e Milo, pois não queria crianças de rua e pedintes em sua loja."

"O que a senhora fez?", perguntou alguém.

"Disse ao gerente para parar," respondeu. "Falei que os garotos estavam comigo. Como ele queria que eu ficasse, pois sabia que eu faria compras, deixou os meninos em paz. Os garotos tiveram reações diferentes. Milo ficou comigo, feliz, e se divertiu. Mas Reuben foi embora correndo. Chamei-o para dizer que estaria seguro ao meu lado. Mas ele não ficou, olhou para o gerente e balançou a cabeça. Não acreditou em mim e, não entrou."

"Mas o que isso tem a ver com Deus permitir que alguns sigam para o inferno?" César perguntou quando dona Marta terminou a história.

"Eu abri o caminho para Reuben entrar, mas ele não entrou," respondeu a professora. "Deus abre o caminho para todos irem para o céu, mas algumas pessoas se recusam a ir com Ele."

"Então Milo é como as pessoas que creem em Jesus, e Reuben é como os que não acreditam," concluiu César.

"Sim," disse dona Marta. "Fiquei feliz quando Milo decidiu ficar, e triste por Reuben que preferiu sair. Acho que Deus se sente da mesma forma com relação às pessoas que aceitam ou não o Seu convite para o céu." Ela passou os olhos pela turma. "Quero que cada um de vocês se pergunte, 'Aceitei Jesus como meu Salvador? Vou para o céu?' Se não puderem responder 'Sim' a essa pergunta, aceitem agora. Não esperem. Assegurem-se de ter a vida eterna no céu, não no inferno."

ONDE VOCÊ ESTARÁ NA ETERNIDADE?

Deus não quer que as pessoas fiquem fora do céu. Ele fez o inferno para o diabo e seus demônios. Para as pessoas Deus fez o céu, e criou o caminho para levar todos até lá. Ele promete isso aos que creem em Jesus como seu Salvador. E você? Acredita em Jesus? Já o aceitou como seu Salvador? Se não, faça isso hoje.

DEUS QUER QUE UM DIA VOCÊ VÁ PARA O CÉU

VERSÍCULO-CHAVE

O Senhor [...] não quer que ninguém seja destruído...

—2 PEDRO 3:9

26 de janeiro
LEITURA:
1 SAMUEL 16:6-13

CRISTAIS ESCONDIDOS

Beth olhava interessada enquanto dona Sílvia mostrava uma pedra feia. "Parece feia e sem graça, não é?" disse a professora. Então, virou a pedra, mostrando seu interior cortado, e a turma viu os belos e brilhantes cristais que estavam em seu interior. "Esse tipo de pedra se chama *geode*," continuou, "trouxe um pedacinho para cada um de vocês." Entregou uma caixa para um garoto da primeira fila. "Cada um tira um pedaço de dentro da caixa."

Beth ficou encantada: seria uma bela aquisição para sua coleção de pedras. Escolheu um dos pedaços e então entregou a caixa para Clara, que sentava atrás dela. *Uau! Os dentes grandes e tortos da Clara fazem ela ser quase tão feia quanto o exterior da geode*, pensou. Nunca tinha se interessado em conversar com Clara.

Quando Beth estava descendo as escadas da escola ao final do dia, alguém esbarrou nela. Os livros caíram e os papéis se espalharam para todos os lados. O aluno que deu o encontrão sequer parou, nem qualquer outra pessoa.

Beth se abaixou para recolher os pertences espalhados e foi surpreendida ao ouvir uma voz. "Posso ajudar você." Olhou para cima e viu Clara se ajoelhando ao seu lado.

"Obrigada," murmurou Beth. Estava tão surpresa que não conseguiu dizer mais nada enquanto elas recolhiam os papéis.

"Ah! Sua pedra!" exclamou Clara. Pegou o pedaço de *geode* do primeiro degrau e a entregou a Beth. "Gosto de pedras. São interessantes, não acha?"

"Sim. Gosto delas também," respondeu a menina. Enquanto olhava para Clara, um pensamento lhe veio à cabeça. *Pessoas podem ser como geodes: não muito bonitas por fora, mas isso não é importante. São aqueles cristais escondidos dentro das geodes que as fazem belas. É como a Clara! Eu devia lembrar as lições da Escola Dominical... aquelas sobre seguir o exemplo de Deus e ver o interior de uma pessoa.*

Beth sorriu. "Quer ir até lá em casa para ver minha coleção de pedras?" perguntou.

"Claro." Respondeu Clara. "Vai ser ótimo!"

VOCÊ ESCOLHE SEUS AMIGOS PELA APARÊNCIA?

Você ignora quem é considerado feio ou gordo? Deus olha para o interior, a parte que é importante. Seja como Ele, não julgue pela aparência. Ao contrário, descubra como as pessoas são. Por exemplo, são egoístas, críticas ou orgulhosas? Ou são prestativas, gentis e cuidadosas? Elas ridicularizam os princípios de Deus, ou honram o Seu nome? O que realmente conta é o que está no coração.

NÃO JULGUE OS OUTROS PELA APARÊNCIA

VERSÍCULO-CHAVE

Parem de julgar pelas aparências e julguem com justiça. —JOÃO 7:24

27 de janeiro

LEITURA:
FILIPENSES 4:4-9

SUBIR E VOAR

"**Q**uantos balões tem lá?" perguntou Miguel enquanto caminhava com seu pai em direção à multidão. Todos esperavam para ver os balões subirem.

"Não sei," respondeu o pai, "mas é um evento enorme. As pessoas vêm de todos os lugares para participar."

Logo a maior parte dos balões estava inflada e subindo ao céu. "Uau!" exclamou Miguel quando os viu saindo do chão. "Aposto que estão se divertindo! Lembro-me de como é legal subir em direção às nuvens! Mas quando o seu amigo me deixou ir com ele no balão, não pudemos subir muito. O vento soprava tão forte que o Sr. Jonas manteve o balão ancorado no chão preso por uma corda."

"Sim, me recordo desse dia," falou o pai virando-se para Miguel com um sorriso. "Sabe o que os balões me fizeram lembrar hoje?"

"Pássaros," respondeu o menino imediatamente. Ele apontou em direção a um balão vermelho com grandes letras douradas. "Aquele ali parece um cardeal. Os cardeais são vermelhos como aquele balão."

"É verdade, e ambos voam," falou o pai. "Mas estava pensando em algo muito diferente. Lembrei-me de que se entregarmos nossos problemas de verdade ao Senhor, Ele os levará embora."

"Ouvi pregadores falarem algo assim," disse Miguel, "mas isso quer dizer que não teremos mais problemas?"

"Não, mas significa que se orarmos e confiarmos em Deus, não ficaremos nos preocupando com eles, sem pensar em mais nada," explicou o pai. "Se não acreditarmos de verdade que Ele cuida de nós, continuaremos grudados aos nossos problemas, que nem vocês ficaram presos ao chão naquele dia em que você entrou no balão."

"Não conseguimos mesmo sair voando," concordou Miguel.

"Não, e assim como o balão precisa sair do chão, precisamos entregar nossos medos a Deus," completou o pai. "Em vez de ficar com medo e preocupados, temos que lembrar-nos de que Deus nos ama e quer que confiemos nele. Quando fizermos isso, Ele nos dará paz em lugar de preocupações."

SEUS PROBLEMAS PARECEM GRANDES DEMAIS?

Você fica se preocupando com eles? Deus quer que você os entregue a Ele. O Senhor sabe como cuidar deles. Converse com Deus sobre as suas preocupações, peça-lhe que mostre o que fazer e, quando Ele mostrar o caminho, obedeça. Confie nele para resolver as coisas. Permita que o Senhor leve o seu fardo por você.

ENTREGUE SEUS PROBLEMAS A DEUS

VERSÍCULO-CHAVE

Entreguem [...] suas preocupações a Deus, pois Ele cuida de vocês.
—1 PEDRO 5:7

28 de janeiro

LEITURA:
GÊNESIS 37:23-28;
45:4,5; 50:20

OBSTÁCULO OU PONTE?

Quando Ana e sua irmã Juliana chegaram à casa dos avós, correram imediatamente ao celeiro procurando por sua gatinha querida. "Talia não está aqui!" exclamou Juliana. "Será que o vovô sabe onde ela está?"

"Não vi Talia hoje," disse o avô. "Ontem ela estava brincando do outro lado do córrego, que estava quase seco. Mas depois de toda a chuva de ontem à noite, a água deve ter subido e talvez ela não tenha conseguido atravessar de volta. Vamos, meninas, vamos achar a gatinha."

"Talia, aqui," chamou Juliana enquanto andavam pela margem do córrego.

"Aqui Talia," ecoou a irmã. E de repente, Ana deu uma topada em um tronco. "Ai! Meu dedão!" choramingou, mas saiu mancando e continuou a chamar pela gatinha.

"Olhem meninas!" apontou o avô. "Lá do outro lado do córrego… é um animal?"

"É Talia!" gritou Ana.

"Como a gente chega lá, vovô?" perguntou Juliana. "A água está funda demais para atravessar, e muito larga para pular."

"Vamos pensar." O avô olhou em volta. "Que tal pegar aquele tronco onde Ana tropeçou e usar como uma ponte?"

As meninas correram para puxar o tronco para a margem do córrego. Após muitas idas e voltas, o colocaram no lugar, Juliana rastejou até o outro lado e pegou Talia.

No caminho de volta para o celeiro, de repente o avô estalou os dedos. "Acabei de pensar em algo," falou. "Ocorreu-me que Ana poderia ter reagido ao tropeção no tronco de duas maneiras. Ela poderia ficar chateada porque era um obstáculo no caminho e a machucou, ou poderia agradecer a Deus porque o tronco nos permitiu fazer uma ponte sobre o córrego. O que vocês acham que ela deveria fazer?"

"Agradecer a Deus," respondeu Ana rapidamente, abraçando Talia.

"Isso mesmo," disse o avô. "Quando situações infelizes aparecem em nossas vidas, devemos lembrar-nos de que Deus sempre tem um bom motivo para tudo. Precisamos perguntar-lhe o que quer nos ensinar."

"E agradecer também," concordou Juliana, se esticando para pegar Talia.

VOCÊ TRATA AS DIFICULDADES COMO PONTES?

Lembre-se de que Deus ama você, e tente ver tudo o que acontece como algo bom, vindo dele. Peça ao Senhor para lhe mostrar como as coisas chatas ou difíceis podem se transformar em pontes, em vez de obstáculos em sua vida. E não se esqueça de agradecer-lhe por usar essas dificuldades para ajudá-lo, e não para machucá-lo.

DEUS PODE AJUDAR VOCÊ A CONSTRUIR "PONTES"

VERSÍCULO-CHAVE

…todas as coisas trabalham […] para o bem daqueles que amam a Deus…

—ROMANOS 8:28

LÍNGUA INDOMADA

29 de janeiro
LEITURA:
TIAGO 3:3-10

"**F**iquei surpreso por você não querer que o Samuel viesse acampar conosco," disse o pai quando sentou-se com Dario perto da fogueira.

"A mãe dele está num hospital de doentes mentais!" o garoto deu de ombros.

"Sim." O pai concordou. "A saúde mental dela está sendo tratada."

"Eu sabia que ela estava num hospital," falou Dario, "mas não que era esse tipo de hospital, até que um garoto me contou. Os meninos da escola dizem que o Samuel deve ser maluco também, e… pai, não acha que ele é meio esquisito de vez em quando?"

"Não mais do que qualquer um de nós," respondeu. "Não julgue o Samuel pensando na doença da mãe dele. Lembre-se de que ela está doente, não 'maluca.'" Dario ficou calado, mas não estava convencido.

No dia seguinte, quando o menino se secava depois de um mergulho no rio, soltou um grito. "Eca!" O pai foi correndo ver. "Tem um verme nojento na minha perna e não consigo tirar!" exclamou, apontando para o lugar.

"É uma sanguessuga, Dario," falou o pai. "Elas vivem na água e às vezes grudam nas pessoas. Aguente firme." O pai conseguiu retirar o verme, mas a perna do menino ficou sangrando. "Elas soltam uma substância que não deixa o sangue coagular," explicou, "mas vamos lavar sua perna, fazer um curativo e logo tudo vai ficar bem." Dario deu de ombros. "Sabe, Dario," continuou o pai, "sanguessugas me lembram fofocas. A fofoca também gruda. Mesmo depois das pessoas pararem de falar sobre o assunto, a fofoca continua a ferir. Com certeza o que esses meninos falaram sobre o Samuel deve ter machucado o seu amigo, tirado a sua alegria."

"Eu… eu não queria machucar o Samuel," gaguejou Dario.

"Não, mas pessoas inocentes normalmente são feridas por fofocas," disse o pai. "A Bíblia nos alerta sobre o perigo de usarmos nossa língua para pecar."

"Desculpe," murmurou o menino. "Que tal ligar para ele amanhã? Talvez convidá-lo para passar uns dias aqui com a gente?"

"Boa ideia," respondeu o pai. "Diga que posso ir buscá-lo. Acho que ele vai gostar daqui!"

VOCÊ FERE ALGUÉM OUVINDO E ESPALHANDO FOFOCAS?

Não peque contra Deus dessa forma. Mesmo se acreditar nas coisas desagradáveis que ouvir, não as repasse para ninguém. Ore sobre a situação e por aqueles envolvidos nela. Em vez de usar sua língua para ferir outros, use-a para encorajar, para fazer elogios sinceros, para louvar e glorificar a Deus.

FOFOCA É PECADO
VERSÍCULO-CHAVE

…não vou deixar que a minha língua me faça pecar…
—SALMO 39:1

30 de janeiro

LEITURA:
MATEUS 5:14-16

COMPARTILHAR A LUZ

"Vem, pai. Estamos prontos," chamou Leila. Estavam todos reunidos para uma noite em família. Caía um temporal lá fora, mas a sala estava aconchegante e confortável, cheio de jogos, pipoca e refrigerantes.

"Estou indo," o pai avisou lá do quarto.

Bem nessa hora, a luz apagou. "Ah, não!" reclamou Timóteo. "Sem luz!"

"E agora, o que a gente faz?" perguntou Leila.

"Querido," chamou a mãe, "traga a vela que está no quarto, por favor. E tem fósforos na gaveta também."

"Certo," disse o pai. "Espero conseguir achar no escuro. Ai! Bati com meu dedo no armário!" Logo depois, eles viram uma pequena luz no quarto, e então o pai chegando na sala com a vela acesa.

"Espero que a luz não demore a voltar," falou Timóteo, que estava ansioso para jogar e para comer pipoca.

"Não me incomodo. Gosto da sala só com a luz da vela," comentou Leila.

E todos concordaram que podiam ver o suficiente para brincar com os jogos que gostavam. "É interessante ver a diferença que faz uma luzinha, né?" disse a mãe.

"Quando a luz apagou, a escuridão parecia meio assustadora," falou Leila, "mas quando papai trouxe a vela, iluminou a sala inteira."

"Uma sala escura pode parecer assustadora para nós," disse o pai, "mas não é nem de longe tão assustadora quando a escuridão do pecado em que vivem as pessoas que não conhecem o Senhor. Elas têm boas razões para viver com medo. Precisamos compartilhar o amor de Deus e a verdade com elas, em vez de deixar que continuem tropeçando na escuridão."

"Que nem você tropeçou no quarto, pai?" perguntou Timóteo com um sorrisinho.

"Às vezes, assim mesmo," concordou o pai, "mas se elas não encontrarem a luz, que é o Senhor Jesus, as consequências serão bem mais sérias."

"Então devemos deixar brilhar a nossa luz, como no versículo que decorei semana passada," disse Leila. "Precisamos falar sobre Jesus para as pessoas."

VOCÊ ESTÁ COMPARTILHANDO O AMOR DE DEUS?

Não esconda a Sua luz por vergonha do que os outros podem pensar ou falar sobre você. Responda ao chamado de Deus e deixe a sua luz brilhar. Fale aos outros sobre Jesus. Convide-os para ir à igreja. Deixe que saibam que você quer honrar o Senhor, vivendo de acordo com os Seus princípios, e compartilhe a tão necessária luz de Deus com os outros.

COMPARTILHE A LUZ DE JESUS

VERSÍCULO-CHAVE

Assim também a luz de vocês deve brilhar...
—MATEUS 5:16

DE MAL A PIOR

31 de janeiro

LEITURA:
JONAS 1:1-4,15-17; 2:1,7-10

Queria matar aula hoje, pensou Elias. *Não fiz o dever de casa e não estudei para a prova de história. E ainda vou chegar atrasado. Ele parou. Já sei! Vou imprimir um bilhete dizendo que estava doente e vou até a velha fazenda Quadros.*

Então Elias virou a rua e foi caminhando até o campo. Deslizou sob uma cerca e ficou um tempo brincando num córrego, até que ouviu um cachorro feroz rosnar e se aproximar! Saiu do córrego, pegou os sapatos e saiu correndo. Correu e correu até chegar a um caminho espinhoso. *Opa, opa! Mas pelo menos aquele cachorro não está mais me seguindo,* pensou. Olhou em volta. *Vou dar uma espiada lá naquelas velhas casas de fazenda.* Foi, mas logo soltou um grito. "Vespas! Ui! Machuca!" E, durante toda a tarde, passou de um problema para outro.

Elias voltou para casa mais ou menos na hora de sempre. À noite, evitou falar sobre a escola. "Tive uma ideia," disse o pai antes de dormir. "Amanhã é sábado. O que acha de irmos pescar, Elias?"

"Certo!" exclamou o menino. Mas perdeu a animação ao saber que iriam pescar na fazenda Quadros!

Na manhã seguinte, o pai estava ansioso e Elias relutante. Quando estavam prestes a sair, a mãe fez uma careta. "Que pontos são esses em seu braço, Elias?" Perguntou. "Parece hera venenosa!"

"Onde eu iria pegar hera venenosa?" gaguejou o menino, sabendo que ficaria de castigo se os pais soubessem o que tinha feito.

A mãe olhou novamente. "Tenho quase certeza que é," disse. "Elias, onde você foi?"

E ele acabou contando tudo: o cachorro, os espinhos, as vespas! "As coisas não estavam bem na escola, então matei a aula ontem," Elias soluçou, "mas o dia foi ficando cada vez pior."

"Você me lembra de Jonas," disse o pai. "Ele não estava disposto a fazer o trabalho que o Senhor mandou que fizesse. Deus lhe deu uma tarefa também, que é ser o melhor aluno que puder. Como Jonas, você foi negligente, fugiu e se meteu num problema pior. Também como Jonas, precisa pedir perdão e ajuda a Deus." Elias concordou.

VOCÊ CUMPRE AS TAREFAS QUE DEUS LHE DEU?

Você cumpre suas tarefas em casa com alegria, ou é negligente? Faz o seu melhor na escola, ou deixa os deveres para a última hora? Deus quer que você lhe dê o seu melhor onde quer que Ele o tiver colocado, em casa, ou na escola. Não tente fugir de seus compromissos. Em vez disso, peça ajuda ao Senhor para fazer o seu melhor.

ESTUDE E TRABALHE DE BOA VONTADE

VERSÍCULO-CHAVE

Continuem ocupados no trabalho do Senhor...

—1 CORÍNTIOS 15:58

PALAVRA CRUZADA

Preencha os espaços vazios na mensagem abaixo e utilize as mesmas palavras para completar as palavras cruzadas.

¹_____, Filho de Deus, derramou o Seu ²_____ para pagar por nossos ³_____ .

Deus ⁴_____ nossos pecados e nos dá a ⁵_____ eterna quando nós colocamos nossa ⁶_____ nele.

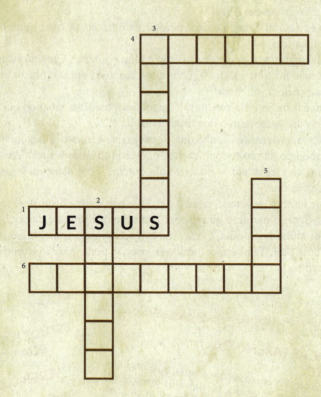

CICATRIZES

1.º de fevereiro
LEITURA:
JOÃO 20:24-29

"**M**ãe,", Nicolas disse um dia, "você… ah… já pensou em fazer uma cirurgia plástica para tirar essas cicatrizes do seu rosto?" Desde que a memória do menino alcançava, havia cicatrizes vermelhas muito feias no rosto e nas mãos da mãe. Ele estava acostumado e quase nem as notava, mas alguns garotos da escola faziam perguntas e piadas sobre o assunto.

A mãe colocou a mão no rosto. "Fiz uma plástica anos atrás," falou. "Talvez ficasse melhor se fizesse uma agora, mas seria muito caro."

"Sei que ficou com essas cicatrizes por causa de um incêndio," disse Nicolas. "Lembro-me de ouvir alguma coisa há muito tempo, mas não o que aconteceu. Você não conseguiu sair? Nunca fala sobre isso."

A mãe hesitou um pouco. "Quando você era bebezinho, nossa casa pegou fogo," começou, "estava no berço e aquela parte da casa estava em chamas. Entrei correndo, agarrei você e o enrolei em mantas. Sou muito grata por ter conseguido correr para fora da casa. Nós dois ficamos bem, mas, como pode ver, ficaram essas cicatrizes feias."

"Ah, mãe," as lágrimas corriam pelo rosto de Nicolas, "eu não sabia que você ficou com as cicatrizes para me salvar! Por que nunca me disse antes?"

A mãe abraçou o menino. "Achei que soubesse."

"Obrigado, mãe." Ele a abraçou bem forte. "Amo você mais ainda, sabendo o quanto me ama!" declarou.

"Também amo você," ela respondeu. "Sabe, filho, ultimamente você tem questionado muito sobre a igreja, a Bíblia e sobre Jesus. Quem sabe minhas cicatrizes o ajudem a entender o quanto Jesus o ama. Todos somos pecadores — lembra? Somos indefesos que nem bebês, mas Ele veio nos resgatar. O que fez por nós na cruz deixou cicatrizes também. Seu corpo, mãos e pés foram perfurados por pregos e por uma lança. Jesus sofreu tudo isso por nós! Ele se entregou — levando nossa dor e sofrimento, e morreu na cruz para termos a vida eterna."

"Uau!", exclamou Nicolas. "Jesus nos ama de verdade, e Suas cicatrizes nos mostram quanto!"

SABIA QUE JESUS SOFREU E MORREU POR VOCÊ?
Ele morreu na cruz para que os pecados de todos fossem perdoados. Isso significa que morreu para salvar você de seus pecados. E fez isso porque o ama. Você já aceitou Jesus como seu Salvador? Não espere mais. Confie nele hoje, e agradeça o Seu grande sacrifício.

JESUS MORREU PELOS SEUS PECADOS

VERSÍCULO-CHAVE
Nós amamos porque Deus nos amou primeiro.
–1 JOÃO 4:19

2 de fevereiro

LEITURA:
1 JOÃO 4:7-11

DIFERENTE, MAS PARECIDO

"Gosto demais de brincar na neve," disse Estela, pegando um floco na ponta da língua.

"É verdade," o pai sorriu. "Você nunca quer entrar, mas sua mãe mandou avisar que o jantar está pronto." Então os dois entraram e foram lavar as mãos para comer.

"Divertiu-se com a nova vizinha?", perguntou a mãe quando sentaram à mesa.

"Não muito," respondeu Estela. "Ela veio da Ásia e é difícil entender o que diz por causa do sotaque muito forte. Não acho que vamos brincar muito."

"Bem, você ainda não a conhece direito. Devia tentar," encorajou a mãe.

"Não sei." A menina deu de ombros. "Ela é muito diferente," disse enquanto olhava para fora da janela. "Vejam! Está nevando outra vez — flocos grandes! Eles não são lindos?"

"São," concordou a mãe, "e os cientistas dizem que são todos diferentes — que nem as pessoas."

"Sabia que mesmo que sejam diferentes, os flocos de neve têm algo em comum?", perguntou o pai. "Todos têm seis pontas. Assim como as pessoas."

Estela riu. "Quer dizer que as pessoas têm seis pontas?" Ela sabia que não era disso que o pai estava falando.

O pai riu também. "Sabemos que não existem duas pessoas totalmente iguais ou que tenham exatamente as mesmas experiências," falou, "mas sempre esquecemos que também são parecidas de muitas formas."

A menina pensou um pouco. "Quer dizer… todos comemos, respiramos, dormimos?", perguntou. "Esse tipo de coisa?"

"Isso também," concordou o pai, "mas estava pensando que cada nacionalidade tem sua própria língua e costumes, e ainda assim, muitos traços de caráter e sentimentos são os mesmos em todas elas. Por exemplo, preconceito e egoísmo são as mesmas coisas em qualquer idioma. O mesmo acontece com aceitação e amor. Quais desses traços você acha que Deus quer que a gente demonstre?"

"Os últimos," murmurou Estela.

"Deus criou todas as pessoas," ele falou, "e Ele ama cada um. E nos pede — pois somos Seus filhos — para compartilhar o Seu amor, mesmo com aqueles que parecem muito diferentes."

COMO VOCÊ TRATA QUEM É DIFERENTE?

Você os evita ou inclui em suas brincadeiras e momentos de diversão? Se alguém fala com sotaque, você se esforça para compreender e ajudá-lo? Você reconhece que Deus faz cada pessoa diferente da outra? Agradeça a Ele por essa interessante variedade que nos deu. Peça Sua ajuda para ser gentil e atencioso com seus colegas e vizinhos.

MOSTRE AMOR A TODOS

VERSÍCULO-CHAVE

...Deus nos amou, então nós devemos nos amar uns aos outros.
—1 JOÃO 4:11

3 de fevereiro
LEITURA:
TIAGO 2:1-4,8-10

MENTES ENVENENADAS

Antônio era de origem indígena e novo no colégio. "A escola nova é horrível!", reclamou. "Os garotos são maldosos! Pensam que usamos pintura, cocares e falamos 'Grande chefe branco.'"

"Vejo que alguém implicou com você," a mãe disse sorrindo.

"Não é engraçado," Antônio falou quase em lágrimas.

"Lamento, querido. Sei como é," a mãe foi solidária. "Também sou índia e tenho orgulho da minha origem, mas, independentemente de onde moramos, sempre haverá preconceitos."

"Preconceito," estranhou Antônio. "O que é isso?"

"Preconceitos são opiniões que as pessoas têm antes de conhecer os fatos. É como se a mente delas estivesse envenenada com opiniões injustas e desumanas por alguém ou alguma coisa. Pessoas preconceituosas normalmente não gostam de quem é diferente," respondeu a mãe. "Então... fale dos garotos de sua classe."

"A maioria é normal," disse o menino. "Mas tem uma garota, a Marta, que é diferente. Todo dia chega e vai embora num carro de luxo, com motorista. Ela é esnobe! Anda por todo lado com aquele nariz empinado. Parece que não tem amigos, e dá para entender o porquê!"

"Você nem conhece a Marta, mas está julgando do mesmo jeito que os outros fazem," censurou a mãe.

"Mas mãe...", começou Antônio.

"Existem outros preconceitos além do racial," ela interrompeu. "Às vezes com relação à religião ou com portadores de necessidades especiais. Alguns têm preconceito contra ricos ou pobres. Todos os tipos de preconceitos são errados — envenenam a mente."

Antônio sabia que a mãe estava certa. "Tudo bem. Vou falar com a Marta e tentar ser amigo dela," disse.

"Muito bom," ela aprovou, "e tente não se importar tanto quando os garotos implicarem com você. Afinal, sempre tem alguém implicando com o outro por ser gordo, ou magro, ou ruivo, ou ter sardas, ou até mesmo muito inteligente." A mãe sorriu. "Em vez de ficar triste, aprenda a agradecer a Deus por nos fazer todos diferentes," acrescentou. "Pense em como seria chato se todos fossem iguais!"

VOCÊ CONHECE ALGUÉM QUE SOFRE PRECONCEITO?

E quanto a você? Provavelmente você acha que não, mas implica ou evita alguém por ser diferente? Alguém de outra nacionalidade? Que não usa as melhores roupas ou corte de cabelo na moda? Ou alguém que é tímido ou ousado demais? Peça ajuda a Deus para ser gentil e aprender a entender as diferenças dos outros. Trate quem acha que é "diferente", como você gosta de ser tratado.

NÃO SEJA PRECONCEITUOSO

VERSÍCULO-CHAVE

...se vocês tratam as pessoas pela aparência, estão pecando...

—TIAGO 2:9

4 de fevereiro

LEITURA:
MATEUS 10:28-31

O CABELO EM SUA CABEÇA

"Posso escovar seus cabelos antes de deitar, querida?" perguntou a avó. Miriam, que ia passar a noite na casa dos avós, concordou e pulou em seu colo. Sentia um arrepio na cabeça enquanto a escova percorria delicadamente seus longos cabelos.

Após certo tempo, a avó parou e entregou a escova a Miriam. "Limpe o cabelo por favor", disse, "para eu poder escovar direito."

A menina pulou no chão e levou a escova até a lata de lixo. "Quando você penteia o meu cabelo cai um monte de fios," falou, enquanto puxava o cabelo que havia se enroscado nas cerdas. "Vou ficar careca que nem o vovô?"

"Não", a avó riu, "não precisa se preocupar com isso, querida. Li que é normal perder uns cem fios de cabelo por dia, mas você tem centenas de milhares na sua cabeça."

"Uau! Isso é muito!", exclamou Miriam. "Quem contou?"

A avó sorriu. "Bem, Deus sabe," disse.

"Sabe?", perguntou a menina.

"Sim," respondeu a avó pegando a escova, enquanto Miriam subia novamente em seu colo. "A Bíblia diz que nossos fios de cabelo são numerados. Penso que isso mostra que Ele nos ama muito, não é?"

Miriam concordou. "A primeira música que eu aprendi foi 'Deus me ama,' então…" ela parou para pensar. "Deus me ama tanto que se preocupa com quantos fios de cabelo eu tenho."

"Isso mesmo," falou a avó quando recomeçou a escovar os cabelos da neta. "Ele é um Deus tão incrível, que sabe até quando um fio cai. Se importa muito e cuida de você dia e noite."

"Mesmo quando estou dormindo", Miriam falou bocejando.

A avó sorriu. "Sim, e vejo que está na hora de dormir. Vá dar boa noite ao vovô, e então eu levo você para a cama."

"Está bem. E vou dizer a ele para não se preocupar com o cabelo," falou Miriam, indo procurar seu avô. "Vou dizer também que Deus o ama e se preocupa com quantos fios de cabelo ele tem. O Senhor não vai deixar o vovô perder mais do que deve."

VOCÊ PERCEBE O CUIDADO DIÁRIO DE DEUS?

Ele o conhece e cuida de você ao acordar e ao dormir. Sabe quando está feliz ou triste. Deus sabe onde você está e o que está fazendo todo tempo. O Senhor não apenas sabe — Ele se importa. Ele é realmente um Deus incrível!

DEUS CUIDA DE VOCÊ

VERSÍCULO-CHAVE

Quanto a vocês, até os fios dos seus cabelos estão todos contados. —MATEUS 10:30

5 de fevereiro

LEITURA:
PROVÉRBIOS 6:6-11;
SALMO 128:1,2 (ARA)

ODEIO TRABALHAR

"Acabei!" Celso jogou o pano de limpeza na lata de lixo e entrou em casa. Tomás olhou para sua metade da garagem e para a outra. Que diferença! Sabia que o irmão tinha trabalhado muito mais. E, agora que havia terminado, podia ir assistir ao jogo. Tomás chutou um pneu velho e fechou a cara. Detestava limpar a garagem. Quando acabou a sua parte, o jogo já havia começado há uma hora.

"Terminei. Pode me levar na escola?", perguntou, entrando em casa.

"Não, Tomás," respondeu a mãe. "Devia estar pronto quando levei seu irmão. Agora estou com biscoitos no forno."

O menino suspirou e perguntou: "Então posso pegar um biscoito?"

"Pode. Mas cuidado," avisou a mãe. "Estão quentes!"

Tomás deu uma mordida e sorriu. "Hum… Seus biscoitos são os melhores que já comi," falou. "Você realmente gosta de fazer, não é?"

A mãe olhou para ele. "Não muito," disse. "Faz sujeira e fica quente aqui. Quase sempre faço porque você, seu pai e Celso gostam." Piscou.

Tomás ficou surpreso. "Eu não teria todo esse trabalho se não precisasse."

"Filho," ela disse, "se dependesse de você, não faria trabalho algum. Mas sabia que o trabalho faz parte dos planos de Deus para a felicidade?"

"Não," ele murmurou. "Acho que o trabalho mais parece um castigo de Deus."

"Deveria ler o que Provérbios fala sobre um homem preguiçoso," falou a mãe. "O tipo que não agrada a Deus. O Senhor fica feliz com o trabalhador fiel e assíduo."

"Bem, talvez Deus fique feliz, mas isso não vai fazer alguém trabalhar feliz," argumentou Tomás.

"Não tenha tanta certeza. O livro de Salmos diz que 'do trabalho de tuas mãos comerás, feliz serás, e tudo te irá bem.'" A mãe sorriu. "É só ver como a garagem ficou melhor quando você terminou. Não se sentiu bem?"

"É… senti. Talvez esteja certa," ele admitiu. "Vou tentar pensar nisso da próxima vez que estiver trabalhando. Quem sabe seja melhor." Levantou-se e disse: "Acho que vou a pé à escola para assistir o final do jogo, mesmo que esteja quase no fim."

VOCÊ DETESTA TRABALHAR? RECLAMA MUITO?

Você adia o máximo que puder as tarefas? Ou lava os pratos, faz sua cama e arruma o quarto com animação? Sua disposição para trabalhar e dar o seu melhor agradam a Deus. Isso traz alegria também, pois o bom resultado de servir ao Senhor e aos outros torna-se algo que todos podem ver.

O TRABALHO GERA A ALEGRIA

VERSÍCULO-CHAVE

Tudo o que você tiver de fazer faça o melhor que puder…
—ECLESIASTES 9:10

6 de fevereiro

LEITURA:
2 TESSALONICENSES 3:10-13

ODEIO TRABALHAR 2

"Oi Sr. Menezes!" Tomás cumprimentou o professor da Escola Dominical. "Você está de pé! Pensamos que estaria na cama." O Sr. Menezes tinha caído de uma escada e machucado as costas. Depois de uma cirurgia, passou diversos dias no hospital e, agora que estava em casa, Tomás e o pai tinham ido visitá-lo.

"Um bom homem não pode ficar parado," brincou. "Sou grato por não estar mais sentindo tanta dor. Talvez não possa voltar a trabalhar com construção ou pegar algo muito pesado."

"Que pena," comentou o pai de Tomás. "Você gosta tanto do seu trabalho."

O Sr. Menezes balançou a cabeça. "Estava imaginando se haveria alguma coisa que eu ainda pudesse fazer," falou. "Então, há dois dias Deus me abriu uma nova porta."

"Que maravilha!" exclamou o pai. "Onde você vai trabalhar?"

"Meu chefe me ofereceu um lugar no escritório," contou. "Em vez de trabalhar na construção, vou ajudar no planejamento e compras. Fiz um curso nessa área e estou ansioso para começar. Na verdade, já tenho dois projetos para cuidar."

"Que bela resposta à oração!", o pai estava maravilhado.

O Sr. Menezes concordou e disse: "Sabe, a Bíblia diz que se um homem não trabalha, não deve comer! Então, eu quero trabalhar — afinal, gosto muito de comer!" Todos riram. "Também descobri como é verdadeiro aquele versículo que diz que 'doce é o sono do trabalhador,'" completou. "Desde que voltei a trabalhar, estou tão feliz que tenho dormido feito uma tábua." Ele deu um sorrisinho olhando para Tomás. "Estou ansioso para voltar a dar aulas. E muito grato a Deus por estar cuidando tão bem de mim, e quero servi-lo de todas as formas que puder."

No caminho para casa, Tomás estava pensativo. Nunca havia imaginado como se sentiria se tivesse um acidente e não pudesse fazer nada. Sentiu-se feliz em poder ajudar nas tarefas. "Sabe, pai," falou "Acho que, no final das contas, trabalhar é bom." E, ao olhar surpreso do pai, o menino riu e acrescentou. "Também gosto de comer!"

VOCÊ GOSTA DE TRABALHAR?

Já pensou em como se sentiria se ficasse impedido de fazer qualquer coisa? Ou se seus pais não pudessem trabalhar? Deus lhe deu talentos e tarefas para mantê-lo ocupado, deixá-lo contente e lhe dar a alegria da realização. A propósito — se ainda estiver tentado a reclamar do trabalho, lembre-se do quanto você gosta de comer!

AGRADEÇA A DEUS PELO TRABALHO

VERSÍCULO-CHAVE

...Quem não quer trabalhar que não coma.
—2 TESSALONICENSES 3:10

7 de fevereiro
LEITURA:
SALMO 119:1-8

UMA ARMA PODEROSA

"Otávio quer que eu o ajude a se vingar do Sr. Reis porque ele fica nos expulsando do quintal," Daniel disse à irmã quando desligou o telefone. "Mas não esqueço o versículo que o vovô ensinou: 'não planeje nenhum mal contra seu vizinho.'"

Patrícia concordou. "Vamos falar com o vovô," sugeriu. "Ele vai gostar de saber." Pegaram as bicicletas e foram para a casa dele.

Quando o avô finalmente abriu a porta, não os convidou para entrar. "Não posso falar com vocês agora," disse calmamente, "mas espero que tenham aprendido o versículo de Salmo 22:11. Vão para casa e estudem. Outro dia conversaremos sobre ele." E fechou a porta.

"Vovô estava esquisito," comentou Daniel na volta para casa. "Salmo 22:11? Não foi o que estudamos. Acho que ele quer que a gente aprenda."

"É…" Patrícia também estava intrigada. "Mas, por quê? Minha Bíblia está aqui na cesta."

Os dois pararam para ler o versículo que o avô se referiu. Engoliram em seco e correram para buscar ajuda.

Uma hora mais tarde, estavam de volta na casa do avô, dessa vez com a mãe. Um policial já estava lá e explicou que dois ladrões haviam invadido a casa e mantinham uma arma apontada para ele na hora em que bateram à porta. Depois disso, o amarraram e estavam procurando coisas de valor quando foram surpreendidos pelo policial. "Como vocês descobriram que havia algo errado?", perguntou.

"Vovô estava esquisito e nos mandou embora com uma referência bíblica," explicou Patrícia. "Fomos conferir e percebemos que havia algum problema." Ela sorriu. "O versículo dizia, 'Não te afastes de mim, pois o sofrimento está perto, e não há ninguém para me ajudar.'"

"Vovô," disse Daniel, "um dos versículos que você ensinou, me ajudou a fazer a coisa certa hoje. Se os ladrões conhecessem a Palavra de Deus, talvez fizessem coisas certas também e não teriam invadido sua casa."

"Isso mesmo," concordou o avô. "A Bíblia é afiada como uma espada de dois gumes. É nossa arma contra o pecado — uma arma poderosa!"

VOCÊ ESTÁ USANDO A SUA "ARMA" — A BÍBLIA?

Leia sozinho, mas também preste atenção quando alguém a lê em voz alta. Memorize versículos bíblicos — ou passagens inteiras. Quando estiver assustado, feliz, triste ou zangado, repita os versículos para si mesmo. Pense sobre as lições que aprende na Bíblia e as aplique à sua vida diária. E não se esqueça de compartilhar com amigos e familiares as coisas que aprendeu na Palavra de Deus.

A PALAVRA DE DEUS AJUDA A FAZER O CERTO

VERSÍCULO-CHAVE

…a Palavra de Deus é viva [...] e corta mais do que qualquer espada…
—HEBREUS 4:12

8 de fevereiro

LEITURA:
1 CORÍNTIOS 12:12-14,18-20

TRABALHO DE EQUIPE

Carlos pulou do carro e correu para o banco, ansioso para jogar a partida semanal de futebol. "Quero você na lateral direita," disse o treinador e, enquanto os garotos entravam em campo, completou: "Lembrem-se! Trabalho de equipe!"

Quando o menino substituiu o colega no segundo tempo, sua equipe estava na frente por um gol. O atacante do time fez um belo lançamento para o gol para ampliar o placar. Carlos num belo lance aparou a bola no peito e preparou-se para o ataque. Mas os colegas de Carlos estavam bem posicionados e Carlos, em vez de chutar para o gol, repassou a bola para um deles. A bola voltou para Carlos, que estava desimpedido e ele a chutou direto para o gol.

Quando ela passou pelo goleiro, Carlos ouviu as pessoas gritando em uníssono, "Gol! Gol!" Enquanto todos comemoravam, o juiz apitou, validando o gol.

As pessoas nas arquibancadas ainda pulavam, assoviavam, aplaudiam e comemoravam.

Esse foi um belo trabalho de equipe, Carlos pensou, enquanto voltava para sua posição, sorrindo orgulhoso por ter feito sua parte.

No caminho de casa, o pai lhe disse: "Muito bem! Vocês arrasaram."

"Foi preciso três de nós para finalizar aquele gol, mas conseguimos," Carlos respondeu com um sorriso. "Como disse o treinador, foi trabalho de equipe."

Chegando em casa, o menino correu para o quarto. "Preciso trocar de roupa e ir para igreja ajudar no trabalho da turma da Escola Dominical," falou. "Alguns vão limpar o jardim, e os outros pintarão nossa sala de aula."

"Trabalho de equipe!", comentou o pai. "Os cristãos também precisam trabalhar em equipe. Somos todos parte do Corpo de Cristo, embora cada um tenha uma função diferente. Algumas pessoas podem pensar que determinados trabalhos são pequenos e sem importância, mas cada um precisa fazer sua parte — seja dar testemunho nas ruas, ensinar na Escola Dominical, ou limpar o jardim da igreja."

VOCÊ JÁ É PARTE DO CORPO DE CRISTO?

Trabalho de equipe significa simplesmente fazer a sua parte, seja ela ajudar um amigo, testemunhar, orar por alguém ou obedecer e ajudar em casa. Quando todos trabalham juntos, pode-se realizar muito em menos tempo. Além disso, é mais divertido! Deus se alegra do trabalho em equipe.

OS CRISTÃOS PRECISAM UNS DOS OUTROS

VERSÍCULO-CHAVE

...embora sejamos muitos, somos um só corpo [...] unidos com Cristo...

—ROMANOS 12:5

9 de fevereiro
LEITURA:
ROMANOS 6:11-14

SORRIA

Helena chegou do shopping com a mãe, de cara feia. "Qual o problema, azedinha?" implicou o irmão.

"Mamãe trouxe tudo o que você pediu, mas não comprou nada para mim," reclamou. "E eu só queria uma camiseta do 'Smile."

João caiu na gargalhada. "Uma camiseta do 'Smile' em você?", perguntou. "Que piada! De qualquer forma, nem está na moda, e escutei você dizendo para a mamãe ontem." E, usando um tom mais fino para imitar a irmã. "Mãe! Quero uma coisa legal!" Ele riu e a irmã lhe deu um tapa. "Ei!" gritou, revidando.

O pai entrou na sala e viu os filhos se batendo. "Parem," falou. "Eu gostaria de ver um sorriso no rosto de vocês para variar."

No domingo seguinte, João e Helena se aprontaram para ir à igreja. Iam com o vizinho, pois ambos haviam aceitado Jesus como Salvador, mas seus próprios pais ainda não eram cristãos. "Por que vocês não vão à igreja com a gente hoje?", João perguntou esperançoso.

"Nem pensar!" exclamou o pai. "Vocês dois vivem brigando. Se isso for o que essa religião faz por vocês, não quero nada com ela." Os dois não sabiam o que responder.

"Temos que parar de brigar," Helena disse mais tarde. "Senão papai e mamãe nunca vão ouvir o que tentamos falar sobre a salvação."

"Eu sei," o irmão concordou. "A Bíblia diz que a gente deve ser diferente. Precisamos melhorar." Então pediram a Jesus para ajudá-los e Ele realmente lhes respondeu.

Não demorou para os pais notarem a diferença. Algumas semanas mais tarde, por exemplo, quando um vaso quebrou, Helena e João assumiram a responsabilidade. O pai ficou impressionado. "Um não está culpando o outro!", comentou. "Nunca pensei que esse dia iria chegar!"

No domingo seguinte, o pai os surpreendeu dizendo: "Vocês não acham que eu e sua mãe somos velhos demais para ir à igreja, não é?"

"Quer dizer… vocês vão?", perguntou o menino.

"Se a sua mãe quiser," respondeu o pai. A mãe concordou e João e Helena comemoraram alegremente. O pai riu e falou: "Veja! Isso colocou sorrisos nos rostos deles!"

SUAS AÇÕES MOSTRAM QUE VOCÊ É UMA NOVA PESSOA?

Satanás tenta constantemente fazer você falar coisas ruins para os seus amigos e familiares. Ele quer que você seja egoísta e que faça apenas o que quiser. Deixe os outros perceberem que Satanás não tem mais vez em sua vida. Peça todos os dias ajuda a Jesus para ser alegre, prestativo e gentil com os que estão ao seu redor. Deus vai abençoá-lo por suas ações.

AS AÇÕES FALAM MAIS ALTO QUE AS PALAVRAS

VERSÍCULO-CHAVE

Quem está unido com Cristo é uma nova pessoa…
–2 CORÍNTIOS 5:17

10 de fevereiro

LEITURA:
JOSUÉ 24:14,15,23,24

A ESCOLHA CERTA

Dario franziu a testa ao ouvir seu professor de Escola Dominical, o Sr. Leite, dizer: "Cada um escolhe para onde quer ir — se para o céu ou para o inferno."

"E quem vai escolher o pior?" perguntou.

"Se não aceitar Jesus, que é o caminho para o céu, você estará escolhendo o seu próprio destino", explicou o professor. Mas Dario não tinha tanta certeza.

Ao final da aula, Elias sorriu para ele. "Minha mãe vai me levar ao Museu de História Natural amanhã. Quer ir?"

"Claro," respondeu Dario.

No dia seguinte no museu, os garotos olhavam os fósseis quando tocou o alarme de incêndio. Imediatamente um segurança gritou: "Fogo! Venham por aqui — sigam-me!" E se dirigiu para uma porta próxima.

As pessoas correram atrás do segurança, mas no caminho, Dario viu outra porta mais próxima. "Vamos por ali. Talvez a gente saia mais rápido!", falou.

Bem nessa hora, outro funcionário do museu se aproximava. Ao ouvir a observação do menino, alertou. "Esse não é o caminho! Essa porta não leva para a saída. Se forem por ali, vão se perder!" Então os garotos mudaram de ideia e seguiram a indicação inicial.

No domingo seguinte, Dario contou ao Sr. Leite a aventura com Elias. "O que teria acontecido se vocês não tivessem acreditado no funcionário e escolhido uma saída diferente?", o professor perguntou.

"A gente ia se dar muito mal!", respondeu o menino. "Quase que não segui o funcionário e, se não o tivesse seguido, talvez não conseguisse sair dali!"

"Então, se você tivesse escolhido não seguir o funcionário até um lugar seguro, teria escolhido ficar no prédio em chamas, certo?", perguntou o Sr. Leite.

"Certo," concordou Dario. "Foi bom ter ido com ele."

"Esse é um exemplo de como não acreditar em Jesus e não segui-lo para o céu, é o mesmo que escolher seguir Satanás e seguir para o abismo," concluiu o professor.

Dario ficou assustado e continuou a pensar sobre o assunto. Tinha que admitir que o Sr. Leite estava certo e foi conversar com ele depois da aula.

QUE CAMINHO VOCÊ DECIDIU SEGUIR?

A escolha é sua. Se você ainda não aceitou Jesus como seu Salvador, está escolhendo continuar no caminho para o inferno. Mas ainda há tempo para mudar de direção. Decida hoje dar sua vida a Jesus. Faça essa escolha agora.

PARA CHEGAR AO CÉU, SIGA JESUS

VERSÍCULO-CHAVE

Quem não é a meu favor é contra mim...
—MATEUS 12:30

DEIXA PARA LÁ!

11 de fevereiro

LEITURA:
EFÉSIOS 4:26-32

Betina desligou o telefone e foi para a sala com os braços cruzados e os dentes cerrados. "Era a Elza," falou.

A mãe franziu a testa e disse. "Não me diga que ainda está zangada com ela."

"Estou!", respondeu a menina. "Ela não devia ter gozado com a minha cara daquele jeito. Principalmente na frente de todo mundo. Todos ficaram rindo de mim."

"Eu sei, mas você não deveria ficar remoendo isso por tanto tempo," disse a mãe enquanto se ajoelhava para esfregar uma mancha no carpete. "Você precisa superar essa raiva."

Betina ficou olhando a mãe esfregar com força. Percebeu que a mancha escura de suco de uva não havia clareado muito. "Você acha que algum dia vai sair?" perguntou.

"Assim espero," respondeu a mãe. "É claro que teria saído muito mais fácil se eu tivesse limpado na hora em que o suco derramou." A mãe limpou o suor do rosto e olhou para Betina. "Você deveria lidar com sua raiva do jeito que eu deveria ter lidado com esta mancha," acrescentou.

"Como assim?", a menina perguntou.

A mãe continuou a esfregar. "O tempo fez com que a mancha penetrasse nas fibras do carpete," explicou. "E uma vez que penetra e seca, fica muito mais difícil de limpar. A raiva faz algo parecido em seu coração. Se você permitir que fique e penetre, se torna cada vez mais difícil remover. Com o tempo, pode se transformar em amargura e ira."

Beth olhou para a mancha no carpete e suspirou. "Realmente não sei como não ficar zangada com Elza," disse finalmente, "mas vou tentar superar."

A mãe sorriu. "Muito bem! Não deixe a raiva crescer dentro de você. Sempre lide com ela na hora," falou. "Comece conversando com Deus sobre isso e também orando por Elza. É difícil ficar zangada com alguém por quem estamos orando. Com a ajuda de Deus a raiva ficará de lado. Então, talvez seja melhor ligar para a Elza e convidá-la a vir aqui. Assim, vocês poderão conversar sobre o que aconteceu."

"Certo, vou fazer isso, Betina concordou."

VOCÊ AINDA ESTÁ ZANGADO COM ALGUÉM?

Zangado por algo que aconteceu há algum tempo? Algumas coisas o deixarão zangado — às vezes até com razão. Mas Deus não quer que a raiva cresça em seu coração. Peça ajuda a Ele para superar. O Senhor diz: "não se ponha o sol sobre a vossa ira." Não espere. Converse com Deus sobre isso agora. Peça Sua ajuda para acertar as coisas com quem o deixou zangado.

LIDE COM A RAIVA AGORA

VERSÍCULO-CHAVE

Não fique com raiva [...] pois isso será pior para você.
–SALMO 37:8

12 de fevereiro

LEITURA: ATOS 1:9-11

ATÉ ELE VOLTAR

"Parece que papai e mamãe viajaram há uma eternidade!", João declarou.

"Pois é," concordou Anna. A empresa do pai estava abrindo um escritório em outro estado e ele viajou para reuniões de trabalho. A mãe foi junto para procurar casa e escola para os filhos.

"Não devem demorar muito já que encontraram a casa," disse a avó, que ficou cuidando das crianças.

"Sabe o que a Jane Silva disse hoje?", falou Anna. "Que talvez nossos pais tivessem ido embora para sempre." Balançou a cabeça. "Eu disse que era bobagem. Eu sei que eles vão voltar."

"Eles disseram que iam," concordou João, "e sempre fazem o que prometem."

"Isso mesmo," falou a avó, "e quando chegarem é preciso estar tudo pronto. Vocês se mudarão logo e há muito a fazer."

"Então vamos arrumar as coisas," disse Anna. "A gente podia limpar nossos quartos."

Todos concordaram e começaram os trabalhos. Limparam os quartos, jogaram fora coisas velhas, quebradas ou rasgadas e deram o que não usavam mais.

"Há alguém preparando um lugar para os Seus filhos?", perguntou a avó.

"Hum... não. Quem?", João quis saber.

"Também não lembro de ninguém," falou Anna.

"Jesus está fazendo isso," disse a avó. "Não sabemos quando Ele vai voltar, mas sabemos que voltará porque disse que iria," ela sorriu. "Estamos trabalhando para tudo estar pronto quando seus pais voltarem e deveríamos estar trabalhando também para estarmos prontos para a volta do Senhor. Deveríamos dar o nosso melhor para viver do jeito que Ele quer — amando e servindo a Deus, evitando coisas erradas, ajudando uns aos outros e falando de Jesus aos amigos."

"Quem vai chegar primeiro — papai e mamãe ou Jesus?", perguntou João.

"Espero que sejam nossos pais, para estarmos todos juntos quando Jesus voltar," disse Anna. Ela olhou para a avó. "Isso é ruim?"

A avó balançou a cabeça. "É natural e bom querer isso," falou sorrindo, "mas se Jesus chegar primeiro não ficarão tristes. Ficarão felizes!"

VOCÊ SABIA QUE JESUS ESTÁ VOLTANDO?

A Bíblia nos diz que Ele foi preparar um lugar para Seus filhos — isto é, para todos que o aceitaram com Salvador. Jesus prometeu que voltaria para buscá-los para viver com Ele eternamente — e Ele sempre cumpre o que diz. Quando chegar a hora, Jesus vai voltar. Esteja pronto para esse momento aceitando Jesus Cristo como seu Salvador e vivendo para agradá-lo. Lembre-se — Ele pode voltar hoje!

JESUS ESTÁ VOLTANDO

VERSÍCULO-CHAVE

...voltarei e os levarei comigo para que onde eu estiver vocês estejam também.
—JOÃO 14:3

A VOLTA PARA CASA

13 de fevereiro

LEITURA:
2 CORÍNTIOS 5:1,6-8

"Sinto tanta saudade da vovó," Linda comentou algumas semanas após a morte da avó. Seu irmão, Caio, concordou. Os dois sempre pensavam na avó e lembravam-se dos momentos divertidos com ela. "Queria que a vovó tivesse conhecido o bebê da Joana, mas agora…", completou Linda. Joana era a irmã mais velha que morava longe, e que tinha acabado de ser mãe de uma menininha. Linda estava ansiosa para conhecer a sobrinha.

"Sei que é difícil entendermos porque as coisas acontecem, mas precisamos confiar em Deus," encorajou o pai. "Ele sabe que ficamos tristes quando morre alguém que amamos e, com o tempo, cura nossos corações."

Uma tarde, Linda estava na casa de uma amiga, quando o pai ligou pedindo para voltar. "Não posso ficar mais um pouquinho?", pediu a menina.

"Hoje não," ele respondeu. "Quero que venha agora."

"Está bem," resmungou Linda. E foi, contrariada.

Quando chegou, abriu a porta e a voz da irmã: "Surpresa!" Era Joana com o marido e a pequena Jane!

"Ah!", gritou Linda. "Quero segurar a Jane! É tão fofinha! Não acha que se parece comigo?"

Caio riu. "Você quer dizer, as duas têm o nariz vermelho. É a única semelhança," implicou.

Todos se divertiram brincando com o bebê, falando e rindo juntos! "Ainda queria que a vovó tivesse conhecido a Jane," Linda comentou com tristeza.

"Sabe querida, acho que termos Joana e sua família aqui se parece com a reunião familiar que aconteceu quando a vovó foi para a casa dela no céu," disse o pai. "Faz oito anos que o vovô se foi. E também teve o filhinho deles que morreu com seis meses, e o irmão que foi morto na guerra… e muitos outros parentes e amigos que foram para o céu antes de sua avó."

"Deus chamou a vovó para o céu que nem você me chamou hoje?", Linda perguntou. O pai concordou. "Eu não queria vir naquela hora, mas agora estou feliz," murmurou a menina. "Tenho certeza que a vovó está feliz no céu também. Sei que ela está mais alegre lá do que nós aqui, com a família toda reunida."

VOCÊ CONHECEU ALGUM CRISTÃO QUE FOI PARA O CÉU?

Quando ficar triste, lembre-se de que seu ente querido simplesmente foi para "casa." Imagine os momentos felizes que está tendo com outras pessoas amadas que se foram antes. Mesmo que às vezes você não entenda o porquê das coisas acontecerem, tente ficar alegre por quem foi para o céu. Lembre-se de que Deus sabe que isso dói em seu coração, mas confie nele mesmo quando estiver triste.

O CÉU É A "CASA" DOS CRISTÃOS

VERSÍCULO-CHAVE

Pois para mim viver é Cristo, e morrer é lucro.
—FILIPENSES 1:21

14 de fevereiro
LEITURA:
SALMO 119:9-16

TEMPO DE TREINO

Max estava passando pela porta da cozinha quando ouviu o irmão mais novo. "Por favor pai, eu quero aqueles tênis. São os que o meu jogador de basquete preferido calça."

Max riu e entrou na cozinha. "Está achando que, como uma estrela do basquete usa esses tênis, você vai se tornar um grande jogador também, não é?" O menino balançou a cabeça. "Errado!", Max concluiu.

Samuel ficou indeciso. "Bem... pode ajudar," falou.

"O quê?", Max riu. "Então, se comprar uma camisa do Flamengo, talvez eles convidem você para jogar no time de futebol!"

O pai sorriu. "Em vez de implicar com seu irmão, talvez pudesse ajudá-lo a entender que não é um par de tênis de marca que vai fazer dele um bom jogador de basquete, mas sim o treino," sugeriu.

"Papai está certo," Max concordou. "Se você treinar todo dia Samuel, vai melhorar cada vez mais, independente do tênis que usar."

O menino ficou um pouco desapontado. "Acho que vou começar a treinar," falou com um suspiro, enquanto se dirigia para o quintal.

Max riu para o pai. "Já estava indo para o grupo de estudo bíblico," disse, "mas talvez fique para ajudar Samuel a treinar basquete."

O pai apontou para a Bíblia de Max na bancada da cozinha. "Sua avó deu uma Bíblia nova para cada um de vocês, não foi?", perguntou. "É aquela ali?"

"Sim," o menino sorriu. "Tem o meu nome na capa. Não é legal?", respondeu enquanto acariciava as letras impressas.

O pai concordou. "Tênis e Bíblias novas são ótimos, mas tê-los simplesmente não faz de você um bom jogador ou o ajudam a crescer espiritualmente, não é?", sorriu.

Levou um tempinho até Max entender o que o pai queria dizer. "Samuel precisa treinar para se tornar um bom jogador de basquete," falou lentamente, "e eu preciso estudar a Bíblia e treinar as coisas que ela ensina para me tornar um cristão mais forte, certo?", pegou a Bíblia e olhou para ela. "Acho que é melhor ir para o estudo bíblico," decidiu. "Não quero me atrasar para o 'treino'!"

VOCÊ QUER MELHORAR O SEU JEITO DE VIVER COM JESUS?

Para melhorar nos esportes é preciso aprender as regras e investir tempo em treinamento. Para melhor obedecer a Deus e viver para Ele, é preciso aprender as Suas "regras" e então investir tempo em praticar o que o Senhor manda. Aprenda as regras de Deus lendo a sua Bíblia e estudando-a com outros cristãos, e coloque em prática as coisas que Ele ensina em Sua Palavra.

ESTUDE A BÍBLIA

VERSÍCULO-CHAVE

...É só obedecer aos teus mandamentos.
—SALMO 119:9

15 de fevereiro

LEITURA:
GÁLATAS 6:7-10

DOANDO PARA DEUS

"**P**ena o Sr. Ramos não estar na igreja hoje," disse Robson. "Ele poderia doar o suficiente para a família Silva ir para o campo missionário." O menino estava falando de um senhor rico da igreja e que morava perto da casa deles. "Ele sempre dá um jeito de perder os sermões sobre doação. Que nem no ano passado. Não deu nada para ajudar o grupo de jovens a pagar a viagem missionária."

"É," concordou Sabrina. "O pastor Lucas disse que devemos dar com alegria e falou de 'dar até doer.' Aposto que só a ideia de doar, dói no Sr. Ramos. Ele não daria com alegria," os dois riram.

"Olhem bem," protestou a mãe. "Vocês não tem ideia do tipo de doação que o Sr. Ramos faz e não é da nossa conta. Além disso, o pastor também falou que Deus se alegra quando fazemos sacrifícios para dar. Já fizeram algum para o Senhor?"

Sabrina ficou surpresa. "Se tivéssemos alguma coisa para sacrificar…", disse.

"Claro que faríamos!", concordou Robson.

"Cuidado," alertou a mãe. "O Senhor espera que cumpram a promessa que fizerem."

Naquela tarde os irmãos estavam brincando com o carrinho novo quando o Sr. Ramos passou. "Belo carrinho," ele comentou. "Meu neto iria gostar. Vou comprá-lo de vocês," disse pegando o dinheiro.

"De jeito nenhum!" exclamou Robson. "Nós compramos as peças e montamos."

"Foi mesmo?" perguntou o Sr. Ramos. "Bem…", olhou para o dinheiro em sua mão. "Acho que não é suficiente. Tudo bem. Pago um pouco mais," colocou a mão novamente no bolso.

"A gente não sacrificaria nosso carrinho por dinheiro…", começou Sabrina. E parou. A palavra "sacrifício" a fez lembrar a conversa com os pais. Ela e Robson olharam um para o outro. "Nós… nós…". Sabrina gaguejou, mas ambos sabiam o que deviam fazer. E logo depois, o Sr. Ramos seguia com o carrinho.

"Detestei abrir mão do nosso carrinho novo," disse Robson, "mas agora temos dinheiro para o trabalho missionário da família Silva."

"É… me sinto muito bem por causa disso," respondeu Sabrina e ambos sorriram.

QUE TIPO DE DOADOR É VOCÊ?

Você já doou dinheiro para o trabalho do Senhor? Doou com alegria? Já abriu mão de algo que queria muito para dar mais para Deus? Pergunte o que Ele quer que você faça. Então, com o coração alegre, obedeça. Lembre-se de que bens materiais vêm e vão, mas o trabalho do Senhor dura para sempre. Depois de tudo o que Jesus fez por você, nenhum sacrifício que você fizer por Ele é grande demais!

DOE COM ALEGRIA

VERSÍCULO-CHAVE

…Deus ama quem dá com alegria.
–2 CORÍNTIOS 9:7

16 de fevereiro

LEITURA:
LUCAS 15:11-24

UM FILHO ETERNO

Bruno estava na cama lendo quando Sérgio, o irmão mais velho, entrou no quarto. "Sabia que o Beto Silva falou com o pastor Carlos depois do culto ontem e aceitou Jesus como Salvador?"

"Que bom!", Bruno falou. "Talvez agora ele fique longe de encrencas." Então franziu a testa. "Mas… o que acontece se ele pecar de novo? Sempre penso nisso. E se você pecar?"

"Acha que não peco, maninho?" Sérgio perguntou sorrindo. "Uau! Vai achando…"

"Bem, quero dizer… agora você é um bom cristão, mas se começar a fazer coisas como fumar ou roubar?", explicou Bruno.

"Quando faço algo errado, não me sinto bem até confessar a Deus e me arrepender do pecado, mas isso não significa que não sou mais salvo," respondeu Sérgio. "Sou filho de Deus para sempre."

"Não sei," ficou na dúvida. "Vou esperar para aceitar Jesus quando tiver certeza que posso viver do jeito certo." E nada conseguiu fazer o menino mudar de opinião.

Algumas semanas mais tarde, um garoto da turma de Bruno na Escola Dominical fugiu de casa. "O Sr. e a Sra. Pinheiro estão tão tristes," a mãe falou. "Só esperam e oram para ter notícias de Celso."

Sérgio concordou. E então se virou para o irmão. "Bruno, não acha uma pena que o Celso não seja mais um Pinheiro?"

"Como assim?", estranhou Bruno.

"Bem, ele fugiu de casa," respondeu Sérgio. "Não está mais comendo na casa dos pais e não pode mais pedir nada. Celso deixou a família."

"Mas ele ainda é um Pinheiro," disse Bruno. "Ainda é o filho deles. E os pais querem que volte para casa."

Sérgio concordou. "É verdade. E assim como Celso pertence à família Pinheiro, um cristão que peca continua pertencendo à família de Deus. Do mesmo jeito que Celso não pode aproveitar as vantagens de pertencer a família Pinheiro a menos que volte para casa, um cristão não pode desfrutar do fato de ser filho de Deus, até que acerte sua vida com Ele. O Senhor talvez tenha que discipliná-lo, mas ainda é Seu filho."

Bruno ficou pensativo. Estava começando a entender.

VOCÊ ESTÁ ADIANDO ACEITAR JESUS…

…porque acha que não consegue viver do jeito que um cristão deveria? É preciso a ajuda de Deus para viver segundo a Sua vontade, mas não esqueça — uma vez que nascer na família do Senhor, será Seu filho. Nada pode mudar isso. Se ainda não entrou para a família de Deus, não espere mais.

SALVAÇÃO É PARA SEMPRE

VERSÍCULO-CHAVE

Eu lhes dou a vida eterna, e por isso elas nunca morrerão…
—JOÃO 10:28

17 de fevereiro

LEITURA:
SALMO 33:20-22

UM BANQUETE

Que bom que estou um pouco melhor, pensou Sara. Enquanto se virava com cuidado, o pai entrou no quarto. "Acha que consegue tomar um pouco de sopa?", perguntou. Sara balançou a cabeça, fechou os olhos e tentou ficar mais confortável. "Pena que você perdeu a festa da Nicole," disse o pai.

"Também acho," falou baixinho, "mas disse a ela que deveria vir aqui semana que vem. Podemos fazer uma comemoração atrasada, só nós duas." Sara se virou novamente. "Pai, pode me trazer outro cobertor?", pediu. "Estou com frio."

"Claro, querida," respondeu. "Tem um aqui."

Sara sorriu enquanto o pai a cobria até o queixo. "É bom ter você cuidando de mim enquanto mamãe está fora. Quando me sentir melhor, podemos brincar juntos?"

"Essa é uma ótima ideia," o pai sentou na ponta do sofá e fez um carinho no braço da filha. "Sabe de uma coisa? Gostei de não resmungar por ter perdido a festa da Nicole. A mãe dela sempre faz um banquete para vocês, e sei que você gosta muito."

"É," respondeu a menina, "mas hoje nem consigo pensar naquilo tudo."

"Bem, eu e você temos um banquete aqui em casa," falou o pai.

Sara abriu os olhos assustada. "Não eu," disse, "e só tem sopa. Isso não é banquete."

"Quando temos um coração feliz, Sara, temos um banquete constante," respondeu o pai. "Acho que isso se aplica a um coração alegre também, e gostei de seu comportamento alegre, apesar de não estar se sentindo bem."

"Você está inventando isso só para fazer eu me sentir melhor?", ela perguntou.

"Não. Está na Bíblia," ele respondeu, "e eu falei por causa de sua reação tão boa, apesar de tudo."

"E isso é um banquete?", insistiu a menina.

"Um banquete para nossa alma," explicou o pai. Ele ajeitou o cobertor e apagou a luz. "Descanse, porque antes que perceba, vai poder dar um banquete para o seu estômago também."

SUA ALMA ESTÁ TENDO UM BANQUETE HOJE?

Não é divertido ficar doente e não poder comer. Mas, se realmente confia em Deus, mesmo nas piores horas Ele pode ajudá-lo a manter uma atitude alegre e positiva. Isso dá a você — e a quem estiver ao seu redor — um banquete diferente. Não é comida física, literalmente, mas um sentimento de alegria apesar das circunstâncias. E esse é o melhor banquete que existe!

TENHA UMA ATITUDE ALEGRE

VERSÍCULO-CHAVE

...a vida é [...] agradável para as pessoas que têm coração alegre.

—PROVÉRBIOS 15:15

18 de fevereiro

LEITURA:
PROVÉRBIOS 15:23; 25:11-13

O GAROTO "CONSERTADOR"

Samuel estava brincando com o carrinho de controle remoto. As luzes brilhavam enquanto o brinquedo corria para a sala onde estava seu irmão, Pedro. "Opa!", gritou Samuel quando o carrinho bateu. Ele o pegou e viu que uma peça havia caído.

O menino tentou consertar, mas não conseguiu. "Pedro, conserta para mim?", pediu.

"Você está sempre quebrando as coisas!", reclamou Pedro. Mas estendeu a mão. "Certo, me dá aqui." E, rapidamente, o carrinho estava novo em folha.

"Obrigado, Pedro," disse Samuel. "Eu queria saber consertar sozinho." Normalmente o menino sabia o que fazer, mas a informação parecia se perder entre a mente e as suas mãos, por isso tinha um professor especial na escola.

Samuel colocou o carrinho no chão e voltou para o quarto. Se jogou na cama. *Não consigo consertar nada*, pensou. *Semana passada, quando a corrente da minha bicicleta saiu, o Pedro teve que colocar no lugar. Quando o comedor do meu passarinho quebrou, papai consertou. Queria conseguir consertar alguma coisa.*

A tarefa da Escola Dominical estava em cima da mesinha de cabeceira. Tinha um desenho de Jesus curando um cego. *Jesus consertava as pessoas também*, Samuel pensou. *Ele curou o cego e o manco… e consertou tudo para eu poder ir para o céu.* Samuel se sentou. *Acho que Jesus pode me ajudar a aprender a consertar as coisas!* Então o menino orou, pedindo ajuda a Deus.

Mais tarde, Samuel foi até a cozinha onde a mãe preparava o jantar. Em vez do sorriso usual, ela parecia triste. Então perguntou: "Qual o problema, mãe?"

"Ah, querido," ela respondeu, "não é nada. Eu tive um dia difícil. Só isso."

Samuel deu um abraço bem apertado na mãe. "Não fica triste, mãe," falou. "Eu amo você. A senhora é a melhor mãe do mundo."

A mãe limpou as lágrimas e começou a sorrir. "Obrigada, querido," disse. "Você acabou de me transformar na mãe mais feliz de todas." Samuel sorriu também. Deus havia respondido a sua oração e o ajudado a consertar alguma coisa — o coração de sua mãe.

VOCÊ CONHECE ALGUÉM QUE ESTEJA DESANIMADO?

Gostaria de ajudar? Você é cristão? Então é alguém com um propósito especial. Deus lhe deu poder para ajudar a "consertar" pessoas desanimadas por meio de palavras e atitudes gentis. Não sabe o que dizer? Talvez alguém precise saber que você o ama, que gosta de estar em sua companhia, que gosta das coisas que faz. Pense nisto, e então anime alguém hoje. Faça isto por Jesus.

ANIME ALGUÉM HOJE

VERSÍCULO-CHAVE

As palavras bondosas são como o mel: […] boas para a saúde.
—PROVÉRBIOS 16:24

MUDANÇA DE PLANOS

19 de fevereiro
LEITURA:
TIAGO 4:13-15

Quando Emília e seu pai bateram palmas e gritaram, duas andorinhas voaram rapidamente para fora da garagem. "Por que não podemos deixar que façam o ninho na garagem?", perguntou a menina enquanto olhava as aves desaparecendo no céu.

"Porque fariam muita sujeira," ele respondeu. "E também porque nossa garagem não seria um lugar seguro para os filhotinhos. É só ver o que acontece quando está fechada." Enquanto falava, o pai apertou um botão. O portão se fechou, ficou escuro e a brisa fresca desapareceu.

Emília concordou. "Nossa garagem fica muito quente, não é?", perguntou.

"Sim, e não apenas isso," respondeu o pai. "Quando o portão estiver fechado, os pais não poderiam sair ou entrar para trazer comida para os filhotes." Ele abriu novamente o portão, deixando a brisa entrar.

"Acho que terão que mudar de planos e encontrar um novo lar, que nem fizemos quando mudamos para cá," concluiu Emília. "Queria que nossos planos não tivessem mudado. Gosto desta casa, mas preferia a outra, e gostava da minha antiga escola."

"Bem, sua mãe e eu também gostávamos," o pai concordou. "Fomos surpreendidos quando a empresa nos transferiu para esta cidade, mas tenho certeza de que gostaremos daqui. Logo você se sentirá em casa na escola nova." Ele encostou na parede e pensou um pouco. "Podemos fazer nossos planos, Emília, mas, como diz a Bíblia, quem realmente determina nossos passos é o Senhor — e queremos segui-lo."

"Mas por que Deus iria querer que a gente se mudasse?", perguntou a menina.

"Por que espantamos aqueles pássaros para fora da garagem?", perguntou o pai.

"Bem… porque sabemos que é melhor eles fazerem o ninho em outro lugar," respondeu.

"Certo. Os pássaros não entendem isso," prosseguiu o pai, "mas nós sabemos que é melhor. E não sabemos por que Deus queria que mudássemos, mas Ele sabe o que é melhor para nós."

"Sei que é verdade," ela falou e sorriu. "Se Deus quer que eu fique na escola daqui, acho que é melhor me acostumar!"

É DIFÍCIL ACEITAR AS MUDANÇAS EM SEUS PLANOS?

É bom planejar com antecedência, mas sempre tenha em mente que seus planos podem necessitar de mudanças. Aceite com alegria mudanças que estão fora de seu controle. Quando as coisas não acontecem do jeito que você gostaria, procure por lições que Deus talvez queira ensinar. Tenha certeza de que Ele sabe o que é melhor para você e confie que o Senhor trabalha para o seu bem.

ACEITE OS PLANOS DE DEUS PARA VOCÊ

VERSÍCULO-CHAVE

A pessoa faz os seus planos, mas quem dirige a sua vida é Deus…
—PROVÉRBIOS 16:9

20 de fevereiro

LEITURA:
SALMO 143:8-10

BARREIRAS DE PROTEÇÃO

"Pai, o que são essas coisas na beira da estrada?", perguntou Mateus, de 6 anos, enquanto seguiam pela autoestrada.

"São barreiras de segurança," respondeu o pai. "Algumas vezes são feitas de chapas de metal, outras, de cabos de aço."

"Barreira de segurança?", estranhou. "E para que servem?"

"Para manter os carros dentro da estrada," o pai falou.

"E por que eles sairiam da estrada?", insistiu Mateus.

"Eles não querem sair da estrada," riu Carlos, o irmão, "às vezes há acidentes. No inverno, por exemplo, chove, a estrada fica escorregadia e os carros podem bater."

"Sim," concordou o pai, "e outras vezes, os motoristas não prestam atenção ou ficam com sono. Quando isso ocorre, podem sair da estrada. Então, essas barreiras de proteção não os deixam cair no penhasco ao lado da estrada. Sem essas barreiras, poderiam se machucar muito."

"Elas já salvaram alguém nesta estrada?", perguntou Mateus.

"Com certeza," respondeu o pai.

"Uau!" exclamou o menino. "Então, são muito importantes!"

"Sim, são mesmo," o pai concordou. E então acrescentou. "Essas barreiras nos protegem na estrada e, quando usamos a Palavra de Deus, ela funciona do mesmo modo na estrada da vida."

"Onde é a estrada da vida?", Mateus estranhou.

"Você está nela agora," riu Carlos.

"Quando falo estrada da vida," o pai sorriu, "não quero dizer uma estrada de verdade. Apenas estou falando do jeito que vivemos, dos lugares aonde vamos e das coisas que fazemos e dizemos," explicou.

"E a Bíblia pode nos ajudar a fazer as coisas certas," completou Carlos e virou-se para o irmão. "Lembra-se daquela música sobre a Bíblia que está no CD do papai? No refrão diz: 'O pecado me afastou dela, agora ela me afasta do pecado.'"

"Quando obedecemos a Bíblia, ela nos mantém no caminho que Ele quer para nós," falou o pai. "Mantém-nos longe de problemas e ajuda em momentos difíceis."

"Ela faz a gente andar na estrada certa," concordou Mateus, "que nem essas barreiras de proteção."

VOCÊ LÊ A BÍBLIA QUANDO NÃO SABE O QUE FAZER?

Ao confiar e obedecer a Palavra de Deus, ela funciona como barreira de proteção em sua vida, o ajuda a se manter na "estrada" e a viver do jeito que o Senhor quer. Leia a Bíblia todos os dias. Receba a proteção disponível ao aprender e seguir os princípios e instruções que Deus dá. O caminho dele é o melhor e mais seguro.

DEIXE A PALAVRA DE DEUS PROTEGER VOCÊ

VERSÍCULO-CHAVE

...ensina-me o que queres que eu faça, e eu te obedecerei fielmente!...
—SALMO 86:11

A RAÇA HUMANA

21 de fevereiro

LEITURA:
GÊNESIS 2:7,21-23

Certa noite João comentou com os pais: "Nosso professor de ciências diz que a vida começou na água que cobria toda a terra. Ele diz que quando a terra secou e começou a aparecer, algumas criaturas criaram pernas e pulmões para poder viver fora da água. E que continuaram a evoluir ao longo de milhões de anos até chegar a serem seres humanos inteligentes. E que foi assim o início da raça humana."

"O Sr. Barros chamou isso de evolução," acrescentou Graça, a irmã gêmea.

"E vocês acreditam?", perguntou o pai.

"Eu não!", João balançou a cabeça. "Parece idiota! Perguntei ao professor o que acha da descrição da Bíblia sobre a criação e ele disse que era um mito. Diz que precisamos aprender o que o livro de ciências ensina e…".

"João perguntou ao Sr. Barros se ele realmente acredita nessa coisa de evolução," interrompeu Graça com um grande sorriso, "e ele disse que sim. E quando o sinal tocou, João falou, 'Bem, o senhor pode acreditar do seu jeito e nós acreditarmos do jeito certo.' A turma toda gritou!"

"Foi," João riu também. "O Sr. Barros ficou tão zangado!"

As crianças desataram a rir, mas os pais não. "Não é correto desrespeitar um professor," falou o pai, "mesmo sabendo que está errado."

"Mas o que podemos fazer?", perguntou Graça. "Não vamos aprender coisas que não acreditamos!"

"Não, mas também não queremos ser reprovados," acrescentou João.

"Aprendam a matéria," disse o pai, "e, quando forem dar respostas que não concordam, mostrem ao Sr. Barros que escreveram de acordo com o livro de ciências, mas que, pessoalmente, ainda acreditam na Bíblia."

"A gente pode fazer isso," falou João e virou-se para Graça. "Vamos tentar tirar as melhores notas na classe," sugeriu, "mas diremos ao professor que cremos que a raça humana começou quando Deus criou Adão. Que tal?", a irmã concordou.

"Certo!", o pai disse. "Sua mãe e eu estaremos orando por vocês — e por ele."

VOCÊ ESTUDA SOBRE A TEORIA DA EVOLUÇÃO?

Respeite os seus professores, dando um bom testemunho, mas, ao mesmo tempo, mantenha sua fé em Deus. Mostre a eles e aos colegas de classe que acredita no que Deus diz por meio da Bíblia. Lá está bem claro que Ele criou todas as coisas, incluindo a raça humana.

DEUS CRIOU O HOMEM

VERSÍCULO-CHAVE

…Deus criou os seres humanos; ele os criou parecidos com Deus…

—GÊNESIS 1:27

22 de fevereiro
LEITURA: JOÃO 10:14-18

A VIDA DELE PELA MINHA

"Por que Jesus se deixou matar se Ele era Deus?", perguntou Breno ao professor da Escola Dominical. "Não entendo!" Apesar das explicações do Sr. Cunha, Breno ainda questionava.

Semanas mais tarde, a turma foi acampar. Estavam muito animados porque iriam conhecer o guarda florestal Milton Rios.

Quando encontraram o guarda, ele ensinou o que fazia e até os deixou subir na torre de observação, de onde procurava por focos de incêndio. E então o Sr. Cunha e os garotos acamparam no meio da floresta.

Alguns dias depois, um foco de incêndio foi detectado. Homens, caminhões e helicópteros vieram combater o fogo que se espalhava. Os acampamentos foram evacuados, mas os meninos e o professor haviam se afastado das barracas. "Não vou sair até encontrarem os meninos," disse o guarda Rios quando o chamaram para deixar a torre. Apesar do perigo, continuou procurando até achar o grupo, informar sua localização e ter certeza de que haviam sido resgatados.

Minutos mais tarde, quando os garotos falavam sobre a emoção do resgate, um policial se aproximou. "Onde está o guarda Rios?", perguntou um dos meninos "Foi ele quem viu o fogo, não é?"

"Ele ainda estava na torre," disse o policial, "quando uma árvore caiu sobre ela. Lamento."

"Quer dizer que... morreu?", gaguejou Breno. "Mas por que ele não saiu antes?"

"Nós tentamos convencê-lo, mas o guarda Rios se recusou porque vocês ainda não haviam sido encontrados. Se ele não tivesse... bem, não estariam aqui agora." O menino ficou arrasado.

Naquele mesmo dia, à noite, o Sr. Cunha foi falar com Breno. "O que o guarda Rios fez ajudou a entender que Jesus nos ama tanto que deu Sua vida por nós?", perguntou. "Ele podia ter evitado a morte, mas se tivesse, não seríamos salvos de nossos pecados. Jesus morreu em nosso lugar — mas ressuscitou. E, qualquer um que confie nele como seu Salvador, viverá no céu com Jesus para sempre."

"Eu entendi." A voz de Breno tremia. "Quero Jesus como o meu Salvador também."

VOCÊ ENTENDE QUE JESUS QUIS SACRIFICAR SUA VIDA?

Você não pode se salvar, mas Jesus deu Sua vida de propósito para que você fosse salvo e para que você viva eternamente com Ele no céu. Você já aceitou Jesus como seu Salvador? Se não, que tal fazer isso hoje?

JESUS MORREU POR VOCÊ VOLUNTARIAMENTE

VERSÍCULO-CHAVE

...dou a minha vida [...] por minha própria vontade...
—JOÃO 10:17,18

ESPAÇO PARA CRESCER

23 de fevereiro
LEITURA:
ATOS 2:42-47

"Adivinha!", Amanda gritou do quarto quando ouviu a mãe entrar em casa. "A Sra. Brandão vai se mudar e não quer levar o aquário, então me deu os três acarás."

"Mas eles não são grandes?", perguntou a mãe, entrando no quarto.

"Num lago, sim, mas se estiverem num aquário, ficam pequenos", explicou Amanda. "A Sra. Brandão diz que eles crescem proporcionalmente ao meio onde vivem."

"Interessante," disse e foi até o aquário da filha para dar uma olhada nos recém-chegados. "Na verdade, seus peixes podem ser um assunto interessante no seu grupo desta semana. De alguma forma, somos como esses peixes."

"Somos?", estranhou Amanda. "Como peixes?" Então respirou fundo. "Mãe, sobre o grupo… no final do ano o pessoal da minha idade deve passar para um grupo mais velho, mas a gente quer manter o nosso grupinho."

"Vocês estão se preocupando cedo demais, não acha?", disse a mãe. "Seu grupo vai se manter praticamente o mesmo por um tempo." Ela olhou para os peixes da filha. "E se a Sra. Brandão tivesse soltado esses peixes no lago em vez de dá-los a você? O que aconteceria?"

"Acho que iriam crescer bastante," Amanda respondeu.

"Certo," disse a mãe. "E você acha que Deus iria querer que vocês fossem como os peixes pequenos num aquário apertadinho? Ou acha que Ele quer que cresçam espiritualmente como cristãos?"

"Acho que Deus quer que a gente cresça," admitiu Amanda. Sua prima Cris já tinha comentado sobre os estudos bíblicos do grupo dos mais velhos. E a menina também era chamada para ajudar ministérios locais e também missionários estrangeiros. Amanda sabia que participar nessas atividades e aprender com os garotos mais velhos, iria ajudar seu grupo a crescer espiritualmente.

"Estava pensando no que falar na reunião de hoje, então… vou levar meus peixes e usá-los como exemplo," decidiu Amanda. "Talvez os outros concordem que a mudança será boa." Olhou para os peixes e sorriu. "Acha que eles gostarão de ir ao grupo de jovens?"

ONDE VOCÊ VAI PARA CRESCER ESPIRITUALMENTE?

Você tem amigos cristãos para ajudá-lo? Vai à igreja, à Escola Dominical ou participa de algum projeto? Não se mantenha num "aquário." Deus quer que você cresça. Aproveite as oportunidades que tiver para fazer amizade com outros cristãos, aprenda mais sobre o Senhor e o sirva em outros lugares.

VÁ ONDE É POSSÍVEL CRESCER ESPIRITUALMENTE

VERSÍCULO-CHAVE

…animemos uns aos outros…
—HEBREUS 10:25

24 de fevereiro

LEITURA:
MATEUS 6:5-8

O QUARTO DE ORAÇÃO

Onde está Toninho? O pai pensou ao entrar no quarto para avisar que era hora de ir para cama. Virou-se para sair, mas escutou uma voz abafada vindo do armário fechado. Finalmente o pai ouviu um "Amém" e Toninho saiu lá de dentro.

"Não queria atrapalhar você," falou, "mas estou curioso. Por que estava orando dentro do armário?"

"Bem, eu sempre oro ao lado da cama," explicou, "mas a lição do estudo bíblico foi sobre oração e meu professor citou um versículo que dizia que devíamos entrar num lugar fechado para orar. Então hoje orei dentro do armário."

O pai sorriu. "Acho que lugar fechado significa algo um pouco diferente," disse. "Na verdade, muitos estudiosos da Bíblia traduzem essa expressão como 'quarto.' Que é a palavra usada em diversas traduções da Bíblia."

"Sério?", perguntou Toninho. "Que bom! Posso voltar a orar ao lado da minha cama? É abafado dentro do armário!"

"Acho que Jesus estava ensinando que não devemos nos exibir em público," o pai falou. "Por isso é bom ficar sozinho, como num quarto, e fechar a porta." Fez uma pausa. "É claro que podemos orar a qualquer hora e lugar. Quando entramos na privacidade de nosso coração e mente, e fechamos a porta…".

"Mas, pai," o garoto interrompeu, "como posso fechar a porta no meu coração e mente?"

"Uma forma é fechando os olhos para orar," explicou, "mas mesmo se estiver fazendo alguma coisa e não puder fechar os olhos, pode controlar sua mente e não deixar o seu pensamento desviar para outras coisas."

Toninho concordou. "É como fazer um quarto de oração na minha cabeça," falou. "Nem sempre estou em casa quando preciso orar. Como se levasse meu quarto de oração o tempo todo comigo e poder orar em qualquer lugar."

"Isso mesmo!", concordou o pai. "É ótimo poder orar em casa, na escola, quando estiver brincando — ou em qualquer lugar. Mas tenha o cuidado de separar um tempo com Deus todos os dias, porque é bom ter uma hora e um lugar especiais para orar."

VOCÊ TEM UM TEMPO COM DEUS TODO DIA?

É possível falar com Ele quando e onde estiver, mas também é bom falar com o Senhor sozinho, num lugar tranquilo. Deus quer que seu tempo de oração seja um momento de particular entre Ele e você. Se desligue do mundo e pense sobre o amor dele quando estiver orando. Deixe sua mente aberta para o que o Senhor quer lhe dizer quando estiver a sós com Ele.

TENHA UM MOMENTO DE ORAÇÃO TODOS OS DIAS

VERSÍCULO-CHAVE

…quando orar, vá para o seu quarto, feche a porta e ore ao seu Pai…
—MATEUS 6:6

25 de fevereiro

LEITURA:
SALMO 119:33-40

PÃO PARA "COMER"

"Oi vô," Felipe e a irmã chamaram quando subiram os degraus da varanda que dava acesso à porta dos fundos da casa do avô.

"Olá," ele respondeu sorrindo. "O que estão fazendo?"

"Ficamos para trás no grupo de estudo bíblico," disse Abigail, "e não decoramos os versículos. Então mamãe disse que precisamos decorar hoje. Mas ela nos mandou fazer uma pausa e vir até aqui um pouquinho."

"É isso," concordou Felipe. "Só não sei como vou conseguir lembrar todos aqueles versículos."

"Você sabe o número de seu telefone?", perguntou o avô com um sorriso. "E a combinação do cadeado do seu armário? E o seu endereço? Não é difícil lembrar tudo isso?"

Felipe balançou a cabeça. "Isso é fácil porque uso o tempo todo," respondeu.

"Certo," concordou o avô. "Ou seja, lembramos o que usamos com frequência, não é?" e respirou fundo. "Hum… que cheirinho de pão fresco!"

Abigail sorriu e abriu o saco que tinha nas mãos. "Mamãe mandou."

"Que bom!", exclamou o avô. Então pegou o pão e colocou-o na mesa perto da luminária. "Parece gostoso, não acham?", perguntou enquanto sentava no sofá.

Felipe arregalou os olhos. "Você não vai deixar ali, não é?"

O avô sorriu. "O que devo fazer com ele?"

"Comer, é claro!", respondeu Abigail. "Se deixar ali, não vai adiantar."

"Concordo," ele disse sorrindo. "O pão para nada serve se apenas ficar em cima da mesa. Então, de que adianta a Bíblia se ela ficar na prateleira? Eu vou comer este pão, saboreá-lo e me fortalecer a partir dele. Assim como se vocês 'comerem' a Palavra de Deus — se a usarem com frequência — ela fará bem a vocês. Quando vocês a colocam em seu coração, ela funciona em sua vida." O avô pegou o pão. "Agradeça a sua mãe por este pão — e continuem aprendendo seus versículos. Se os usarem, se lembrarão deles com facilidade assim como de outras coisas que fazem com frequência."

ONDE ESTÁ O SEU "PÃO" ESPIRITUAL?

Você está "comendo" dele ou apenas deixando-o numa prateleira? Quando estiver lendo este livro, leia também os versículos que são sugeridos aqui da Palavra de Deus, a Bíblia, Aprenda e use. Deixe o Senhor lhe dar força e orientação enquanto você pensa sobre o que lê em Sua Palavra. Então faça o que ela ensina.

USE A PALAVRA DE DEUS — A BÍBLIA

VERSÍCULO-CHAVE

…não deixes que eu seja dominado pelo mal.
—SALMO 119:133

26 de fevereiro

LEITURA:
JÓ 1:1-3,13-21; 3:25;
MATEUS 6:33,34

LÁGRIMAS DE AMANHÃ

A mãe encontrou Rebeca chorando no quintal, olhando a pata da cachorrinha Bilú. "O que foi, querida?", perguntou.

"Não quero que a Bilú adoeça de novo," a menina disse. "Sei que o veterinário tirou a mancha do pelo dela, mas ele disse que podia voltar."

"Pode, mas talvez nunca volte," respondeu a mãe.

"Se ela morrer, vou sentir saudade," falou Rebeca. "Não quero que Bilú morra."

"Claro que não," confortou a mãe, entregando um lenço à menina. "Enquanto isso, você não está aproveitando," fez uma pausa. "Lembra-se do que aconteceu com Jó?"

"Jó?", estranhou a menina. "O da Bíblia?"

"Ele mesmo," a mãe respondeu. "Ele tinha muitos motivos para ser feliz — família grande e muito dinheiro. Então perdeu tudo. Depois que seus problemas começaram, Jó disse: 'O que eu mais temia recaiu sobre mim, e o que mais tinha medo, aconteceu.'"

"Isso não está ajudando," choramingou Rebeca.

"Vou chegar lá," a mãe secou uma lágrima do rosto da filha. "Durante muitos anos ele teve sua família, prosperidade e sucesso, mas não parecia aproveitar tudo aquilo, não é?"

"Não," a menina respondeu, fazendo carinho na cachorrinha. "Parecia que ele se preocupava demais."

"E ficar com medo de perder tudo evitou que acontecesse?", perguntou a mãe.

"Não…", Rebeca abraçou Bilú, "mas o que eu posso fazer? Não tenho um botão para desligar a tristeza."

"Não, mas Deus tem uma solução," disse a mãe. "É normal ficar preocupado, mas temos uma escolha. Podemos nos preocupar, o que não ajuda, ou podemos agradecer ao Senhor pelas coisas boas que temos hoje — como Bilú. Podemos falar com Ele sobre o que nos incomoda e então confiar que Deus vai cuidar de tudo. Jó fez isso: continuou a amar e a confiar no Senhor."

A mãe pegou um *frisbee* e Bilú balançou a cauda quando ela o jogou. "Acho que ela precisa de uma amiga para brincar," disse.

Rebeca saiu correndo. "Vem, Bilú!", chamou. "Aposto que pego o *frisbee* antes de você." A cachorrinha saiu correndo pela grama com a sua amiga.

VOCÊ SE PREOCUPA COM O QUE PODE ACONTECER?

Você se preocupa com a escola? Com seus colegas? Fica preocupado em passar de ano ou mudar de casa? Lembre-se, quando a preocupação mantém você focado no que pode dar errado, você não aproveita o momento presente. Quando a preocupação chegar, ore, fale com seus pais e escolha pensar nas inúmeras bênçãos que está recebendo hoje. Agradeça a Deus por elas.

APROVEITE AS BÊNÇÃOS DE HOJE

VERSÍCULO-CHAVE

...não fiquem preocupados com o dia de amanhã...
—MATEUS 6:34

AMIGO SILENCIOSO

27 de fevereiro

LEITURA:
FILIPENSES 2:1-4

"Pai," começou Nando ao se jogar no sofá, "hoje tentei ser legal como a Bíblia manda, mas acho que não funcionou."

"Mesmo? O que houve?", o pai baixou o jornal.

"Tentei fazer amizade com o Paulo, um garoto novo da minha turma," explicou o menino, "mas ele mal falou comigo. Perguntei-lhe se queria sentar comigo no recreio e ele disse 'não.' Então chamei para brincar e ele falou que não queria. Acho que não quer fazer amigos."

"Tem ideia do motivo?", quis saber o pai.

"Bem… Miguel disse que ele teve que trocar de escola porque o pai está na prisão e a mãe vendeu a casa e se mudaram para um apartamento," respondeu o menino.

"Parece que o Paulo tem muita coisa na cabeça," observou o pai.

"Eu sei, mas será que não precisa de um amigo?", perguntou Nando.

O pai colocou o jornal de lado. "Lembra-se do dia em que quebrou a perna?", perguntou. "Seus amigos vieram animar você, não foi?", Nando concordou. "Se bem me lembro," continuou, "você não estava muito interessado neles aquele dia. O remédio para a dor o deixava meio sonolento, por isso não queria fazer nada."

"É mesmo," concordou Nando. "Foi um dia horrível."

"Você só queria ficar sozinho," comentou o pai. "Talvez Paulo se sinta assim. Com as coisas difíceis que aconteceram na vida dele, deve estar magoado. Provavelmente não está com ânimo para fazer novos amigos agora."

"Talvez não," Nando comentou e foi estudar no quarto.

Quando sentou teve uma ideia. Pegou um papel e escreveu um bilhete: "Paulo, desculpe se chateei você. Não vou mais fazer isso. Que tal se eu for seu amigo silencioso? Se quiser brincar comigo, me fale, certo? Nando."

Na manhã seguinte, Paulo estava sozinho no pátio da escola, então Nando foi até ele e entregou o bilhete. "O que é isso?", perguntou Paulo.

Nando preferiu ser um amigo silencioso, então apenas sorriu. Quando se afastou, deu uma olhada por cima do ombro. Paulo estava lendo o bilhete e parecia dar um ligeiro sorriso. Parece que seremos amigos, pensou o menino.

VOCÊ É SENSÍVEL COM O SENTIMENTO DOS OUTROS?

Fica feliz quando estão bem e triste quando não estão? Deus quer que você se importe com o que os outros sentem. Seja gentil, mas não se chateie se alguém preferir ficar sozinho. Ele pode estar passando por algum problema pessoal e talvez não queira conversar. Não force ninguém a fazer coisas com você. Ore pela situação e ajude no que puder. Continue sendo gentil como Deus quer que você seja.

SEJA SENSÍVEL AO QUE OS OUTROS SENTEM

VERSÍCULO-CHAVE

Alegrem-se com os que se alegram e chorem com os que choram.
—ROMANOS 12:15

28 de fevereiro

LEITURA: MATEUS 6:19-21

DOCES OU TESOUROS?

"**V**ocê pode usar isso no dever de casa?", a mãe perguntou quando viu Sandra com a calculadora.

"Poder, eu posso, mas isso não é meu dever de casa," a menina explicou. "Estou tentando descobrir como poderei ir na viagem missionária ao México."

"Pensei que já estivesse decidido," respondeu a mãe. "Você vai ganhar metade do dinheiro e eu e seu pai pagaremos o resto."

"Sim, mas eu vi uma jaqueta no *shopping*, então estou vendo se…", Sandra parou e balançou a cabeça. "Não tenho dinheiro para a jaqueta e a viagem," falou, "então tenho que decidir o que quero."

"A viagem missionária parecia tão importante," disse a mãe surpresa.

"Pois é," Sandra concordou. "Os meninos que foram ano passado disseram que foi bem legal, e que se divertiram muito também. Lembra como pegaram um macaco?"

"Vagamente," falou a mãe. "Como foi mesmo?"

"Tinha um macaco que entrava na cidade e roubava doces," Sandra riu. "Para pegá-lo, eles prenderam um vidro com uma abertura bem pequena num galho de árvore e colocaram doces dentro do vidro de um jeito que, quando ele pegasse, ficaria com a mão presa. O macaquinho bobo não largou os doces. E eles o levaram para o zoológico."

A mãe sorriu. "Sei que você gostaria da viagem," falou. "Lembro ouvir os garotos comentando que o trabalho com os missionários na Escola Bíblica de Férias foi abençoado."

"Isso mesmo," Sandra concordou e suspirou. "Mas eu queria muito aquela jaqueta. Devo usar meu dinheiro para a viagem ou posso comprar a jaqueta?"

"Bem…" falou a mãe. "O dinheiro é seu, mas pense de novo naquele macaquinho. Ele abriu mão de sua liberdade por causa de uns doces. Essa jaqueta está me parecendo um doce, enquanto que a viagem resultaria em tesouros espirituais duradouros, se for verdadeiramente feita para o Senhor. Vai desistir disso porque é boba demais para abrir mão do doce?"

"Uau! Colocando desse jeito…", Sandra desligou a calculadora. "Acho que a decisão não é tão difícil assim."

VOCÊ ACHA DIFÍCIL FAZER ESCOLHAS?

É complicado decidir se vai a um jogo ou ajudar na igreja? Se vai gastar seu dinheiro com você ou se doará um pouco para quem precisa? Se vai ver um filme ou se ajudará um vizinho? A opção por um prazer temporário pode ser mais atraente, mas não se agarre tão fortemente aos "doces", para não perder o que realmente importa. Quando não conseguir decidir, pergunte-se o que agradaria mais a Deus.

VALORIZE O QUE REALMENTE É IMPORTANTE

VERSÍCULO-CHAVE

Pelo contrário, ajuntem riquezas no céu…

—MATEUS 6:20

29 de fevereiro

LEITURA:
1 TIMÓTEO 6:11-14

"MANTENHA A DISTÂNCIA!"

A mãe de Eduardo o sacudia gentilmente e ele ao acordar, arregalou os olhos. "Tive que correr!", disse com a voz trêmula. Sua mãe sentou ao seu lado e disse: "Ouvi você gritar, do que você estava correndo?"

Ofegante, Eduardo respondeu: "Eu devia estar sonhando, e… e soldados estavam atirando em mim. Tive que correr!"

Sua mãe franziu a testa e perguntou. "O que você assistiu na TV ontem na casa do Alberto?"

"Não lembro o nome do filme, mas foi assustador e não deveria tê-lo assistido, mas todos estavam vendo. O que eu poderia fazer?", disse Eduardo.

Sua mãe o olhou e perguntou: "Você se lembra de quando o vovô contou como Jesus o ajudou a parar de beber? Lembra-se o que o vovô fazia cada vez que precisava ir a lugares próximos a um bar após ser salvo?"

Eduardo respondeu: "Ele disse que quando precisava passar perto de um bar ou loja de bebidas, atravessava a rua para evitá-los."

"Jesus o ajudou a parar de beber", ela disse, "mas o vovô sabia que seria difícil resistir à tentação se fosse a qualquer lugar que tivesse álcool."

"Acho que ficar perto do álcool dificultava ele parar de beber." Concordou Eduardo. "Sim, e o vovô nunca mais entrou num bar pelo que sei. Ele permaneceu sóbrio pelo resto de sua vida. Agora… o que isso significa para você?", a mãe perguntou.

"Bem, …não tenho certeza. Você quer dizer que não devo ir à casa de Alberto, novamente?" Sua mãe deu de ombros e disse: "Pense nisso, pois você tem assistido filmes ruins na casa do Alberto diversas vezes. Você não acha que seria uma boa ideia evitar ir até lá, a não ser que tenha planos definidos para fazer algo que não seja assistir TV?"

Eduardo permaneceu em silêncio, e em seguida perguntou: "Tudo bem e se eu chamasse o Alberto para vir aqui mais vezes?"

"Boa ideia," concordou a mãe, ajeitando as cobertas em volta de Eduardo. "Se você permitir, Jesus o ajudará a fazer escolhas certas. Mas você precisa fazer sua parte, não se colocando em situações de tentação."

E QUANTO A VOCÊ?

Há lugares nos quais você acha difícil fazer o que é certo? Lugares onde é influenciado a acessar sites mal-intencionados, a experimentar álcool ou drogas, a mentir, a trapacear ou fazer outras coisas erradas? Timóteo foi aconselhado a "fugir", e esse é um bom conselho para você também. Fuja destes lugares. Peça que Deus o ajude a se afastar, e Ele lhe dará forças para fazer o que é certo.

FAÇA A ESCOLHA CERTA! SIGA A JESUS!

VERSÍCULO-CHAVE

…fuja das paixões da mocidade…
–2 TIMÓTEO 2:22

SOMAR PARA COMPLETAR

Resolva cada um dos problemas abaixo e use os resultados para colocar as palavras na ordem correta. Siga o modelo indicado.

seu: 9 + 7 = 16
eu: 7 + 6 =
Isaías: 10 + 10 + 13 =
apavorem: 5 + 6 =
Deus: 9 + 8 =
eu: 9 + 9 + 7 =
ajudo: 8 + 8 + 8 =
forte: 10 + 10 + 11 =
pois: 2 + 3 =
se: 5 + 5 =
o: 7 + 8 =
estou: 2 + 4 =

sou: 7 + 7 =
protejo: 9 + 9 + 9 =
com: 3 + 0 =
forças: 7 + 7 + 7 =
mão: 11 + 11 + 10 =
lhes: 7 + 7 + 5 =
os: 9 + 8 + 6 =
e: 8 + 8 + 6 =
pois: 6 + 6 =
os: 9 + 9 + 8 =
medo: 3 + 1 =
Não: 0 + 1 =

Eu: 9 + 9 =
vocês: 5 + 3 =
não: 9 + 0 =
minha: 10 + 10 + 10 =
fiquem: 1 + 1 =
dou: 6 + 6 + 8 =
com: 3 + 4 =
a: 10 + 10 + 9 =
com: 9 + 9 + 10 =
41: 11 + 11 + 12 =
10 : 12 + 10 + 13 =

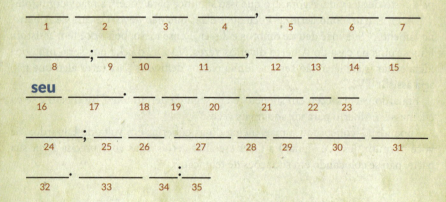

___ ___ ___ ___ , ___ ___ ___ ___
1   2   3   4   5   6   7

___ ; ___ ___ ___ , ___ ___ ___ ___
8   9   10 11 12 13 14 15

seu ___ . ___ ___ ___ ___ ___ ___
16   17   18 19 20 21 22 23

___ ; ___ ___ ___ ___ ___ ___
24   25 26 27 28 29 30 31

___ . ___ ___ : ___
32   33   34   35

Há muito tempo, Deus deu essa promessa ao Seu povo especial, a nação de Israel. Deus não mudou, e hoje Ele ainda está sempre com Seus filhos. A próxima vez que você enfrentar algo que o assuste, confie em Deus, sabendo que Ele cuida de você.

1.º de março

LEITURA:
ATOS 26:1,22,23,27-29

QUASE PASSANDO

"Ah, não!", exclamou João quando viu o boletim. Ele não gostava de matemática, então fazia os deveres o mais rápido que podia. Às vezes, nem os fazia, mas este ano estava muito pior!

Os pais não ficaram satisfeitos com a nota. "Sua mãe e eu conversamos com sua professora," o pai contou no dia seguinte. "Se você estiver se esforçando, tudo bem, mas ela acha que não está. E nós também. Acreditamos que é capaz de tirar uma nota boa em matemática. O que você acha?"

João suspirou. "Vou me esforçar," prometeu.

"Então, se realmente se esforçar bastante, vai melhorar, certo?", perguntou o pai. O menino concordou. "Eu e sua mãe decidimos que, se passar, compraremos aquele cavalo no verão. Se não estudar, quem sairá perdendo será você."

"Combinado!", disse João. "Vou fazer todos os deveres e será fácil ganhar o cavalo. Vejamos… que nome lhe darei?"

No início João cumpriu a promessa. Fez as tarefas e as notas começaram a subir. Então os dias foram esquentando, passou a estudar menos e a brincar mais. Na noite anterior à prova de matemática, pegou o livro e passou horas estudando. "Não estou entendendo este problema," dizia de vez em quando e ouvia atentamente a explicação dos pais.

Depois da prova, João não estava seguro de ter passado. Mas talvez tenha conseguido, pensava. Deveria ter estudado mais, mas quem sabe foi o suficiente?

Ao receber a nota, o menino suspirou. Tinha aprendido bastante na última noite de estudo frenético, mas havia começado tarde demais e não alcançou a nota que precisava. Ele sabia — e os pais também, — que não tinha se esforçado o bastante.

"Lamento," disse o pai quando viu a nota de João, "mas você sabe o que isto significa. Não compraremos o cavalo".

"Mas, pai, eu quase passei," o menino argumentou.

"Quase não é o suficiente," respondeu o pai. "Você concordou que se desse o seu melhor conseguiria. Nós dissemos que se passasse teria o cavalo — não se quase passasse. Nada de cavalo este verão." João ficou calado.

VOCÊ ESTÁ QUASE CONVENCIDO A SER UM CRISTÃO?

Quase não é suficiente. Jesus disse que aqueles que acreditassem nele, não os que quase acreditassem — teriam vida eterna. O rei Agripa, da leitura bíblica de hoje, estava quase convencido a se tornar um cristão. Até onde se sabe, ele não aceitou Jesus. Não seja como ele. Decida crer em Cristo agora e confiar nele para a sua salvação.

QUASE ACREDITAR NÃO É SUFICIENTE

VERSÍCULO-CHAVE

Eu afirmo a vocês que isto é verdade: quem crê tem a vida eterna.

—JOÃO 6:47

2 de março

LEITURA:
FILIPENSES 2:1-4

DEIXANDO RASTROS

Miguel ficou batendo os pés para aquecê-los enquanto esperava por sua irmã Carla e o avô no limite do bosque. Quando chegaram, a menina apontou e disse: "Olha vovô! Que animal deixou esse rastro?"

O avô se abaixou para olhar melhor. "Vejamos... quatro dedões e uma ponta. E estão vendo a linha reta que deixou? Diria que uma raposa esteve aqui. O peito estreito da raposa permite que coloque uma pata bem na frente da outra, por isso há apenas uma linha de pegadas."

Eles seguiram o rastro um pouco mais e o avô apontou os lugares onde esquilos e coelhos tinham se escondido. "Uau, vovô! Você é o melhor rastreador do mundo!", disse Carla admirada. "E todas essas pegadas nos contam uma história, não é?" O avô concordou.

Quando chegaram a casa, Miguel respirou fundo. "Hum! Mamãe está fazendo pizza," declarou. "Sinto o cheiro!", riu. "Ela está deixando rastro também — de pizza."

Carla guardou seu casaco e as luvas, mas Miguel largou o seu no chão, arrancou as botas e correu em direção à cozinha. Na barra de suas calças havia terra grudada.

"Miguel, posso dizer quando você passou pela sala," disse o avô, parando-o no corredor. "Como outros animais, está deixando rastro. E, também conta uma história. Que tipo de história acha que se pode contar de poças e casacos no chão?"

"Sem problemas, vovô," Miguel deu de ombros.

"Atrevo-me a dizer que isso é um problema para os seus pais, pois às vezes eles recolhem suas coisas." O avô fez uma pausa. "E lembre-se... ao mostrar respeito pelos outros, está demonstrando respeito por seu Criador — Deus. Ele diz que quem o conhece deve fazer o certo."

Miguel olhou nos olhos gentis do avô. "Vou melhorar, prometo."

"Certo," o avô sorriu. "Não esqueça — sou o melhor rastreador da redondeza e vou ficar de olho. Se quiser me enganar, precisa ser bem melhor."

Miguel olhou em volta enquanto o avô saía. E pendurou o casaco e colocou as botas no tapete apropriado. Vovô não vai mais me rastrear tão facilmente, decidiu.

QUE HISTÓRIA SEU RASTRO CONTA?

Você deixa roupas no chão, cama desarrumada ou brinquedos espalhados, mostrando desrespeito, preguiça e egoísmo? Ou arruma suas coisas? Suas ações contam uma história de consideração e amor aos outros e a Deus? Olhe em volta e veja se há rastros que Deus gostaria que mudasse. Deixe rastros que demonstram respeito, não caos. Rastros que contêm uma história que deixará Deus e os outros felizes.

SUAS AÇÕES DEIXAM "RASTROS"

VERSÍCULO-CHAVE

Você mesmo deve ser, em tudo, um exemplo de boa conduta...
—TITO 2:7

O DESFILE COMPLETO

3 de março
LEITURA:
ISAÍAS 55:8,9

"Por que, Deus?", murmurou Jéssica enquanto abraçava o irmãozinho. Sérgio era adorável, mas tinham acabado de descobrir que era surdo.

"Não culpe Deus, querida," falou a mãe. "Seus caminhos estão acima de nossa compreensão. Precisamos confiar nele mesmo quando não entendemos."

Mas Jéssica queria entender. *Afinal, somos cristãos*, pensou. *Deus não deveria cuidar dos cristãos? Como papai e mamãe podem estar tão calmos? Eles tratam o Sérgio como um bebê normal.*

"Está pronta para ir ao desfile, filha?", a mãe interrompeu os pensamentos da menina. "Se não nos apressarmos, vamos perder uma parte." Ela esticou os braços para o bebê. "Vem com a mamãe, querido," falou.

"Não sei por que você fala com ele, mãe," disse Jéssica secamente. "Sabe que ele não ouve."

A mãe suspirou. "Eu já disse, querida, é importante ele ver nossos lábios se moverem e sentir a vibração das palavras. Agora seque as lágrimas e os pensamentos ruins. Vamos nos divertir. Sérgio vai amar o desfile."

No evento, havia muitas pessoas na frente da família de Jéssica. Ela se agachou e tentou ver dentre os espaços. "Seria bem melhor se conseguisse ver o todo, em vez de uma fila após a outra," acenou.

O pai entregou o bebê à mãe e puxou Jéssica para seu ombro. Ela bateu palmas. "Agora consigo ver tudo," falou sorrindo para seu pai.

No caminho de volta para casa. "A vida é como um desfile", observou o pai. "Somos como crianças na multidão e vemos apenas um pedaço de cada vez. Deus está acima de tudo. Ele vê a vida inteira de cada pessoa — o passado e o futuro, assim como o presente. Ficamos nos perguntado a razão de Sérgio ser surdo, mas porque só vemos o presente. Deus sabe o porquê. Ele vê o todo."

Jéssica fez um carinho na mão do irmãozinho que dormia. "Vou tentar lembrar disso, pai."

ESTÁ QUESTIONANDO DEUS PELO QUE ACONTECEU?

Seus caminhos estão acima dos nossos. Muitas vezes, além da nossa capacidade de compreensão. Em determinado momento, você vê apenas uma pequena parte de sua vida. Deus a vê por inteiro, do início ao fim. Confie que Ele fará o que é melhor. Seus caminhos são sempre corretos.

CONFIE EM DEUS COM SUA VIDA

VERSÍCULO-CHAVE

Confie no SENHOR de todo o coração...
–PROVÉRBIOS 3:5

4 de março

LEITURA:
JOÃO 17:17-19;
2 TIMÓTEO 3:14-17

A VERDADE DA BÍBLIA

"Você está preparado para a prova de amanhã sobre evolução?", José perguntou a Daniel enquanto voltavam para casa.

"Acho que sim," o amigo suspirou. "Posso explicar evolução do jeito que o professor Jackson fez, mas não acredito nisso. Creio que Deus criou tudo."

"O professor diz que também acredita na Bíblia, mas acha que a história da criação não explica do jeito certo," falou José encolhendo os ombros. "E daí? Que diferença faz?"

Quando outro garoto passou de bicicleta e acenou, José fez careta. "Lá vai o Dilan Neves. Não confio mais nele!", declarou. "Sabe o que ele fez? Prometeu me vender sua bicicleta quando comprasse uma nova, mas, quando finalmente conseguiu, me disse que vendeu a antiga para o Gerson pelo dobro do preço que tinha combinado comigo."

"Bem, não dá para culpar o Dilan por querer ganhar um dinheiro extra," disse Daniel.

"Talvez não, mas semana passada falei com o Gerson e ele disse que pagou o mesmo que eu ia pagar. Além disso, o Dilan fica se gabando da bicicleta nova — disse que seu pai pagou caro. Mas o primo dele contou que é mentira e que a bicicleta nem é nova!" José fez outra careta. "Acho que nunca mais vou acreditar no que o Dilan fala. Se mente assim por uma bicicleta, imagina por outras coisas."

"Não seria o mesmo com Deus e a Bíblia?", perguntou Daniel.

"Deus?", José estranhou. "Como assim?"

"Bem, a Bíblia é a Palavra de Deus, e no primeiro versículo diz: 'No começo Deus criou os céus e a terra,'" respondeu o menino. "O primeiro capítulo inteiro é sobre Deus criando o mundo; e há diversos outros versículos na Bíblia que dizem que Deus criou tudo. Se esses versículos estão mentindo, como podemos acreditar em qualquer coisa que está na Bíblia?"

"Então...", José parecia pensativo, "se acreditamos na Bíblia e em Deus, temos que acreditar que Ele criou tudo?", perguntou.

"Eu vejo assim," concordou Daniel. "Acho que vou colocar isso em alguma parte da minha prova de amanhã."

VOCÊ CRÊ NA BÍBLIA? EM TODA ELA?

Acreditar que apenas parte da Bíblia é verdadeira é o mesmo que dizer que Deus nem sempre diz a verdade. É errado. Deus é a verdade e a Sua Palavra, a Bíblia, é verdadeira. A criação e os milagres são algumas questões que certas pessoas não querem acreditar. Mas Deus diz claramente que Ele criou todas as coisas e fez muitos milagres. Acredite. E creia em tudo o que Deus diz.

TODA A BÍBLIA É VERDADEIRA

VERSÍCULO-CHAVE

Pois toda a Escritura Sagrada é inspirada por Deus...
—2 TIMÓTEO 3:16

5 de março
LEITURA:
1 SAMUEL 16:6-13

BETERRABA EM CONSERVA

"**N**ão acredito!", Bruna exclamou com os olhos no noticiário enquanto colocava a mesa para o jantar. "A Jennifer Taylor tinha tudo. É linda, talentosa, rica, famosa e…".

"Estragou a vida com drogas e agora está sendo presa," completou a mãe, balançando a cabeça. "Que triste!"

"É… mas eu ainda queria ser bonita assim!", disse a menina.

"Eu diria que ela é um bom exemplo de que a beleza pode ser decepcionante," a mãe respondeu abrindo a geladeira. "Ah, Bruna, por favor vá até o despensa e pegue um vidro de beterraba em conserva da vovó. Vou servir com o jantar."

"Tudo bem," ela disse em direção à despensa. E logo voltou com um vidro de beterrabas bem vermelhas. "Amo a cor destas beterrabas!", declarou ao levantar o vidro contra a luz do sol. "Olha só! Não são lindas? Queria ter um casaco desta cor."

A mãe riu. "É uma bela cor," concordou ao pegar o vidro e abrir. "Ah, não!", exclamou. "A tampa não estava bem fechada. Melhor não comermos isto. Pode estar estragado."

"Mas parecem boas," disse Bruna.

"Podem estar, mas quando a tampa não fica bem fechada, bactérias podem entrar. Não vamos correr o risco," respondeu a mãe e começou a jogar o conteúdo do vidro no lixo. "Se estiverem estragadas, podem causar sérios problemas de saúde, e até morte por envenenamento."

"Uau! Que bom que você notou a tempo," comentou a menina.

"Sabe querida, isso me fez pensar em Jennifer Taylor," disse a mãe. "É bonita e talentosa e, para muitas pessoas, sua vida parecia perfeita. Mas Satanás estava espalhando seu veneno através das drogas."

"Quer dizer que, como as beterrabas, ela parecia bem," falou Bruna pensativa, "e… como as bactérias que poderiam ter entrado no vidro, o pecado entrou no coração dela. É isso?"

"Sim," concordou a mãe. "As coisas, como as beterrabas, podem parecer boas para nós quando, na verdade, não são. Pessoas também são assim. Podem parecer bem pelo lado de fora, mas apenas Deus sabe o que se passa no coração delas."

SABIA QUE APARÊNCIAS PODEM DECEPCIONAR?

Pessoas podem ser bonitas, ricas, talentosas e parecerem ter tudo o que o mundo pode oferecer. Talvez isso se aplique a você ou a alguns garotos que conheça. Mas isso não é o mais importante. Deus vê o que vai no coração de cada um. Ele sabe se alguma "bactéria" — algum pecado — está vivendo ali. Examine seu coração regularmente e confesse tudo o que acha que não agrade ao Senhor.

DEUS VÊ O SEU CORAÇÃO

VERSÍCULO-CHAVE

Parem de julgar pelas aparências e julguem com justiça.
—JOÃO 7:24

6 de março
LEITURA:
TIAGO 1:21-25

LIGUE

"**M**ãe, a torradeira não está funcionando," falou Jairo. Como a mãe não respondeu, foi até a lavanderia, onde ela estava. "Eu quero fazer torrada, mas a torradeira não funciona," repetiu. "Não esquenta."

"Está ligada?", perguntou a mãe.

"Ligada?", ecoou o menino. "Acho que sim, sempre está, mas vou olhar." E voltou para a cozinha. *Ops*! Pensou. *Por isso não funcionava*. Ele ligou a torradeira na tomada, colocou duas fatias de pão e comeu suas torradas perfeitamente amanteigadas.

Na manhã seguinte, na Escola Dominical, o professor de Jairo levantou a Bíblia. "Sei que todos aprenderam há muito tempo que devem ler este livro todos os dias, certo?" Os alunos concordaram. "Ótimo," continuou. "Espero que sim, mas apenas ler a Bíblia não é suficiente. O que leem nela deve ser ligado à vida de vocês."

"Ligado à minha vida?", perguntou Samanta. "Não entendi."

Jairo levantou a mão "Tenho um exemplo," falou. "Estava tentando fazer torradas ontem, mas a torradeira não funcionava. Quando olhei, descobri que não estava ligada."

"Sei que torradeiras precisam ser ligadas," respondeu Samanta, "mas ainda não entendi como ligar a Bíblia às nossas vidas," ela riu. "A Bíblia não tem uma tomada."

O professor sorriu. "Quando algo está ligado é útil, é usado para fazer uma transformação," falou. "A torradeira transforma o pão que é colocado nela. A TV transforma o que você vê e ouve. O aspirador transforma o carpete. A Bíblia deveria nos transformar, então… ligá-la à sua vida significa deixar que transforme você ao fazer o que ela diz. Por exemplo, se você lê 'obedeça a seus pais,' mas tenta fugir de suas obrigações, não está deixando que a Bíblia transforme você."

"Mas se eu ler, 'Perdoem uns aos outros,' e então perdoar alguém que me tratou mal, estou ligado no que eu li," sugeriu Jairo.

"Você entendeu!", concordou o professor. "Esta semana, não vamos apenas ler a Bíblia. Vamos ligá-la, permitindo que ela mude nossas vidas."

A BÍBLIA ESTÁ LIGADA À SUA VIDA?

Ela transforma suas atitudes e ações? É ótimo ler a Bíblia, mas não é o suficiente. A cada dia pense nos versículos que estiver lendo. Veja se eles contêm uma promessa de Deus que o conforte ou encoraje. Procure conselhos para seguir. Então coloque em prática as coisas que Deus lhe fala. Ligue a Bíblia à sua vida!

COLOQUE A VERDADE DA BÍBLIA EM PRÁTICA

VERSÍCULO-CHAVE

Quem ouve [meus mandamentos] e vive de acordo com eles é [...] sábio...
—MATEUS 7:24

7 de março
LEITURA:
SALMO 19:12-14

SEM DESCULPA

Maria e duas amigas seguiam para a escola quando um dos garotos da classe correu para juntar-se a elas. "Sai, Nando," falou Graça.

"Ah, não seja assim," disse Maria. "Ele pode ir conosco." Mas as garotas se afastaram deixando os dois sozinhos.

"Quer ouvir uma piada?", o menino perguntou e começou a contar.

Maria ficou chocada. "Que coisa horrível! É nojento!", exclamou. "Também não vou ficar ao seu lado." E, fazendo careta, correu para alcançar as amigas. "Olhem só o que o Nando disse!", falou irritada. E então, contou-lhes a piada.

"Isso é péssimo!" Graça ficou horrorizada.

"Os garotos da escola deviam ser alertados para não andar mais com o Nando," concordou Andrea.

"Isso mesmo!", Maria falou. "Como ele me contou a piada, vou dar o alerta." Então a garota repetiu a piada diversas vezes ao longo da semana.

Uma noite a mãe disse: "Falei com sua professora hoje". A menina estranhou. Achou que sabia o motivo porque naquela tarde, a professora a tinha chamado durante o recreio para falar sobre a piada que estava espalhando. "A Srta. Carmo está preocupada com você. E eu também," continuou a mãe. "Alguns garotos contaram-lhe que você estava espalhando uma piada de mau gosto."

"Mas, mãe, vocês não entendem," protestou Maria. "Só estava mostrando como o Nando fala. Queria alertar para não andarem com ele."

"A Srta. Carmo vai cuidar do Nando," a mãe respondeu, "mas o fato é que você espalhou a piada muito mais." Ela balançou a cabeça. "Em vez de inventar desculpas, precisa confessar a Deus o que fez. E acho que deve se desculpar com sua professora e com os garotos para quem contou a piada."

"Mas mãe! Não lembro de todos! Falei com muitos garotos!" Ao ouvir suas próprias palavras, Maria percebeu que coisa feia tinha feito, e suspirou. "Vou tentar," disse. "Vou pedir a Deus que me perdoe e me ajude a lembrar de todos." E com outro suspiro acrescentou. "Vou pedir desculpas até ao Nando!"

VOCÊ CRIA DESCULPAS PARA FALAR O QUE NÃO DEVERIA?

Às vezes você espalha fofoca ou usa palavrões? Talvez diga a si mesmo que não consegue evitar porque os escuta com frequência. Ou que espalha uma fofoca ou uma piada de mau gosto apenas para dizer que não gosta disso. Antes de falar, pergunte a si mesmo se o que pretende dizer agradaria a Deus. Se a resposta for negativa, não fale. Diga apenas o que é bom, gentil e útil.

USE PALAVRAS QUE DEUS GOSTA

VERSÍCULO-CHAVE

Que as minhas palavras [...] sejam aceitáveis a ti, ó Senhor Deus...
—SALMO 19:14

8 de março

LEITURA:
JOÃO 3:14-17

O TESOURO DE RAJI

Raji, um idoso pescador de pérolas na Índia, apontou para um homem na rua. "Sr. Garcia olhe! Aquele peregrino está indo para Calcutá descalço. Às vezes se ajoelha e beija a estrada. Isso é bom!", o homem suspirou. "Estou velho e tenho que preparar minha pós vida," falou. "Tenho que fazer a peregrinação para garantir meu lugar no paraíso. Devo ir a Calcutá de joelhos. Os deuses irão me recompensar com um lugar no céu."

"Ah, Raji, uma viagem dessas seria muito difícil, não faça!", pediu o Sr. Garcia, que era missionário na Índia há muitos anos. "Jesus morreu para lhe dar o céu," continuou. "Basta crer e aceitar Seu presente da salvação."

"Não! É fácil demais," insistiu Raji. "É preciso esforço!" Então mostrou uma bela pérola e falou com a voz trêmula. "Antes de ir, quero lhe dar isto. Meu filho a encontrou, mas ficou tempo demais debaixo da água! Morreu logo depois. Você é meu melhor amigo, por isso lhe dou de presente."

"Lamento sobre o seu filho," falou o Sr. Garcia. "Mas…" hesitou. "É uma pérola maravilhosa," acrescentou. "Vou comprá-la."

Raji balançou a cabeça. "Ninguém tem dinheiro suficiente para pagar o que ela vale para mim," falou com tristeza. "Só posso dá-la de presente."

"Ah, mas assim é fácil demais!", exclamou o Sr. Garcia. "Preciso pagar ou me esforçar para tê-la."

"Não, não, não!", o pescador falou rapidamente, "Jamais venderia esta pérola. Ela vale a vida do meu único filho", esticou a mão. "Apenas aceite como um símbolo do amor que tenho por você."

"Raji," respondeu o Sr. Garcia, "sua entrada no céu vale a vida do único Filho de Deus. Nem em um milhão de anos, ou com centenas de peregrinações, poderá comprar seu lugar no paraíso. Não tem preço. O Senhor lhe dá a salvação de graça. Aceite como um símbolo do amor de Deus por você, um pecador."

"Entendi!", o pescador engoliu em seco. "Esta pérola é valiosa demais para ser comprada, e você está dizendo que o céu também é. Me fale mais sobre isso!"

VOCÊ ESTÁ TENTANDO GANHAR UM LUGAR NO CÉU?

Indo à igreja, obedecendo a seus pais, doando dinheiro para missionários, sendo gentil — tudo isso é bom, mas não comprará um lugar no céu para você. Nenhuma boa ação o fará. Simplesmente creia em Jesus e receba o presente de Deus.

SALVAÇÃO É DE GRAÇA

VERSÍCULO-CHAVE

...pela graça de Deus vocês são salvos [...] é um presente dado por Deus.
—EFÉSIOS 2:8

9 de março

LEITURA:
JOÃO 14:1-3

BOAS-VINDAS

"Finalmente!", exclamou Gerson quando pararam na entrada da casa da avó. "Chegamos!" Sua avó morava tão longe que era preciso viajar dois dias de carro até chegar ali.

"Isso," falou Sara. "Estou cansada de ficar no carro."

"Eu também," sorriu o pai. "Agora quero relaxar com um belo copo de chá gelado."

Gerson riu. "Bem, quando você falou com a vovó pelo telefone, disse que estava seco pelo chá que ela faz. Então aposto que já está com uma jarra prontinha."

"Olha, a vovó está na porta!", Sara apontou, "e tem um copo de alguma coisa na mão. Deve ser seu chá."

O menino estava certo. "Sabia que ia querer," falou a avó. Então abraçou a todos. "Devem estar com fome também," disse. "Venham para a cozinha. Fiz sua torta de chocolate favorita, Gerson. E também aquele doce que você gosta tanto, Sara."

"Ah, e vejo uma bandeja maravilhosa de lanche na bancada!", exclamou a mãe. "Você sabe o que gostamos, não é? E acaba nos mimando com tudo isso pronto," e pegou alguns biscoitos.

"E comprou livros novos para a gente!", falou Sara ao entrar na sala de estar. "E também tem jogos novos. Obrigada, vovó."

"Vemos que andou bem ocupada preparando a nossa chegada," a mãe sorriu.

"Bem, gosto de arrumar tudo para vocês, porque os amo," respondeu a avó.

"Parece até a minha lição da Escola Dominical se repetindo," comentou Gerson com um sorriso. "Foi sobre como Jesus nos ama e está preparando um lugar para aqueles que o amam."

"Bom lembrar disso," falou a avó. "Sou tão grata por saber que cada um aqui ama Jesus e que estaremos juntos no céu. Que lugar maravilhoso!"

"Você nos deu uma recepção maravilhosas aqui," concordou o pai, "mas está certa. Nem podemos imaginar como será especial a recepção de Deus!"

VOCÊ SE PREPARA PARA RECEBER...
...arrumando tudo para quem vem visitá-lo? Se é um cristão, o Senhor Jesus está preparando um lugar no céu para você. É difícil imaginar que lugar especial e maravilhoso será. E não apenas para uma visita. Será para toda a eternidade!

JESUS ESTÁ PREPARANDO UM LUGAR PARA NÓS

VERSÍCULO-CHAVE

[Jesus disse] eu vou preparar um lugar para vocês...
–JOÃO 14:2

10 de março

LEITURA:
FILIPENSES 4:4-7

PREOCUPAÇÕES

"E se eu não conseguir entrar na equipe, pai?", perguntou Davi enquanto subiam uma trilha. O menino tinha passado a maior parte da caminhada falando sobre preocupações.

"Davi, acho que até agora você listou uma dúzia de motivos para se preocupar," falou o pai. "Entenderia sua ansiedade se estivéssemos cercados de leões da montanha ou algo assim, mas o animal mais perigoso que vimos foi aquele pequeno esquilo que cruzou nosso caminho minutos atrás."

O menino não ouviu. Estava ocupado demais se preocupando. "E se a Margarete ainda estiver zangada comigo?", continuou. "Pedi desculpas milhares de vezes, mas ela mal me olha."

O pai franziu a testa e pegou uma pedra ao lado da trilha. Enquanto continuavam a andar, colocou a pedra na mochila aberta de Davi sem que ele notasse.

"E se não conseguir entender a matéria nova de matemática? É tão difícil!", exclamou. "Vou levar bomba e mamãe vai me colocar de castigo por um mês." A cada nova preocupação do menino, o pai dava um jeito de colocar outra pedra na mochila.

"Estou ficando cansado," declarou Davi depois de um tempo. "E se ficar cansado demais para terminar a trilha? Talvez a gente devesse voltar." O pai colocou mais uma pedra na mochila, mas, dessa vez, o filho percebeu.

"O que está fazendo?", Davi perguntou. Então parou, tirou a mochila dos ombros e a abriu. "Paaai!" protestou. "Isso já está bem pesado sem essas pedras! Por que está deixando mais pesado ainda?"

O pai olhou para o filho. "É mais ou menos o que está fazendo com você, não é?", respondeu.

"Não estou pegando pedras!", Davi respondeu.

"Não, filho, mas se preocupar com cada coisinha é como carregar uma mochila cheia de pedras. Não lhe faz bem, só o deixa cansado e entristece quem está ao seu lado," explicou o pai. "Que tal descansarmos? Vamos tirar as pedras da sua mochila e acho que também seria um bom momento para orar e entregar suas preocupações ao nosso Pai celestial. Concorda?"

"É, pai, concordo," o menino sorriu.

VOCÊ PASSA MUITO TEMPO SE PREOCUPANDO?

Alguma vez isso já ajudou? É inútil ficar preocupado com tudo que não acontece do jeito que você gostaria, além de transformá-lo num chato para quem está por perto. Pior, mostra que não confia que Deus cuidará dos problemas. Ele tem uma forma muito melhor para você lidar com o que o preocupa. O Senhor quer que pare de levar esse peso e que confie nele para ajudá-lo.

SE PREOCUPAR NÃO ADIANTA

VERSÍCULO-CHAVE

Entreguem [...] suas preocupações a Deus, pois Ele cuida de vocês.
—1 PEDRO 5:7

O FILHO DO REI

11 de março

LEITURA:
SALMO 47:1-9;
1 TIMÓTEO 6:13-15

"Não esqueça, vai ter um programa especial na escola hoje à noite," Tony lembrou à mãe. "Vou participar da peça de teatro."

"Nós sabemos," ela respondeu, "não vamos perder!"

Naquela noite, os pais assistiam orgulhosos quando a peça começou. Príncipe Gregório, personagem de Tony, estava infeliz com sua vida. "Por que preciso estudar o dia todo?", reclamava. "Por que preciso conhecer todas as responsabilidades de um rei e aprender essas coisas da corte — e toda a história do reino do meu pai? Quem se importa com o que o meu tataravô fez?", empurrou os livros. "Os garotos da cidade se divertem e brincam. Por que nunca posso me divertir? Todos os dias me dizem que um príncipe precisa ter cuidado com o que fala, e que todo mundo observa o que ele faz. Isso é tão cansativo!"

"Príncipe Gregório!", exclamou o tutor. "Devia sentir-se honrado em ser o filho do rei e ter todos esses privilégios!"

"Bem, isso significa que não posso ser humano?", o príncipe franziu a testa. "Quer dizer que nunca posso me irritar em público? Jamais desrespeitar a lei? Preciso estar sempre arrumado e limpo, e dizer a coisa certa?"

"Claro que sim," concordou o tutor. "Nunca deve fazer algo que envergonhe o seu pai. Precisa ser um exemplo para as crianças da cidade, e para todos."

"Nunca vou parar de ouvir esses 'faça' e 'não faça'?", resmungou o príncipe. "Com certeza as crianças da cidade não escutam isso o dia todo."

"Você não é uma criança comum. É o filho do rei Gregório Vitor," falou o tutor. "Precisa estudar e aprender a ser um rei porque o povo da cidade o observa. Ele espera que demonstre qualidades reais. Se olharem para você e virem que não respeita seu pai, sua reputação e suas leis, também perderão o respeito por ele e não obedecerão suas ordens. Como príncipe, deve honrar o nome de seu pai."

Os pais de Tony e o resto da plateia aplaudiram quando terminou a primeira cena da peça.

VOCÊ É FILHO DE UM REI?

Seu pai não é um rei, mas se você for cristão, você é filho de Deus — e Ele é o Rei dos reis! Você está estudando os Seus caminhos e aprendendo a viver para Ele? Sua vida envergonha ou orgulha o Rei? Siga as orientações da Palavra de Deus e viva para honrar o Seu nome.

HONRE A DEUS, SEU PAI CELESTIAL

VERSÍCULO-CHAVE

...O filho respeita o pai...
–MALAQUIAS 1:6

12 de março

LEITURA:
COLOSSENSES 1:10-14

O FILHO DO REI 2

"O filho de um rei deveria ter o direito de fazer o que quer!", murmurou Tony, no papel do Príncipe Gregório ao final da segunda cena da peça. "Estou cansado de estudar!", olhou em volta para a sala vazia. "Pela primeira vez não há ninguém para me impedir, então vou até a cidade." O príncipe saiu do palco. Voltou na terceira cena, usando roupas velhas.

"Qual o seu nome?", perguntou uma criança da cidade.

"Sou Príncipe Gregório," respondeu.

"Certo!", riu um dos garotos. "Eu sou o Lobo Mau, e esta é Cachinhos Dourados!"

"Minhas roupas ficaram sujas quando me arrastei para fugir do palácio," explicou. "Estou cansado de regras e saí para me divertir."

As crianças riram, balançaram a cabeça e saíram correndo. Então Príncipe Gregório começou a andar à procura de crianças para brincar. Perguntou a uma mulher onde estavam todos. "Trabalhando nos campos," ela respondeu. "Elas vão para a escola e depois trabalham até a hora do jantar." Ela perguntou quem ele era e, imediatamente, o convidou para ir a sua casa. "Não tem muita comida, mas venha," disse. "Pode também dormir conosco."

A quarta cena mostrou o Príncipe Gregório comendo com outras crianças. "Hora de dormir," a mulher avisou assim que terminaram a refeição. "Meu jovem, você vai dividir a cama com aqueles dois garotos."

"Ainda estou com fome," murmurou o Príncipe, mas a comida tinha acabado. Ele pulou na cama, mas se revirou até conseguir dormir.

Na última cena, o príncipe é acordado por um grito. "Levantem! Hora das obrigações!"

"Ainda está escuro!", murmurou.

"O dia está quase nascendo. Precisamos fazer as tarefas antes da escola," disse o menino mais velho. "Venha."

"Não. Vou voltar para casa," respondeu.

Quando chegou ao palácio, encontrou o tutor. "Você estava certo," reconheceu. "Ser o filho do rei é um grande privilégio apesar das responsabilidades. Realmente sou abençoado e não vou mais reclamar."

A cortina fechou. Final da peça.

RECLAMA DO QUE DEVE FAZER COMO FILHO DO REI?

Sim, existem regras para seguir e há responsabilidades para você. Mas pense em como é uma bênção ser filho do Criador e Rei de todo o universo. Pare de reclamar e seja grato. Aceite suas responsabilidades com alegria, assim como os privilégios de ser um membro da família de Deus.

RECONHEÇA RESPONSABILIDADES E BÊNÇÃOS

VERSÍCULO-CHAVE

...agrade a Deus, que os chama para terem parte no seu Reino...

—1 TESSALONICENSES 2:12

13 de março

LEITURA:
1 JOÃO 1:5-9

REMOÇÃO DO BLOQUEIO

Kátia deu um suspiro quando a mãe precisou parar por causa de um bloqueio. Trabalhadores estavam consertando a ponte mais à frente e o tráfego foi interrompido temporariamente. "Quanto tempo vamos ter que esperar?", resmungou.

"Não sei," respondeu a mãe. "Pode ser um bocado."

A menina olhou pela janela. Viu uma camionete vermelha, um caminhão, alguns carros e uma moto. Os motoristas esticavam o pescoço tentando ver se poderiam seguir logo. Alguns olhavam o relógio toda hora.

"Vamos nos atrasar para a aula de natação?", Kátia perguntou. A aula na piscina comunitária do outro lado da ponte começava às 10 horas.

"Não sei," a mãe falou, "mas não podemos ir a lugar algum até o bloqueio ser removido."

"Queria que fossem mais rápidos," suspirou impaciente.

"Bem, está fora de nosso controle," respondeu a mãe. "Precisamos ter paciência."

Esperaram mais cinco minutos. Então Kátia viu que os carros lá da frente estavam andando e disse. "Olhe! Acho que o bloqueio foi retirado!"

Lentamente, a mãe andou com o carro e logo haviam atravessado a ponte. "Que bom que não vou perder a aula de natação!", respirou aliviada.

A mãe sorriu. "Esta manhã eu estava lendo sobre um tipo diferente de bloqueio," falou.

"É mesmo?", a menina perguntou.

"Meu livro devocional falava do pecado como um bloqueio que nos impede de chegar perto de Deus. Diferente deste da ponte, não precisamos ficar esperando Jesus para retirar nosso pecado. Isto acontece no momento em que confessamos e pedimos o Seu perdão."

"Sem esperas e sem ficar se perguntando se vai conseguir chegar ao céu, certo? Ou mesmo se Ele continua nos amando sempre que pecamos," comentou Kátia. "

"Não! Jesus garante que nos ama e nos quer em comunhão com Ele a cada dia. Precisamos confessar nosso pecado e receber Seu perdão para isso acontecer," a mãe respondeu.

Ela estacionou e Kátia sorriu e saiu do carro. "Obrigada, mãe. Se eu correr, ainda pego o aquecimento."

HÁ UM BLOQUEIO DE PECADO EM SUA VIDA?

Talvez seja um hábito ruim, mentira, desobediência ou teimosia. Seja o que for, confesse e peça a Jesus para retirá-la. Você jamais poderá remover uma barreira de pecado sozinho. A boa notícia é que Jesus pode fazer isso! Ele sofreu e morreu na cruz não apenas para termos perdão, mas também para vivermos em comunhão com o Senhor.

CONFESSE O PECADO E SEJA PERDOADO

VERSÍCULO-CHAVE

...pela morte de Cristo na cruz, [...] nossos pecados são perdoados...

—EFÉSIOS 1:7

14 de março

LEITURA:
1 CORÍNTIOS 2:11-15

MAÇÃS RUINS

"Querem ganhar um dinheirinho?", perguntou o tio Raul. "Pago por cada lote de maçãs que colherem. Mas não peguem as 'caídas' no chão. Apenas as das macieiras."

"Legal!", aceitaram Carlos e Emília. Para colher maçãs dos galhos mais altos, usavam uma escada. No início foi divertido, mas desse jeito o trabalho não era rápido. "Demora muito," reclamou Carlos.

"É," concordou Emília. "Muitas maçãs que estão no chão parecem tão boas quanto essas. Por que não pegamos só as boas?"

"Gostei da ideia," respondeu o irmão. E assim fizeram. Porém quanto mais trabalhavam, menos seletiva era a escolha das maçãs boas.

Tio Raul veio na hora do almoço. "Vocês trabalham rápido!", exclamou. Mas quando começou a descarregar as maçãs no caminhão, percebeu o que haviam feito. "Lamento, crianças. Não vou pagar por colherem as caídas," falou.

"Mas estão quase sem marcas!", protestou Carlos.

"Quase," concordou tio Raul, "mas quando caem no chão, amassam. A menos que sejam usadas imediatamente, os pontos machucados começam a apodrecer e acabam estragando as maçãs boas. Não seria justo vendê-las aos meus clientes."

"Achamos que estávamos ganhando tanto dinheiro, mas trabalhamos para nada!," suspirou Emília,

No dia seguinte, Carlos e Emília ficaram surpresos ao ouvir o sermão do pastor. "Ano passado eu e minha esposa fomos a um pomar de macieiras e pegamos muitas maçãs caídas 'boas'. Por um tempo, saboreamos maçãs crocantes e deliciosas tortas," disse. Os irmãos se olharam. "Mas aquelas maçãs caídas não duraram. "Isso me lembrou que coisas terrenas não 'se mantêm.' As pessoas — mesmo os cristãos — trabalham para comprar coisas que duram apenas um momento. Aproveitam suas posses por um tempo, mas Deus quer que trabalhemos por recompensas celestes, que durarão a eternidade. Como disse alguém, 'uma vida apenas...' logo será passado. Somente o que é feito por Cristo será eterno," continuou o pastor.

Carlos e Emília sabiam exatamente do que ele estava falando.

VOCÊ ESTÁ TRABALHANDO POR COISAS QUE...

...o mundo considera boas, como roupas, dinheiro, popularidade ou pelo mais novo jogo de computador? Tudo isso é bom, mas só terá proveito por um tempo. Logo sairão de moda. As recompensas de Deus são eternas — duram para sempre. Para receber tesouros duradouros, faça o que agrada ao Senhor. Obedeça e sirva o Pai Celeste com o seu melhor. Ficará feliz em fazer isso.

TRABALHE POR RECOMPENSAS ETERNAS

VERSÍCULO-CHAVE

Pensem nas coisas lá do alto e não nas que são aqui da terra.
—COLOSSENSES 3:2

APENAS CONFIE

15 de março

LEITURA:
MARCOS 10:13-16

Uma tarde, assim que a mãe e Beth se sentaram para almoçar, a porta abriu e o pai entrou. Suas roupas e rosto estavam sujos, e sua mão enfaixada. "O que aconteceu?", gritou a mãe.

"O edifício perto da fábrica pegou fogo e corremos para ajudar," explicou.

"Você está ferido!", a mãe exclamou olhando para a mão dele.

"Nada sério. Vou ficar bem," ele garantiu, "mas passarei o dia em casa. Vou me lavar e me trocar, e conto tudo enquanto comemos."

Beth e a mãe ouviram ansiosas o pai contar sobre o incêndio. "Fumaça e chamas saíam do prédio," falou, "e vi uma menina — mais ou menos da sua idade Beth — numa janela aberta do segundo andar. Estiquei os braços e gritei 'Pule, querida! Pule! Eu pego você. Prometo!' Ela estava chorando, mas hesitou um pouco antes de pular. Suas roupas estavam pegando fogo, mas consegui pegá-la e apaguei as chamas."

Beth estava de olhos arregalados enquanto ouvia. "Você é um herói, pai!", exclamou. "Que bom que conseguiu pegar a menina. Salvou a vida dela!" e então acrescentou, "Ela precisava ser salva, e você… ficou lá e a chamou, não é?"

"Sim, querida, foi o que fiz," respondeu o pai. "Que bom que ela confiou e pulou como eu falei."

"Que bom," falou Beth, "mas… bem, é mais ou menos como devemos confiar em Jesus, não é? Na Escola Dominical, minha professora disse que Jesus quer que a gente vá até Ele. Precisamos ser salvos do pecado, e o Senhor nos ama e quer nos salvar. Pensei em talvez esperar até ficar mais velha, que nem você e mamãe. Mas se uma garotinha teve idade suficiente para confiar em você, papai, acho que tenho idade para confiar em Jesus."

"Ora, Beth!", exclamou o pai. "Claro que pode confiar nele. Essa é uma resposta às nossas orações."

Depois de ter certeza de que Beth compreendia o que o Senhor fez por ela, os três inclinaram suas cabeças. A menina orou e pediu que Jesus entrasse em sua vida. "Obrigado Senhor," orou o pai quando ela terminou. "Muito obrigado. Amém."

VOCÊ SABIA QUE PODE SER SALVO DO PECADO AGORA?

Jesus ama as crianças; Ele ama você e morreu por sua causa. Não é preciso esperar até ficar mais velho para crer. Diga agora a Jesus que quer lhe dar sua vida e seu amor. Confie nele e seja salvo.

DÊ SUA VIDA A JESUS

VERSÍCULO-CHAVE

…Deixem que as crianças venham a mim…
—MARCOS 10:14

16 de março

LEITURA:
PROVÉRBIOS 6:6-11

CAMINHO PARA VENCER

Uma manhã de domingo, Lucas estava na cozinha lendo o caderno de esportes. "Decorou o versículo?", perguntou a irmã, Sara. "É a última semana do concurso e a professora disse que quem souber tudo fará parte do grupo dos vencedores."

Lucas fez uma careta. "Detesto decorar," murmurou. "É muito difícil."

"Não esqueça de dar comida ao Bob," disse a mãe enquanto tirava a mesa do café da manhã, "e se apronte para a Escola Dominical." Ao escutar seu nome, o cãozinho pegou a tigela de comida e a colocou aos pés de Lucas.

"Só um minuto, garotão," o menino falou. Guardou o jornal e foi para o quarto. Bob pegou a tigela, seguiu Lucas e, novamente, colocou-a aos pés do menino. "Um minuto," repetiu o garoto, tentando decorar o versículo rapidamente. Então se aprontou para ir à igreja, voltou para a cozinha e pegou novamente o caderno de esportes. E, mais uma vez, Bob colocou sua tigela aos seus pés. "Você não desiste, não é?" falou. "Vou colocar sua comida."

Na Escola Dominical, Lucas tentou dizer o versículo, mas só lembrava uma parte. *E daí?* Pensou. *Aposto que o prêmio é um lápis e já tenho muitos.* Mas o prêmio era um passeio ao zoológico e Sara foi uma das vencedoras.

"Não é justo," resmungou o menino a caminho de casa. "Sara ganha tudo!"

"Sua irmã se esforçou," disse o pai.

"Isso mesmo," concordou a mãe. "Ela foi tão diligente quanto o Bob hoje, pedindo comida."

"Nem sei o que essa palavra quer dizer," resmungou Lucas. "O que é 'diligente'?"

"É ser dedicado a alguma coisa e não desistir," explicou a mãe. "Notamos que quando o Bob quer algo — comida ou brincadeira — fica atrás de você até conseguir."

"Ele não desiste," acrescentou o pai. "Acho que todos deveríamos ser assim. Quando somos diligentes, nos esforçamos ao máximo. É isso que deveríamos fazer em todas as áreas de nossa vida. Esse é o caminho de um vencedor."

Lucas ficou pensando no assunto e sentiu-se meio idiota, afinal, não esperava aprender uma lição com seu cachorro!

VOCÊ DÁ O SEU MELHOR EM TUDO O QUE FAZ?

Ou tenta se livrar, fazendo o mínimo que puder? Quando os projetos ou planos não resultam da forma que gostaria, reclama que não é justo? O Senhor diz que se deve fazer "o melhor que puder" — ser diligente. Em outras palavras, deve se esforçar ao máximo ao cumprir suas obrigações, aprender sobre Deus, fazer o dever de casa, nos esportes ou em qualquer coisa que se envolver.

TRABALHE COM DILIGÊNCIA

VERSÍCULO-CHAVE

Tudo o que você tiver de fazer faça o melhor que puder...

—ECLESIASTES 9:10

17 de março
LEITURA:
SALMO 1

PERIGO! AFASTE-SE!

"Isto é muito legal, tio Miguel!", exclamou Tobias enquanto ajudava o tio com as tarefas. "Que bom que mamãe me mandou passar o verão aqui com você na fazenda." Ele franziu a testa. "Mamãe se preocupa demais. Ela não gosta de alguns dos meus amigos, acha que são muito violentos. Só porque eu ando com esses garotos, não significa que faço o que eles fazem. Afinal, sou cristão."

"Sim, mas amigos que não amam Jesus sempre acabam nos incentivando a pecar," argumentou o tio. "Em vez de ver até onde pode ir com a multidão sem pecar, devia evitar situações onde poderá sentir-se disposto a pecar. Seria bem mais inteligente." Tobias deu de ombros.

Cuidadosamente, tio Miguel abriu a porta para outra parte do celeiro onde havia um estábulo bem construído e forte. Lá, ficava um enorme touro com cara de feroz e longos chifres. "Como sabe, este animal é o motivo de não deixar você brincar nesta parte do celeiro," falou o tio. "Se ficar solto, pode ser bem perigoso. Comprei do Eduardo Sá, e ele me disse que este touro quase o matou com os chifres."

"Sério?" Tobias se assustou. "O que aconteceu?"

"Bem, Eduardo sabia que ele podia ser perigoso, mas cuidava dele desde que era um novilho, então achou que o conhecia bem e que poderia lidar com o animal. Um dia, enquanto estava colocando palha limpa no estábulo, virou de costas só por um minuto. O touro correu e deu uma chifrada nele," o tio balançou a cabeça. "Se Eduardo tivesse ficado longe do alcance do touro, nada teria acontecido. A tentação é assim, Tobias. Você pode achar que consegue lidar com ela, mas a única forma de estar seguro é ficando o mais longe possível. Escolha amigos que não o incentivarão a pecar."

"Mas às vezes preciso estar com os garotos da escola," falou Tobias.

"Sim," o tio concordou, "mas não precisa ser amigo íntimo dos que podem tentar você a fazer algo errado. Ouse dizer não a garotos como esses."

"Isso… pode ser uma boa ideia," concordou o menino, olhando para o touro com cuidado.

VOCÊ TEM AMIGOS QUE FAZEM COISAS ERRADAS?

Acha que você é esperto o suficiente para se garantir? É nisso que Satanás quer que acredite. Ele é muito inteligente e quer que você pense que pode estar perto do pecado sem se envolver. Ele sabe que você pode acabar cedendo. Então seja sábio. Fique longe daqueles que podem tentá-lo. Escolha ser amigo de crianças que honram a Deus e valorizam as Suas obras.

ESCOLHA AMIGOS QUE AGRADAM A DEUS

VERSÍCULO-CHAVE

Felizes são aqueles que não se deixam levar pelos conselhos dos maus...

—SALMO 1:1

18 de março

LEITURA: ROMANOS 1:14-16

FALAR OU NÃO FALAR

Agora que estamos em outra cidade, Ana pensou, *vou ser como as outras meninas. Estou cansada de ser diferente. Os outros não precisam saber que sou cristã — me acham estranha. Os da minha escola antiga achavam. Não vou perder a chance de mudar tudo.*

Então, quando Ana começou na escola nova, fez o possível para se misturar e ser como todo mundo. Isso não foi um problema — até o dia da festa de Jane. "Ei, pessoal," a menina chamou para o primeiro jogo. "Vamos fazer o seguinte: Todo mundo tem que tirar um pedaço de papel desta cesta. Quando seu nome for chamado, deve fazer o que estiver escrito," e começou a passar a cesta. "A melhor atuação vai ganhar um prêmio."

Ana olhou o seu papel. "Ah, não!", suspirou. Olhou novamente. Sim, tinha lido corretamente. *Isto é errado, mas se não fizer, todo mundo vai rir de mim. E agora?* Ana tentou achar uma saída. *Talvez possa trocar com alguém — mas estaria pedindo a outra garota para zombar de Deus. Talvez faça. Ou devo dizer que não posso?* Ainda não tinha decidido quando ouviu seu nome.

Lentamente se levantou e falou meio hesitante. "Deveria me curvar em frente à lareira, colocar minha testa no chão e orar, agradecendo a ela pelo fogo, mas eu… não posso," falou. A sala ficou em silêncio. "Eu… eu sou cristã, e não quero zombar de Deus. Desculpe," e sentou-se.

Depois de uns segundos, Jane riu. "Tudo bem," disse. "Pulamos você. A próxima é a Jéssica." A festa continuou, mas Ana mal percebeu. Não estava mais gostando.

Uma das garotas foi andando para casa com ela depois da festa. "Fiquei pensando muito no que você falou," disse Selma, meio timidamente. "Sou cristã também, mas não tenho me comportado como uma. Provavelmente eu teria aceitado o desafio, e depois ficaria me sentindo mal," fez uma pausa. "Fiquei feliz de você não ter feito. De agora em diante, vou me esforçar e deixar que vejam que sou de Jesus." Ana ficou surpresa e feliz. E seguiram conversando pela rua.

VOCÊ TEME QUE OS OUTROS SAIBAM QUE É CRISTÃO?

Medo que riam de você? Pode ser tentador simplesmente ficar calado quando não concorda com o que seus amigos falam ou fazem. Mas pense em tudo o que Jesus fez por você. Ele até morreu para salvá-lo! Nunca tenha vergonha dele. Ao defender o Senhor, você pode ser um exemplo aos seus amigos não salvos e, mesmo, encorajar outros cristãos.

FALE DE JESUS

VERSÍCULO-CHAVE

Eu não me envergonho do evangelho…
—ROMANOS 1:16

19 de março
LEITURA:
HEBREUS 12:5-11

SEGUIR AS REGRAS

O pneu da bicicleta de Neto, o amigo de Mateus, estava vazio, então o menino correu até sua casa para saber se podia usar a bomba. Gostava de usar as ferramentas do pai e normalmente ele não se incomodava. "Basta seguir minhas regras. Pergunte antes de usar e coloque de volta no lugar assim que terminar," o pai tinha avisado." Mas desta vez o pai não estava em casa, então Mateus deu de ombros e levou a bomba para a casa do amigo. Os garotos encheram o pneu e foram andar de bicicleta.

Quando estavam voltando para casa, começou a chover. "Não precisa parar para pegar a bomba. Levo amanhã de manhã," prometeu Neto.

"Bem… está certo," Mateus concordou hesitante, mas sentiu um pouco de culpa no caminho para casa.

Na manhã seguinte, Neto ligou para Mateus. "Procurei por todo canto, mas não consigo achar a bomba," falou.

"Ah, não!", resmungou o menino. "Papai não sabe que eu peguei e tenho que colocar de volta no lugar antes que ele perceba."

"Olha… não deixa ninguém saber," sugeriu o amigo. "Se não disser, talvez nem percebam que usamos."

Em princípio parecia uma boa ideia, mas conforme a manhã passava, Mateus ia ficando muito incomodado com a situação. "Vou ter que dizer," falou para si mesmo. Suspirou e foi procurar o pai para contar a verdade.

"O pai de Neto me ligou há alguns minutos," o pai disse. "Ele encontrou a bomba noite passada e a tirou da chuva. Disse que achava que era minha e que estava mandando Neto trazer aqui agora. Quanto a você, Mateus, está de castigo."

"Mas pai… não podemos esquecer só desta vez?", pediu. "Eu vim e contei o que aconteceu."

"Sim, e isso foi muito bom," respondeu o pai. "Eu ia colocar você de castigo por uma semana, mas como foi honesto, ficará apenas o final de semana. Da próxima vez, siga as regras."

"Prometo que vou," disse Mateus e virou-se para sair. Então parou. "Obrigado, pai," falou.

VOCÊ SEGUE AS REGRAS DE SEUS PAIS? E DE DEUS?

Na Bíblia, Deus — seu Pai celestial — é comparado aos pais terrenos. Na verdade, uma das regras do Senhor diz que devemos obedecer nossos pais. Se você os desobedece, eles podem colocá-lo de castigo e quando desobedece a Deus, Ele talvez precise discipliná-lo também. Confesse seus pecados e peça o Seu perdão. E, aceite humildemente qualquer disciplina que Ele possa mandar, e aprenda com isso.

SIGA AS REGRAS DE DEUS
VERSÍCULO-CHAVE

…Deus tem misericórdia de quem confessa os seus pecados…
—PROVÉRBIOS 28:13

20 de março

LEITURA:
COLOSSENSES 3:12-15

CORAÇÃO ENTULHADO

"**Q**ue bela amiga a Gina,**"** Diana gritou enquanto batia a porta. "Ela me convidou para ir à casa dela, esqueceu e foi para o *shopping*."

"Não deve ter sido de propósito," a mãe tentou acalmar. "Não pode perdoar sua amiga?"

"E por quê?", a menina perguntou irritada.

"Porque é o que Jesus quer," respondeu a mãe.

"Mas a Gina devia ser minha amiga," resmungou Diana.

"E você se diz amiga de Jesus. Ele falou que Seus amigos seguem Seus mandamentos, e um deles é o perdão.", a mãe lembrou.

A menina deu de ombros e foi para o quarto. Sentou-se na cama e olhou em volta. "Lixo de parede a parede," era como o irmão, Caio, dizia. Devia me livrar de uma parte dessas coisas, pensou. Então voltou para falar com a mãe. "Posso fazer um bazar?"

"Pode," a mãe concordou. "Comece separando suas coisas. Amanhã eu ajudo."

Quando Gina chegou no dia seguinte, Caio deu um sorrisinho. "Venha para o congresso do lixo," disse, satisfeito com o tom do convite. Diana fez uma careta, mas percebeu o olhar da mãe e concordou que a amiga trouxesse coisas para vender também.

"Vendi quase tudo, mas a Gina ainda tem muita coisa lá," comentou Diana com um nítido ar de satisfação, enquanto contava o dinheiro.

Apesar do sucesso do bazar, a menina não parecia estar muito feliz aquela tarde. A mãe estranhou. "Querida, você limpou o seu quarto, mas e o seu coração?", perguntou. "Acho que precisa se livrar de alguns sentimentos. Parece que ainda não perdoou a Gina. Você não pode ser uma cristã feliz se seu coração estiver entulhado de raiva e rancor."

"Isso mesmo, devia ter vendido esse rancor no bazar," Caio brincou.

"Ninguém iria comprar," Diana suspirou. "Eu também não quero."

"Então se livre disso," falou a mãe. "Confesse a Deus e peça Sua ajuda para perdoar Gina."

Diana hesitou um pouco, mas depois sorriu. "É o que vou fazer," decidiu. "E, sabe de uma coisa? Já estou me sentindo melhor, agora que resolvi perdoar minha amiga."

VOCÊ PERDOA QUEM O TRATA MAL?

Ou fica remoendo o rancor e se recusa a desculpar? Rancor e raiva trazem infelicidade a você e à pessoa com quem está zangado. Deus nos manda perdoar, assim como Ele nos perdoou. E o Senhor perdoa muito, não acha? Pense nisso e peça ajuda a Deus para perdoar também.

PERDOE OS OUTROS

VERSÍCULO-CHAVE

...Assim como o Senhor perdoou vocês, perdoem uns aos outros.
—COLOSSENSES 3:13

ORAR NUM LUGAR PÚBLICO

21 de março
LEITURA:
DANIEL 6:6-11,16-23

Rute olhou em volta e então baixou a cabeça enquanto o pai orava com a família antes da refeição. "Por que temos que orar quando estamos no restaurante? Não acham que as pessoas vão pensar que somos esquisitos? A maioria não ora.", perguntou depois de terminarem.

"Eles não, mas nós somos agradecidos pelo que Deus nos dá e queremos dizer-lhe isso, não interessa onde estivermos. E se isso mostrar às pessoas que amamos Deus, melhor ainda.", respondeu o pai.

Um casal numa mesa próxima — o Sr. e a Sra. Bento — não estava vivendo um bom momento familiar. Os dois sabiam que os filhos, Timóteo e Tina, ficavam tristes quando brigavam, mas não paravam de discutir. Estavam tentando decidir se queriam mesmo continuar juntos. E, quando começaram a comer, perceberam a família de Rute.

"Olha," falou o Sr. Bento baixinho. "Está vendo aquela família? Percebeu que oraram antes de começar a comer?"

"Sim," murmurou a esposa. "Sabe, Gui, acabei de me lembrar de um ditado: 'A família que ora unida, permanece unida.' Acredita nisso?"

"Não sei," respondeu o marido, "mas pelo jeito daquela família, deve fazer algum sentido. Olha só para eles — rindo e se divertindo." Ele hesitou e continuou. "Sabe Cris, acho que devíamos nos esforçar para resolver nossas diferenças, mas talvez devêssemos tentar mais uma coisa. Casamos numa igreja, onde começamos a nossa vida. Porém quase não fomos mais depois disso. Quem sabe devemos voltar agora e procurar ajuda lá. Poderíamos orar e pedir para Deus nos ajudar com nossos problemas."

"Estava pensando o mesmo," respondeu a esposa, "mas fico achando que é tarde demais."

"Não vai doer," falou o marido. "Não temos nada a perder. Estou quase indo agradecer àquela família pela coragem de orar em público, e dizer-lhes como isso nos influenciou." A esposa deu um sorriso com os olhos cheios de lágrimas.

VOCÊ TEM CORAGEM DE ORAR EM PÚBLICO?

A Bíblia conta que Daniel estava sendo observado, mas isso não o impediu; ele corajosamente se ajoelhou e orou, sabendo que poderia ser visto. Você ousa fazer isso? Falar com Deus em público — na hora do lanche na escola, por exemplo? Alguns garotos podem achar estranho, mas orar em público é uma forma de dar testemunho. E pode ser uma boa influência para a vida de alguém.

OUSE ORAR EM PÚBLICO

VERSÍCULO-CHAVE

De manhã, ao meio-dia e de noite, eu choro [...], e Ele me ouve.
–SALMO 55:17

22 de março

LEITURA:
1 SAMUEL 3:1-10

MOMENTO TRANQUILO

Theo e o avô pegaram o equipamento de pesca e foram para um rio próximo. Depois de um tempo sentado, o menino mudou de lugar. Não demorou, mudou novamente, e outra vez ainda. Após as trocas de lugar sua animação sumiu. "Os peixes não estão beliscando a isca," falou chateado, então olhou para o peixe que o avô havia pescado. "Por que beliscam a sua isca e não a minha?", perguntou.

"Bem, você fica puxando a linha para ver se morderam. Além disso, esse é o quarto lugar que tentou, Theo", respondeu o avô. "Se quiser pegar um peixe, não pode ficar se mexendo o tempo todo. Precisa ficar quieto."

"Não gosto de ficar parado," o menino suspirou.

"Eu sei, Theo, mas a menos que aprenda, perderá muitas coisas," disse o avô. "Hoje serão apenas alguns peixes, mas se não aprender a sentar-se tranquilamente, perderá coisas mais importantes no futuro."

"Como o quê?", perguntou.

"Por exemplo, se não ficar quieto na escola, talvez não aprenda," respondeu. "E se não reservar um tempo tranquilo para ouvir Deus, não saberá o que Ele quer de você."

"Que nem Samuel na Bíblia, que escutou Deus?", Theo perguntou. "Ele não fala mais assim conosco, não é?"

"Talvez não," disse o avô, "mas se você tiver um tempo especial para pensar em Deus, Ele falará ao seu coração?"

"Eu oro todas as noites," o menino disse.

"Olha você falando novamente. Deixe Deus falar com você, mostrar que o ama ou alguma coisa que queira que faça", alertou o avô.

"Podemos ficar quietos agora e ouvir Deus?", perguntou Theo. O avô sorriu e concordou. Alguns minutos depois o menino sussurrou. "Não ouço Deus, mas escuto a água e os passarinhos. Parece música!"

"A música de Deus," disse o avô. "A música mais bonita do mundo."

"Fisgaram a minha linha!", Theo gritou de repente. E, quando tirou o peixe do anzol, exclamou, "Olhe esse peixe! Valeu a pena ficar quieto, não é?"

"Com certeza," concordou o avô, "e valerá a pena todas as vezes — por motivos muito melhores. Continue tentando."

VOCÊ FICA QUIETO PARA OUVIR DEUS?

Antes de ler a Bíblia, peça a Deus para ensiná-lo. Em vez de correr para a próxima parte, faça uma pausa e espere que Ele mostre ao seu coração as lições que deve aprender. Espere com tranquilidade para ouvir o Senhor falando com você. Não ache que ouvirá Sua voz, como Samuel, mas deixe que Ele oriente sua atenção para as coisas que você deve saber e lembrar.

OUÇA DEUS E OBEDEÇA

VERSÍCULO-CHAVE

...Parem de lutar e fiquem sabendo que eu sou Deus...
—SALMO 46:10

ENDEREÇO CERTO

23 de março
LEITURA:
ATOS 4:1,7-12

"**P**ai," Meire chamou, "pode me ajudar com este *email*? Mandei duas vezes, mas acho que não chegou a lugar algum."

O pai colocou o jornal de lado, levantou-se e foi até onde a filha estava. "Tem certeza que digitou o endereço correto?", perguntou.

"Sim, tenho," ela respondeu. "Foi Helena quem escreveu neste papel." E mostrou ao pai a página da agenda.

O pai puxou uma cadeira e sentou-se perto dela. Olhou o papel e a tela do computador. "Achei o problema. Você digitou a letra 'O' depois do nome da Helena. Deveria ser o número zero."

Meire olhou o papel e digitou o endereço novamente, desta vez com um zero. Clicou no ícone de 'enviar' e, segundos depois, na tela aparecia a mensagem de email enviado."

A menina virou-se para o pai com um sorriso. "Obrigada!", disse.

Naquela tarde, os dois dividiam uma tigela de pipoca quando "Adivinha, pai," ela falou. "Hoje esqueci de anotar o dever de matemática, mas a Helena me mandou. Foi bom você ter descoberto o meu erro, ou o *email* jamais teria chegado à minha amiga, mesmo tendo o endereço certo."

"Sabe querida," ele respondeu, "o erro que você cometeu com um endereço de email é bem pequeno se comparado ao que muitas pessoas cometem a respeito da salvação. É como se usassem o endereço errado para chegar ao céu."

"O céu tem endereço?", ela perguntou.

"Não exatamente, mas estava lembrando de um homem com quem falei esta manhã. Ele acha que não faz diferença acreditar em Jesus, Buda, Maomé, Moisés… ou até em si mesmo e em suas boas obras. Para ele, tudo vai dar no mesmo lugar — ao céu. Mas não é o que diz a Bíblia."

"Quer dizer…", Meire arregalou os olhos, "que é como se estivessem usando essas coisas como endereço para chegar ao céu?"

O pai concordou. "Só há um endereço correto, e ele é Jesus. Somente por meio dele qualquer pessoa pode chegar ao céu," falou.

PESSOAS DE OUTRAS RELIGIÕES VÃO PARA O CÉU?

Elas podem ser bem sinceras e seguras de que estão certas, mas Deus diz que Jesus é o único caminho para a salvação. Você acredita apenas nele? Não há outro caminho para chegar ao Senhor.

JESUS É O "ENDEREÇO CERTO" DA SALVAÇÃO

VERSÍCULO-CHAVE

A salvação só pode ser conseguida por meio dele (Jesus)…

—ATOS 4:12

24 de março

LEITURA:
DEUTERONÔMIO 11:18-21

CURSO DE RECICLAGEM

"Você bateu um novo recorde! A mensagem piscava em letras vermelhas na tela do computador. Marisa suspirou, desligou a máquina e foi até a cozinha falar com a mãe. "Estou cansada de jogar no computador. Preciso de algo diferente para fazer nos fins de semana," falou. "Queria fazer o curso de biscoitos de novo."

"Não seria melhor fazer um diferente?", perguntou a mãe.

A menina balançou a cabeça. "Gostei daquele, e seria como um curso de reciclagem. Nossa professora tinha tantas ideias que nem consigo começar a lembrar de todas." Ela suspirou. "Estou tão entediada que seria divertido."

"Acho que pode fazer o curso de novo," disse a mãe. "Vamos ver, mas não será hoje. Que tal suas tarefas? Estão feitas?" A menina fez sinal que sim. "E as lições bíblicas?", perguntou.

"Não exatamente, também é chato," respondeu Marisa. "Minha lição é basicamente ler a Bíblia, e eu já li essa passagem antes. Já sei essa história. Não preciso ler de novo."

"Talvez você precise de um curso de reciclagem em Bíblia também," sugeriu a mãe.

A menina preferiu ignorar o comentário. "Posso fazer biscoitos com gotas de chocolate?", perguntou. A mãe concordou. Então Marisa pegou o livro de receitas. "Vejamos. Biscoito de chocolate amargo… biscoito de chocolate com farelos…" murmurou enquanto procurava nas páginas. "E… mãe, a receita que eu preciso não está aqui."

"Não? Bem… você já fez esses biscoitos antes," falou. "Na verdade, os fazia sempre, não é? Faça de memória."

"De memória!", exclamou Marisa. "Não me lembro muito bem da receita."

"Quer dizer que não lembra de receitas de biscoitos tão bem quanto lembra de passagens bíblicas?", a mãe perguntou, se aproximando para ajudar a encontrar a receita. "Ah, aqui está. Foi colocada por engano no meio das receitas de bolo."

Marisa pegou o cartão sem fazer nenhum comentário — mas entendeu o recado. Enquanto os biscoitos estavam no forno, pegou a Bíblia. Tinha um bocado de lições para colocar em dia.

VOCÊ CONHECE TODA A BÍBLIA?

Ao se deparar com uma passagem que conhece, pense nela como uma reciclagem e leia novamente. Peça a Deus que lhe ensine algo novo e que o ajude a colocar em prática o que aprendeu. Às vezes, versículos que aparentemente não se aplicam a você podem ser justamente o que precisa. Poderá ficar surpreso com as novas coisas que o Senhor lhe ensinará por meio de histórias e versículos conhecidos.

LEIA E RELEIA A BÍBLIA

VERSÍCULO-CHAVE

A tua palavra é lâmpada para guiar os meus passos...
—SALMO 119:105

A RESPOSTA

25 de março

LEITURA:
SALMO 40:1-5,16-17

Uma noite, após um jantar simples, o pai pegou a Bíblia e a abriu para o momento devocional da família. "Esperei com paciência pela ajuda de Deus, o SENHOR. Ele me escutou e ouviu o meu pedido de socorro," leu lentamente e levantou os olhos, e falou. "Este é um bom versículo para nós, precisamos ser pacientes e esperar que o Senhor nos ajude."

"Mas temos orado e orado, e nada melhora," falou Jairo com uma careta. "Por que Deus não responde as nossas orações? As coisas estão ruins há muito tempo."

"Isso mesmo," concordou Janete. "Você ainda está desempregado, pai, e a mamãe ainda está doente no hospital."

"E agora aquela tempestade derrubou grande parte do nosso velho celeiro," acrescentou o menino. "Parece até que Deus não responde oração nenhuma."

"Bem," falou o pai, "Deus sempre responde as orações dos cristãos, mas nem sempre diz sim. Às vezes Ele diz não, ou espere um pouco. Jairo, lembra quando Janete ganhou sua primeira bicicleta?"

"Eu lembro!", disse a menina e sorriu. "Jairo implorou para ter uma também, mas ele era muito pequeno."

"Quando você teve idade suficiente," continuou o pai, "compramos a sua bicicleta. Com Deus é assim — Ele sabe o que é melhor para nós. Se for bom, o Senhor nos dará na hora certa."

Alguns dias mais tarde, o pai foi falar com o Sr. Santos no banco para pedir um empréstimo. E voltou para casa sorrindo. "Deus usou o velho celeiro para responder nossas orações," disse. "O Sr. Santos me falou que seu irmão, que trabalha com construção, compra madeira usada. Então falei com ele pelo telefone e vai comprar a madeira do nosso velho celeiro. E também me ofereceu um emprego!"

"Uau! Deus realmente resolveu!", exclamou Jairo. "Acho que eu deveria saber que Ele iria."

"Mas e a mamãe?", perguntou Janete. "Ela ainda não voltou para casa."

"Vamos continuar orando," falou o pai. "Deus vai resolver o que for melhor para a vida dela também. Vamos confiar nele para fazer isso."

VOCÊ ACHA QUE A ORAÇÃO NÃO É RESPONDIDA?

Isto faz você perguntar se Deus realmente ouve e se preocupa com o que está acontecendo em sua vida? Tenha certeza de que Ele se preocupa. Continue orando e espere pela resposta do Senhor. O tempo dele sempre é o certo. Mas lembre-se de que o melhor nem sempre é o que você escolheria. Aceite a vontade de Deus, mesmo que a resposta seja não.

DEUS RESPONDE A ORAÇÃO

VERSÍCULO-CHAVE

Esperei com paciência pela ajuda de Deus [...]. Ele me escutou...

—SALMO 40:1

26 de março

LEITURA:
1 TIMÓTEO 4:11-13

EU TAMBÉM

"Oi vovô," Eric falou ao entrar na casa. "Trouxe uns pãezinhos de canela que a mamãe fez hoje de manhã."

"Ótimo!", respondeu o avô. "Vamos comer um." Quando se sentaram à mesa da cozinha para saborear o pãozinho, a campainha tocou. "Mais visitas?", estranhou o avô.

"Carla!", o menino exclamou ao abrir a porta. "O que está fazendo aqui? Mamãe vai ficar brava com você! Ela me mandou trazer estes pãezinhos para o vovô."

"Eu também," disse a menina. "Mamãe disse que eu podia vir também."

Eric fez careta e virou-se para o avô. "Ela acha que tem que ir a todo lugar que vou, e fazer tudo que faço," reclamou.

"Vejo isso como o maior elogio," disse o avô. "Ela o admira — você é um exemplo. O que fizer, ela vai seguir."

"Acho que ela realmente me admira," Eric suspirou, "e me segue como uma sombra. Copia tudo o que eu faço. Toda vez que eu suspiro, ela também suspira e diz 'eu também.'"

O avô sorriu. "Então é melhor ser cuidadoso quando suspirar," falou.

"Eu também," declarou Carla.

Os dois riram. "Bem, eu e Eric vamos comer um pãozinho de canela, então acho melhor você comer um também," disse o avô. "Tome." Ele mexeu no cabelo dela e colocou um pãozinho à sua frente.

"Amo os pãezinhos da mamãe", disse Eric limpando a boca com um guardanapo.

"Eu também," declarou a menina, copiando o gesto do irmão.

"Vem pequena *Eu também*," chamou o menino. "Hora de ir para casa. Tchau vovô."

"Até logo!", respondeu o avô. "E Eric, peça ajuda a Deus para ser um bom exemplo."

Eric olhou para a irmã, quando ela segurou sua mão. Não tinha pensado na responsabilidade de ser um bom exemplo. Certo, pensou, serei o melhor exemplo que puder. Ele sabia que o avô estava certo — ele iria precisar da ajuda de Deus.

VOCÊ SABE QUEM O SEGUE?

Sabe quem você segue? Todo mundo tem um seguidor e um líder. Você segue alguém e alguém segue você. Isso lhe dá uma grande responsabilidade, tanto de seguir as pessoas boas, quanto de ser um bom exemplo para quem o admira. Peça ajuda a Deus para escolher pessoas certas a quem seguir.

SEJA UM BOM EXEMPLO

VERSÍCULO-CHAVE

...para os que creem,
seja um exemplo...
—1 TIMÓTEO 4:12

LEI DO ESPAÇO

27 de março

LEITURA:
SALMO 139:23,24;
FILIPENSES 4:8

Enzo estava mexendo em seu armário na escola, quando ouviu alguns garotos vindo pelo corredor. "Ei, Beto," disse Tadeu, "ouviu a última?" Então começou a contar uma piada bem suja e todos riram alto. Enzo saiu rapidamente, mas a piada ficou em sua mente o dia todo.

Durante muitos dias o menino ficou incomodado com a piada que tinha escutado. Parecia impossível esquecer, então decidiu falar com o pai. Quando contou o que havia acontecido, o pai falou. "Satanás quer controlar a sua mente, então fica mandando coisas ruins para você ver e ouvir."

"E o que eu posso fazer?", perguntou Enzo.

"Conhece a Lei do espaço, não é?", perguntou o pai.

"Claro," ele respondeu. "Dois corpos não podem ocupar o mesmo espaço ao mesmo tempo. Aprendemos na aula de ciências… mas isso é também senso comum." Ele apontou para um livro. "Como aquele livro. Nada pode estar naquele lugar da mesa, a menos que o livro saia."

"Certo," concordou o pai. "O mesmo se dá com sua mente. Mantenha-a cheia de coisas boas. Então nenhum lixo poderá ocupar o espaço que as coisas boas estão ocupando."

"Como eu faço isso?", Enzo estava meio inseguro.

"Leia a Bíblia e outros bons livros," respondeu o pai. "Ouça pessoas e programas que não usem linguagem imprópria nem ensinem coisas imorais. Encha sua mente com coisas que o ajudem a viver uma vida saudável. Isso é responsabilidade sua."

"Vou tentar, pai," Enzo falou, "mas ainda não consigo esquecer aquela piada."

"Bem, agora vem a parte de Deus," ele disse. "Quando recebeu Jesus como seu Salvador, recebeu o Espírito Santo para ajudá-lo. Ele lhe dá a habilidade de vencer o mal. Quando a piada vier à sua mente, peça a Deus para limpá-la e para ajudar você a pensar em coisas boas. Pense num versículo ou numa música que agrade ao Senhor. Quando perceber, estará lembrando cada vez menos da piada, até esquecer por completo."

"Está bem," Enzo concordou. "Vou fazer isso."

É DIFÍCIL CONTROLAR OS SEUS PENSAMENTOS?

Você pode vencer! Ao longo de sua vida, algumas vezes cruzará com imagens ou histórias que Deus não gostaria que você visse ou escutasse. Na medida do possível, evite situações onde pode ouvir ou ler coisas impuras. Encha sua mente com coisas boas. Acima de tudo, peça ao Espírito Santo para ajudá-lo a substituir pensamentos ruins por bons.

TENHA PENSAMENTOS PUROS

VERSÍCULO-CHAVE

Dominamos todo pensamento humano [...] que ele obedeça a Cristo.
—2 CORÍNTIOS 10:5

28 de março

LEITURA:
SALMO 139:1-12

OBSERVANDO VOCÊ

"Eu não devia ter deixado você olhar minha prova," disse Lauro sentindo-se culpado, enquanto voltava para casa com Joel. "Acho que vou contar ao professor que colei."

"Por que faria isso?", exclamou o amigo. "Quem colou fui eu."

"Mas eu ajudei," respondeu Lauro, "então colei também."

"Nunca mais vamos fazer isso, e ninguém vai saber," disse Joel. "Ninguém nos viu."

"Deus viu," disse o menino. "Ele vê tudo."

"Está dizendo que Deus não confia na gente e nos espiona? Não acredito nisso," protestou Joel.

"Espionando não, mas Ele vê," Lauro falou, e suspirou, não sabendo como explicar.

"Talvez você mude de ideia até amanhã," disse Joel. "Pelo menos, eu espero."

Naquela tarde, Joel foi com Lauro a um jogo de basquete na cidade vizinha. Na volta, cruzaram com um carro numa estrada de mão dupla. O pai de Lauro espremeu os olhos. "Aquele cara deveria baixar os faróis!", murmurou. "Estão me cegando!"

"João!", a mãe gritou. "Cuidado! Tem uma…".

Os freios do carro soaram, aconteceu uma batida, e então o carro rodopiou. Ninguém se feriu, mas tinham atingido uma vaca que vagava pela estrada. Levou algumas horas até que, finalmente, chegaram à casa.

"Bem, foi emocionante," Joel disse quando o deixaram em casa. "Sorte que ninguém se machucou."

"Foi mais que sorte," disse a mãe de Lauro. "Deus estava olhando por nós."

"É isso!", exclamou Lauro. "Isso era o que eu estava dizendo hoje mais cedo. Deus nos observa, mas não apenas para nos pegar fazendo algo errado. Ele faz isso para nos proteger também."

"A Bíblia diz que Deus 'está observando todos, tanto os bons como os maus,'" concordou o pai.

Joel estava sério ao encontrar Lauro na manhã seguinte. "Estive pensando," falou, "e, bem… se ainda quiser falar com o professor sobre a prova, eu… vou com você. Ah! Acha que Deus vai nos ver fazendo isso também?"

"Claro que sim!", respondeu Lauro, sorrindo. "E acho que desta vez Ele vai gostar."

SABIA QUE DEUS ESTÁ SEMPRE OBSERVANDO VOCÊ?

Ele está satisfeito com o que vê? Você não faz nada escondido de Deus. Ele vê as coisas boas e ruins que faz — ou pensa. Deus vê quando você é cruel com alguém, quando pega algo que não lhe pertence ou conta uma mentira. Mas também vê quando você é gentil, faz suas tarefas com alegria ou estuda. Quando você pensa em algo ruim — ou bom — o Senhor também sabe. Não há nada que Ele não veja.

DEUS VÊ TUDO

VERSÍCULO-CHAVE

…ele está observando todos, tanto os bons como os maus.
—PROVÉRBIOS 15:3

29 de março
LEITURA:
MARCOS 13:32-37

PRONTO NA HORA

Os guerreiros estavam vindo resgatar os aldeões! Chegariam a tempo? Gerson virou a página do livro de aventura.

"Gerson, já tomou café da manhã?", perguntou o pai.

"Não…", ele respondeu distraído.

"Bem, é melhor se mexer se quiser carona para a escola," o pai falou quando saiu da cozinha. "Como eu disse ontem, tenho uma reunião às oito e não posso me atrasar." O menino olhou para o relógio. Sete e quinze. Dá tempo de terminar este capítulo, pensou.

Bem na hora em que Gerson acabou de ler o capítulo e fechou o livro, a cabeça do pai apareceu na porta. "Vamos," disse.

"Já?", perguntou o menino. "Está muito cedo e nem comi ainda." Suspirou. "Vou ficar feliz quando vovó melhorar e mamãe não precisar ficar tanto tempo lá."

"Todos vamos, especialmente sua avó. Mas por enquanto, você precisa ser responsável e comer na hora certa de manhã," disse o pai, esperando Gerson pegar uma caixinha de suco na geladeira e uma barra de cereal no armário. O pai balançou a cabeça enquanto o menino segurava o café da manhã com uma mão e tentava fechar a mochila com a outra. "De manhã, você precisa usar seu tempo para se aprontar para a escola, não para ler," falou quando entraram no carro.

"Acho que sim," respondeu Gerson, mordendo a barra de cereal. "Não esperava que se aprontasse tão rápido."

"Quando você menos esperar…", o pai murmurou baixinho.

"O quê? Do que está falando?", perguntou o menino.

O pai sorriu. "O que disse me fez lembrar algo que Jesus falou. Você sabe que Ele está voltando e precisamos estar prontos. Embora os cristãos saibam, não esperam realmente que Jesus volte agora. Mas um dia Ele virá e muitos não estarão preparados."

"Lendo livros de aventura em vez da Bíblia?", perguntou Gerson. "Talvez jogando ou dormindo em vez de ir à igreja?"

"Isso, ou talvez não estejam servindo a Jesus e falando dele aos outros," disse o pai, "É fácil achar que temos muito tempo, mas Ele pode voltar a qualquer momento."

SE JESUS VOLTAR AGORA, VOCÊ ESTÁ PRONTO?
Ou será pego despreparado? Prepare-se para encontrar Jesus. Tenha certeza de tê-lo aceito como seu Salvador e invista o seu tempo com Deus e Sua Palavra. Aproveite as oportunidades para servir ao Senhor. Este pode ser o ano… o dia… a hora… ou mesmo o momento de Sua volta.

ESTEJA PRONTO PARA ENCONTRAR JESUS

VERSÍCULO-CHAVE

…o Filho do Homem vai chegar quando não estiverem esperando.
—LUCAS 12:40

30 de março

LEITURA:
2 CORÍNTIOS 6:14-18

UMA LIÇÃO NA LAMA

"Vocês não entendem," choramingou Júlia uma noite, quando os pais não deixaram que fosse para a casa de uma colega assistir um filme com um grupo de garotas.

"Querida, quem não entende é você," disse a mãe. "Eu vi anúncios desse filme, e tem cenas e músicas indecentes. Ninguém deveria assistir."

"Mas todo mundo está vendo!", argumentou a menina. "Além disso, estou tentando dar testemunho para minhas amigas. Vocês nunca me deixam fazer nada com elas, como vou conseguir falar de Jesus?"

"Fico feliz que queira ajudá-las a conhecer Deus, querida," respondeu o pai, "mas participar de atividades questionáveis, não é o caminho para ganhá-las para Cristo."

Enquanto falavam, um amigo do pai bateu à porta. "Pode me dar uma ajuda?", pediu o Sr. Cruz. "Esta antiga estrada de chão batido está tão lamacenta por causa da chuva que fiquei preso na esquina."

"Claro," disse o pai. "Quer vir, Júlia?" Ela concordou, então entraram na caminhonete do pai e saíram para fazer o resgate.

Quando chegaram à esquina, o pai começou a dar ré na caminhonete, na área lamacenta onde o carro estava atolado. "Pai!", gritou Júlia. "Vamos atolar também!"

"Esta caminhonete é muito forte," respondeu o pai. "Acho que aguenta."

Mas eles atolaram! "Você estava certa, filha," o pai admitiu. "A lama está mais profunda do que pensei." Fez uma pausa e acrescentou. "O que aconteceu aqui, me lembrou o que discutimos mais cedo. Tentando ajudar amigos juntando-se a eles nas coisas erradas, é como entrar nesta lama para tentar ajudar o Sr. Cruz. No final, ninguém recebeu socorro. Ao contrário, quem deveria ajudar, acabou atolado — na lama ou em outras coisas."

Júlia estava pensativa. "Então para ajudar o Sr. Cruz, você deveria ter ficado fora da lama, e para ajudar verdadeiramente minhas amigas, preciso me manter longe das coisas ruins que elas fazem."

"Sim," concordou o pai. "Seja diferente. Deixe que vejam que você não precisa fazer coisas erradas para se divertir."

VOCÊ QUER GANHAR SEUS AMIGOS PARA CRISTO?

Pensa que vão ouvir se você juntar-se a eles em atividades que não agradam a Jesus? Participar de coisas erradas que os outros fazem não vai mostrar que precisam do Senhor e, provavelmente, vai afastá-lo de Deus. Viva da maneira que sabe que Deus quer que você viva, e poderá dar um testemunho melhor.

SEJA "DIFERENTE" PARA DEUS

VERSÍCULO-CHAVE

...Saiam do meio dos pagãos e separem-se deles...
—2 CORÍNTIOS 6:17

CASTELO FLUTUANTE

31 de março

LEITURA:
PROVÉRBIOS 12:17-22

"**P**ronto!", Isaque exclamou quando terminou. "É a melhor casa na árvore que já vi! Quando estiver ventando forte, dará para sentir a casa se mexer. É como estar num castelo flutuante!", Breno concordou. "Vamos pedir para dormir aqui hoje," sugeriu Isaque.

"Meu pai não vai deixar," Breno falou. "Ele diz que precisa ter certeza que é segura, e não vai ter tempo de olhar isso hoje."

"O meu diz o mesmo," admitiu Isaque. "Já sei! Pediremos para passar a noite juntos, e vão pensar que um está na casa do outro, e dormimos na casa da árvore."

"Bem… não sei." Breno hesitou, mas acabou concordando.

O plano funcionou, mas no meio da noite um trovão e o barulho da chuva acordou os dois. "Não gosto de estar aqui nesta tempestade!", disse Breno. "Acha que a casa vai aguentar?"

"Claro!" Isaque parecia seguro, mas não estava. "Ei!", gritou. "Estou ficando molhado! O telhado está vazando. Vamos para minha casa."

A tempestade também acordou os pais do menino, que ficaram surpresos ao ver os garotos entrando na cozinha. "O que aconteceu? Tem alguma coisa errada em sua casa, Breno?", perguntou o pai.

"Não," Isaque respondeu, "mas nós… ah… a gente estava dormindo na casa da árvore."

"Na casa da árvore?", perguntou a mãe. "Os pais de Breno concordaram com isso? Você pediu para passar a noite na casa dele."

"Na verdade, eu… só pedi para passar a noite com o Breno," respondeu.

"Entendo," disse o pai. "Suas palavras estavam corretas… mas suas intenções… Vocês nos decepcionaram e mentiram com suas ações, não foi?"

Cabisbaixos, os garotos concordaram. "Desculpe," Isaque murmurou.

"Agradeço a Deus por ter os protegido hoje, mas a casa da árvore está proibida até provarem que podemos confiar em vocês de novo," disse o pai com firmeza.

"Vou ficar de castigo também, e sei que mereço," murmurou Breno.

"Eu também, e estou arrependido, pai," admitiu Isaque.

"Eu também," acrescentou Breno. Ao mandá-los para a cama, o pai viu que falavam a verdade.

VOCÊ É HONESTO EM AÇÕES E PALAVRAS?

É confiável? Deus detesta a mentira e a desonestidade. Ele não se agrada quando suas palavras não coincidem com suas ações. O Senhor quer que você seja verdadeiro com Ele e com os outros, tanto no seu comportamento, quando no que diz.

SEJA CONFIÁVEL

VERSÍCULO-CHAVE

…Deus detesta os mentirosos, porém ama os que dizem a verdade.
—PROVÉRBIOS 12:22

ENIGMA

No livro de Êxodo 20:3, você pode ler as seguintes palavras:

> *"Não adore outros deuses;
> adore somente a mim."*

Você pode não adorar um ídolo, no entanto, tudo o que coloca antes de Deus em sua vida se encaixa na categoria de "outros deuses". Por isso, um bom versículo para memorizar e praticar, a fim de evitar "outros deuses" em sua vida está no evangelho de Mateus 6:33. Guarde-o em seu coração!

Use o código abaixo e descubra as quatro palavras necessárias para preencher os espaços em branco. Desvende a mensagem que ele oculta.

@ [} # % & = _____

= { & ^ $ & { < = _____

{ $ & > < = _____

* [}] & " % = _____

"_____ _____
o _____ de Deus, e a Sua
_____."

BOBO DE ALGUÉM

1.º de abril

LEITURA:
1 CORÍNTIOS 3:18-23

Depois da aula, Daniel pegou sua Bíblia no armário e olhou em volta, um pouco nervoso. Sabia que se determinados garotos o vissem com ela, ouviria algumas piadinhas desagradáveis. "Ei, Daniel!", chamou Tiago, um menino do grupo jovem da igreja. "Você deixou cair alguma coisa." Daniel olhou para baixo e Tiago falou "Primeiro de abril!" e todos riram. "Vamos para o parque bater uma bola," sugeriu. Daniel hesitou e Tiago viu a Bíblia em sua mão. "Não está indo para o estudo bíblico de novo, está?", perguntou.

"Por que não vem comigo?", perguntou Daniel.

"Tenho lições de Bíblia suficientes no domingo," respondeu. "Você não?"

"Sinceramente, não. Além disso, semana passada o pastor disse que se fôssemos ao estudo bíblico, outros talvez quisessem ir também, e que era uma forma de mostrar que acreditamos em Deus." Daniel hesitou. "Nem sempre sou tão bom em falar de Jesus para os outros," admitiu. "Acho que vou ao estudo bíblico," os garotos se encaminharam para a porta. "Por que não vem comigo?", insistiu. "Você também é cristão, não é, Tiago?"

"Sim, claro," sussurrou o menino, "mas acho que não precisamos falar disso o tempo todo". Parou um pouco. "Quero dizer que… bem… alguns garotos já soltam piadas porque vou à Escola Dominical. Se não for jogar bola para ir ao estudo bíblico, aposto que vão me chamar de bobo o tempo todo — não só no Dia da mentira."

Daniel deu de ombros e disse: "Engraçado, passamos o dia brincando com os outros e não nos importamos de ser chamados de bobos no 1.º de abril. Bem… o pastor disse que sempre somos o bobo de alguém — do mundo ou de Cristo. De minha parte, prefiro ser de Cristo." Ele virou na esquina seguinte e falou: "Vamos nos encontrar na casa do pastor hoje, caso decida vir. Se não, nos vemos amanhã."

Enquanto via Daniel se afastar Tiago pensou: *talvez eu devesse ir ao estudo bíblico, mesmo que seja chamado de bobo, pelo menos serei um bobo por Jesus!* E decidiu ir.

VOCÊ TEME QUE OS OUTROS SAIBAM QUE É CRISTÃO?

Medo de ser chamado de bobo? Prefere ser considerado um bobo pelo mundo ou por Deus? Faça coisas sábias aos olhos do Senhor. Viva para agradar-lhe, não ao mundo. Seja um testemunho e compartilhe o evangelho. Não tenha medo de carregar sua Bíblia ou orar em público. Suas ações podem influenciar outros a ir à igreja, ler a Bíblia ou a testemunhar de Jesus.

TESTEMUNHE DE CRISTO

VERSÍCULO-CHAVE

Por causa de Cristo nós somos loucos…
—1 CORÍNTIOS 4:10

2 de abril

LEITURA:
ISAÍAS 53:4-11

O LEPROSO

"Mãe, não estou entendendo o versículo para decorar. É 2 Coríntios 5:21. '…Mas Deus colocou sobre Cristo a culpa dos nossos pecados para que nós, em união com ele, vivamos de acordo com a vontade de Deus.' Sei que está falando sobre Jesus, mas o que quer dizer que *colocou sobre Cristo a culpa dos nossos pecados*? Jesus não tinha pecado, não é?", disse Alex uma tarde.

"Sim, não tinha, e para nos livrar de nossos pecados, Ele sofreu muito. Foi mais do que a dor física da crucificação respondeu sua mãe." Ela pegou um livro da estante, "Veja aqui! Olhe esta foto de um leproso. Foi tirada por missionários. Anos atrás era comum ver pessoas com esse tipo de doença."

Alex fez careta ao ver a foto e disse: "Aquele homem parecia péssimo. Não tinha nenhum dos dedos! Só tocos horríveis!"

"Isso mesmo, e era cego e muito magro. Você é um cristão, Alex. Se visse alguém assim, o que poderia fazer por ele?", perguntou.

O menino pensou um pouco. "Poderia dar um pouco de água e comida," sugeriu.

"Mas ele está morrendo," respondeu a mãe. "Amaria esse pobre homem o suficiente para ajoelhar-se ao lado dele, segurar e dizer-lhe que se ele aceitasse Jesus iria para o céu? O que acha?"

Alex hesitou. "Não sei, se eu me obrigasse, talvez conseguisse."

"Para realmente ajudá-lo," continuou a mãe, "e, se tivesse tal poder, daria a ele toda a sua força e saúde, e sugaria a doença de seu corpo?"

Alex se encolheu só de pensar e falou: "Isso seria pedir demais! Ele tem uma doença terrível."

A mãe concordou e explicou: "foi isso que Jesus fez quando assumiu a culpa por você e por mim, Alex. Ele detesta o pecado, muito mais do que você pode detestar a lepra. Jesus nunca pecou, mas mesmo assim, assumiu toda a culpa de nossos pecados e morreu na cruz em nosso lugar."

"Acho que estou começando a entender," Alex disse.

VOCÊ JÁ PENSOU BEM NO QUE JESUS FEZ POR NÓS?

Você entende que Jesus sofreu grande vergonha e horrores ao assumir os nossos pecados? Ele tomou o seu lugar na cruz. É assim que o Senhor o ama! Isso possibilitou a sua ida ao céu na eternidade. Aceite o sacrifício de Jesus — confie nele hoje.

JESUS TOMOU SOBRE SI O NOSSO PECADO

VERSÍCULO-CHAVE

…Mas Deus colocou sobre Cristo a culpa dos nossos pecados…
—2 CORÍNTIOS 5:21

100

3 de abril

LEITURA: JOÃO 14:21-24

EU O AMO

"Tchau! Divirtam-se! Tirem muitas fotos!" Todos acenaram e desejaram coisas boas para Leila e Mauro quando eles saíram da festa de seu casamento para a lua de mel.

Joana notou que Bela, a irmãzinha de Leila estava sentada longe e sozinha, e parecia infeliz. "O que foi?", perguntou.

"Não quero que Leila vá embora, vou sentir falta dela," sussurrou fungando.

"Mas sua irmã vai voltar logo. Talvez você possa fazer um cartaz de 'Boas-vindas' para ela. Não seria divertido?" Joana garantiu tentando confortar a menininha.

No caminho de casa, Joana contou à família a reação de Bela sobre a saída da irmã. A mãe sorriu e falou: "Ela não entende que o lugar de Leila agora é com o Mauro, mas imagine como seria difícil Leila convencer Mauro que o ama, se não fosse com ele hoje. Quando amamos alguém, queremos estar e falar com ele."

"E falar *sobre* ele, eu acho," acrescentou Joana. "Leila estava sempre falando do Mauro."

"Qualquer um podia ver que eles se amam," falou Dina, a irmã de Joana.

"Então o amor é visto em ações e declarações, certo?", perguntou o pai. "Esta noite, vamos ver quantas formas encontramos de mostrar que amamos uns aos outros."

"E também de mostrar que amamos Jesus," acrescentou a mãe.

"Sim," concordou o pai. "Ele nos ama tanto que se dispôs a morrer por nós. Mas vocês acham que Jesus acredita quando *falamos* que o amamos, mas não queremos passar tempo com Ele, falar sobre Ele nem falar com Ele?"

"Quer dizer... é como se *disséssemos* que amamos Jesus, mas não quiséssemos ir à igreja, ler a Bíblia ou orar, então não estamos demonstrando o nosso amor?", perguntou Joana.

"Ou se não queremos falar sobre Ele com outras pessoas?", quis saber Dina.

"Para mim, é exatamente isso, afinal, amor de verdade é mais do que palavras. É querer estar junto e agradar a quem se ama," respondeu o pai.

E a mãe complementou: "É isso mesmo, e o que mais agrada a Jesus é a obediência. A forma de mostrar que realmente o amamos, é obedecendo e fazendo o que Ele diz."

VOCÊ REALMENTE AMA JESUS?

Ou apenas diz que o ama? Suas ações mostram o seu amor por Ele? Você coloca Jesus e os Seus mandamentos acima de qualquer pessoa ou coisa? Ama o Seu povo — outros cristãos — e Sua Palavra, a Bíblia? Você conversa com Jesus? Obedece Seus mandamentos? A obediência é a melhor maneira de demonstrar que o ama!

DEMONSTRE O SEU AMOR POR JESUS

VERSÍCULO-CHAVE

Jesus continuou:
—Se vocês me amam, obedeçam aos meus mandamentos.
—JOÃO 14:15

4 de abril

LEITURA:
JOÃO 20:19,20,24-31

VER E ACREDITAR

"Vamos brincar de esconde-esconde!", sugeriu Eric. Ele e o amigo Gil estavam na casa de Sara, onde havia lugares ótimos para se esconder.

"Está comigo primeiro," Gil pediu. Cobriu os olhos e começou: "Um, dois, três, quatro…". Enquanto contava, ouviu Eric e Sara correndo e rindo. Achou que um dos dois tinha descido para o porão. "…24, 25!", Gil gritou. "Aqui vou eu!"

O menino foi em direção ao porão, procurando por um sinal dos amigos. De repente, olhou para a janela perto da lareira e viu a sombra de alguém atrás da cortina. Logo viu quem era. Reconheceu a camiseta vermelha de Eric pelo tecido. "Achei você, Eric!", gritou.

"Como sabia que era eu?", perguntou o amigo.

"Eu vi," respondeu Gil. "Essa cortina é muito fina, e deu para ver sua camiseta vermelha. Por isso sabia que era você."

"Acho que ver é acreditar," comentou Eric.

"Acho que sim," concordou Gil e riu. "Lembra da lição da Escola Dominical da semana passada? Do evangelho de João?", perguntou. "Lembra o que aconteceu depois que Jesus morreu na cruz?"

"Lembro," Eric não estava muito certo. "Muitas pessoas não acharam que veriam Jesus vivo novamente."

"Mas Ele ressuscitou — saiu da tumba," disse Gil. "Antes de voltar para o céu, apareceu para muitos amigos. Quando eles viram Jesus com seus próprios olhos, creram nele. Isso os ajudou a saber que Ele realmente ressuscitou da morte."

"Então, para eles, ver também era acreditar," disse Eric. "Provavelmente ajudou a saber que Jesus é o Filho de Deus. E saber tudo isso, também nos ajuda a crer nele."

"Isso mesmo," concordou Gil. "Mas o Sr. Carlos disse que mesmo não podendo ver Jesus com nossos olhos como aconteceu com eles, podemos ver que Ele age em nossa vida."

De repente, os dois ouviram a voz abafada de Sara vindo do porão. "Ei!", ela gritou. "Eu ainda estou escondida! Por que estão demorando tanto?"

"Vamos achar a Sara!", falou Eric.

VOCÊ ACREDITA QUE JESUS RESSUSCITOU?

Mesmo não vendo com seus próprios olhos? Depois que Ele ressuscitou muitos o viram. Acredite no testemunho deles e "veja" evidências em sua vida. Exemplo: Ele aproxima pessoas para ajudá-lo? Responde as suas orações? Dá conforto, paz e confiança quando está triste? Muitas coisas mostram o amor e cuidado que Ele tem por você. Sim, Ele ressuscitou. Creia nisto!

JESUS RESSUSCITOU — ACREDITE NISTO!

VERSÍCULO-CHAVE

...Felizes são os que não viram, mas assim mesmo creram!
—JOÃO 20:29

ENSINANDO PACIÊNCIA

5 de abril

LEITURA:
2 TESSALONICENSES 3:3-5

Com um profundo suspiro, Gina colocou os livros sobre a mesa e afundou no sofá ao lado da mãe.

"Algo errado, querida?", a mãe perguntou.

"É Maria, sabe aquela menina irritante da minha turma? Não dá. Simplesmente não gosto dela. O máximo que consegui foi parar de implicar com ela." Gina falou.

"Bem, pelo que me disse antes, isso parece uma melhora," sua mãe comentou.

"Mas não é suficiente!", respondeu Gina. "Minha professora da Escola Dominical diz que Jesus espera que amemos as pessoas — mesmo as que nos odeiam — e façamos coisas boas para elas. Acho que jamais vou gostar da Maria do jeito que deveria," ela suspirou. "Deus deve estar bem irritado comigo," acrescentou.

"Peça-lhe ajuda," disse a mãe. "Ore pela Maria e continue tentando melhorar seu relacionamento com ela. Eu e seu pai vamos orar também."

"Está bom," concordou a menina e se levantou. "Posso fazer biscoitos de chocolate, mãe?", perguntou.

"Claro, quer ajuda?", ela respondeu.

"Não precisa, dou conta," disse Gina. E quando estava pegando o livro de receitas, o irmãozinho de 4 anos entrou na cozinha. "E aí, querido! Quer aprender a fazer biscoitos?", perguntou.

"Posso?", João perguntou ansioso.

A mãe sorriu. "Ensinar João a fazer biscoitos vai exigir paciência," alertou.

"Tudo bem, eu ajudo se ele precisar," respondeu a filha.

E a mãe lhe disse: "pensando no comentário que fez sobre seus problemas com a Maria, fiquei com a impressão de que acha que Deus é menos paciente do que você."

Gina ficou em silêncio. "Acho que entendi," falou em seguida. "Vai levar um tempo para o João aprender a fazer biscoitos, mas vou ajudar desde que ele precise. E está levando um tempo para aprender a demonstrar amor pela Maria, mas Deus vai me ajudar, desde que eu busque a Sua ajuda."

"Ou seja, sempre," acrescentou a mãe.

VOCÊ ESTÁ IMPACIENTE?

Você acha difícil mostrar amor por pessoas que considera irritantes ou más? Não desista. Jesus sabe que tem muito a aprender. Ele o ama e não desistirá de você. Peça Sua ajuda para continuar aprendendo a fazer as coisas que Ele quer que faça. Quanto mais praticar, melhor será! Que tal esse crescimento?

CONTINUE CRESCENDO ESPIRITUALMENTE

VERSÍCULO-CHAVE

...Deus, que começou esse bom trabalho [...], vai continuá-lo...
—FILIPENSES 1:6

6 de abril

LEITURA:
SALMO 19:7-11

CUIDADO! JANELA!

"Ah, não! Aquele passarinho bateu no vidro!", exclamou Cris depois de ouvir o baque na janela. Então virou-se para o pai. "Espero que esteja bem."

Os dois se levantaram e foram até a grande janela de vidro da sala de estar. "Não estou vendo," falou o pai quando olharam para o chão. "Deve estar bem o suficiente para voar."

"Bem, acho que devíamos colocar um cartaz ou alguma coisa para avisar os pássaros que tem uma janela aqui," disse Cris. "Eles não veem o vidro transparente."

"Escreveria o quê?", o pai perguntou sorrindo.

"Pai! Eles não sabem ler," o menino protestou. "Acho que devia ter alguma coisa grande e brilhante no vidro."

"Bem, não creio que sua mãe vai deixar colocar esse tipo de sinal na janela da frente," o pai comentou.

"Também acho," Cris concordou.

"Sabe filho, às vezes somos como aquele passarinho," o pai disse.

"Somos?", o menino estranhou. "Como?"

"Também não vemos coisas perigosas que existem na vida," respondeu. "Entretanto, há uma diferença — nós não sabemos como alertar aqueles pássaros, mas alguém nos alerta de muitos perigos. Deus normalmente faz isso," o pai sorriu para o filho. "Sabe como?"

"Bem... meu professor da Escola Dominical nos alerta sobre alguns programas de TV ruins. Na verdade, ele fala muito disso. É Deus nos avisando? Por meio dos nossos professores?"

"É uma forma," respondeu o pai. "Que outras formas você imagina?"

Dessa vez Cris estava com a resposta pronta. "Semana passada o pastor pregou sobre o inferno," disse. "Fez um forte alerta sobre isso."

"Certo," falou o pai. "Esses são alguns exemplos do que podemos chamar de alertas claros. Deus frequentemente usa pessoas para nos avisar, mas também fala por intermédio de Sua Palavra — a Bíblia. Ele sutilmente coloca algo em nossa mente e coração enquanto meditamos sobre o que está escrito. Lembre-se sempre de que quando Deus o alerta, é preciso prestar atenção!"

VOCÊ PRESTA ATENÇÃO QUANDO DEUS...

...usa seus pais, professores ou Sua Palavra para alertá-lo sobre algo? Você ouve ou ignora Suas advertências? Não cometa esse erro. O Senhor vê perigos que você não percebe. Evite feridas e dores de cabeça escutando os Seus avisos e obedecendo. Dessa forma não lamentará as escolhas que fizer em sua vida.

PRESTE ATENÇÃO AOS ALERTAS DE DEUS

VERSÍCULO-CHAVE

Senhor, os teus ensinamentos dão sabedoria a mim...

—SALMO 19:11

7 de abril

LEITURA:
ISAÍAS 46:9-11

SEGUNDA OPÇÃO

"Estou preparando o quarto para dividi-lo com meu irmão," Sérgio anunciou orgulhoso. Tinha certeza que o bebê seria um menino. "Já tem garota suficiente aqui," disse, olhando para Andréa e Ana, as duas irmãs. "Estou orando por um irmãozinho."

"Você pode dizer a Deus o que sente, mas não esqueça que a decisão do bebê ser menino ou menina é dele," lembrou a mãe.

"Isso mesmo, Sérgio. Não tenha tanta certeza que será um menino," falou Ana. "Eu prefiro uma menina."

"Será um garoto," insistiu o menino. "Já disse que orei."

Finalmente o grande dia chegou. O bebê nasceu, e era… uma menina! Sérgio ficou desapontado, mas foi junto para buscar a mãe e a irmãzinha no hospital.

"Ah, olha!", apontou Andréa quando voltavam para casa. "É a casa que queríamos alugar, e agora tem uma placa de 'Vende-se' na frente."

"Interessante," disse a mãe. "Lembra como ficamos desapontados quando descobrimos que tinha sido alugada uma hora antes de decidirmos? Achamos que aquela casa era exatamente o que queríamos, mas agora, estou feliz em não morar ali. Nunca poderíamos comprar um lugar assim. Se tivéssemos alugado, teríamos que mudar agora. Seria um péssimo momento para isso."

"A nossa segunda opção acabou sendo melhor," disse o pai, "em especial desde que o proprietário nos deixou usar o aluguel como parcela para a compra da casa. Não está sendo divertido consertar nosso lar e deixar do jeito que gostamos?"

"Com certeza," concordou Andréa. "E ainda tenho o meu próprio quarto! Agora vejo que Deus nos deu a casa da segunda opção porque sabia que seria o melhor para nós."

"E com os bebês?", perguntou o pai olhando para Sérgio, que estava sentado ao lado da nova irmãzinha. "Como está o bebê?"

"Ela é fofinha," admitiu o menino. "Olha! Está segurando o meu dedo. Ela era a minha segunda opção, que nem foi a casa para você, mas acho que é a opção de Deus para nós, então tem que ser a melhor."

"Tenho certeza que é," disse a mãe sorrindo.

ÀS VEZES A ESCOLHA DE DEUS É DIFERENTE DA SUA?

Como a leitura bíblica de hoje diz, desde o princípio Deus conhece o final. Algumas vezes o que você realmente quer não será o melhor a longo prazo. Confie em Deus e ore: "Senhor, por favor me ajuda a lembrar que conheces o futuro, e me ajuda a confiar que a Tua escolha é a melhor para mim, amém."

ACEITE A ESCOLHA DE DEUS

VERSÍCULO-CHAVE

...todas as coisas trabalham [...] para o bem daqueles que amam a Deus...

—ROMANOS 8:28

8 de abril

LEITURA:
SALMO 111; ISAÍAS 57; MATEUS 6; LUCAS 1

FALAR EM VÃO

Quando Carlos atravessou a sala, bateu com a perna na mesinha de centro. Resmungou e esfregou a canela. A mãe olhou séria para ele. "Carlos! Ouvi você dizer '*Jesus amado*'?" O menino deu de ombros e concordou. "Ontem mesmo discutimos a seriedade de falar o nome de Deus ou Jesus em vão, e você já repetiu os velhos hábitos." "Não disse nada em vão," protestou Carlos.

O pai discordou. "Acho melhor reconhecer e explicar à sua mãe o que você quer dizer com *Jesus amado*."

Relutante, Carlos tentou se explicar. "Foi só uma exclamação de surpresa; e disse isso porque me assustei um pouco. Não vejo mal nenhum em falar isso, Jesus é amado mesmo!

"Por que não usa outras palavras que também podem expressar surpresa?", sugeriu o pai. Carlos procurou na *internet* para procurar mais expressões de surpresa.

Olhem, achei algumas de origem religiosa 'Afff.', vem de Ave Maria e pode indicar desaprovação, insatisfação ou impaciência. 'Nossa!' de "Nossa Senhora" que indica espanto ou admiração. 'Meu Jesus!' também pode ser 'Ai Jesus!', 'Ai meu Jesus Cristinho!' Todas usadas para demonstrar surpresa ou medo. Quer dizer, que nem isso podemos falar?", Carlos perguntou ao pai. "Sim, filho, existem muitas expressões que remetem a Deus e a Jesus, que não devemos usar", ele lhe respondeu.

"Mas… não estou falando de Jesus quando uso essas palavras," argumentou Carlos.

"Talvez não, mas lembre-se de que Deus o responsabiliza pelas palavras que usa," disse a mãe. "Muitos não se incomodam com essas expressões e usam: 'Meu Deus' ou 'Deus me livre' em seu dia a dia sem pensar. Podem realmente não estar falando de Deus quando as usam. Você acha isso certo?"

O pai balançou a cabeça e completou: "Deus, o Pai, e Jesus, o Seu Filho querem que o Seu nome seja usado na oração e no louvor, não na raiva, na briga, na piada, quando se sente nojo ou mesmo surpresa," falou. "Lembre-se sempre disso."

"Agora entendi, vou me lembrar de não falar mais esse tipo de coisa", emendou Carlos.

EXPRESSÕES COMO "DEUS ME LIVRE"…

…usam o nome de Deus em vão. O nome de Deus é santo e não deve ser usado de qualquer jeito. Se você peca dessa forma, confesse ao Senhor. Peça Sua ajuda para perder esse hábito. Use o nome de Deus apenas para louvar, durante a oração ou quando estiver falando dele com respeito.

NÃO USE O NOME DE DEUS EM VÃO

VERSÍCULO-CHAVE

Não use o meu nome sem o respeito que ele merece…

—ÊXODO 20:7

ALGUÉM COM 6 ANOS

9 de abril

LEITURA:
FILIPENSES 1:21-23

"Vovô", Jennifer começou ao subir no colo do avô para ouvir uma história, "você quer viver muito ou pouco?"

"Bem," riu o avô, "acho que a maioria das pessoas gostaria de viver muito, né?"

"Conheço alguém que vai morrer," ela falou baixinho.

"Mesmo?", estranhou o avô. "Alguém velho ou novo?"

"Alguém com 6 anos," respondeu. "A Débora faltou hoje de novo. Ela está muito doente e na semana passada me contou que tem uma coisa chamada leucemia."

"Que triste," disse o avô, "mas leucemia pode ser tratada. Não significa que ela vai morrer."

"Foi isso que a professora disse," falou a menina, "mas hoje, Pedro, o primo da Débora, falou que ela ia morrer porque tem uma doença no sangue que os médicos não podem curar. Nossa professora disse que não é verdade. Que a Débora está muito doente, mas que existe um remédio que pode deixar ela melhor. Mas…", Jennifer estava triste, "algumas crianças acham que podem pegar a doença se ficarem perto da Débora."

"Espero que logo percebam que é besteira," disse o avô. "E você?"

"Sempre serei amiga dela, e vamos continuar brincando juntas," a menina falou com lágrimas nos olhos. "Queria que Deus fizesse ela melhorar."

"Eu também, então vamos orar por ela," disse o avô. Ele abraçou a neta. "Sua amiga sabe o quanto está doente?"

Jennifer acenou que sim. "Ela diz que a mãe falou que todo mundo vai morrer um dia, e que só Deus sabe quando."

"Muito bom," disse o avô. "A mãe dela está certa."

A menina sorriu. "A Débora me disse que ama Jesus, e que Ele tem um lugar especial para ela no céu. A mãe dela falou que o céu é muito melhor do que aqui na terra."

"É ótimo," o avô concordou. "Minutos atrás você me perguntou se eu preferiria viver muito ou pouco. Lembre-se de que a duração da sua vida não é, nem de perto, tão importante quanto o que acontece depois que morrer. O que importa é saber que depois que morrermos, viveremos para sempre no céu, no lugar especial que Jesus nos preparou."

"Eu também quero ir para o céu, que nem a Débora," disse Jennifer.

VOCÊ SABE PARA ONDE VAI NA ETERNIDADE?

Pode saber. Não importa se morrer com 6 anos ou com 60, ou até mais velho, o importante é saber que estará com Jesus no céu. Convide-o para a sua vida. Ele estará com você todos os dias. E, quando você partir, ou quando Jesus voltar, Ele o levará para viver num lugar muito melhor — no céu, o lugar que Deus fez especialmente para você.

PODEMOS VIVER PARA SEMPRE COM JESUS

VERSÍCULO-CHAVE

Pois para mim viver é Cristo, e morrer é lucro.
—FILIPENSES 1:21

10 de abril

LEITURA:
2 CORÍNTIOS 4:7-16

FOSSILIZADO

Raul entrou correndo em sua casa. "Olhe isso!" falou, mostrando um osso fossilizado. "Minha professora disse que eu podia pegar emprestado para mostrar ao vovô. Posso levar hoje?"

A mãe sorriu. "Vamos visitá-lo depois do jantar."

"A Sra. Pereira disse que apenas um osso em milhões fossiliza," o menino falou. "Precisa ter sido enterrado no solo com os minerais certos. O osso vai se decompondo e os minerais se infiltram nos poros até se tornar apenas uma rocha mineral."

"É mesmo? Seu avô vai gostar muito de saber isso, acho que o vizinho dele, o Sr. Toledo, também gostaria de ver o fóssil," a mãe comentou.

"Duvido, ele não gosta de nada nem de ninguém. É muito mal-humorado! Sei que ele é velho, mas o vovô não é rabugento daquele jeito, e tem mais idade que o Sr. Toledo," Raul resmungou.

A mãe pensou um pouco. "O vovô é como esse fóssil," falou.

"Ele não é tão velho!", alegou o menino.

"É verdade," a mãe sorriu, "mas durante toda a vida, ele deixou que o amor e a Palavra de Deus se infiltrassem em seu coração. Os minerais preencheram o fóssil e a bondade de Deus preencheu o vovô com amor, alegria e paz — as coisas certas. Agora ele está bem idoso, fraco e cansado, e começando a esquecer as coisas, mas o Espírito de Deus continua nele."

"E no Sr. Toledo não, né?", perguntou Raul.

"Não parece," respondeu a mãe. "Até onde sabemos, ele nunca deixou que o Senhor entrasse em sua vida. Jamais permitiu que a bondade de Deus substituísse o seu velho ser."

O menino olhou para o fóssil. "Talvez eu deva mostrar isto ao Sr. Toledo," decidiu. "Mas você vai dizer-lhe como Deus nos muda que nem os minerais transformam os ossos? Talvez não seja tarde."

"Claro," a mãe respondeu sorrindo, "e você pode me ajudar. Deus ainda pode operar um milagre na vida dele."

"Isso," concordou Raul. "Podemos levar uns biscoitos? Assim ele não vai pensar que somos seus professores, mas seus amigos!"

O QUE ESTÁ SE INFILTRANDO EM VOCÊ?

A bondade de Deus está substituindo o seu velho ser? Não se torne como um osso velho e quebrado. Torne-se um "fóssil" forte, sendo "enterrado" nos "minerais" certos, lendo a Bíblia, orando, apreciando a amizade cristã, e obedecendo e servindo ao Senhor. Permita que o Seu amor entre em seu coração para que você possa agir como um cristão forte na fé durante toda a sua vida.

DEIXE DEUS PREENCHER SUA VIDA

VERSÍCULO-CHAVE

...o nosso espírito vai se renovando dia a dia.
—2 CORÍNTIOS 4:16

11 de abril

LEITURA:
1 JOÃO 1:5-9

TAPE SEU NARIZ

"**R**onaldo, leve o lixo para fora, por favor. Deixe empilhado na garagem, pois o latão sumiu," a mãe chamou.

O menino fez uma careta. "Porque Lúcia não pode colocá-lo para fora pelo menos uma vez?", reclamou. "Ela só fica penteando os cabelos e lixando as unhas — nada de útil!"

"Diga lá meu irmão feioso…", respondeu Lúcia.

"Chega, vocês dois!", interrompeu a mãe. "Por que brigar o tempo todo?"

O menino não falou nada e levou o lixo de má vontade.

Alguns dias depois, quando Lúcia saiu do carro, tapou o nariz. "Argh! Tem algo fedendo!"

"É o lixo!", explicou a mãe. "Vamos levar esses sacos para fora da garagem. Então vou ligar para seu pai e lembrá-lo de comprar um latão novo em sua volta para casa."

"Tudo bem," Ronaldo falou. "Ei! Volta aqui para ajudar!", chamou a irmã, que entrava em casa. "Não é a toa que chamam você de Lúcia Preguiça!"

"Não me enche, mano!", retrucou a menina.

"Chega!", a mãe disse firmemente. "Os dois vão ajudar." Eles obedeceram e, ao terminar, a mãe os fez sentar na cozinha. "Ultimamente as suas atitudes me lembram o lixo," falou.

"Desculpe," sussurrou Ronaldo. "Posso ir?"

"Não!", a mãe respondeu. "Me pergunto há quanto tempo não limpam o 'lixo' da sua vida," continuou. "Coisas como egoísmo, comportamento ruim e ciúmes devem ser jogadas fora regularmente. Ou então começam a soltar mau cheiro mais do que aquele lixo lá fora. Elas precisam ir para a grande lata de lixo de Deus, que se chama 'arrependimento'. É mais do que pedir desculpas. Significa realmente estar arrependido e deixar de fazer o que é errado." Fez uma pausa. "Então, quem está pronto para usar a lata de lixo de Deus?", perguntou.

Lúcia e Ronaldo se olharam e concordaram. "Desculpe," disseram e sorriram.

"Muito bom," falou a mãe. "Peçam perdão também a Deus. E lembrem — são as ações, não as palavras, que mostrarão se estão arrependidos." Então ela sorriu. "Espero não precisar tapar o meu nariz de novo quando estiver perto de vocês."

HÁ ALGUM LIXO EM SUA VIDA?

Lixo como maldade, fofoca, preguiça, palavras ásperas ou outras atitudes que desagradam os seus amigos e família — e especialmente a Deus? Peça-lhe para mostrar o que é necessário para ficar limpo e para que as suas ações e comportamento reflitam uma pessoa gentil e amorosa, que não carrega um monte de lixo consigo.

ARREPENDA-SE, CONFESSE E SEJA LIMPO

VERSÍCULO-CHAVE

…se confessarmos os nossos pecados a Deus, ele [...] nos limpará…

—1 JOÃO 1:9

12 de abril

LEITURA:
1 PEDRO 3:3,4

ESPELHO NA PAREDE

"**M**ãe, cheguei! E adivinha só? Fui escolhida para representar minha turma no Concurso de Princesa da escola," disse Eva.

"Que bom!", exclamou a mãe.

"E sei que vou ganhar!", respondeu a menina. "São três candidatas. Uma não é bonita. A outra é tímida e quase ninguém sabe o nome dela." A mãe franziu a testa, mas não comentou.

Durante os dias seguintes, Eva passou muito tempo em frente ao espelho. Mexia no cabelo e sorria para si mesma, e até perguntava se notavam como estava bonita. "Beleza não põe mesa," alertou o pai.

"O que isso quer dizer?", a menina perguntou.

"É um ditado que significa que o que faz uma pessoa bela são as atitudes, não a aparência," ele respondeu, mas Eva deu de ombros.

Uma tarde, Eva, o irmão, Caio, e o pai foram a um abrigo de animais para escolher um cachorro. "Ah, aquele é lindo!", comentou a menina, apontando para um filhote branquinho. Mas ao tentarem se aproximar, o cãozinho rosnou. O funcionário avisou que o animal parecia ter um temperamento ruim. "Mas é tão bonitinho," ela insistiu.

"Beleza não põe mesa," lembrou o pai, e decidiram levar um filhote bem mais amigável.

Alguns dias mais tarde, Eva chegou em casa chorando. "Eu… não ga-ganhei o Concurso de Princesa! Nã-não consigo entender. A Helena, com aquele cabelo sem graça e roupas horríveis, ga-ganhou!", choramingou Eva.

"Eva," disse o pai, "lembra do filhote branquinho do abrigo de animais? Por que não o trouxemos para casa no lugar do Bufão?"

A menina olhou para o pai. "Ele era mau, e o Bufão é tão amigável e…".

"Você vinha agindo que nem aquele cachorrinho branco," interrompeu Caio, "e Helena se comporta mais como o Bufão."

Eva engoliu em seco, mas o pai continuou. "Lembre-se de que a verdadeira beleza vem de dentro; passe menos tempo em frente ao espelho, e mais tempo tentando agradar os outros — especialmente o Senhor."

A menina olhou para Bufão, que tinha se aproximado e posto a pata em seu joelho. "E ser mais como o Bufão," ela falou baixinho.

VOCÊ SE PREOCUPA DEMAIS COM A APARÊNCIA?

Você deve ser arrumado e limpo, é claro, mas a Bíblia diz que a beleza exterior — ser bonito — é passageira. Não dura. Atrai outras pessoas por pouco tempo, mas o que agrada a Deus é o espírito manso e suave. Você precisa cultivar um comportamento gentil e atencioso para se tornar uma pessoa realmente bela. Todos precisam cultivar a beleza interior.

DESENVOLVA A BELEZA INTERIOR

VERSÍCULO-CHAVE

…a beleza acaba, mas [o] que teme o SENHOR […] será [elogiado].
—PROVÉRBIOS 31:30

13 de abril

LEITURA:
SALMO 51:1-4,10

CADA PASSO CONTA

"**P**ai!", gritou Jorge ao entrar em casa. "O irmão do Davi está na prisão!" João, irmão mais velho de um amigo de Jorge, já tinha se metido em encrencas muitas vezes. "Davi disse que o João e outro garoto invadiram uma casa e roubaram dinheiro," continuou o menino.

"Os pais dele devem estar bem decepcionados," comentou o pai.

"Pois é. Meu amigo me disse que a mãe dele está muito chateada, mas também contou que quando ela falou com o João pelo telefone, ele pediu desculpas e prometeu que ia procurar ajuda," respondeu Jorge.

"Precisamos orar por eles," falou o pai e se levantou. "Eu estava indo correr. Quer vir comigo?"

"Claro!", respondeu, e foram correr na estrada.

Quando chegaram ao ponto onde o pai normalmente fazia o retorno para voltar, Jorge olhou para ele. "Vamos um pouco mais adiante dessa vez," sugeriu.

"Mais adiante?", estranhou o pai. "Tem certeza? Você sabe que cada passo que der para frente, terá que dar um de volta."

"Claro. Vamos! Não aguenta, pai?", o menino desafiou.

O pai riu. "Estou treinando há semanas," disse. "Vamos ver quem não aguenta."

Conforme seguiam, as pernas de Jorge pareciam ficar mais pesadas. Não demorou para ter a impressão que seus pulmões iam explodir. Finalmente o pai parou. "Certo, já chega," disse. "Vamos voltar."

"Sim. Já está… bem longe," concordou o menino com a respiração ofegante. Estava exausto. "Vai levar uma eternidade para voltar… daqui. Vamos andando. Por que eu fui querer ir tão longe?"

Enquanto voltavam, Jorge pensou novamente em seu amigo. "Fomos longe demais," disse, "pelo menos, para mim. Mas o irmão do Davi foi longe demais também, né?"

"Sim," respondeu o pai. "Vai levar muito tempo e esforço para que ele acerte as contas com a lei, com Deus e com seus pais. Lembre-se sempre Jorge de que, para cada passo errado, deverá dar outro para acertar. Na vida, cada passo tem uma consequência."

VOCÊ JÁ FEZ ALGO QUE GOSTARIA DE NÃO TER FEITO?

Adotou atitudes para corrigir o erro? Lembre-se: quanto mais passos errados você dá, mais difícil pode ser corrigir as coisas. Comece agora. Peça perdão e ajuda a Deus. Converse com as pessoas envolvidas, em busca de perdão e ajuda. No futuro, lembre-se de que todas as ações têm consequências.

TODAS AS AÇÕES TÊM CONSEQUÊNCIAS

VERSÍCULO-CHAVE

…O que uma pessoa plantar, é isso mesmo que colherá.
—GÁLATAS 6:7

14 de abril

LEITURA:
TIAGO 1:2-4

UM QUADRO COMPLETO

"Que cor vou escolher agora?" Selma pensou alto enquanto fazia com o irmão uma pintura indicada por números.

"Por que não pinta as partes pretas e marrons?", sugeriu Beto.

"Elas são tão chatas," ela fez uma careta. "Vamos pular."

"Mas tem os ursos," comentou o menino.

"Existem ursos brancos também," Selma falou. "Vou pintar as flores — um pouco de vermelho e um pouco de amarelo. Se quiser, você pinta os ursos." Beto deu de ombros e escolheu o verde das árvores e dos arbustos.

Os dois continuaram a pintar até todos os espaços estarem preenchidos, exceto os pretos e marrons. Se afastaram para olhar melhor e franziram a testa. "Está legal, mas, bem… está estranho, né?", o menino comentou.

"É," a irmã concordou. "Acho que precisa do preto e do marrom, como das outras cores para ficar bonito."

A mãe, que tinha acabado de entrar na sala, admirou o quadro e falou: "sabem, crianças, a vida é como essa pintura".

Os dois olharam para a mãe e para o trabalho. "Como assim?", Beto perguntou.

"Bem, lembrem-se de como ficaram tristes quando o vovô morreu ano passado? Foi como essas partes pretas da pintura," explicou. "E no início da primavera, Beto, quando ficou desapontado porque não pudemos pagar para você ir à escolinha de futebol? Outro momento triste."

"Sim, mas não tão triste quanto a morte do vovô, então acho que foi como as partes marrom", concordou o menino.

"Isso mesmo," a mãe sorriu. "Gostaríamos de só ter momentos divertidos e alegres, como as cores vivas da pintura. Mas Deus vê o quadro completo da nossa vida. Ele sabe que as horas difíceis e tristes são tão necessárias quando as alegres e divertidas. O Senhor usa todas elas para o nosso bem."

Selma mergulhou o pincel na tinta preta, enquanto Beto molhou o dele com a tinta marrom. "Vamos fazer este quadro ficar melhor," falou.

"E vamos ficar felizes em deixar Deus pintar nossa vida do jeito que Ele quiser. Vamos permitir que Ele nos faça melhores também", disse a mãe.

VOCÊ ESTÁ PASSANDO POR UM MOMENTO DIFÍCIL?

Algumas vezes se pergunta por que Deus permite essas experiências tristes em sua vida? Queria que Ele deixasse que apenas coisas alegres e divertidas acontecessem com você? Da próxima vez que estiver triste ou desapontado, diga ao Senhor como se sente. Então, sabendo que Ele realmente se preocupa com você, confie que Deus usa até os momentos mais difíceis para o seu bem.

AS DIFICULDADES PODEM TRAZER COISAS BOAS

VERSÍCULO-CHAVE

...as coisas trabalham juntas para o bem daqueles que amam a Deus...

—ROMANOS 8:28

UMA BOA REGRA

15 de abril
LEITURA:
LUCAS 6:27-31

"Trato é trato," insistiu Guilherme rindo — mas Caio não estava achando graça. "O *iPod* que você me vendeu não funciona!", falou. "Quero meu dinheiro de volta!"

"Azar o seu, não perguntou antes se funcionava," respondeu Guilherme, afastando-se, enquanto Caio bufava.

Naquela noite, Guilherme foi com o pai na loja de eletrônicos e viu Caio entrando. O menino também o viu e foi até ele. "Oi Guilherme, comprou outro *iPod* quebrado? Talvez você possa vender para alguém e ganhar mais dinheiro?", disse fazendo careta.

Quando Caio se afastou zangado, o pai olhou para Guilherme. "O que foi isso?", perguntou.

"Bem… é… vendi meu *iPod* velho para ele," murmurou o menino. "Ele quer o dinheiro de volta, mas afinal, trato é trato."

"Você não disse que o aparelho não funcionava?", perguntou o pai.

"Ele não perguntou," justificou o filho.

"Guilherme, você gostaria que fizessem isso com você?", o pai indagou.

"Nunca vai acontecer, sou muito mais esperto," respondeu confiante.

"Não tenha tanta certeza," alertou o pai. "Você comentou que estava trocando figurinhas de futebol com o Tito, certo? Já deu algumas das suas e ele ficou de levar as dele para a escola na segunda?"

"Isso mesmo… e?" Guilherme suspeitou de alguma coisa.

"Encontrei o pai dele ontem à noite, e ele falou que o cachorro pegou alguma das figurinhas do Tito," disse o pai.

"Se forem as que ele devia me dar, terá que devolver as minhas!", o menino avisou.

"Então não é mais *trato é trato*?", perguntou o pai. Guilherme olhou para o chão. "Acho que precisa começar a pôr em prática o que Jesus ensinou," disse ao filho. "Ele disse 'Façam aos outros o que querem que eles façam a vocês.' Isso é chamado de Regra de Ouro. Penso que é uma boa regra, não é?" Guilherme soltou um suspiro. "Quando chegarmos a casa, não acha que devia ligar para o Caio, pedir desculpas e dizer que vai devolver o dinheiro?", perguntou o pai.

Com outro suspiro, Guilherme concordou.

VOCÊ PODE REPETIR A REGRA DE OURO?

Se ainda não decorou, deveria. Mas muitas pessoas sabem recitar a Regra de Ouro, mas poucas a praticam. Você é um dos que a pratica? Quando alguém precisa de ajuda, está solitário ou tenta se aproximar, você lembra-se de como gostaria de ser tratado se estivesse na mesma situação? Trata os outros com gostaria que o tratassem? Isso é praticar a Regra de Ouro. É isso o que Jesus quer que faça.

SIGA A REGRA DE OURO

VERSÍCULO-CHAVE

Façam aos outros o que querem que eles façam a vocês…
—MATEUS 7:12

16 de abril

LEITURA:
1 TESSALONICENSES 4:13-18

EXPECTATIVA

A barriga de Jairo roncou mais alto que o som da televisão. Levantou-se e foi até a cozinha. "O almoço ainda não está pronto? Estou morrendo de fome!", perguntou.

"Só mais um minutinho," prometeu a mãe, enquanto dava os toques finais na decoração de um bolo.

"Aniversário de quem?", Jairo quis saber.

"Da Renata — amiga da Ângela," respondeu. "Ela achou lindo o bolo que fiz para a festa de aniversário da sua irmã e ficou toda animada quando eu disse que faria um para o aniversário dela."

Jairo se inclinou sobre a mesa e ficou olhando a mãe. "Por que não fez uma surpresa, em vez de contar?", perguntou.

"Também teria sido bom," ela respondeu. "Algumas vezes é mais divertido. Por outro lado, a espera por um determinado presente faz ele ser duplamente bom. Isso se chama 'expectativa.' A Renata não só ficará feliz quando receber o bolo, mas também se divertiu na expectativa dele."

"Acho que sim. Fico bem feliz quando sei que vou ganhar um presente," concordou o menino.

A mãe sorriu e disse: "Há muito tempo, Deus prometeu um presente também. Centenas de anos antes de Jesus nascer, o Senhor começou a dizer ao povo que algum dia iria mandar o Salvador que morreria pelos pecados deles."

Jairo olhou para ela. "Ele queria que as pessoas ficassem na exp... ah... ficassem esperando?"

"A palavra é expectativa," a mãe sorriu, "e, sim, acho que Deus queria que o Seu povo ficasse feliz com a expectativa da vinda do Messias. A Bíblia também nos fala sobre as coisas maravilhosas que o Senhor tem guardadas para os que creem em Jesus."

"Como... o fato dele voltar e nos levar para o céu algum dia?", perguntou Jairo.

A mãe concordou enquanto cobria o bolo. "Vou começar o almoço agora," disse.

"Obrigado, mãe!", o menino riu. "Estou na expec... expectativa disso também. E tenho certeza que vai valer a pena esperar!"

VOCÊ TEM ALGUMA EXPECTATIVA?

Talvez você esteja ansioso pelas férias, ou seu aniversário está chegando e sabe que vai ganhar presentes. Tem alguém especial vindo lhe fazer uma visita? Se tiver Jesus como seu Salvador, pode estar na expectativa da coisa mais maravilhosa de todas — a eternidade no céu com Ele. Quando os desapontamentos aparecerem, não esqueça de que Deus tem planos muito melhores para você.

TENHA EXPECTATIVA SOBRE O CÉU

VERSÍCULO-CHAVE

...voltarei e os levarei comigo para que onde eu estiver vocês estejam...
—JOÃO 14:3

17 de abril

LEITURA:
EFÉSIOS 4:25-32

ENTERRE ESSA SEMENTE

Gina foi até a bancada da cozinha e olhou para o vaso com terra. Fez careta quando olhou para dentro dele. "Mãe, plantei sementes de abóbora aqui há quase três semanas. Quero que comecem a crescer de verdade, mas ainda não brotaram!", reclamou.

"Seja paciente, filha, Deus vai fazê-las crescer na hora certa encorajou a mãe."

Enquanto falava, a campainha tocou e Gina foi ver quem era. "Oi Gina," disse Kátia, que morava na mesma rua. "Você pode sair para brincar?"

"Hoje não," a menina respondeu. "Talvez outro dia." Fechou a porta abruptamente e voltou para a cozinha. "Era a Kátia," disse. "Não entende que não quero mais brincar com ela."

"Querida, sei que a Kátia xingou você algumas semanas atrás," falou a mãe, "mas ela pediu desculpas. Não acha que está na hora de perdoar?" A menina deu de ombros enquanto pegava novamente o vaso. Mexeu um pouco na terra e tirou uma semente — exatamente como vinha fazendo nas últimas semanas. "Gina, se quiser que essas sementes cresçam, pare de mexer," a mãe disse.

"Mas eu…", começou a menina e então suspirou. "Certo," falou cobrindo as sementes com terra. "Só vou enterrar essas e esquecer delas!"

"Muito bom," a mãe comentou. "Precisa fazer o mesmo com sua raiva da Kátia — enterrar e esquecer."

"Mas ela… ela…", Gina murmurou. Mas então deu um riso. "Se eu enterrar a minha raiva e esquecer, Deus vai fazer ela crescer?", perguntou maliciosamente.

"Minha filha! Você sabe muito bem," bronqueou a mãe, mas depois também riu. "Está certo, sei que minha comparação não foi perfeita, mas você sabe do que estou falando. Esquecer sua raiva e perdoar a Kátia é importante para o seu crescimento espiritual."

Gina concordou e se encaminhou para a porta, dizendo: "sei, acho que vou brincar um pouco com a Kátia."

EXISTEM "SEMENTES" DE RAIVA EM SUA VIDA?

Se existem, elas não vão permitir que você cresça em Cristo. Fale com Deus sobre elas e peça ajuda para enterrar e esquecê-las. Assim poderá crescer espiritualmente. Não perdoar alguém, machuca você e permite que a raiva cresça em seu interior. Causa infelicidade para todos os envolvidos. Não deixe que sementes de raiva o impeçam de ter uma vida feliz.

ENTERRE SUA RAIVA E PERDOE

VERSÍCULO-CHAVE

Se [...] ficarem com raiva, não deixem que isso faça com que pequem...

—EFÉSIOS 4:26

18 de abril

LEITURA:
FILIPENSES 3:4-8

O CAMINHO ERRADO

Quando Miguel e o pai chegaram à estação, o trem que estava na plataforma deu dois apitos longos. "Parece que o trem está quase pronto para sair — devemos estar atrasados!", exclamou o pai. "Que bom que comprei as passagens com antecedência. Venha!" Eles correram e ainda estavam se acomodando, quando o trem começou a andar.

Miguel estava tão animado, que mal conseguia ficar quieto. "Não acredito que vamos ver nosso time jogar ao vivo! Quantos quilômetros até São Paulo?"

"Não sei direito, mas pode perguntar ao fiscal, ele está vindo. Segure sua passagem e a minha também," sugeriu o pai.

O fiscal se aproximou e o menino entregou as passagens, orgulhoso. "Obrigado, meu jovem," ele olhou os canhotos e então se virou para o pai. "Senhor, acho que, ou vocês tomaram o trem errado, ou não compraram as passagens certas. Estas aqui são para São Paulo, mas este trem vai para o Rio de Janeiro."

"Rio de Janeiro!", assustou-se o pai. "Ah, não! Como pude errar assim? Tinha certeza de que estava no trem certo."

"Vou avisar quando estivermos chegando à próxima estação," disse o fiscal seguindo em frente. "Vocês podem descer e pegar o primeiro trem de volta. Não deve demorar."

"Não estamos indo para São Paulo, pai?", Miguel estava ansioso. "E o jogo?"

"Acho que ainda conseguiremos chegar a tempo," o pai garantiu. E logo depois, acrescentou: "Sabe, filho, muitas pessoas fazem como nós."

"É mesmo?", o menino perguntou. "Muitos pegam o trem errado?"

"Mais ou menos. Todo mundo quer ir para o céu um dia, mas quando usam o caminho errado para tentar chegar lá, é como se tivessem tomado o 'trem errado', explicou o pai. Muitas pessoas são bem sinceras e tem boas intenções, mas a Bíblia diz que não chegaremos ao céu por nada que fizermos. Você sabe qual é o caminho para o céu, filho?"

"Claro," ele respondeu. "Jesus disse que Ele é o caminho."

"Exato," disse o pai. "Só podemos chegar a Deus por meio de Jesus. Ele é o único caminho para o céu."

VOCÊ QUER CHEGAR AO CÉU SENDO BOM?

Indo à igreja? Cantando no coral? Dando dinheiro para missões? Fazendo coisas boas para os outros? Depender de qualquer uma dessas coisas para chegar ao céu é como depender do trem errado para chegar ao destino, pois não o levará para onde quer ir. Jesus é o único caminho para o céu. Aceite-o hoje.

JESUS É O CAMINHO PARA O CÉU.

VERSÍCULO-CHAVE

Jesus respondeu: [...] ninguém pode chegar até o Pai a não ser por mim.

—JOÃO 14:6

19 de abril

LEITURA:
EFÉSIOS 4:14-16

CONFIRA OS FATOS

"Cadê aquele cara?", Joel resmungou enquanto esperava impacientemente o caminhão de entregas. Finalmente Joel ligou para o amigo. "Oi Nando, desculpe, mas vou chegar atrasado. Meus pais saíram e eu tenho que esperar o caminhão de entrega. Mamãe comprou uma mesa, eu acho."

"Eles não fazem entregas aos sábados," Nando disse.

"Mesmo?", Joel estranhou. "Tem certeza?"

"Claro," respondeu. "Espera um pouco que vou conferir." Segundos depois o menino voltou ao telefone. "Minha irmã comprou uma escrivaninha semana passada, e disse que não entregam nos fins de semana. Então venha para cá."

"Já estou indo!", disse Joel, desligando o telefone e saindo para encontrar Nando.

Quando voltou para casa, a mãe mostrou um bilhete. "Onde estava quando o caminhão chegou?", ela perguntou. "Deixaram isto na porta."

Joel leu em voz alta. "Chegamos com a bicicleta e a mesa às 15h. Contate a loja para agendar nova data de entrega." Olhou para a mãe. "Você encomendou a bicicleta que eu queria?", perguntou. "O Nando disse que eles não entregariam hoje! Podemos ir à loja pegar a bicicleta? Por favor?"

"Você desobedeceu, então terá que esperar," a mãe respondeu.

Naquela noite, Joel pediu ajuda com a lição da Escola Dominical. "Este versículo diz que não devemos ser 'empurrados por qualquer vento de ensinamentos'," disse ao pai. "Mas não entendi."

O pai pensou por uns segundos. "Esta tarde, Nando lhe disse algo que parecia lógico, certo e bom. Falou que a loja em que compramos não fazia entregas aos sábados. Você deveria ter obedecido sua mãe e ficado em casa, mas foi convencido por alguém que lhe passou uma informação errada," explicou. "Às vezes isso acontece com os cristãos também, e Paulo está alertando que não devem acreditar em pessoas que fingem ter a verdade do Senhor, mas que estão ensinando coisas incorretas."

A mãe concordou. "Precisamos comparar o que as pessoas falam sobre Deus, com o que está escrito na Bíblia."

VOCÊ ACREDITA EM TUDO O QUE OUVE?

Se "parece certo," acha que tem que ser? Não construa sua vida com base em suas ideias e nas opiniões dos outros. Busque a sabedoria de Deus — tenha certeza de que o que ouve confere com o que está escrito na Bíblia. Pais cristãos, pastores e professores podem ajudá-lo a compreender o que o Senhor ensina. Mas leia a Bíblia sozinho também, e creia em tudo o que Deus fala.

ACREDITE NO QUE ESTÁ NA BÍBLIA

VERSÍCULO-CHAVE

...não seremos mais [...] empurrados por qualquer vento de ensinamentos...

—EFÉSIOS 4:14

20 de abril

LEITURA: SALMO 24

FILHO DO REI

"Fica um pouquinho lá em casa," Elsa convidou Margarete quando voltavam juntas da escola.

"Está bem," a menina concordou, "mas vou ligar para minha mãe para saber se ela deixa."

Depois de falar com a mãe de Margarete, as meninas fizeram um lanche e foram brincar no quarto. "Vamos fingir que somos princesas," sugeriu Elsa.

"Isso! Vai ser divertido!", concordou a amiga. Então as amigas fizeram coroas de papel e desfilaram com longos 'vestidos de princesa.' Sentaram-se em tronos dourados de mentirinha, enquanto servos imaginários faziam tudo o que pediam.

Quando Gerson, irmão de Elsa, passou pela porta do quarto, parou e olhou para dentro. "Que lindas!", falou em tom dramático. "Só que… para mim, só está parecendo os vestidos velhos da mamãe. Não combinam muito com coroas, né?"

"Combinam sim," Margarete respondeu indignada. "Somos princesas, e você só está com ciúmes porque não é um príncipe."

Naquela noite, à mesa do jantar, Gerson passou a cesta de pão para Elsa. "Pegue um pãozinho, Majestade," implicou. "Pode passar a manteiga sozinha? Se não, apenas estale os dedos que alguém passará a manteiga dourada com uma faca de ouro." Elsa deu um risinho e fez uma careta para o irmão.

"O que é isso?", perguntou o pai. E quando soube da brincadeira das meninas, surpreendeu a filha ao sorrir e dizer: "Quer saber de uma coisa? Podemos dizer que você realmente é uma princesa — e que Gerson é um príncipe."

"Mas você não é um rei!", protestou a menina.

"Não," o pai respondeu, "mas como vocês dois aceitaram Jesus como Salvador, são filhos de Deus e Ele é o Rei dos reis. Então, isso faz de vocês, princesa e príncipe, certo?"

"Que legal!", a menina sorriu. "Vou contar isso a Margarete amanhã." Ela riu. "Ela vai ficar surpresa!"

"Sua amiga conhece Jesus?", perguntou o pai. "O Rei é o Pai celeste dela?"

"Não sei," Elsa respondeu. "Vou perguntar. Se já não for uma princesa real, quem sabe ela queira se tornar uma?"

VOCÊ É FILHO DE DEUS, O REI DOS REIS?

Se você já aceitou Jesus como Salvador, então é filho de Deus. Talvez não se sinta muito como um príncipe ou uma princesa, mas pense no fato de que o seu Pai celeste é o Rei dos reis. Agradeça-lhe pelo privilégio de ser filho de Deus.

DEUS É O REI DOS REIS

VERSÍCULO-CHAVE

[Jesus] é o Senhor dos senhores e o Rei dos reis.
—APOCALIPSE 17:14

21 de abril
LEITURA:
1 JOÃO 3:1-3

FILHO DO REI 2

Elsa estava ansiosa para encontrar Margarete na escola. "Lembra-se de como foi divertido brincar de princesa?", perguntou à amiga. "Bem, adivinha! Meu pai disse que eu sou uma de verdade. Sou filha de Deus, então sou filha do Rei, porque Deus é Rei de tudo!"

"Nunca ouvi nada disso," Margarete duvidou.

"É o que a Bíblia diz," respondeu Elsa. "Quem aceita Jesus é filho de Deus. Você também pode ser, não quer?" A amiga deu de ombros.

Depois da escola, as meninas brincaram novamente — dessa vez na casa de Margarete.

Elsa precisava voltar às 5h da tarde, mas entrou em casa correndo antes das 4h30. "A Margarete!", falou com raiva. "Não vou mais brincar com ela! Brincamos de 'princesa' de novo, e ela pegou os vestidos mais bonitos. Não me deixou usar nenhum. Então, quando eu saí do meu trono, ela sentou!"

A mãe franziu a testa. "E você?", perguntou. "Tem certeza de que não estava tentando pegar as melhores coisas?"

"Mas eu era a convidada," respondeu a menina. "Além disso, falei para ela que eu devia usar porque sou a filha de um Rei de verdade, e ela não é. Mas a Margarete nem devolveu o meu trono," disse, fazendo uma careta. "Mas me vinguei!"

"O que você fez?", a mãe perguntou.

"Joguei tudo em cima dela e disse que ela era feia de qualquer jeito, então vim para casa. Foi isso!" A menina bateu o pé com raiva.

O pai de Elsa chegou bem a tempo de ouvir o final da história. "Filha, acha que se comportou como uma princesa hoje?", disse com carinho. A Bíblia ensina que quando percebemos que somos filhos de Deus, e quando pensamos que estaremos com Ele no céu, devemos buscar viver uma vida pura, como Jesus. Acha que seu Pai, o Rei, ficou satisfeito?"

"E acha que seu comportamento de hoje vai fazer sua amiga querer ser uma filha de Deus?", acrescentou a mãe.

"Eu… a… acho que não," a menina admitiu envergonhada. Então teve uma ideia. "Posso voltar lá agora para me desculpar, mãe?", perguntou. "Vou rapidinho!"

VOCÊ PROCURA AGIR COMO FILHO DE DEUS?

Você sempre tenta ser gentil com os outros, dizer coisas boas, obedecer e ter bom comportamento? Se lembra de que os outros estão observando você, e que o seu comportamento pode ajudá-los a decidir se querem ser filhos de Deus também? Se você pertence à família do Rei dos reis, sua vida deve demonstrar isso. Peça ao Senhor que o ajude a ser cada vez mais como Jesus.

TENHA UMA VIDA PURA

VERSÍCULO-CHAVE

…todo aquele que tem essa esperança em Cristo purifica-se a si mesmo…
—1 JOÃO 3:3

22 de abril

LEITURA: ÊXODO 20:1-6

PRIMEIRO LUGAR

Zé Carlos parou na porta da cozinha, onde os pais já estavam sentados à mesa. "Desculpe o atraso," falou, enquanto ia lavar as mãos. Ao voltar, sorriu. "No treino de hoje, levei a bola de novo até a pequena área," disse. "Fingi ir para esquerda e driblei pela direita…". Ele fazia os movimentos com o corpo para demonstrar.

Finalmente sentou-se com um grande sorriso e falou: "amo futebol, e o treinador disse que, se eu quiser ser bom de verdade, preciso colocar o esporte em primeiro lugar. Não pode ser só conversa, tem que ser treino, treino, treino. Ou então, quando chegarem os grandes jogos, acabamos no banco. Mas eu quero entrar para jogar!"

"Treino, treino, treino," murmurou o pai. "Isso é o que o Senhor espera de você também, pois espera que você dê a Ele — não ao futebol — o primeiro lugar em sua vida."

"O quê? Deus quer que eu treine?", perguntou o menino.

"Bem, é preciso muito esforço para se tornar quem Deus quer que você seja, que nem para ser um bom jogador de futebol," respondeu o pai. "Para se tornar alguém assim, é preciso colocar Deus em primeiro lugar em sua vida. Como disse o treinador, não pode ser só conversa. Ele deve estar realmente acima de tudo, e você precisa praticar e viver do jeito que Deus quer."

Zé Carlos franziu as sobrancelhas: "Você está dizendo que futebol é errado, e que Deus quer que eu desista?", perguntou. Ele não gostou nem um pouco da ideia. "Eu amo futebol," acrescentou.

"Não há nada de errado com o futebol, a não ser que você o coloque acima de Deus," o pai garantiu e sorriu para o filho. "No 'jogo da vida,' Deus quer que você jogue muito, ou talvez eu devesse dizer, trabalhe para Ele, seja fazendo o dever de casa, as lições da Escola Dominical, ajudando nas tarefas ou jogando futebol. Reconheça o que Deus quer de você. Obedeça-o, não importa onde estiver."

"Certo," Zé Carlos riu. "Quero jogar no campo de futebol, e vejo que devo querer jogar para Deus também, fazendo o que Ele me ensinar."

O QUE É MAIS IMPORTANTE EM SUA VIDA?

O esporte, as roupas, a escola, sair com amigos? Não dê às coisas menos importantes o primeiro lugar em sua vida. Deus quer que você reserve esse lugar para Ele. Dê ao Senhor o melhor de seu tempo, talento e energia.

COLOQUE DEUS EM PRIMEIRO LUGAR

VERSÍCULO-CHAVE

Não adore outros deuses; adore somente a mim.
—ÊXODO 20:3

23 de abril

LEITURA:
1 CORÍNTIOS 3:16,17;
6:19,20

ARMADILHA PARA FORMIGA

A mãe tinha acabado de secar a bancada da cozinha quando Raquel entrou pela porta dos fundos. "Não ficou muito tempo na casa de Tânia," falou surpresa.

"Pois é. Teria ficado mais, só que…, a frase ficou pela metade e ela apontou para uma pequena embalagem redonda no chão, perto da porta. Havia algumas formigas por perto. "O que é isso? Uma formiga acabou de entrar por um dos buracos", a menina falou.

"Muito bom!", a mãe respondeu. "Isso é uma armadilha para formiga. Estou tentando me livrar delas aqui em casa."

"Aquela coisa pode pegar algumas," disse Raquel, "mas tem muito mais de onde elas vêm."

"Sim," concordou a mãe, "mas a ideia é que as formigas peguem a isca envenenada e levem para o formigueiro pensando que é comida. Quando isso acontecer, o formigueiro inteiro vai embora."

"Mesmo?!", a menina ficou surpresa. "A armadilha parece tão inofensiva," comentou, sentando-se à mesa. "Mãe, voltei cedo porque a mãe de Tânia não estava em casa. Mas a Emília, prima dela, estava lá — ela deveria cuidar de tudo. Bem, ela pegou um cigarro e começou a fumar. E queria que experimentássemos. Mas nós não queríamos. Nem sei se eram cigarros comuns, pois tinha um cheiro diferente. Emília continuou fumando e começou a rir de coisas muito bobas. Então decidi vir para casa."

"Era cigarro de maconha?", a mãe perguntou.

"Não sei, talvez," respondeu Raquel. "Emília ficou oferecendo tanto, e eu e Tânia não gostamos."

"Sabe, filha, drogas são como aquela isca para formiga," disse a mãe. "Elas prejudicam quem as usa, mas pior ainda, essas pessoas ficam tentando fazer outras usarem também. No fim, muitas vidas podem ser arruinadas porque uma pessoa pegou a isca e então a ofereceu aos outros."

"Bem, fico feliz de não ter pego a isca da Emília," disse Raquel.

"Eu também," concordou a mãe. "Deus quer que tenhamos corpo e mente saudáveis para termos uma vida boa e útil. Estou muito orgulhosa de você ter voltado para casa."

ALGUÉM JÁ LHE OFERECEU ALGO QUE NÃO É BOM?

Cigarros, drogas e álcool podem parecer inofensivos, mas podem ser mortais. Se você é cristão, seu corpo é o templo de Deus. Honre o Senhor na maneira de cuidar e usar o seu corpo. Tenha coragem de dizer não e de se afastar de coisas que o prejudicam.

HONRE A DEUS, CUIDANDO DE SEU CORPO

VERSÍCULO-CHAVE

…usem o seu corpo para a glória dele.
—1 CORÍNTIOS 6:20

24 de abril

LEITURA:
SALMO 15:1-3;
1 TIMÓTEO 6:9-11

A LATA VELHA

"Olha!" Daniele apontou para uma lata no meio-fio. "Tem um *sujismundo* por aí."

"É mesmo," concordou César. "Vamos chutar a lata até a casa e depois reciclamos." Quando se preparava para dar o primeiro chute, percebeu algo preso no fundo. "O que é isso?", perguntou em voz alta enquanto pegava a lata. "Dinheiro! Tem dinheiro aqui!"

César e Daniele correram para casa, falando de todas as coisas que poderiam fazer com o dinheiro. "Esperem!", disse o pai quando soube. "Com certeza alguém vai procurar este dinheiro. E deve ser devolvido."

Os dois se olharam desanimados. "Vamos orar, talvez Deus nos mostre que devemos ficar com ele. Afinal, por que nos deixaria encontrar a lata?", sugeriu o menino esperançoso.

Pela expressão do pai, os irmãos perceberam que ele não estava gostando muito da ideia. "Vocês têm que notificar a polícia," falou, pegando o jornal que estava sobre a mesa. "Olhem só isso!", apontou uma notícia sobre um idoso solitário que dizia ter perdido uma lata com todas as suas economias. De acordo com a matéria, quem o conhecia não acreditava na história e achava que ele devia ser colocado numa casa para idosos. Daniele e César suspiraram — o dono do dinheiro havia sido encontrado.

Então o menino teve uma ideia e sugeriu: "Pai, talvez essa seja a resposta às nossas orações! Aquele senhor está quase morrendo, não precisa deste dinheiro. Podemos usar para coisas boas — colocar boa parte dele na oferta da igreja."

O pai balançou a cabeça. "Veja o que este dinheiro já está fazendo," falou. "Nunca os vi tão egoístas e frios. Vocês são cristãos — e, um cristão deve ser honesto."

Os irmãos se olharam e disseram, "É pai, o senhor está certo."

"Deus diz que o amor ao dinheiro é a raiz de todos os males e, a desonestidade, certamente, é um deles," completou o pai.

"Muito bem, não nos sentiríamos bem se ficássemos com ele. Devolveremos agora, não é César?", falou Daniele.

"Como se tivéssemos escolha," o menino respondeu, mas sorriu e concordou.

O QUE VOCÊ FAZ AO ENCONTRAR ALGO QUE NÃO É SEU?

Suponha que você encontrou um lápis, um doce ou dinheiro que alguém deixou cair ao chão. Você tentará encontrar o dono? Ou lembrará da pequena rima "achado não é roubado"? Ela, com certeza, não está na Bíblia! Não é o que Deus quer que você faça. O Senhor espera que os seus filhos sejam honestos e Ele recompensa quem faz a coisa certa.

SEJA HONESTO

VERSÍCULO-CHAVE

...o amor ao dinheiro é uma fonte de todos os tipos de males...
— 1 TIMÓTEO 6:10

O PATINHO FEIO

25 de abril

LEITURA:
ROMANOS 3:10-12;
5:6-8

"**M**anhê!" Ângela chamou um dia. "Quaquá sumiu! Samuel o pegou, tenho certeza!" Quaquá era um patinho de pelúcia que, embora não fosse bonito, era o predileto de Ângela. Ela não se incomodava por ele não ser mais tão fofinho, estar sujo e desbotado. Por outro lado, o irmão Samuel, o achava horrível e o chamava de "Patinho Feio."

Ao chegar, o menino olhou para a irmã e perguntou: "O que foi?"

"Filho," disse a mãe, "Sabe onde está o Quaquá?"

Samuel sorriu. "Aquela coisa sumiu? Que bom! Não olhem para mim, não sei de nada!", declarou levantando as mãos.

"Vamos ajudar a procurar o Quaquá," a mãe falou. Olharam em todos os lugares — no sótão, debaixo da varanda, até na casinha do cachorro, mas não o encontraram.

Alguns dias mais tarde, a mãe chamou Samuel para uma conversa e perguntou: "você notou que a Ângela ainda está muito triste por ter perdido o Quaquá?"

"É!", comentou com cara de nojo. "Por que ela está tão chateada por causa daquela coisa velha? Como alguém pode gostar de algo tão feio?"

A mãe sorriu e falou, "algumas vezes, não é possível explicar porque gostamos de algo. Na verdade, o amor de Ângela pelo patinho feio, como você o chama, é como o amor de Deus por nós. Ele nos ama mesmo que sejamos, de certa forma, 'patinhos feios' — somos pecadores. Por exemplo, alguns mentem."

Com a mãe olhando bem sério para Samuel, o menino ficou vermelho. "Eu… eu…", ele não sabia o que dizer. "Eu menti," acabou admitindo. "Escondi o Quaquá na prateleira de cima do meu armário."

"Eu vi. O que você acha que Deus pensa disso?", perguntou a mãe.

"Eu… não pensei nele — nem em mim como um patinho feio," respondeu. "Você acha que Deus continua me amando," perguntou, "que nem a Ângela ama o pati…, quero dizer, o Quaquá?"

"Ele ama você muito mais do que isso. Deus o ama tanto que mandou Jesus para receber o castigo pelos seus pecados. Ele quer purificar você e torná-lo Seu filho," garantiu a mãe. "Você gostaria de pedir isso a Deus?"

Samuel concordou, dizendo: "Não quero mais ser um patinho feio."

VOCÊ SE RECONHECE COMO UM "PATINHO FEIO"?

A Bíblia diz que todos, incluindo você, pecaram, e o pecado é feio. Apesar do seu pecado, Deus a ama e enviou Jesus para morrer por você. Por causa disso, não é preciso ser como um patinho feio por mais tempo. Admita que você é um pecador e aceite Jesus como Salvador. Não espere; faça isso hoje.

JESUS MORREU PELOS PECADORES

VERSÍCULO-CHAVE

…Cristo morreu por nós quando ainda vivíamos no pecado.
—ROMANOS 5:8

26 de abril
LEITURA: FILIPENSES 2:13-16

A LANTERNA

"Tiago finalmente concordou em ir comigo à Escola Dominical," Guilherme disse à mãe, "mas mudou de ideia. Por que será?" A mãe parecia pensativa ao ouvir isso, mas não comentou.

Logo após ir para a cama naquela noite, Guilherme voltou à sala. "Mãe, tem pilha para lanterna?", perguntou. "A minha não está funcionando." A mãe ficou observando, enquanto ele abria a lanterna. "Olha!", reclamou. "Tem uns trapos no lugar das pilhas! Quem colocou aqui?" Começou a tirar os panos. "Aposto que foi a Alice!", e se virou para ir até o quarto da irmã.

"Espere Guilherme," disse a mãe. "Não foi Alice, fui eu."

"Você?", estranhou o menino. "Para quê?" Ele olhou para os panos. "Tem palavras escritas!", exclamou. "Vejamos… egoísmo… desobediência… mentira… reclamação." Guilherme olhou para a mãe. "O que é isto?"

"Decidi ilustrar uma coisa," respondeu. O garoto parecia intrigado, então a mãe explicou. "Assim como os panos velhos não deixam a lanterna iluminar, as coisas escritas neles, não deixam que a sua luz brilhe por Jesus," falou. "Tenho percebido essas coisas com muita frequência em sua vida ultimamente, e quando soube que o Tiago mudou de ideia sobre ir à Escola Dominical, achei que ele também deve ter percebido. Notei a expressão dele esta tarde quando pedi a você para me ajudar com as compras e foi muito rude comigo."

"Bem, eu… eu…", Guilherme sentiu vergonha. Sabia que além do incidente das compras, Tiago também o ouviu dizer ao professor que tinha terminado a tarefa de leitura, e sabia que não era verdade. Além disso, lembrou-se de que o amigo havia visto ele perder a paciência e demonstrar pouco espírito esportivo no parque.

"O Senhor quer que você se livre dessas coisas que impedem a sua luz de brilhar," disse a mãe. "Quando realmente brilhar por Jesus, Tiago e os outros verão que você é cristão."

"Acho que vou pedir desculpas ao Tiago," Guilherme falou.

"Sim," a mãe concordou, "e a Deus," sugeriu. "Não esqueça dele!"

SUA LUZ ESTÁ BRILHANDO POR JESUS?
Ou demonstra características que impedem que os outros vejam Jesus em você? Não deixe que os pecados como preguiça, trapaça e egoísmo se coloquem no caminho. Confesse os seus pecados a Deus e peça Sua ajuda para mudar. Deixe que os outros vejam a luz de Jesus em sua honestidade, gentileza, prontidão e outras maneiras amorosas.

DEIXE A LUZ DE DEUS BRILHAR EM VOCÊ

VERSÍCULO-CHAVE
Assim também a luz de vocês deve brilhar para que os outros vejam…
—MATEUS 5:16

27 de abril

LEITURA:
FILIPENSES 2:1-7

A MANEIRA COMO SE PARECE

Jaqueline entrou correndo na sala e se afundou no sofá, soluçando. "Ninguém faz nada do que eu quero."

A mãe foi até a sala e falou: "Querida, notei você infeliz o dia todo. Por que não faz uma lista de tudo o que a deixa triste? Vou tirar os biscoitos do forno e volto para olharmos juntas." Fungando, Jaqueline concordou e foi buscar papel e lápis.

E logo as duas estavam sentadas olhando a lista da menina. "Leia em voz alta para mim," pediu a mãe.

"Está bem," ela concordou e começou. "Queria que Miguel fosse andar de bicicleta comigo, mas ele queria jogar bola. Eu disse que não ia. Chamei a Ana para ir comigo, mas ela me convidou para ir andar de patins, mas eu não quis. Eva veio aqui e eu queria brincar com peças de lego, mas ela queria pular amarelinha, então disse que ela devia procurar outra pessoa. Chamei Cid para brincar, mas ele estava mandão demais. Então chamei a Helena, mas ela disse que ia ajudar a mãe a fazer biscoitos. Eu não quis. Queria ir nadar, mas mamãe me mandou limpar o quarto. Quando saí, queria…", Jaqueline parou de ler. "Ah, mãe, isso está horrível," e chorou.

"Sim," a mãe concordou, "mas é como os outros percebem. E também é como Deus vê. Aparentemente, hoje você só estava tentando agradar a si mesma. Listou muitas coisas que você queria, mas os outros também queriam se divertir. Não tentou agradar ninguém, e nem se divertiu, não é?"

"Não. Acho que não fui muito legal," a menina admitiu. "Eu… vou tentar melhorar — sério!"

A mãe sorriu. "Você precisa da ajuda de Deus, filha," falou. "Peça a Ele todos os dias para não permitir que você seja egoísta, e confesse quando não conseguir." Ela deu um abraço forte em Jaqueline e disse: "quando começar a dizer algo egoísta, pense sobre como isso soa aos ouvidos dos outros e de Deus. Então, com a ajuda dele, não diga. Ao contrário, pense no que o outro quer. Você será mais feliz quando conseguir colocar a vontade dos outros à frente da sua."

"EU QUERO" É MUITO COMUM EM SEU VOCABULÁRIO?

Mesmo que você não use exatamente essas palavras, uma lista do que você fala e faz pode mostrar se é egoísta e quer que tudo seja sempre do seu jeito. O egoísta normalmente não é feliz. Coloque Jesus em primeiro lugar, e peça-lhe ajuda diária para colocar os outros antes de você mesmo.

COLOQUE OS OUTROS ANTES DE SI MESMO

VERSÍCULO-CHAVE

…sejam humildes e considerem os outros superiores a vocês mesmos.
—FILIPENSES 2:3

28 de abril

LEITURA:
SALMO 34:13,14;
HEBREUS 12:14,15

PACIFICADORES

"Sei, mas foi o que a Bete disse. Ela falou que estava cansada de você queixar-se dela para mim. Nada posso fazer se a Bete fala coisas ruins sobre você," disse Kátia, trocando o telefone de ouvido. "Só tente não ficar furiosa com isso."

Depois de falar mais um pouco, a menina desligou o telefone e foi para a sala. "Quem era?", perguntou o pai. "Parecia que você estava tentando evitar a Terceira Guerra Mundial!"

Kátia deu um suspiro. "Era a Talita. Ela e a Bete são minhas melhores amigas, mas se odeiam! E parece que sempre fico no meio da briga."

"Por que não gostam uma da outra?", quis saber o pai.

Kátia respondeu: "Não sei, mas sempre ficam falando coisas terríveis sobre a outra. Simplesmente não se entendem."

"Hummm," o pai murmurou. "Bem, não sei qual é o problema delas, mas quando você escuta uma falando mal da outra, tenta guardar para si? Não acabou de dizer a Talita que Bete falou que está cansada das queixas dela?"

Kátia ficou vermelha. "Eu... acho, talvez," gaguejou. "Mas a Bete falou."

O pai respondeu: "Sim, mas você está piorando o problema, Kátia. A Bíblia diz 'não havendo maldizente, cessa a contenda.' Há uma versão que diz 'sem mexericos a briga se acaba.' Então, pare de contar para uma, as coisas negativas que a outra fala. Por outro lado, se Talita disser coisas boas sobre Bete, ou vice-versa, seria uma boa ideia repetir. Veja se consegue. Se começarem a ouvir comentários positivos sobre a outra, talvez possam se entender."

Isto era novo para Kátia. "Quer dizer... ouvir elogios em vez de críticas?", perguntou. Então completou: "Tudo bem. Provavelmente não serão muitos, mas acho que vale a pena tentar."

"Pelo menos," acrescentou o pai, "você pode parar de espalhar sentimentos ruins. Mesmo que não tenha intenção, está ferindo as duas garotas todas as vezes que repete algo ruim que uma fala da outra."

REPETE COISAS RUINS E PROVOCA PROBLEMAS?

A leitura bíblica de hoje diz que devemos buscar a paz. Uma forma de fazer isso é não espalhar comentários desagradáveis que possa ouvir alguém fazer sobre outra pessoa. Ao repetir coisas ruins que escuta, você mantém esses comentários vivos e pode magoar alguém. Recuse-se a ser fofoqueiro.

NÃO SEJA FOFOQUEIRO

VERSÍCULO-CHAVE

...sem mexericos a briga se acaba.
—PROVÉRBIOS 26:20

29 de abril
LEITURA:
MATEUS 5:1-10

PACIFICADORES 2

Kátia prestou atenção nas coisas boas que Bete e Talita falavam uma da outra. E ouviu Talita dizer: "Detesto a escola, mas acho que a Bete gosta, já que é a garota mais inteligente da turma e sempre está no quadro de honra." E: "Lá vem a *Miss* Brasil! Olha o cabelo dela — está sempre tão perfeito que é nojento! E sabia que ela fez aqueles biscoitos deliciosos da festa da turma? Que raiva!"

A menina também ouviu Bete dizendo coisas boas. "As roupas da Talita são tão legais! Ela tem tantas e ficam tão bem nela." E ainda: "Como ela tem sorte! O pai é médico — ele é o nosso médico e é ótimo. Eles vivem numa casa linda." Bete fez careta. "Talita se acha importante só porque é tão sortuda."

Então Kátia "levou os recados" de novo, mas desta vez, apenas os elogios. "Talita disse que você é a garota mais inteligente da turma," contou para Bete, "e que o seu cabelo é tão bonito… ah, que ela amou os biscoitos que você fez para nossa festa."

"Mesmo?", Bete ficou surpresa.

Então Kátia disse para Talita: "A Bete acha que suas roupas são lindas e que ficam muito bem em você," falou. "E disse que ama a sua casa. Ela também acha o seu pai ótimo."

"Está brincando? Talvez seja porque ela não tem pai," Talita respondeu pensativa.

Kátia continuou "levando" as coisas boas que uma dizia sobre a outra.

Algumas semanas mais tarde, a menina ficou surpresa quando Bete sentou-se perto de Talita na hora do recreio. Ela tirou um pacote de biscoitos da bolsa. "Quer um?", perguntou. "Eu… fiz para você."

"Uau! Obrigada!", Talita exclamou. "Eu ia convidar você e a Kátia para ir lá para casa na sexta à noite. Minha mãe disse que podemos fazer uma festa do pijama."

Naquela tarde, Kátia contou ao seu pai o que aconteceu. "Talita e Bete estão se dando muito melhor agora," contou animada. "Nós três estamos planejando fazer um monte de coisas juntas."

O pai sorriu. "Ótimo! Você foi uma verdadeira pacificadora, filha!"

VOCÊ É PACIFICADOR?
A Bíblia diz que os pacificadores são "abençoados." Então faça o que puder para ser um. Compartilhar as coisas boas que ouve sobre as pessoas é uma forma de manter a paz entre elas. Isso agradará os seus amigos e a Deus também. Procure fazer pelo menos um elogio sobre alguém ainda hoje. E conte a essa pessoa.

SEJA PACIFICADOR
VERSÍCULO-CHAVE
Felizes as pessoas que trabalham pela paz...
–MATEUS 5:9

30 de abril

LEITURA:
SALMO 119:9-16

AS COISAS QUE LEMBRO

Marcos estava passando o fim de semana na casa dos avós, e levantou os olhos quando ouviu a pergunta do seu avô, enquanto pegava a Bíblia. "Viu onde deixei meus óculos?"

"Perdeu os óculos de novo?", implicou a avó. "Você estava com eles quando pagou o jornaleiro."

"Isso não foi hoje, foi ontem," respondeu o avô. "Mais alguém esteve aqui hoje. Então…", e parou um momento para tossir.

"Não parece que sua tosse esteja melhorando," reclamou a avó. "Melhor encomendar mais remédio."

"Acabei de comprar," disse o avô. "Leo! Ele veio aqui hoje!" e virou-se para Marcos. "Leo é o vizinho e busca o remédio para mim."

Bem nessa hora, o menino viu os óculos do avô em cima da mesa. "Os seus óculos, vô," disse. Então riu quando a avó pediu ajuda para achar os dela. "Estão na sua cabeça," disse Marcos.

A avó riu também. "Assumo!", exclamou. "Esqueci totalmente que tinha colocado eles aqui."

O avô abriu a Bíblia. "Vai decorar alguns versículos?", o menino perguntou.

"Hoje não," ele respondeu, "mas decorávamos capítulos inteiros quando crianças."

"Por exemplo," falou a avó, "aprendemos o Salmo 91 e o 103." Ela sorriu. "E João 14. São tão bonitos!"

"Isso mesmo," concordou o avô. "Algumas vezes, quando nossos olhos estão cansados, dizemos juntos alguns deles."

"Tem algo que não entendo," Marcos falou com um ar intrigado. "Vocês não conseguem lembrar coisas que aconteceram hoje — agora há pouco — então como conseguem lembrar coisas tão antigas?"

O avô sorriu. "O fato é que a maior parte do que se lembrará, são coisas que aprendeu e fez quando criança," falou. "Podem ser boas, ou podem ser ruins. Depende de você, mas lembrará delas."

Marcos riu. "Bem, tenho que aprender muitos versículos no grupo bíblico," falou. "Parece muito trabalho agora, mas acho que um dia vou ficar contente por isso."

VOCÊ GUARDA A PALAVRA DE DEUS NO CORAÇÃO?

Você aprendeu algum versículo esta semana? Hoje? Se já não souber, por que não decora o versículo-chave de hoje? Lembre-se de que para aprender realmente os versículos, para tê-los em seu coração, é necessário praticá-los, além de decorar. Faça isso, um dia ficará contente por ter feito isso.

MEMORIZE VERSÍCULOS BÍBLICOS

VERSÍCULO-CHAVE

Guardo a tua palavra no meu coração para não pecar contra ti.
—SALMO 119:11

MINHOCAS E COISAS

1.º de maio

LEITURA:
JEREMIAS 29:11,12;
MATEUS 10:29-31

"Vem dona minhoca," falou Pedro enquanto a colocava numa lata. "Pai, minhocas servem para alguma coisa além de comida de passarinho e isca de pesca?"

"Claro," respondeu o pai. "Elas ajudam a terra a respirar."

"Que nem pulmões?", o menino riu.

"Não exatamente," o pai sorriu, "mas as minhocas fazem caminhos pela terra que deixam o ar fresco penetrar," explicou. "E, quanto mais o solo é fertilizado pelas minhocas, mais fértil é. Deus tem um propósito para tudo."

"Legal… e que bom que um dos propósitos delas é ser isca de pesca," disse Pedro. "Isto será o suficiente, não é?" O pai concordou e saíram para o lago.

No jantar, a família comeu peixe. "Hum…", disse o menino. "Pescar é tão divertido! Queria não ter aula e pescar todos os dias."

A mãe riu. "Isso seria um exagero," falou.

"E você gosta da escola," comentou Ana, irmã de Pedro.

"É verdade, menos ciência," ele concordou. "Não acredito em algumas coisas que a professora ensina — como a teoria da evolução. Deus fez tudo… até as minhocas, não é?"

"Com certeza," respondeu a mãe. "É incrível as pessoas não perceberem a existência de um Deus que planejou e que fez tudo funcionar tão bem."

"E tudo tem utilidade…", o pai começou.

"Menos as aranhas," Ana interrompeu.

Pedro riu e disse: "Elas são úteis. Comem insetos, ajudam a manter o equilíbrio e servem de comida para outros animais."

"O sol é outro exemplo da sabedoria de Deus. Está na distância certa para vivermos confortavelmente. E as estações seguem umas às outras na ordem perfeita. Só o Senhor poderia planejar tudo tão bem," observou o pai

"Ele tem um propósito especial para as pessoas também, certo?", perguntou Pedro.

"Claro que tem!", o pai garantiu. "Um versículo no livro de Jeremias fala sobre isso."

"Jesus disse que somos mais valiosos do que muitos pardais," acrescentou Ana. "E que até os fios de cabelo da nossa cabeça estão contados."

"Lembro disso, sei que posso confiar nos planos dele para mim," respondeu Pedro.

VOCÊ ESTÁ FELIZ POR DEUS CUIDAR DE TUDO?

Foi Ele quem planejou e criou todo o universo, e também fez tudo funcionar perfeitamente antes que o pecado entrasse no mundo. Deus tem planos e propósitos para tudo — incluindo você. Você está disposto a permitir que o Senhor assuma o comando de sua vida — para fazer e ser o que Ele quiser? Entregue-se totalmente a Deus e deixe que Ele decida o que é melhor para você.

DEUS TEM UM PLANO PARA VOCÊ

VERSÍCULO-CHAVE

Só eu conheço os planos que tenho para vocês…
—JEREMIAS 29:11

2 de maio

LEITURA:
1 TIMÓTEO 6:6-10

DOSE DE GRATIDÃO

Quando Tânia entrou na cozinha, a mãe estava dando os toques finais em seu bolo de aniversário. "Querida, parece que terá convidados extras em a sua festa," ela falou, sem levantar o olhar.

"Tia Joyce e tia Linda?", perguntou a menina.

A mãe riu e apontou para o chão, onde diversas formigas passavam. "Pegue o inseticida e cuide disso, por favor," pediu.

Enquanto Tânia atacava as formigas, soltou um soluço. A mãe pôs o bolo de lado e passou o braço no ombro da filha. "Qual o problema, querida?"

"Tudo!", ela respondeu entre soluços. "Odeio esta casa ve-velha e… e Márcia está ganhando roupa nova para minha festa de aniversário, eu não." Márcia era a prima.

A mãe suspirou e abraçou Tânia. "Estou fazendo o melhor que posso," disse delicadamente.

A menina tentou não chorar. "Eu sei, mãe, mas isso não é justo," falou. "Márcia tem pai e uma casa bonita, e a mãe dela não precisa trabalhar como você. Às vezes…", hesitou. "Às vezes eu quase odeio a Márcia," confessou e assoou o nariz. "Não gosto de ficar com inveja. Isso me deixa feia e quero ficar feliz com a minha festa."

"Eu sei," a mãe respondeu. "Todos lutamos contra a inveja." Fez uma pausa. "Querida, sabe o que mata a inveja?" Tânia balançou a cabeça. "Um espírito grato," falou. "Depois que seu pai nos deixou, fiquei amarga durante um tempo. Mas um dia percebi que sempre haverá pessoas que têm muito menos. Quando me tornei agradecida pelo que tenho — você, nossa família da igreja, minha saúde e muitas outras coisas — não tive mais inveja de quem tem mais. Um espírito grato mata a inveja como aquele inseticida mata as formigas."

Tânia secou os olhos. "Bem… sou grata por você, mãe," falou. Tentou sorrir enquanto olhava ao redor. "E pelo lindo bolo que você fez, e pelos amigos que estão vindo para a minha festa e… ah! Outra formiga!", pegou o spray. "Da próxima vez que sentir inveja, vou lembrar de dar a ela uma boa dose de gratidão. Funciona. Já estou me sentindo melhor."

PENSE EM ALGUÉM QUE TEM MAIS DO QUE VOCÊ?

Com mais bens, família maior ou mais oportunidades de fazer certas coisas? Ou talvez que tenha melhores notas ou é melhor nos esportes? Você inveja essa pessoa? Não é um sentimento horrível? Não desperdice o seu tempo querendo o que não tem. Em vez disso, pense em tudo o que Deus tem lhe dado e agradeça-lhe por isso.

NÃO TENHA INVEJA, SEJA GRATO

VERSÍCULO-CHAVE

…E sejam agradecidos.
—COLOSSENSES 3:15

3 de maio

LEITURA:
2 CORÍNTIOS 5:1,6-9

MORTO, MAS VIVO

Ao se espreguiçar sonolento, Marcos se perguntou o porquê daquela sensação de vazio. Então tudo voltou. Olhou para a cama ao lado. Sim, estava vazia. Era verdade — seu irmão Alex não estava lá. Já tinha se passado quase um mês desde que ele saíra para ir à escola e não voltara mais. As lágrimas rolaram no rosto de Marcos. Um acidente tinha sido a causa da morte dele. A mãe lhe dissera que ele tinha ido para o céu.

A porta do quarto se abriu e a mãe entrou. "Bom dia, querido! Já está acordado?", ela disse." Ao perceber as lágrimas, sentou-se na cama ao seu lado. "Está pensando em Alex, não é?", perguntou. "Seu pai e eu também sentimos falta dele, mas tentamos pensar no quanto ele está feliz com Jesus."

"Mas, mãe, como você tem certeza de que ele está lá?", o menino perguntou.

"Sei, porque Alex aceitou Jesus como seu Salvador," ela respondeu. "A Bíblia diz que quem confia nele, vai viver no céu depois da morte."

"Sim, mas… mas ele estava lá no caixão," falou com um soluço. "E foi colocado na cova, no cemitério." Marcos cobriu o rosto com as mãos.

"O corpo de Alex está no cemitério, mas a sua alma, ou sua vida — o Alex de verdade — está com Jesus," explicou a mãe.

O menino olhou para suas mãos. "Então… minhas mãos e pés, minha cabeça, orelhas, olhos… não são eu de verdade?"

"Não exatamente," a mãe falou. "Seu corpo é como uma casa onde vive o seu verdadeiro ser — sua alma. O corpo pode morrer, mas sua alma, não. Ela vive para sempre. O corpo de Alex morreu e nós o enterramos, mas Deus levou a vida dele — sua alma — para o céu. Então, quando penso em seu irmão, penso no céu, não no cemitério."

Marcos suspirou. "Ainda queria ver o Alex todos os dias," falou.

"Eu sei," a mãe respondeu, abraçando o filho. "Todos nós queríamos. Não poderemos mais vê-lo na terra, porém, como aceitamos Jesus, podemos esperar encontrar com ele no céu algum dia. Então estaremos juntos para sempre!"

SABIA QUE SUA ALMA VIVERÁ PARA SEMPRE?
A Bíblia ensina que quando um cristão morre, sua alma vai se encontrar com Jesus. É muito importante ter certeza de aceitá-lo como seu Salvador pessoal. Se você já fez isso, viverá para sempre no céu.

O CORPO MORRE, A ALMA NÃO

VERSÍCULO-CHAVE

…gostaríamos de deixar [este] corpo para irmos viver com o Senhor.
–2 CORÍNTIOS 5:8

4 de maio

LEITURA:
TIAGO 2:1-4,8,9

LIXO OU TESOURO

"Olha o que eu achei!", gritou Alice enquanto subia os degraus da casa. Com a autorização da tia Clara, a menina estava mexendo na velha pilha de coisas atrás do celeiro. "Olha! Neste vaso velho está escrito 1898 no fundo!" A menina estava feliz, mostrando sua descoberta para a tia e a mãe. "Parece com um que vi num antiquário," falou. "Era caro."

"Que bom," disse a tia. "Você achou, fique com ele."

A mãe sorriu. "Tem certeza que quer?", perguntou. "Você terá que limpar!"

"Ah, eu vou!", a menina saiu para limpar o vaso.

Quando trouxe a peça de volta, a tia sorriu. "Que mudança!" falou. "A propósito, Alice, lembra da Rebeca que mora aqui ao lado? Vai chegar daqui a pouco. Achei que gostaria de brincar com alguém."

"Ah, não!", resmungou.

"Qual o problema?", tia Clara perguntou surpresa.

Alice deu de ombros. "A Rebeca usa roupas sujas e é estranha. Além disso, lembro-me de que você disse que achava que ninguém da família dela era cristã, e aposto que ela nunca vai ser também. Não tem cara, entende?"

"Alice Silveira! Não… não entendemos," censurou a mãe.

A tia pensou um pouco. "Alice," falou finalmente, "Olhe para este vaso — agora que está limpo, é bem bonito. Estranho que tenha ficado anos naquela pilha de coisas velhas. Até hoje, ninguém tinha percebido seu valor e o tinha resgatado." Ela mexeu no vaso. "De certa forma, Rebeca é como este jarro — você e eu somos, também," acrescentou.

"Como o vaso?", repetiu a menina. "Como assim?"

"Bem, um dia você esteve numa pilha de pecado," respondeu tia Clara, "mas Deus a retirou dali, limpou e deu-lhe um novo brilho. Rebeca ainda está perdida, mas também é valiosa e Jesus morreu por ela." Alice sabia que a tia estava falando a verdade e envergonhou-se. "Permita que Deus a use para ajudar outros a ganharem um novo brilho, uma nova vida também," aconselhou a tia. "Talvez Ele queira que comece com Rebeca."

Alice hesitou por um instante. "Talvez," concordou. "Certo, vou tentar ajudar."

VOCÊ CONSIDERA AS OUTRAS PESSOAS VALIOSAS?

Mesmo os que vestem roupas rasgadas ou sujas, ou que não falam corretamente? Ou agem ou falam de um jeito que você detesta? Deus olha além da aparência externa e vê almas preciosas. Jesus as considerou tão valiosas que se dispôs a morrer para que pudessem renascer. Você fará o que puder para ajudar alguém a conhecer Jesus? Fazer amizade é um bom começo.

CADA PESSOA É VALIOSA

VERSÍCULO-CHAVE

Mas, se vocês tratam as pessoas pela aparência, estão pecando…
—TIAGO 2:9

5 de maio

LEITURA:
MATEUS 7:8-11

MELHOR CÃO PARA RUI

Rui sentou e começou um *email* para o pai que estava fora, na Marinha. "Os vizinhos tiveram uma ninhada," escreveu. "Posso ficar com um filhote, por favor? São tão bonitinhos. Mamãe disse que deixa se você também deixar. Queria muito ter um cachorro como o Rex, do tio Pedro, mas este é de graça, e é melhor do que nenhum." O menino terminou o *email* e enviou. Mal podia esperar pela resposta do pai.

Diversos dias mais tarde, quando Rui chegou da escola, a mãe estava sorrindo. "Acabei de falar com seu pai ao telefone," ela disse. "Virá para casa semana que vem e vai ficar o mês todo."

O menino sorriu esperançoso. "Ele disse se posso ficar com o filhote?", perguntou.

Quando a mãe balançou a cabeça, o sorriso desapareceu. "Seu pai não quer que pegue um agora. Sei que é difícil compreender, mas confie," disse. "Ele ama você e quer o melhor."

"Está bem." Rui resmungou e saiu da sala.

Durante um tempo, o desapontamento do menino ofuscou a alegria da espera pelo retorno do pai, mas quando ele chegou, o filho o recebeu animado. "Vamos assistir um jogo enquanto estiver em casa, pai?", pediu. "E podemos ir pescar?" De repente, lembrou que o pai não o tinha deixado ficar com um dos filhotes do vizinho. "Ainda não entendi por que não pude ficar com aquele filhote, pai," acrescentou.

Então um som veio do meio da bagagem do pai. "Que barulho é esse?", a mãe perguntou surpresa.

Rui reconheceu o som. "Um cachorro!", exclamou. "Tem um cachorro numa caixa em sua bagagem!" E correu para ver. "Pai!", gritou ao pegar o filhote. "Parece o Rex!"

"Eu disse não para o outro filhote, porque sabia que era esse o que você queria," explicou o pai. "Conheci uma pessoa que estava vendendo um e já tinha decidido fazer a surpresa. Então quando atracamos, fui buscar."

A mãe sorriu. "Como eu disse, pode confiar que seu pai vai fazer sempre o que for melhor para você," lembrou.

Rui sorriu e abraçou o filhote.

O PAI CELESTE ÀS VEZES DIZ NÃO...

...às coisas que você quer e pede em oração? Quando Ele diz não, é porque tem algo melhor. Talvez nem sempre você entenda os motivos, mas lembre-se de que Deus ama você mais do que qualquer pai terreno poderia amar. Ele quer o melhor para a sua vida, e você pode confiar sempre em Sua resposta às suas orações.

DEUS DÁ O MELHOR

VERSÍCULO-CHAVE

Tudo de bom que recebemos [...] vêm de Deus...
—TIAGO 1:17

6 de maio

LEITURA:
SALMO 75:4-7

SOANDO AS BUZINAS

FOM! *Fom-fom!* FOM! A buzina do triciclo do pequeno Theo fazia um barulho horrível. Patrícia colocou as mãos nas orelhas quando chegou da escola.

"Você está machucando meus ouvidos com toda essa buzina!", reclamou.

A mãe sorriu e disse: "Theo, deixa a Patrícia ajudar a levar o triciclo para o quintal, e vá brincar lá."

"Mas quero andar aqui," disse o menino. "Gosto da buzina nova." Esticou a mão para apertar a buzina.

Patrícia segurou. "Chega!", exclamou. Pegou o triciclo e foi para a porta, com o irmãozinho atrás dela. "Toque o quanto quiser no quintal onde não vai incomodar ninguém."

Então, quando ela voltou, disse, "Agora posso contar minha novidade, mãe. Passei para turma avançada. Só cinco por cento da turma passou." E empinou o queixo.

"Parabéns, querida!", a mãe abraçou Patrícia.

"Tenho que contar para todo mundo!", declarou a menina, se inclinando. Pegou o telefone e, durante um bom tempo, andou de um lado para o outro falando no aparelho sem fio. Quanto mais ela falava, mais séria a mãe ficava.

Quando a filha desligou a sexta chamada e começou a fazer mais uma, a mãe falou, "Chega, Patrícia. Você está machucando meus ouvidos!"

A menina ficou confusa. "Machucando seus ouvidos? Mas, mãe, nem estou falando alto," estranhou.

"Sei que não," ela respondeu, "mas está tocando sua própria buzina, e isso não é algo agradável de ouvir."

"Não entendi, mãe. Eu só...", Patrícia começou.

A mãe levantou a mão e falou: "Você está dizendo às pessoas como é maravilhosa — como é inteligente. Ficar se vangloriando é o mesmo que tocar sua própria buzina e ninguém gosta de ouvir isso. Deus abençoou você com um cérebro privilegiado e seus professores a ajudam a desenvolver essa inteligência. Tem muito a agradecer — mas lembre-se de que tudo isso vem do Senhor."

O som abafado da buzina do triciclo soou. A mãe sorriu. "Se vai tocar a sua buzina, querida, faça isso no quintal," brincou.

VOCÊ GOSTA DE OUVIR OS OUTROS SE VANGLORIANDO?

Você faz isso? É ótimo ser promovido ou receber um prêmio — então vá em frente e fique feliz quando acontecer, mas não se vanglorie. É muito mais agradável ouvir o elogio dos outros. E mais importante, nunca esqueça que qualquer habilidade ou talento que por acaso tiver, vem de Deus.

NÃO TOQUE A SUA PRÓPRIA BUZINA

VERSÍCULO-CHAVE

Ninguém elogie
a si mesmo...
—PROVÉRBIOS 27:2

UMA LUZ PARA JESUS

7 de maio
LEITURA:
MATEUS 5:13-16

"Oi Vó! O que está fazendo?" Kelly perguntou um dia quando passou na casa da avó, que estava em frente a pia, segurando algo que parecia como uma jarra sem fundo.

"Só estou lavando o globo desta lamparina antiga," respondeu. "Quando usar, quero que a luz fique a mais clara possível, mas se o vidro não estiver limpo, vai ficar bem escuro. Usamos isto quando falta luz."

"Legal!", exclamou a menina. "Podemos usar um dia quando eu estiver aqui, mesmo se não faltar luz? Só por diversão?"

"Claro," a avó respondeu sorrindo, enquanto começava a secar o vidro, que agora estava brilhando. "Sabe o que este globo me lembra?", perguntou um pouco depois.

"Não. O quê?", quis saber Kelly, sentando com um biscoito e um copo de leite nas mãos.

"Lembra a minha vida," disse a avó.

"Você não se parece com esse globo, vovó," a menina disse rindo.

"A não ser pelo formato redondo," a avó respondeu rindo também. "Mas não é disso que estou falando. A luz é gerada por querosene ou óleo queimando no pavio que fica aqui dentro, e o brilho dela atravessa o vidro. Então é como a luz de Jesus dentro de mim. Sua luz deveria brilhar através de mim."

Kelly ficou séria enquanto mordia seu biscoito. "Não sei se entendi," confessou.

A avó começou a explicar, "Se este globo estiver sujo e manchado, a luz não será brilhante...", e a neta completou: "...se nossa vida estiver suja com o pecado, Jesus não pode brilhar por meio de nós". "Certo?"

"Você entendeu direito!", ela disse. "Precisamos nos limpar do pecado diariamente."

"Acho que fazemos isso confessando e pedindo perdão," Kelly disse baixinho.

"Exatamente," a avó concordou com um sorriso.

"Uau! Acho que não deixei Jesus brilhar em minha vida hoje cedo," a menina falou. "Fiquei muito zangada com Oto, o vizinho, e disse coisas ruins para ele." Ela tomou o último gole no leite, limpou as migalhas de biscoito do colo e se levantou. "Acho que vou procurar o Oto e fazer uma limpeza agora."

A LUZ DE JESUS BRILHA POR SEU INTERMÉDIO?

Ou você briga com seus irmãos? Responde para sua mãe? Desobedece ao seu pai? Se comporta mal na escola? Esses pecados diários ofuscam o seu testemunho e não deixam que outros vejam Jesus em você. Mas não desanime. Leia a Bíblia para saber como Deus quer que você viva e peça a Ele para mostrar as sujeiras, ou pecados, em sua vida. Confesse e se arrependa, para que Jesus possa brilhar por seu intermédio.

DEIXE JESUS BRILHAR ATRAVÉS DE VOCÊ

VERSÍCULO-CHAVE

...para que vocês não tenham nenhuma falha ou mancha...
—FILIPENSES 2:15

8 de maio

LEITURA: COLOSSENSES 3:20-25

UM PRESENTE PARA MAMÃE

Daniel sentou-se. A irmã, Nanda, o encontrou e disse: "Amanhã é Dia das Mães e não compramos o presente ainda. Vamos tentar achar alguma coisa."

Ele respondeu: "Não posso. Mamãe disse para eu não sair do quintal. Não limpei meu armário na hora, e quando fiz, ela disse que não estava bom. Se o armário era meu e se estava bom para mim, tinha que estar para ela também!"

"Daniel!" Nanda se assustou.

"Ela disse que fui grosso e me mandou fazer de novo," ele resmungou.

"Você fez?", perguntou a irmã.

"Claro. E quando terminei, perguntei se estava bom," ele respondeu. "Ela disse que o meu armário sim, mas não o meu comportamento. Então não posso sair."

"Ah, Daniel," disse Nanda, "você estragou tudo." Ela suspirou. "Se eu pedir, talvez ela deixe você ir até a loja comigo."

A menina entrou e fez o pedido, mas quando a mãe negou, Nanda ficou zangada e deu uma resposta malcriada. Resultado: ficou de castigo também.

No dia seguinte, após o jantar, Daniel e Nanda sentiram-se mal por não terem um presente para a mãe. "Queríamos comprar alguma coisa ontem," ela explicou, "mas você não nos deixou sair, mãe."

O pai elevou as sobrancelhas e perguntou: "Então a culpa de vocês não terem comprado um presente, é de sua mãe?"

"Nã-não," Daniel admitiu.

"E por que lhe dariam um presente?", perguntou o pai.

"Porque é Dia das Mães, e… e para mostrar o nosso amor," respondeu Nanda.

"E qual é a melhor forma de demonstrar amor?", insistiu o pai.

"Bem… dar presentes é uma forma," gaguejou Daniel.

"E também com o nosso comportamento," Nanda falou lentamente. E então concluiu: "Ontem não mostramos que amamos você, mãe. Desculpe por ter-lhe respondido mal — de verdade, desculpe."

"Desculpe, mãe," Daniel fez eco. "Desculpe não ter obedecido na hora."

"Estão desculpados," a mãe respondeu. "De agora em diante, vocês podem me dar 'presentes' o tempo todo, obedecendo, certo?" Nanda e Daniel concordaram.

VOCÊ DIZ AOS SEUS PAIS QUE OS AMA?
Não apenas com palavras, mas em especial com obediência? Ou você reclama e resmunga e às vezes até dá respostas malcriadas? Peça agora ajuda a Deus para demonstrar seu amor diariamente por meio da forma como você se comporta.

OBEDIÊNCIA DEMONSTRA AMOR

VERSÍCULO-CHAVE

Filhos, o dever cristão de vocês é obedecer ao seu pai e à sua mãe…
—EFÉSIOS 6:1

9 de maio

LEITURA:
TIAGO 1:13-16

NA MARGEM

Samuel se esticou à sombra da macieira com seu cachorro, Prince. *Que bom que a mamãe não me obrigou a ir com ela à casa dos Palmeiras*, pensou. Fez um carinho em Prince. "Não menti quando disse que estava enjoado, não é?", falou com o cão. "Realmente estou enjoado — do Bruno Palmeira. Da última vez, ele ganhou em todos os jogos. Ele se acha bom demais!", o menino deu um risinho. "É, estou enjoado mesmo."

A mãe não havia saído há muito tempo quando Caio apareceu. "Está quente!", comentou. "Vamos dar uma volta no lago."

"Não posso ir lá," explicou Samuel. "Minha mãe mandou ficar em casa e descansar. Eu disse que estava enjoado."

"Ah! Fala sério," implicou Caio. "Só vamos ficar um pouco na margem e voltamos antes de ela chegar." Parecia uma boa ideia e Samuel concordou.

Os garotos estavam se divertindo testando até onde se atreviam a entrar no lago. De repente Samuel berrou e desapareceu na água. "Nada, Samuel!" Caio gritou quando ele emergiu. O menino se debateu e, finalmente, saiu — apavorado, enlameado e encharcado.

Correram para casa e, quando chegaram, Samuel ficou surpreso ao ver que a mãe já havia retornado. Depois de se despedir de Caio, ela exigiu uma explicação.

"Bem… e-eu não estava enjoado de verdade," admitiu. "Mas estava enjoado do Bruno. Ele… sempre ganha de mim em tudo." A mãe franziu a testa e o menino continuou. "Eu e o Caio não queríamos ficar molhados — só íamos brincar um pouco na margem do lago. E, de repente, estava fundo demais, e então pisei num buraco e afundei."

"Percebi," ela falou. "É assim que o pecado funciona." Samuel ficou intrigado. "O lago é raso na margem, mas tem buracos escondidos," continuou. "É por isso que você não tem permissão para brincar lá. É perigoso. E é perigoso brincar à margem do pecado também. Pecar começa com coisas que parecem sem importância — como o ciúme. Isso leva à mentira e à desobediência." Ela fez uma pausa. "Agora, vamos falar sobre a sua punição." E Samuel concordou com um suspiro.

HÁ ALGO QUE VOCÊ SABE QUE NÃO DEVERIA FAZER…

…mas que o atrai? Parece algo pequeno, mas você faz mesmo sabendo que é errado? Isso pode ser o primeiro passo para fazer outras coisas erradas. Não pense se o pecado é pequeno ou grande. Qualquer pecado é perigoso, pois pode levar a outro pecado. Então, não ceda à tentação. Com a ajuda de Deus, mantenha-se longe de todas as formas de pecado.

TODO PECADO É PERIGOSO

VERSÍCULO-CHAVE

…não deixes que eu seja dominado pelo mal.
—SALMO 119:133

10 de maio

LEITURA:
JOÃO 14:1-6

QUEM VOCÊ CONHECE

Tânia e Jane ouviam atentamente o pai ler a história de Ronaldo, um garoto muito pobre que viveu há muito tempo num país distante. "Todo mundo dizia que o rei era muito gentil," leu o pai, "então Ronaldo decidiu ir procurá-lo para pedir ajuda."

"Quando chegou ao portão do palácio, não o deixaram entrar. E agora o que eu faço? Ronaldo ficou pensando. Já sei! Vou pular o muro ali atrás. Olhou em volta para ter certeza de que ninguém estava vendo, e então subiu o muro. Legal! Isto está fácil, pensou. Mas naquele momento, cães ferozes correram em sua direção. Ronaldo voltou. Não vai funcionar, pensou. O único jeito é entrar pelo portão. Desanimado, ele foi até lá e sentou-se à beira da estrada."

"Não demorou, uma carruagem parou e dela saiu um jovem. 'Qual o problema, garoto?' ele perguntou. Ronaldo explicou que precisava desesperadamente de ajuda e que queria ver o rei. O jovem acenou. 'Venha comigo,' disse. Então conversou com o guarda e os portões se abriram. Eles entraram e Ronaldo olhou para os cães discretamente. Tremeu quando escutou os latidos. Mas, novamente, o jovem deu uma ordem e os soldados seguraram os cães."

"Ronaldo arregalou os olhos. "Por que todo mundo obedece você?", perguntou.

O jovem sorriu e respondeu: "Porque eu sou o príncipe, e agora vamos encontrar o meu pai — o rei João." Foi então que Ronaldo finalmente falou com o rei e pediu a ajuda que precisava. O pai parou de ler e fechou o livro e acrescentou: "E amanhã, vamos descobrir como o rei ajudou o menino. Mas sabem quem Ronaldo me lembra?"

"Quem?", Jane perguntou.

"Ele é como nós," o pai respondeu. "Todos precisamos da ajuda do Rei dos reis — Deus. Como chegamos até Ele? A quem devemos procurar?"

"Jesus!", Tânia e Jane disseram juntas.

O pai concordou sorrindo e disse: "Precisamos buscar Jesus para sermos salvos, e por causa dele, podemos também falar com Deus todos os dias, por meio da oração."

O IMPORTANTE É QUEM VOCÊ CONHECE!

Isso algumas vezes é verdade! E é verdade quando se trata de entrar no céu. Você precisa conhecer o Filho de Deus — o Senhor Jesus. Ele já é o seu Salvador? É por meio dele que temos acesso a Deus em oração. Ele quer que você seja grato e que peça a Sua ajuda.

VOCÊ PRECISA CONHECER JESUS

VERSÍCULO-CHAVE

...que eles conheçam a ti...
—JOÃO 17:3

11 de maio

LEITURA:
ATOS 17:24-27

NÃO É GREGO

"**Y**esu yana kaunar yara," cantou Alice.

"Que língua é essa?", a amiga Júlia perguntou rindo. "Como diz a minha avó quando não entende alguma coisa… parece grego!"

Alice riu. "Não é grego, é haúça," falou. "Aprendi a música com minha tia Maria e meu tio Sérgio, que são missionários na Nigéria."

"O que significa?", Júlia quis saber.

"Quer dizer, 'Jesus ama as crianças,'" explicou sorrindo.

"Ah, é quase a mesma música que minha mãe me ensinou!", falou Júlia. "Se chama 'Jesus ama as criancinhas.' A melodia também é parecida."

Alice concordou. "Tia Maria dá aulas para meninas nigerianas que têm a mesma idade que nós. Ela diz que uma garota se parece comigo."

"Mesmo?", Júlia riu. "Meu pai sempre implica dizendo que sou única. Como vocês se parecem?"

"Bem, tia Maria diz que nós duas amamos a Deus. E que nosso comportamento é bem parecido," respondeu Alice. "Vamos trocar cartas e tia Maria vai fazer a tradução. Será divertido ter uma amiga nigeriana."

"Legal! Acho que talvez não sejamos tão diferentes das crianças de outros países, como pensávamos," comentou Júlia.

Alice balançou a cabeça. "Tia Maria sempre me diz que todos somos iguais para o Senhor," falou. "Ele ama as crianças nigerianas e do mundo todo do mesmo jeito."

"Certo," concordou a amiga, "como diz sua música. Como é mesmo? Canta de novo." Alice cantou as palavras estranhas e começou a rir quando Júlia tentou cantar.

"Tudo bem. Pode rir de mim," falou a menina. "Aposto que os nigerianos iriam rir de você!"

"Provavelmente," Alice concordou, "e daí? Deus entende, mesmo quando pronunciamos mal as palavras. Não é grego para Ele."

"Vamos fazer um dueto," sugeriu Júlia. E fizeram.

HÁ MUITAS CRIANÇAS NO MUNDO QUE AMAM A DEUS?

Elas são como você em muitos aspectos. Decoram os mesmos versículos e até cantam alguns dos mesmos cânticos, mas em idioma diferente. Lembre-se sempre de que Jesus ama todas as crianças de todos os lugares, do mesmo jeito que ama você.

DEUS AMA VOCÊ E A TODAS AS CRIANÇAS

VERSÍCULO-CHAVE

Porque Deus amou o mundo tanto, que deu o seu único Filho…

—JOÃO 3:16

12 de maio

LEITURA: 1 CORÍNTIOS 12:14-20,27,28

TUDO O QUE VOCÊ FAZ

Raquel olhou a mãe terminar o laço do vestido novo e brilhante de Kátia e entregar-lhe a cesta com pétalas de flor. "Não é justo," resmungou. Ela nunca tinha sido dama de honra, mas a irmãzinha fora a escolhida para levar as alianças do casamento da tia Jéssica. "Só vou ficar na porta entregando os programas," falou.

"Raquel, por favor, pare de reclamar," disse a mãe.

"Não estou reclamando," disse, mas não conseguiu sorrir. Não é justo! Pensou novamente.

"Vem ver o buquê da tia Jéssica," chamou a mãe. Raquel foi. O belo buquê era feito de rosas brancas, tulipas, lírios perfumados e delicadas violetas. "Qual é a flor mais bonita?", perguntou a mãe.

Raquel olhou bem. "Gosto de todas," respondeu. "É difícil escolher."

"Concordo. São tantos tipos e cores diferentes, e é preciso todas elas para fazer este tipo de buquê," a mãe disse sorrindo. "Dá para imaginar uma tulipa chorando por não ter o cheiro da rosa? Ou uma violeta triste porque é menor que um lírio?"

"Não!", a menina balançou a cabeça.

"Seria bobagem, não é?", a mãe perguntou. "Assim como as flores, pessoas são diferentes, têm trabalhos diferentes e todos são importantes."

Raquel olhou para a mãe. "Não devo ficar zangada por não ser a dama de honra, não é?"

"Se você e Kátia fossem damas de honra, quem iria receber os convidados? As duas funções são importantes, então fique feliz com a sua." A mãe abraçou Raquel. "Na Bíblia Deus mostra que as partes de nosso corpo têm funções diferentes, mas todas são necessárias. Todas as diversas funções dos membros do Corpo de Cristo também são necessárias. O que Deus quer que você faça não será exatamente o mesmo que Ele quer que Kátia faça, mas é importante."

"Como sorrir enquanto recebe quem chega para o casamento?", perguntou a menina.

"Penso que isso é parte do plano de Deus para você hoje," concordou a mãe. E sorriu. "E lembre-se, você fica mais bonita sorrindo do que fazendo careta!"

"Está certo, vou sorrir," Raquel prometeu e cumpriu.

ESTÁ FELIZ COM O QUE DEUS QUER QUE FAÇA HOJE?

Ou queria fazer coisas que fossem mais notadas? Quando sua irmã é elogiada pelos biscoitos gostosos que faz, lembre-se de que lavar a louça é tão importante quanto preparar a comida. Se alguém diz que seu irmão faz muitos gols, lembre-se que também é preciso haver um goleiro. Todo trabalho que Deus dá a você é necessário e importante. Faça o seu melhor para Ele.

TODO TRABALHO É IMPORTANTE

VERSÍCULO-CHAVE

...vocês são o corpo de Cristo, e cada um é uma parte desse corpo.
—1 CORÍNTIOS 12:27

BISCOITO? OU BOLO?

13 de maio

LEITURA: GÊNESIS 22:1-13

A mãe limpou as mãos numa toalha e foi para a sala. "Tio João e tia Karen vêm aqui hoje à noite para comemorar o aniversário do papai," falou.

"Legal!" Carlos pulou no sofá sem tirar os olhos da tela da televisão, enquanto seus dedos apertavam os controles do jogo.

"Decorou os versículos da Bíblia para a lição da Escola Dominical de amanhã?", a mãe perguntou. "Melhor fazer isso antes deles chegarem."

O menino balançou a cabeça. "Vou ter tempo depois desta partida," garantiu.

Mais tarde, Carlos foi para a cozinha, onde a mãe estava, e sentou-se num banquinho.

"Já aprendeu os versículos?", ela perguntou.

"Ainda não. O jogo demorou ", disse Carlos, de olho numa bandeja sobre o balcão. "Hum, biscoitos! Não sabia que tinha feito!" E esticou a mão para pegar um.

"Não fiz," ela respondeu, fingindo dar um tapinha na mão do menino. "Fiz semana passada, mas não comemos todos. Estes sobraram e estavam no congelador. Vou servir hoje à noite."

"Posso pegar um?", ele pediu. "À noite vou ficar cheio com o bolo de aniversário do papai."

A mãe balançou a cabeça. "Os biscoitos são o bolo," falou.

"Não vai ter bolo de verdade?", Carlos perguntou, fazendo careta. "Mas você faz o melhor bolo de aniversário!"

"Estive ocupada demais," ela deu de ombros, "e os biscoitos terão que ser o suficiente."

Carlos balançou a cabeça. "Vai servir sobras no aniversário do papai?", perguntou indignado. "Ele não merece um pouco do seu tempo? E um bolo?"

A mãe olhou para a travessa de biscoitos. Então encarou o filho seriamente. "Você está certo," falou. "E o seu Pai celeste merece mais do que alguns minutos que sobram do seu tempo." Inclinou-se na bancada e continuou: "Um minuto ou dois para aprender os versículos bíblicos depois do vídeo game é dar a Deus as suas sobras."

"Ah!" Carlos olhou para a travessa de biscoitos. "Não tinha pensado dessa forma." Se afastou da bancada da cozinha. "Vou decorar os versículos agora."

A mãe sorriu. "E eu vou fazer aquele bolo de aniversário."

VOCÊ DÁ BISCOITOS A DEUS NO LUGAR DE BOLO?

Você lhe dá o seu melhor ou Ele recebe suas sobras? Você investe tempo em Sua Palavra, ou apenas alguns minutos depois de terminar seu livro, jogo, ou de ficar com amigos? Colocar Deus em primeiro lugar em sua vida, é dar a Ele o seu melhor. Como Abraão, coloque o que Deus quer em primeiro lugar todos os dias. Ele quer o seu bem, então o Senhor poderá fazer de você o melhor.

DÊ A DEUS O SEU MELHOR

VERSÍCULO-CHAVE

...deem a Deus o que é de Deus.
—MATEUS 22:21

14 de maio

LEITURA:
1 TESSALONICENSES 2:10-13

VOCÊ ROUBARIA?

Beto chegou da escola e mostrou orgulhoso seu teste de história para a mãe. Todas as respostas estavam corretas. "Maravilha!", ela exclamou. "Estou surpresa — sei que você não estudou muito." Olhou o teste novamente. "Eu sabia muitas dessas respostas," falou. "Que tal uma brincadeira? Faço algumas perguntas a você e, então, você me faz algumas. Vejamos quem se sai melhor."

"Ah, mãe," Beto se opôs. "Quero ir lá para fora." Mas a mãe insistiu e logo ficou claro que o menino sabia quase nada da matéria.

"Beto, você colou?", ela perguntou após ele ter errado a maior parte das respostas.

"Bem... nã-não exatamente," o filho gaguejou. "Quer dizer, muitos garotos pegaram algumas respostas de outros. É normal."

"Talvez seja para eles, mas não quer dizer que seja correto," a mãe respondeu séria. "Além disso, você diz que aceitou Jesus como seu Salvador, então não acha que devia ser diferente de 'muitos garotos'?"

"É... bem, acho que sim, mas sou humano," Beto se defendeu, "e nem é tão ruim. É como... um tipo de ajudinha. Só isso."

"Filho, você roubaria alguma coisa?", a mãe perguntou.

"Claro que não!", o menino respondeu. "Roubar é errado. É um dos Dez Mandamentos."

"Exatamente," ela concordou. "E o que é roubar?"

"Bem, é pegar alguma coisa que não é sua," Beto respondeu.

"Certo de novo." A mãe pegou o teste. "E você pegou respostas que não lhe pertenciam. Você as roubou, filho."

"Eu... eu...", Beto não sabia o que dizer. "Eu não queria roubar."

A mãe balançou a cabeça. "Talvez não," disse, "mas foi o que fez. Você vai levar este teste para sua professora e contar sobre todas as vezes que colou. Ela vai decidir o que fazer sobre isso."

"Ah, mãe," Beto protestou. "Não posso apenas... não fazer de novo?"

Novamente a mãe balançou a cabeça, negando. "Agora, seria bom confessar ao Senhor e pedir o Seu perdão," sugeriu. "E depois, em vez de brincar após a escola ficará em casa todos os dias, estudando até aprender a matéria."

VOCÊ ENTENDE QUE COLAR NA PROVA É ERRADO?

Ou pensa que está apenas recebendo uma "ajudinha"? Na verdade, é uma forma de roubo e é errado. Se colou na prova, confesse a Deus e peça o Seu perdão. Algumas vezes também é necessário confessar a outras pessoas. Não é fácil, mas o Senhor vai ajudá-lo. Em seguida, ore pedindo forças para evitar colar de novo na prova.

COLAR NA PROVA É ROUBAR

VERSÍCULO-CHAVE

Não roube.
—ÊXODO 20:15

15 de maio

LEITURA:
SALMO 5:1-3

LINHA PARA O CÉU

"**S**eu projeto de ciências está lindo," disse o avô ao olhar por sobre o ombro de Sofia. "Qual o título?"

"Meios de Comunicação," ela respondeu rapidamente.

"Parece bom," o avô aprovou. Sofia havia feito relatórios sobre o telefone, o rádio, a TV, os satélites, *websites* e *emails*, e sobre os cabos submarinos de fibra ótica. Então procurou fotos e fez diagramas para ilustrar o projeto. Estava apenas dando os toques finais.

O avô observou o trabalho por alguns minutos. "Ah," murmurou, "você esqueceu o mais importante meio de comunicação, Sofia."

Ela ficou assustada. "Esqueci? Qual?", perguntou.

"A comunicação com Deus," ele respondeu com uma piscadinha.

"Não pensei nisso," a menina falou. "Nos tempos bíblicos, às vezes Deus falava com as pessoas por meio dos sonhos, não é?"

"Isso mesmo e, outras vezes, Ele falava diretamente, mas hoje Ele tem formas diferentes de falar conosco," disse o avô.

"Eu sei," Sofia concordou. "Deus fala por meio da Bíblia, não é?"

O avô sorriu e disse: "Deus também fala com Seus filhos colocando pensamentos em suas mentes — e desejos em seus corações. É o trabalho do Espírito Santo. E você sabe como nós falamos com o Senhor?"

"Claro. Por meio da oração." Sofia olhou para o quadro que havia feito. "Ah, tive uma ideia! Ainda tem lugar no cartaz, então vou colocar uma figura do céu com uma linha ligando à terra onde um homem está lendo a Bíblia. E vou colocar outra linha do céu até um homem orando." Ela riu. "Será divertido ver o que meu professor vai dizer. Provavelmente ele vai pensar que estou maluca, mas não ligo."

"Será um belo testemunho, e não esqueça de você mesma usar estes meios de comunicação também," aprovou o avô.

VOCÊ SE COMUNICA REGULARMENTE COM DEUS?

Estuda a Bíblia todos os dias? Separa um tempo para a oração? Deus tem diversas coisas a dizer por meio de Sua Palavra escrita — a Bíblia. Ele também quer ouvir você. O Senhor o convida a contar-lhe todas as suas necessidades, assim como os louvores por todas as bênçãos que lhe dá. Fale com Deus diariamente e ouça o que Ele tem a lhe dizer.

COMUNIQUE-SE COM DEUS

VERSÍCULO-CHAVE

Ó Deus, tu és o meu Deus; procuro estar na tua presença...
—SALMO 63:1

16 de maio

LEITURA:
SALMO 139:5-12

SONO TRANQUILO

Tiago sentou-se na cama. "Que barulho é esse?", perguntou. Tinha se mudado com a família para uma casa nova e agora estava dormindo num quarto novo e estranho. De alguma forma não se sentia seguro como na casa anterior. O menino ouviu o barulho novamente. Não gosto deste quarto! Não quero dormir aqui! pensou. Pulou da cama e desceu as escadas à procura da mãe.

"Tiago!", ela exclamou quando o menino entrou correndo na sala. "O que houve?"

"Que barulho é esse, mãe?", ele perguntou.

A mãe parou para ouvir. "É um pequeno trovão lá longe," falou. "Não vai machucá-lo."

Tiago sabia que a mãe estava certa. O barulho realmente parecia um trovão, e nem estava perto. Não precisava ter medo, mas o menino ainda estava assustado. "Não gosto do meu quarto novo," disse.

A mãe abraçou o filho. "Algumas vezes é difícil se acostumar com uma casa nova," ela falou. "Você ainda não se sente seguro aqui." Apontou para o cachorrinho sentado aos seus pés. "Acho que o Guinho também está achando tudo um pouco estranho. Por que não o leva para o seu quarto? Ele lhe fará companhia."

O menino olhou para o cãozinho. "Está bem," concordou. "Vem, Guinho. Vou cuidar de você como sempre."

A mãe foi colocar Tiago na cama e confortou-o: "Quando sentir medo, lembre-se de que não nos afastamos de Deus. Ele está bem aqui com você, como estava na nossa casa antiga. Mesmo quando estiver escuro e quando houver uma tempestade lá fora, pode confiar que Ele está cuidando de você."

Um pouco mais tarde, quando Tiago ouviu o barulho novamente, enrolou o cobertor nele e em Guinho. "Você não tem medo quando estou perto porque sabe que vou cuidar de tudo, não é?", falou, fazendo carinho na cabeça do cãozinho. "Também não estou com medo, porque sei que Deus está perto. Ele vai cuidar de mim e me deixar seguro." Então Tiago e Guinho fecharam os olhos e caíram no sono.

É DIFÍCIL DORMIR QUANDO TUDO É ASSUSTADOR?

Talvez você se mude para uma casa nova, ou escola ou igreja, mas nunca ficará longe de Deus. Pode estar com problemas, pensando numa prova ou em alguém que implica com você. O Senhor cuidará de você quando estiver nessas horas também. Ele está em todos os lugares e sempre que precisar. Confie nele para cuidar de você. Feche seus olhos e tenha um sono tranquilo.

DURMA BEM — DEUS ESTÁ COM VOCÊ

VERSÍCULO-CHAVE

...durmo em paz, pois só tu, ó SENHOR, me fazes viver em segurança.
—SALMO 4:8

17 de maio

LEITURA:
ISAÍAS 53:3-6

FERIDO PARA SALVAR

"**M**ãe! O Sr. Cravo está colocando placas de 'Não Ultrapasse' na cerca de sua propriedade!" Theo exclamou. "Ele quer afastar todo mundo!" O Sr. Cravo, o vizinho, não era amigável, e Theo o evitava.

"Mantenha o Pupy no quintal," a mãe avisou. "O Sr. Cravo detesta cachorros e não queremos briga. As galinhas dele andaram sumindo e ele ameaçou atirar em qualquer cão que estiver em suas terras."

Dias mais tarde Theo foi ao quintal e chamou Pupy, mas o cãozinho não respondeu. Olhou em volta e percebeu o portão aberto e alertou: "Mãe! O portão abriu e o Pupy saiu. Vou procurá-lo!"

Theo assobiou e chamou, até que ouviu um latido vindo da direção da casa do Sr. Cravo e correu para lá. Chegou a tempo de ver o homem apontando sua arma para Pupy. "Pare! Pare!", gritou e se jogou na frente do animalzinho no momento do tiro. A bala atingiu o braço de Theo, o homem se assustou e correu para ajudar o garoto.

Mais tarde, o Sr. Cravo falou com a mãe de Theo e disse: "Me sinto péssimo! Não queria machucar o menino. Ele pulou na frente para salvar o cachorro!"

Ela respondeu: "Eu sei. Ele ama muito o Pupy, mas isso foi uma bobagem. Graças a Deus o ferimento foi superficial. O médico disse que ele vai ficar bem." Ela fez uma pausa e então completou: "Pupy desobedeceu e merecia ser punido, mas Theo tomou o seu lugar e acabou ferido. Isso me faz pensar em mim mesma. Eu desobedeci a Deus — pequei. Estava condenada à morte eterna, mas Jesus tomou o meu lugar. A Bíblia diz: 'Porém Ele estava sofrendo por causa dos nossos pecados.' Isso significa que Ele ficou no meu lugar na cruz do Calvário e morreu pelos meus pecados. Tomou o seu lugar também, Sr. Cravo. Ele o ama."

O Sr. Cravo estava ouvindo com atenção. "Com certeza, eu não sei por que," murmurou, "mas gostaria de saber mais sobre esse assunto."

Theo estava sentado com seu cachorrinho por perto e ouviu a conversa. "Olha Pupy," sussurrou, "se o Sr. Cravo aceitar Jesus, vai valer a pena ter sido ferido!"

VOCÊ ENTENDE O QUANTO JESUS O AMA?

Você também desobedeceu a Deus. Isso quer dizer que fez coisas erradas — pecou e merece ser punido. Mas Jesus recebeu o castigo que você merecia. A Bíblia diz que Ele sofreu e morreu por você. Confie nele como seu Salvador hoje.

JESUS MORREU POR SEUS PECADOS

VERSÍCULO-CHAVE

Porém ele estava sofrendo por causa dos nossos pecados...
—ISAÍAS 53:5

18 de maio

LEITURA:
JOÃO 15:13-15

AMIGOS DESCARTÁVEIS

Clara pegou o biscoito e o copo de leite e foi até a lavanderia, onde a mãe dobrava a roupa lavada. "Posso ligar para convidar a Andréa para vir aqui?", perguntou. "É minha nova amiga." A menina molhou o biscoito no leite.

A mãe colocou uma toalha na secadora e perguntou: "E vai querer chamar a Fernanda também, certo?"

"Não, não quero. Nós brigamos. E a Andréa é muito mais popular." Clara respondeu.

"Como?", a mãe franziu a testa e entregou uma pilha de toalhas para a filha. "Leve-as para o banheiro de visitas, por favor," disse. Enquanto Clara apoiava o copo de leite na secadora, a mãe perguntou: "Stela e Maria ainda são suas amigas?"

"Não exatamente. Elas… bem… elas são legais, eu acho, mas Andréa é mais divertida," explicou virando-se para sair. "Posso… ops!" O braço de Clara bateu no copo e o leite derramou pela lateral da secadora. "Desculpe!" Ela colocou as toalhas sobre a mesa e pegou a de cima para limpar o leite derramado.

"Essa toalha limpa, não!", disse a mãe, pegando algumas folhas de toalha de papel no rolo. "Tome! Use estas!"

Clara limpou e jogou as toalhas de papel no lixo enquanto a mãe comentou, "Toalhas de papel são bem úteis, são descartáveis — usamos e jogamos fora."

A menina concordou. "Isso é o bom delas."

"Sim, mas o que não é bom é você tratar suas amigas como toalhas de papel," observou. "Parece que acha que não tem problema usá-las e depois se afastar. Amigos não devem ser descartáveis — são valiosos." Ela apontou para a bela toalha amarela no topo da pilha. "Quando uma amizade fica 'suja', limpe. Você precisa de mais de uma amiga, assim como nossa família precisa de mais de uma toalha."

A menina encostou o rosto na pilha de toalhas limpas, cheirosas e macias. Sorriu. "Então, posso ligar para a Andréa, a Fernanda, a Stela e a Maria e convidá-las para virem aqui?"

A mãe deu risada dizendo: "Todas elas? Agora você me pegou. Tudo bem. Chame todas. Quanto mais, melhor."

VOCÊ INVESTE TEMPO CONSERVANDO AS AMIZADES?

Amigos são algumas das muitas bênçãos que Deus nos dá. Amizades são tão importantes, que Jesus chama aqueles que o obedecem de amigos. Provérbios 18:24 diz que "um verdadeiro amigo é mais chegado que um irmão." Então, valorize os seus amigos e não fique trocando. Fazer novos amigos é ótimo, mas siga o conselho do Senhor e não descarte os antigos no meio do caminho.

VALORIZE SEUS AMIGOS

VERSÍCULO-CHAVE

Não abandone
o seu amigo…
—PROVÉRBIOS 27:10

DUPLA EXPOSIÇÃO

19 de maio

LEITURA:
PROVÉRBIOS 4:14-19;
13:20

Jefferson estava chateado e murmurou: "Por que meus pais têm que ser tão antiquados? Todo mundo vai à festa do Samuel hoje à noite — até o Felipe." Os pais de Jefferson não o deixaram ir à festa porque os pais de Samuel estavam fora da cidade e quem iria cuidar do evento era o irmão mais velho do menino, Tiago, que não tinha uma reputação muito boa.

No dia seguinte, um domingo, Felipe veio jogar *video game* com Jefferson. "Sabia que o Alan Bento está no hospital?", o amigo perguntou assim que chegou. "Acham que é meningite. E nós sentamos perto dele no ônibus ontem! Minha mãe disse que se for mesmo, provavelmente vamos ter que tomar injeção."

"Que droga!", resmungou Jefferson. "Por quê?"

O Felipe explicou: "Porque deve ser do tipo contagioso e fomos expostos. Minha mãe acha que há vacinas que podem evitar que peguemos. É uma doença muito séria."

"Espero que o Alan fique bem," respondeu. "Ah, e como foi a festa ontem?"

"Que bom que não foi!", Felipe exclamou. "Tiago e uns amigos dele levaram drogas — estavam nos usando, os mais novos, para disfarçar. A polícia deu uma batida na casa, mas eu não estava lá. Não gostei da música, nem do jeito que estavam se comportando. Fiquei com medo e fui embora antes da polícia chegar."

A mãe de Jefferson estava ouvindo e disse:"Eu temia que algo assim pudesse acontecer. Por isso não quis que fosse, filho. Não queria que ficasse exposto ao perigo."

"Mas o perigo está em toda parte, não é?", protestou o menino. "Estamos expostos todos os dias."

"É verdade," concordou a mãe. "E vírus de meningite pode estar em qualquer lugar também, mas alguns lugares são mais perigosos que outros."

Felipe concordou e falou: "Entendi! Corremos mais risco sentando perto do Alan no ônibus, do que se estivéssemos longe dele, e eu corri mais perigo na festa do que você em casa, Jefferson. Uau! Passei perto duas vezes num dia — exposição dupla!"

VOCÊ EVITA SE EXPOR AO PECADO?

Como são os lugares em que vai, os amigos que escolhe, os programas de TV que assiste ou os *websites* que visita? Eles o incentivam a fazer coisas como beber álcool, fumar, trair, xingar ou desobedecer? Evite lugares e pessoas que o exponham a esse tipo de coisas e que podem influenciá-lo a fazer parte disso. São realmente perigosos.

EVITE SE EXPOR AO PECADO

VERSÍCULO-CHAVE

...quem anda com os tolos acabará mal.
—PROVÉRBIOS 13:20

20 de maio

LEITURA:
SALMO 119:1-8;
PROVÉRBIOS 13:20

DUPLA EXPOSIÇÃO 2

"Vamos andar de *skate*, Felipe?", Jefferson sugeriu depois de terem jogado *video game* por um tempo. O amigo concordou e saíram.

Não demorou muito, a mãe de Jefferson foi encontrá-los e disse: "Boas notícias, meninos. A mãe do Alan acabou de ligar para dizer que ele tem um tipo de vírus. Está bem doente, mas não é meningite."

"Que bom!", Jefferson exclamou. "Alan vai ficar bem."

"E não vamos precisar de injeção," acrescentou Felipe.

Jefferson deu um risinho e disse: "Você se livrou fácil desta vez. Falou que tinha tido uma dupla exposição — com as coisas erradas e com a meningite — mas acho que não vai sofrer as consequências de nenhuma delas."

Felipe concordou. "Estou feliz de não precisar de injeção, mas se o Alan tivesse meningite, pelo menos era uma possibilidade."

"É verdade!", disse Jefferson. "Pena que não tem injeção para evitar o pecado!"

A mãe falou com um sorriso: "Não tem injeção para isso, mas você pode se prevenir. Pode fazer coisas para aumentar sua resistência."

Felipe franziu a testa. "Quer dizer como... como aprendemos na escola que comer direito, dormir o suficiente, fazer exercícios e coisas assim aumentam nossa resistência às doenças? Mas acho que não ajuda muito a resistir ao pecado."

"Não. Então, como podemos aumentar nossa resistência?", a mãe de Jefferson perguntou.

Os garotos pensaram um pouco. "Acho que ir à igreja, ajuda," Jefferson sugeriu.

"Escola Dominical também," disse Felipe. "E passar tempo com amigos cristãos."

Jefferson concordou. "E orar e ler a Bíblia."

"E ler outros bons livros," começou Felipe, "e…".

"Ver bons filmes," o amigo concluiu por ele. "E…".

"Olhar só coisa legal na internet," o outro se apressou em dizer, "e…", vendo que o filho estava prestes a interromper com outra sugestão, a mãe riu e falou rapidamente: "Meninos, vocês estão certos. Se cuidarem do seu coração assim, estarão menos vulneráveis quando forem tentados pelo pecado."

VOCÊ VAI REGULARMENTE À IGREJA?
E à Escola Dominical onde a Bíblia é ensinada claramente? Ouve músicas que louvam a Deus? Os livros que lê o aproximam do Senhor? Você procura estar perto de amigos cristãos? Todas estas coisas o ajudarão a aumentar sua resistência ao pecado. Reveja hoje as suas atividades. Veja se tem alguma que o exponha ao pecado e quais o ajudam a resistir.

INTENSIFIQUE SUA RESISTÊNCIA AO PECADO

VERSÍCULO-CHAVE

Quem anda com os sábios será sábio...
—PROVÉRBIOS 13:20

21 de maio

LEITURA: PROVÉRBIOS 16:19-24

PROJETO DE CONSTRUÇÃO

"Miguel, escuta eu falar o versículo," disse João enquanto ajudava o vizinho a decorar o versículo para a Escola Dominical. Recitou cada palavra lentamente. "Certo. Agora repete."

Miguel tentou repetir, mas tropeçou em palavras estranhas. No princípio, João tentou ajudar, mas depois de várias tentativas, fez uma careta e disse: "Desisto! Pegue o livro, vá para casa e pratique."

O menino abraçou o livro. "Semana que vem vai ser melhor," sussurrou.

João murmurou: "Acredito." Quando se levantaram, João viu a mãe na porta. Um ar sério no lugar do sorriso habitual. "Há quanto tempo está aí?", ele perguntou.

"O suficiente," respondeu. "Volte quando quiser, Miguel." Ela sorriu. "Estou desapontada com seu comportamento," falou depois que o garoto foi embora. "Ele precisa de ajuda e motivação."

"Está bem. Desculpe," resmungou e saiu.

Naquele dia, mais tarde, os pais de João espalharam fotos pela mesa. "Estas foram tiradas antes, durante e depois da construção do Hotel Harrison," falou o pai. "Preciso escolher algumas para usar no meu artigo sobre o projeto."

João pegou uma foto e disse "Gosto desta — é uma boa imagem do antes. Dá para ver o prédio antigo e o guindaste." Apontou para as datas impressas nas fotos. "Uau! Eles demoliram o prédio em uma semana," falou. "Não levou mais de um ano para construir o novo?"

O pai respondeu: "Foi. Infelizmente, é mais fácil demolir do que construir em quase todas as áreas da vida, não apenas na construção."

A mãe concordou. "Por exemplo, normalmente achamos mais fácil criticar as pessoas pelo que fazem errado, do que elogiar suas qualidades," disse, olhou para o filho e ele lembrou-se de ter perdido a paciência com Miguel.

"O que me faz lembrar que preciso ligar para um colega de trabalho para dar-lhe os parabéns pela promoção," falou o pai. "Acho que também vou convidá-lo para ir à igreja amanhã."

"E eu preciso ligar para o Miguel," disse João, "e ajudá-lo a decorar o versículo."

SUAS PALAVRAS E ATITUDES MOTIVAM OUTROS?

Se alguém luta com algo que para você não é problema, você tenta ajudá-lo pacientemente? Se alguém faz algo bom, você elogia? Peça a Deus ajuda para ser um incentivador; criticar menos e elogiar mais. O Senhor também pode ensiná-lo a ser paciente com quem precisa. Use as palavras para mostrar aos outros que, com a ajuda de Deus, eles podem conseguir.

USE PALAVRAS MOTIVADORAS

VERSÍCULO-CHAVE

...animem uns aos outros...
—HEBREUS 3:13

22 de maio

LEITURA:
2 CORÍNTIOS 4:8,15-18

ESPINHOS E FRUTOS

"Que bagunça!", Kátia exclamou, entrando na sala da avó. "Está horrível!" O incêndio na casa danificou três cômodos pela fumaça e fogo. Os pais de Kátia limparam tudo e separaram o que valia a pena.

"Mãe, por que Deus deixa acontecer uma coisa destas com um cristão?", a menina perguntou. "Não entendo."

A mãe respondeu: "Problemas são parte da vida, tanto para incrédulos, quanto para cristãos. A grande diferença é que os cristãos têm a quem pedir ajuda."

"Mas perder tantas coisas," murmurou a menina. "É demais!" Ela virou-se para a irmãzinha que a puxava pelo braço. "Mãe, eu e a Gláucia podemos ir lá fora?"

"Claro," ela respondeu. "Acho que vocês precisam de um descanso."

As meninas saíram, mas voltaram logo. A pequena Gláucia estava com as mãos esticadas e soluçando. "Mãezinha!", chorou. "Dodói na mão!"

"Estávamos pegando amoras," Kátia explicou. "Gláucia gosta muito e estava se divertindo, até que arranhou as mãos num arbusto."

"Arbusto!", gritou a menina. "Arbusto mau!"

"O arbusto não é mau," Kátia falou enquanto a mãe limpava as mãos da irmã. "Lembra-se das amoras gostosas?"

A mãe abraçou Gláucia. "Sua irmã está certa," falou: "Sabe, filha, acho que às vezes nos comportamos como sua irmã quando coisas ruins acontecem."

"Como assim?", Kátia perguntou.

"O arbusto machucou a Gláucia e ela esqueceu-se que tinha algo de bom ali," respondeu a mãe. "Na vida, muitas vezes agimos assim quando algo nos fere."

"Quer dizer, que nem o fogo na casa da vovó," a menina falou e suspirou. "Não vejo nada de bom."

A mãe respondeu: "Eu sei, mas Deus diz que tudo o que acontece na vida de um cristão é para o seu bem. Coisas ruins acontecem, mas nossa vida ainda é boa porque Deus está no controle e vai resolver tudo."

"Mesmo quando não vemos, não é?", Kátia perguntou, mas logo completou. "Ah, achei uma coisa boa. Agora a vovó vai ter móveis novos. Isso é bom!"

VOCÊ SE ZANGA COM DEUS QUANDO ALGO RUIM ACONTECE...

...com você ou com alguém que ama? Pode ser bem difícil lembrar-se de que Deus está no controle quando parece que tudo está fora de controle! Talvez nem sempre compreenda como uma situação difícil pode ser para o seu bem, mas o Senhor sabe. Confie nele em qualquer circunstância.

CONFIE EM DEUS — MESMO EM HORAS DIFÍCEIS

VERSÍCULO-CHAVE

...todas as coisas trabalham [...] para o bem daqueles que amam a Deus...
—ROMANOS 8:28

23 de maio
LEITURA:
MATEUS 24:35-39

A INUNDAÇÃO

"Que tempestade!", exclamou o avô, olhando da varanda enquanto a chuva caía. Seu chalé ficava bem perto de um grande rio.

Helena e André pararam ao seu lado. De olhos arregalados, observavam as árvores se curvando com o vento. André disse: "Vovô, passou um boletim na TV dizendo que não dá para passar pelas estradas, então não podemos sair, não é?"

"De carro, não," respondeu o avô, "mas temo que esta região toda seja inundada se a barragem se romper. Acho melhor pegar o meu barco e descer o rio." Então eles recolheram algumas coisas e entraram no grande barco do avô.

Conforme desciam o rio iam parando em chalés pelo caminho, avisando outras famílias. A maioria não estava preocupada e diziam: "A barragem nunca se rompeu e não será agora. Ficaremos bem."

Num dos lugares havia uma festa. As pessoas riram com o alerta sobre a possibilidade de inundação e um homem gritou: "Ora, ora! Noé e sua arca! Cadê seus animais, Noé?"

O avô suspirou e disse: "Gostaria que escutassem, mas não vão."

Finalmente o avô e as crianças chegaram a um lugar seguro e, logo em seguida, a barragem se rompeu. Toneladas de água desceram pelas margens do rio, resultando em perda de vidas e propriedades. "Sinto-me péssima pelas pessoas que podiam ter saído, mas não quiseram," Helena disse tristemente.

"Um cara chamou o vovô de 'Noé', lembra?", perguntou André. "Ninguém acreditou em Noé quando ele alertou sobre a inundação, assim como não acreditaram em nós."

O avô balançou a cabeça: "Noé e sua família foram salvos porque creram em Deus. São o retrato dos que confiam em Cristo — apenas os que aceitaram Jesus como Salvador serão salvos quando vier o julgamento de Deus."

"E pode vir a qualquer momento, não é?", perguntou Helena.

"Isso mesmo," concordou o avô. "É triste perder vidas porque as pessoas não acreditam nos alertas de perigo. É mais triste ainda perder almas porque não acreditam nos alertas sobre o julgamento de Deus."

VOCÊ CONFIA EM JESUS COMO SEU SALVADOR?

Ou está ocupado com uma agenda cheia, ou se divertindo demais para se preocupar? Mesmo quando tudo parece normal pode haver uma tempestade de problemas a caminho. Jesus o ajudará nas dificuldades se você confiar nele. E quando a tempestade final chegar — a hora de encarar Deus — apenas os que aceitaram Jesus como Salvador serão salvos. Entregue-se a Ele agora. Não adie.

HÁ SEGURANÇA EM JESUS

VERSÍCULO-CHAVE

...como [...] escaparemos [...] se desprezarmos uma salvação tão grande?...

—HEBREUS 2:3

24 de maio

LEITURA:
PROVÉRBIOS 29:15-17

LÍNGUA DE FOGO

"Pai, podemos fazer uma fogueira e assar *batata doce*?", Tereza perguntou depois que terminaram de limpar as folhas do terreno vazio atrás de sua casa. "Trouxe a caixa de fósforos."

"Hoje não," o pai respondeu. "Está muito seco e ventando."

"Por-fa-vor!", a menina implorou. "Trabalhamos tanto! Merecemos uma fogueira!"

Mas o pai estava irredutível. "Nada de fogo," falou enquanto entrava em casa. "Guarde os fósforos, Tereza."

"Não sei por que ele está tão nervoso," a menina murmurou. "Não está esse vento todo." Ela tirou um palito da caixa, olhou por um instante, acendeu e ficou vendo o fogo queimar em direção aos seus dedos. Então soprou para apagar a chama. Acendeu um segundo para deixar queimar um pouco mais. Dessa vez, exagerou e… "Ai!" Tereza gritou quando o fogo chegou ao seu dedo, e soltou o palito — bem na direção da pilha de folhas secas. Em segundos, tudo estava ardendo e estalando.

Ela correu para buscar a mangueira, esperando apagar o fogo antes que o pai voltasse. Quando se virou, viu o vento levar pedaços de folhas em chamas, iniciando outros focos de fogo. Ela berrou quando uma folha grande voou para o teto da garagem. A mãe veio até a janela, viu o que estava acontecendo, e pegou o telefone para chamar os bombeiros.

Depois que os bombeiros foram embora, Tereza sentou-se com os pais na cozinha. "Eu não queria começar um incêndio," soluçou, depois de contar como tudo havia acontecido. "De-des-desculpe!"

"Também lamento," disse o pai, "e sou grato por não ter acontecido nada mais sério. Mas você ficará de castigo por um tempo."

"Foi um acidente," a menina falou aos prantos.

O pai respondeu: "Sim, mas sabe que não deve brincar com fósforos. Se tivesse me obedecido, não haveria acidente. Espero que tenha aprendido a lição."

"Aprendi," Tereza falou. "Nunca mais vou brincar com fósforos! E vou tentar obedecer sempre, então…", olhou para o pai. "Ainda preciso ser castigada?"

"Lamento, querida, mas precisa sim," ele disse.

VOCÊ ACHA QUE OS ADULTOS TÊM MUITAS REGRAS?

Deus deu-lhes a responsabilidade de instrui-lo. Isso inclui a repreensão quando você faz coisas erradas. Seus pais o amam e querem que aprenda a se controlar. Agradeça a Deus pela disciplina que recebe deles e de outros adultos que querem o melhor para sua vida.

SEJA GRATO PELA DISCIPLINA

VERSÍCULO-CHAVE

…Quem ama
o filho castiga-o
enquanto é tempo.
—PROVÉRBIOS 13:24

LÍNGUA DE FOGO 2

25 de maio
LEITURA:
TIAGO 3:2-10

Um grupo de alunos se espremia em frente ao quadro de avisos para ver a lista dos escolhidos para atuar na peça da escola.

A princesa! Só quero o papel da princesa! Tereza pensava, enquanto tentava chegar mais perto. Mas seu nome não estava na lista. A professora havia escolhido Jane para ser a princesa.

"A Jane está se gabando por ter conseguido o papel da princesa," mais tarde Tereza se queixou com a amiga Lia. "Com uma família daquelas, eu não me gabaria tanto."

"O que tem a família dela?", Lia perguntou interessada.

"Bem, ouvi dizer que o pai dela é alcoólatra e que a mãe tem algum tipo de problema mental." Depois de falar aquilo, Tereza sentiu um pouco de culpa, mas não ligou.

Algumas semanas depois, a mãe comentou na hora do jantar: "Tereza, ouvi dizer que as crianças estão evitando a Jane por causa de boatos de que o pai dela é alcoólatra e de que a mãe dela deve ir para um hospital para doentes mentais. Sabe de alguma coisa sobre isto?"

A menina encolheu os ombros, corou e falou baixinho: "Bem, a Jane disse que o pai dela bebeu numa festa de Natal. E disse também que a mãe… ah… que não sabe como a mãe ainda não teve um colapso nervoso."

O pai franziu a testa. "Foi você quem começou esses boatos?", perguntou.

"Ah… não foi minha intenção," Tereza gaguejou, "mas talvez eu tenha dito… a alguém, e…".

"Tereza, essas coisas não devem ser repetidas," a mãe falou com firmeza. "Conheço a família, e essas histórias são falsas!"

"Lembra-se do incêndio nas folhas há pouco tempo?", o pai perguntou. "Um palito de fósforo causou todo aquele problema! Agora, uma língua ferina fez a mesma coisa. E este fogo pode ser mais difícil de apagar."

"Ah, pai, desculpe," chorou a menina.

O pai falou: "Bem, de manhã você irá até a casa da Jane para explicar e se desculpar. E também vai contar a verdadeira história a todos com quem falou na escola. Mesmo assim, talvez nunca consiga consertar o estrago que fez. Mas precisa tentar."

Tereza concordou.

VOCÊ CONTROLA A SUA LÍNGUA?

Ou ela lhe traz problemas? Deus nos alerta de que a língua pode causar grandes problemas e dores de cabeça. É muito fácil, e às vezes tentador, espalhar boatos e arruinar a reputação de alguém. Quando estiver com vontade de falar algo ruim, lembre-se de que o que disser, pode se espalhar como fogo. Ore, pedindo que Deus o ajude a controlar sua língua. Não seja responsável por começar ou espalhar uma fofoca.

NÃO FAÇA FOFOCA

VERSÍCULO-CHAVE

A língua é um fogo. Ela é um mundo de maldade…
—TIAGO 3:6

26 de maio

LEITURA: MATEUS 6:19-21

OS TROFÉUS DA VOVÓ

"Olhe, Max!", Elma falou tirando um pequeno caderno antigo de um velho baú que pertencia à bisavó deles. Sua voz ecoou um pouco no grande sótão que estavam limpando. "Isto parece um diário escrito pela vovó. O título é Meus Troféus."

"Legal," disse Max. "Que tipo de troféus será que a vovó ganhou?"

"Não dever ter sido de corridas, como você queria," respondeu Elma rindo. "Talvez um concurso de leitura ou um troféu como o que eu estou tentando ganhar."

"Então, vamos ver," Max falou, abrindo o livro. Começou a ler em voz alta. "10 de maio. Obrigada Senhor por ter me deixado falar com Abigail hoje e por ela ter compreendido quanto o Senhor a ama. Estou tão feliz por ela ter aceito Jesus como Salvador." Max virou algumas páginas. "16 de julho. Hoje Jônatas viajou para a Índia, como missionário. Ele mudou tanto desde que foi salvo e agora está servindo ao Senhor."

"Quem serão Abigail e Jônatas?", quis saber Elma. "Vamos falar com o papai."

Quando perguntaram, o pai sorriu. "Acho que eram crianças a quem a vovó apresentou o Senhor," ele respondeu. "Ela trabalhou como missionária do ministério infantil por muitos anos. Aqueles garotos se tornavam troféus vivos quando aceitavam Jesus. Era o importante para ela."

"Isso mesmo," concordou a mãe. "Vovó não tinha muitos tesouros terrenos, mas era rica em tesouros celestiais. Alguns versículos em Mateus nos dizem como é importante juntar riquezas no céu."

"Eis uma boa lição para todos nós," acrescentou o pai. "Cada um devia se perguntar 'Onde estou juntando tesouros? Na terra ou no céu?'"

Elma perguntou: "Mas eu devo levar alguém para Jesus, para juntar tesouros no céu? Não sei se consigo fazer isso."

"Talvez você se surpreenda," respondeu o pai. "Na verdade, acredito que juntamos tesouros no céu sempre que fazemos algo por Jesus — seja testemunhando, sendo gentil, ou, quem sabe, querendo ajudar em casa. Se fazemos isso pelo Senhor, Ele vai nos recompensar."

ONDE ESTÁ O SEU TESOURO?

Você só se preocupa com as coisas que pode ganhar na terra? Elas duram apenas um tempo. Como diz a Bíblia, as traças e a ferrugem podem destruí-las, ou os ladrões podem roubá-las. No melhor dos casos, poderá desfrutar o tempo que viver na terra. Quando você juntar tesouros no céu ao testemunhar, ajudar os outros e obedecer aos seus pais e a Deus, eles durarão por toda a eternidade.

JUNTE TESOUROS NO CÉU

VERSÍCULO-CHAVE

Pelo contrário, ajuntem riquezas no céu...

—MATEUS 6:20

ZONA DE DESASTRE

27 de maio

LEITURA:
COLOSSENSES 3:12-17

"Vamos limpar o seu quarto, Mateus," a mãe anunciou. "Agora."

"Ah, mãe," ele protestou, "precisa mesmo?"

"Sim, precisa." A mãe pegou o material de limpeza e, já no quarto, entregou a Mateus um enorme saco de lixo. "Comece com as coisas que estão debaixo da cama. Jogue fora tudo que não precisa."

Ela começou a limpar o armário e encheu rapidamente uma cesta com roupas que não cabiam mais no filho. Mateus tirou coisas debaixo da cama, pôs algumas no saco, mas empilhou a maior parte ao seu lado. Olhou para alguns cartões amassados. "A última vez que jogamos isso, o Jairo trapaceou," disse. "Não jogo mais com ele."

"Jairo pediu-lhe desculpas, filho," a mãe o lembrou. "Você precisa jogar essas lembranças fora e pensar nos momentos bons que teve com ele. Você…", o telefone a interrompeu.

"Era a vovó," a mãe disse ao voltar. "Temos que ir ao jantar de aniversário do vovô, mas convidou a família da tia Cíntia também. Devia lembrar-se de que não nos encontramos mais com eles desde que o tio Carlos perdeu o controle e estragou o dia de todo mundo." A mãe se ajoelhou ao lado da pilha que Mateus havia feito. "Querido, você precisa aprender a escolher o que manter e o que jogar fora!", exclamou. "Este lixo está transformando seu quarto numa zona de desastre. Precisa se livrar de mais coisas!"

Mateus riu e falou: "Mãe, você precisa aprender a jogar coisas fora também — como as lembranças ruins. Elas podem transformar a vida numa zona de catástrofe. Tio Carlos pediu desculpas, sabe, então se você se livrar da sua bagunça, eu me livro da minha."

A mãe ficou assustada, mas depois de um momento, deu um abraço no filho. "Vou ligar para a vovó e dizer que iremos," falou, se levantando.

"Então é melhor eu ligar para o Jairo e convidá-lo para vir aqui," disse Mateus. "Quando ele vier, vamos jogar novamente, se conseguir achar todos os cartões." E se abaixou para procurá-los embaixo da cama.

VOCÊ FICA REMOENDO LEMBRANÇAS RUINS?

Fica pensando em coisas desagradáveis que alguém fez? Não faça isso. Aprenda a se livrar da bagunça mental. Jogue fora as lembranças ruins e obedeça a Deus, perdoando. Pense nos bons momentos que tiveram juntos. Então, com a ajuda do Senhor, dê um bom testemunho e faça as pazes com quem o desapontou.

JOGUE FORA LEMBRANÇAS RUINS E PERDOE

VERSÍCULO-CHAVE

...Assim como o Senhor perdoou vocês, perdoem uns aos outros.
—COLOSSENSES 3:13

28 de maio
LEITURA: SALMO 119:97-105

NO ESCURO

Depois que o culto da noite acabou, Miguel ajudou a mãe a arrumar o berçário. Chovia muito, então, quando estavam quase terminando, ela foi buscar o carro, e ele ficou guardando os brinquedos. E bem na hora em que ia sair, um trovão fez o prédio tremer e as luzes se apagaram. "Ah, ótimo!", falou, esperando os olhos se acostumarem à escuridão. Mas não se acostumaram. A sala ficava no centro do edifício e não tinha janelas. Só preciso ter cuidado, pensou.

Miguel andou cautelosamente em direção à porta. Seu joelho bateu em algo. Se abaixou um pouco e identificou a mesa usada pelas crianças. Deu um passo para a direita. "Opa!", exclamou quando bateu a cabeça na quina de uma prateleira e livros caíram no chão. Não é como em casa, quando acaba a luz, pensou. Lá sei onde as coisas estão. Embora não tivesse medo de escuro, uma sensação de ansiedade tomou conta dele. Deu a volta na mesa e tateou procurando a parede. "Eu consigo fazer isto," falou. Com a mão na parede, seguiu e bateu numa caixa. A caixa virou e Miguel sentiu os brinquedos pularem em seu joelho. Isto é ridículo, pensou. Achou a parede de novo e andou devagar até a porta. Cadê minha mãe? Preciso de uma luz!

Uma lanterna piscou no fim do corredor e ouviu a voz da mãe: "Espera, filho. Estou chegando."

No caminho para casa, Miguel comentou sobre o versículo que tinha estudado naquele dia. "A tua palavra é lâmpada para guiar os meus passos," recitou. "Mas a Bíblia não me deu nenhuma luz naquela escuridão no berçário hoje!"

A mãe riu e disse: "Tenho certeza que você sabe que esse versículo não está falando sobre a luz que vem do sol ou das lâmpadas. Se refere à sabedoria e orientação que Deus dá para nossa vida quando pensamos sobre o que Ele ensina em Sua Palavra. Isso faz sentido para você?"

"Foi isso mesmo que meu professor falou," ele concordou.

"Tropeçar pela sala no escuro foi bem ruim," a mãe completou, "mas tropeçar na vida sem a luz de Deus, seria terrível!"

ÀS VEZES É DIFÍCIL VER O QUE DEVERIA FAZER?

Que decisões você deveria tomar? A diferença entre o certo e o errado nem sempre é tão clara como gostaria que fosse? Conhecer a Deus por meio da oração e do estudo da Bíblia, a luz de Sua Palavra vai ajudá-lo a fazer escolhas que agradam a Deus. Não tropece pela vida sem a Sua ajuda.

USE A LUZ DE DEUS — A BÍBLIA

VERSÍCULO-CHAVE

A tua palavra é lâmpada para guiar os meus passos...
—SALMO 119:105

29 de maio

LEITURA:
JOÃO 20:24-31;
TIAGO 2:23

AMIGO POR CORRESPONDÊNCIA

"**V**amos ter amigos por correspondência num projeto de português este semestre!", Maíra contou animada. "Cada um recebeu o nome de alguém que está no 6º ano de uma escola em outro estado e vamos trocar cartas. Minha amiga se chama Regina Porto."

Naquela tarde, Maíra sentou para escrever sua primeira carta. Contou sobre sua vida, família e igreja. E logo chegou a resposta. Trazia uma foto e falava sobre a grande família da menina e sua casa no interior. Regina também contava que eles não iam à igreja.

Durante os meses seguintes, Maíra e Regina trocaram muitas cartas. Então uma tarde Maíra entrou correndo na cozinha. "Mãe! Mãe!", gritou. "O pai da Regina vem para cá numa viagem de trabalho e disse que ela pode vir. Deixe-a ficar conosco no fim de semana? Por favor?"

A mãe riu "Claro, querida," falou. "Se o pai dela concordar."

Regina foi para a casa de Maíra e as duas se divertiram muito. Todas as noites, após o jantar, o pai lia alguns versículos da Bíblia. Uma noite, leu um que falava de Abraão como amigo de Deus. "Sr. Dutra," Regina falou, "não sei quem foi Abraão, mas como ele podia ser amigo de Deus? Não vemos nem ouvimos Deus, então como alguém pode ser amigo dele?"

"Conte-me uma coisa, Regina," começou o pai. "Antes deste fim de semana, você e Maíra nunca haviam se encontrado. E ainda assim, parecem amigas. Como isso aconteceu?"

Ela respondeu: "Bem, Maíra me contou tudo sobre ela nas cartas. Então, quando cheguei aqui, era como se já nos conhecêssemos."

"Deus escreveu cartas também," o pai falou. "É a Bíblia. Ela nos conta como Deus é e que Ele ama a todos. Ela também conta a história de Jesus, que pode nos ajudar a conhecer a Deus de uma forma mais pessoal, mesmo se não podemos vê-lo."

Regina ficou pensando sobre o assunto. Sorriu e olhou para a amiga. "Bem, com certeza estou feliz em conhecer a Maíra," falou. "Acho que gostaria de saber mais sobre Jesus também."

VOCÊ CONHECE DEUS?

Mesmo sem vê-lo, você pode aprender sobre Ele lendo a Bíblia — as cartas de Deus. Pela fé, pode crer em Deus e em Sua Palavra, e pode aceitar Jesus e saber que tem a vida eterna. Está escrito no livro de 2 Coríntios 5:7, que é pela fé, não pela visão, que você pode andar com Deus quando aceita Jesus. E pela fé, aqueles que amam Jesus esperam pelo céu, onde um dia o conhecerão pessoalmente.

VOCÊ PODE CONHECER DEUS PELA FÉ

VERSÍCULO-CHAVE

Vocês o amam, mesmo sem o terem visto, e creem nele...

—1 PEDRO 1:8

30 de maio
LEITURA:
SALMO 143:8-10

O TREINAMENTO DE BINGO

O labrador preto de Carlos inclinou a cabeça e levantou a pata dianteira. "Não, sacode não! Pega!", o menino falou, pegando o *frisbee* pela centésima vez. "Não consegue aprender nada? Pega! Pega, Bingo, Pega!" Carlos lançou o disco e Bingo correu pelo quintal. Antes que caísse no chão, o cão pulou no ar e pegou o brinquedo com a boca. "Uau! Muito bem!", gritou, batendo palmas. "Agora, traga para mim, Bingo!"

A cauda do cachorro parou de balançar e se esticou. Ele ergueu as orelhas e encarou um bosque próximo. Então largou o *frisbee* e saiu atrás de um esquilo. "É um caso perdido," Carlos resmungou se deixando cair na grama.

"O que houve?", perguntou Valéria, a irmã mais velha, sentando na grama ao seu lado. "O que é um caso perdido?"

"Estou tentando treinar o Bingo," respondeu com um suspiro. "Li um livro que explica como ensinar truques a cães, mas acho que vou desistir. Fiz tudo o que o livro manda, e às vezes parece que estou pegando o jeito. Então, do nada, ele sai correndo atrás de algum esquilo."

Valéria falou: "O Bingo é um cão de caça, e isso é da natureza dele. É mais ou menos como é da nossa natureza fazer coisas erradas de vez em quando. Esse foi o tema do sermão do pastor, lembra?"

"Obrigado pela lembrança," disse. Esperava que Deus não desistisse dele tão facilmente como desistiu de Bingo. "Você acha que Deus pensa que somos casos perdidos?", perguntou para a irmã.

Ela balançou a cabeça e respondeu: "Você sabe a resposta tão bem quanto eu. Deus nos ama e vai nos ajudar, então sempre teremos jeito. E também temos um manual de treinamento — a Bíblia. Ela nos diz que Deus quer que aprendamos a não pecar. Quando pecamos e nos arrependemos, pedimos perdão e Ele sempre nos perdoa."

Algo bateu nas costas de Carlos. Era Bingo com o *frisbee* na boca. O menino sorriu e fez carinho no cão. "Quer tentar de novo?", perguntou. Carlos jogou o disco e Bingo saiu correndo para pegá-lo.

VOCÊ SE SENTE UM CASO PERDIDO?

Parece que nunca vai conseguir vencer o pecado? Não desista, porque Deus não desistirá de você! Confesse seus pecados e peça-lhe perdão. Estude seu manual de instruções — a Bíblia. Peça Sua ajuda todos os dias para seguir as orientações que Ele dá.

SIGA OS ENSINAMENTOS DE DEUS

VERSÍCULO-CHAVE

Tu és o meu Deus; ensina-me a fazer a tua vontade...

—SALMO 143:10

DEUS E COMPUTADORES

31 de maio
LEITURA:
SALMO 33:6-11

"Detesto fazer essas pesquisas," Pedro reclamou, "mas estou quase terminando. Ouça isso, Diego." O menino sentou em frente ao computador, enquanto o irmão se acomodou no sofá. "Este site diz que existe um computador que pode escanear a *Enciclopédia Britânica* inteira em dois segundos!"

Diego ficou impressionado. "Aposto que daqui a dez anos o mundo inteiro será governado por computadores," declarou.

Um raio e o barulho de um trovão fizeram Diego pular do sofá. As luzes piscaram e então, tudo voltou ao normal. "Esse foi perto!", disse.

"Ah, não!", Pedro reclamou. "O computador apagou! A energia deve ter oscilado e desligou tudo! Como pode? Temos um estabilizador."

"É, mas o papai disse que poderia acontecer mesmo assim, lembra?", falou Diego. "Espero que não tenha queimado!" Os garotos se olharam desanimados. "Temos que falar com ele," disse, e foram até a sala de estar.

"Pai," Diego começou, "sabe aquela queda de luz? Ela… apagou o computador."

O pai correu até o escritório e ficou olhando para a tela preta. "Estas máquinas são sensíveis," falou. "Precisam de proteção."

"Estávamos falando como elas provavelmente governariam o mundo um dia," disse Pedro. "Seria uma bagunça." Ele parecia irritado.

"Computadores são ótimos, mas precisam de pessoas para programar e mantê-los funcionando," comentou o pai. "São apenas máquinas feitas pelo homem. Por mais avançado que um computador possa ser, é primitivo, se comparado à mente de Deus — que, a propósito, sempre governará o mundo! Lembrem que bastou um raio para fazer nosso 'maravilhoso' computador apagar."

"É… e Deus criou as mentes que inventaram o computador, não é?", lembrou Diego.

"É verdade," o pai concordou. "Nós nem mesmo somos capazes de começar a entender a Sua sabedoria e genialidade. Só Deus é perfeito." Ele se virou para sair. "Vamos levar isto até a loja amanhã e vejamos o que as criações de Deus podem fazer para consertá-lo!"

VOCÊ SE IMPRESSIONA COM A TECNOLOGIA ATUAL?

Impressiona-se a ponto de pensar que parece que Deus não está mais cuidando das coisas? Lembre-se de que Ele criou tudo, incluindo as pessoas, e elas apenas sabem o que o Senhor escolhe lhes revelar. O homem fez diversos avanços tecnológicos, mas, ainda assim, sempre dependerá de Deus para criar a vida. Ele está sempre no controle.

VOCÊ SEMPRE PRECISARÁ DE DEUS

VERSÍCULO-CHAVE

A terra e o céu vão acabar, mas tu viverás para sempre…
–HEBREUS 1:11

QUEM É A MÃE?

Mãe é um presente especial de Deus, e a Bíblia apresenta nomes de diversas mães. Os nomes de alguns personagens bíblicos estão relacionados abaixo, a tarefa é descobrir o nome da mãe de cada um deles e colocá-los no quadro de palavras cruzadas. Use as referências bíblicas para checar os nomes que não conhece.

¹J E Z A B E ²L

1. Acazias (1 Reis 16:30,31; 22:51)
1. Arão e Moisés (Êxodo 6:20)
2. Rúben (Gênesis 29:32)
3. Boaz (Mateus 1:5)
4. Salomão (1 Reis 2:13)
5. Obede (Mateus 1:5)
5. José (Gênesis 30:22-24)
6. Jacó (Gênesis 27:5,6)
7. Samuel (1 Samuel 1:19,20)
8. Sete (Gênesis 3:20; 4:25)
9. João Batista (Lucas 1:57-59)
10. Ismael (Gênesis 16:15)
11. Caim e Abel (Gênesis 4:1,2)
12. Timóteo (2 Timóteo 1:2-5)
13. Isaque (Gênesis 17:19)
14. Malom (Rute 1:2)
15. Jesus (Mateus 1:20,21)
16. Eunice (2 Timóteo 1:5)

SÓ UM

1.º de junho
LEITURA:
SALMO 51:1-4

João sentou-se numa mesa cheia de material de artes e disse a sua mãe: "Amanhã é o prazo para entrega do cartaz para o concurso de ecologia. Espero ganhar o primeiro lugar. Será que tenho chances?"

A mãe olhou o trabalho e respondeu: "Para mim, parece bom."

A irmãzinha de 3 anos, Melissa, cutucou o braço de João. "Também quero pintar," falou. O menino riu e deu a ela um pedaço de papel e algumas canetas coloridas.

Depois do jantar, João e seus pais estavam na sala quando Melissa entrou. "Toma, João," falou, entregando as canetas ao irmão. Em seguida, ela colocou uma revista no colo do pai, pedindo: "Lê uma história para mim?"

O pai franziu a testa. "Onde achou isso?", perguntou.

"Debaixo da cama do João," ela respondeu.

"Onde arranjou esta revista, filho?", o pai estranhou.

O menino encarou a irmã. "O Marcos me deu. O que há de errado com elas? São só revistas de piadas," respondeu de mau humor.

"O que há de certo com… elas?", perguntou o pai. "Você disse 'elas'?" Tarde demais, João percebeu seu erro. "Jogue esta e as outras revistas deste tipo no lixo agora. Esta porcaria normalmente ajuda a arruinar a vida das pessoas. Não admito isso aqui em casa", o pai mandou.

Relutante, João foi até o quarto e pegou as revistas embaixo da cama. Rapidamente escondeu uma sob o travesseiro e levou as outras para a lata de lixo na garagem.

Pouco tempo depois, voltou para a sala balançando seu cartaz e gritando. "Olha o que a Melissa fez! Arruinou meu trabalho! Ela vive mexendo nas minhas coisas!"

"Eu só pintei para ajudar você a ganhar o concurso", a garotinha explicou.

"Achei que tinha devolvido as canetas coloridas para seu irmão," a mãe disse.

Os olhos de Melissa se encheram de lágrimas. "Fiquei só com uma."

João explodiu: "Bastou uma para estragar meu cartaz! Apenas… apenas uma." A expressão dele se transformou e repetiu lentamente. Sem falar mais nada, João foi até o quarto, pegou a revista embaixo do travesseiro e a jogou no lixo.

VOCÊ SENTE O DESEJO DE GUARDAR "UM PECADINHO"?

Quando Deus lhe mostra coisas em sua vida que estão erradas, você arranja uma desculpa, porque lhe parecem pequenas e sem importância? Qualquer pecado é errado perante Deus, então confesse os todos. Peça ao Senhor que o perdoe e ajude a se afastar de todo pecado.

LIVRE-SE DE TODO O PECADO

VERSÍCULO-CHAVE

…quem quebra um só mandamento da lei é culpado de quebrar todos.

—TIAGO 2:10

2 de junho

LEITURA: JOÃO 14:25-29

A RECEITA

"Por que Deus deixa a guerra acontecer?", Breno perguntou depois de ver o noticiário da TV.

"Essa é uma pergunta difícil — os homens a fazem há séculos," respondeu o pai. "É difícil…", ele parou quando a porta se abriu e a mãe entrou com Tina no colo. O pai correu para pegar a menina e colocá-la no sofá. "O que o médico disse?", perguntou.

A mãe respondeu: "Ela está com faringite. O Dr. Tomás deu esta receita." Entregou um papel ao pai. "Você pode ir comprar o remédio enquanto preparo o jantar?"

"Vou junto," Breno falou e saiu de carro com o pai.

Quando voltaram, o pai sorriu para Tina. "Vou dar-lhe o remédio," disse para a mãe.

"Não quero!", a menina resmungou. "Minha garganta está doendo!"

"Isto vai melhorar sua garganta," o pai falou e entregou a ela um copinho com o remédio.

Tina escondeu o rosto na almofada. "Não! Não quero. Vai fazer minha garganta doer mais ainda."

"Vai melhorar, querida," o pai repetiu pacientemente.

"Não consigo engolir," Tina empurrou o remédio.

"Se consegue gritar e chorar desse jeito pode engolir," o pai falou com firmeza. "Agora, tome."

A garotinha reconheceu o tom de "obedeça." Tomou o remédio e adormeceu.

Naquela noite, Breno retomou a pergunta. "Por que Deus deixa a guerra acontecer, pai?"

"Acho que agora tenho a resposta," o pai disse. "Pense na guerra como uma doença causada pelo pecado. Quando Jesus morreu na cruz, Ele deu o remédio ao mundo, ou a cura para o pecado. Deus convidou toda a humanidade a aceitar Jesus como Salvador e seguir Seus ensinamentos todos os dias. O remédio que o médico receitou para Tina não teria nenhum efeito se ela não o tomasse, e o remédio que Deus oferece não ajuda quem não o tomar. Obriguei sua irmã a tomar o remédio, mas o Senhor Jesus não força ninguém a aceitar o Seu remédio."

"Entendi," Breno falou. "Existe guerra, porque as pessoas se recusam a seguir a receita de Jesus."

VOCÊ JÁ SE QUESTIONOU POR QUE EXISTEM GUERRAS?

Se todos tivessem a paz de Deus em seus corações, não haveria guerras. Você não pode acabar com as guerras no mundo, mas pode seguir a receita de Jesus e ter paz em seu coração. Receba Jesus como seu Salvador e viva para agradá-lo.

TENHA PAZ EM SEU CORAÇÃO

VERSÍCULO-CHAVE

Deixo com vocês a paz. É a minha paz que eu [Jesus] lhes dou...
—JOÃO 14:27

ANTIGA, MAS ATUAL

3 de junho
LEITURA:
COLOSSENSES 4:2-6

"Oi Enzo!", Antônio cumprimentou o amigo quando se encontraram no caminho para a escola. "Luva nova?"

"É, ganhei de aniversário," disse Enzo. "Legal, né?", mostrou orgulhoso e então fez careta. "Sabe o que minha tia me deu? Uma Bíblia! Por que eu ia querer uma Bíblia?"

Antônio hesitou. Era cristão e sabia que devia aproveitar a oportunidade para dar testemunho. "Você pode ler," sugeriu timidamente.

"Está brincando!", Enzo exclamou. "Jamais entenderia — sou um garoto comum. Diga-me uma boa razão para eu ler."

"Bem… a Bíblia nos diz como… como viver," gaguejou Antônio. Não sabia o que falar.

"Como um livro velho, escrito há milhares de anos pode me dizer como viver?", Enzo perguntou. "Além disso, sei como viver — não preciso da ajuda de um livro escrito antes de existir computadores e celulares. A Bíblia é muito antiquada e completamente ultrapassada."

"Não é não," Antônio discordou. "É mais atualizada que o noticiário. Meu pai disse."

"É mesmo? O meu pai diz que é antiquada," retrucou Enzo. "Os tempos são outros! E quer saber? Não conseguimos entender nada mesmo, então não vejo como ela poderia influenciar a nossa vida. Olha — a campainha está tocando! Melhor correr, senão vamos chegar atrasados."

Naquela noite Antônio contou ao pai o que havia acontecido. "Estraguei tudo. Fui pego de surpresa e não consegui pensar numa boa resposta", confessou.

"Isso é ruim. Sabe, a Bíblia diz que devemos estar sempre prontos a dar uma resposta sobre nossa fé. Faça seu dever de casa espiritual — leia a Palavra de Deus e pense no que ela diz. O que poderia fazer para estar preparado e testemunhar na próxima oportunidade?", respondeu o pai.

Antônio pensou antes de responder seu pai. "Podia escrever como pedi a Jesus para ser meu Salvador e em seguida contar isso para as pessoas," disse lentamente. "E podia orar sobre isso."

O pai sorriu. "Isso mesmo," falou. "Da próxima vez que tiver uma chance, confie que Deus vai lhe dar as palavras certas para usar."

VOCÊ ESTÁ PREPARADO PARA TESTEMUNHAR?

Ou algumas vezes fica calado porque não sabe o que dizer? Tem medo de não explicar direito? Se você conhece Jesus, esteja preparado para compartilhar o que Deus fez por você. Confie que Ele vai lhe dar as palavras corretas para dizer o que o Senhor significa para você. Expresse sua gratidão pelo amor que Deus lhe tem e diga aos seus amigos que Ele também os ama.

SEMPRE PRONTO PARA TESTEMUNHAR

VERSÍCULO-CHAVE

…Estejam sempre prontos para responder a qualquer pessoa…
—1 PEDRO 3:15

4 de junho

LEITURA: 1 PEDRO 1:23-25

ANTIGA, MAS ATUAL 2

"Vamos passar na casa que meu tio está construindo. Fica a umas duas quadras daqui," Enzo sugeriu quando voltava para casa com Antônio."

"Tudo bem," o amigo concordou e os dois pararam na casa nova. "Legal! É enorme!", exclamou Antônio.

"É, e olha só aqueles painéis solares!", mostrou Enzo. "A maior parte da energia para o aquecimento será do sol. Tio Bento acha que as pessoas deviam usar mais a energia solar." Ele olhou para o céu. "O velho sol está aí há muito tempo."

Aquelas palavras lembraram Antônio da conversa que tiveram sobre a Bíblia, e então teve uma ideia. "É, está mesmo," concordou. "Talvez por isso as pessoas não usam o sol — é tão velho e antiquado. Seu tio devia usar algo mais moderno e atual."

Antônio sorriu quando Enzo olhou para ele com surpresa. "Está maluco?", exclamou. "Energia solar é supermoderna."

"É mesmo? Mas você não entende, né?", perguntou Antônio. "O que é aquela coisa?", ele apontou para uma parte do equipamento. "E aquela outra?"

"Vou ter que perguntar ao tio Bento," admitiu Enzo.

"O sol é tão velho quanto a criação, mas todo mundo ainda acredita que é útil," observou Antônio. "Você não entende de energia solar, mas confia nela." Ele fez uma pausa e acrescentou: "Se o sol é útil e poderoso mesmo sendo velho e você nem o entende direito, por que não pode ocorrer o mesmo com a Bíblia?"

"Bem, eu… eu…", Enzo gaguejou surpreso.

E Antônio continuou: "Além disso, você nunca tentou entender a Bíblia. Comece a ler e peça a Deus para lhe ajudar. A Bíblia pode influenciar a sua vida muito mais do que o sol. Sabia que um dia o sol vai parar de brilhar, que a terra será destruída, e que haverá um novo céu e uma nova terra?"

Enzo estava assustado. "Onde aprendeu isso?", perguntou.

"Na Bíblia", Antônio respondeu.

Enzo riu e disse: "Está bem, você explicou bem. Vamos terminar de ver a obra e em casa, vou começar a ler minha Bíblia nova. Talvez você possa me ajudar a entender o que ela diz."

VOCÊ ACHA A BÍBLIA ANTIQUADA?

Ela é mais atual do que muita gente pensa. Ensina sobre Deus e a verdade, e que nem um dos dois, muda. A Bíblia também diz como chegar ao céu, e isso também não muda. Ela é cheia de informações importantes e úteis, e deve ser lida diariamente. Tente manter sua Bíblia perto da cama para começar e terminar cada dia com a leitura da Palavra de Deus.

A BÍBLIA É PARA O MOMENTO PRESENTE

VERSÍCULO-CHAVE

O céu e a terra desaparecerão, mas as minhas palavras ficarão...

—MARCOS 13:31

5 de junho

LEITURA:
2 CORÍNTIOS 1:3-7

SEM VINCOS

Tadeu colocou os livros na mesa e foi para a área de serviço. "Como foi seu dia?", a mãe perguntou enquanto passava as roupas.

"Terrível!", ele resmungou. "Me dei mal no teste de matemática e vou ter que fazê-lo de novo. Descobri que meu melhor amigo vai se mudar e, sem querer, derrubei a filha do diretor," reclamou. "Por que tinha que ser justo ela?"

"Derrubou?", estranhou a mãe. "Como?"

"Eu estava virando no corredor e corri direto para cima da menina," explicou. "Pedi desculpas, mas ela ainda deve estar furiosa."

"Eu não me preocuparia," a mãe falou. "Com certeza ela sabe que não foi de propósito. Está com fome? Um lanche talvez ajude."

"Talvez, mas duvido. Estou estressado," respondeu, mas virou-se para ir para a cozinha. Então parou e olhou para a camiseta que a mãe estava passando. "É do meu uniforme de futebol, né?", perguntou.

"É," ela respondeu. O telefone tocou e a mãe entregou a camiseta parcialmente passada ao filho. "Tome. Por que não termina enquanto atendo? Assim vai praticando para quando estiver sozinho," ela brincou.

Quando a mãe voltou, ficou surpresa ao ver que Tadeu havia acabado de passar a camiseta. "Olhe isso, esticadinha!", ele disse.

A mãe sorriu e disse: "O calor do ferro tirou os vincos da camiseta, e Deus usa o calor das provações e dos problemas para tirar os nossos vincos."

"Vincos?", Tadeu repetiu e esfregou a testa. "Ainda não tenho vincos."

"Falo dos vincos de nossa personalidade — como impaciência, raiva e autocomiseração, por exemplo," a mãe explicou. "Eles precisam ser passados, e Deus sabe exatamente a quantidade de calor necessária. Ele nunca nos dá mais do que podemos suportar e também nos ajuda a lidar com isso."

"Acho que você quer dizer que Deus vai usar a pressão dos problemas de hoje na escola para me ensinar a ser mais paciente e não ficar com pena de mim mesmo. Vou lembrar disso. Melhor ir estudar para o teste de matemática, né?"

"Sim, pelo menos está tendo outra oportunidade," a mãe concordou.

VOCÊ SE SENTE PRESSIONADO DE TODOS OS LADOS?

Lembre-se de como o ferro esquenta e tira os vincos. Seja paciente enquanto Deus estica os seus amassados. Pode não ser confortável por um tempo, mas aprender a confiar em Deus durante as dificuldades o tornará uma pessoa melhor. Ficará ainda mais forte em sua fé quando confiar no Senhor para remover esses vincos de sua personalidade.

ENCARE OS PROBLEMAS COM PACIÊNCIA

VERSÍCULO-CHAVE

...seja moderado em todas as situações. Suporte o sofrimento...

—2 TIMÓTEO 4:5

6 de junho

LEITURA: 2 CORÍNTIOS 6:14-18

A NOIVA DE JUNHO

"Isto é tão divertido," Carla falou enquanto explorava o sótão com alguns amigos. A menina pegou um vestido antigo que tirou de um baú.

"É mesmo," Joel concordou. Ele pegou um velho paletó. "Olhe só este casaco!"

"E estas cortinas de renda. Dariam um belo véu e cauda para um vestido de noiva," Jane falou. "Vamos brincar de casamento. Eu vou ser a noiva e o Joel pode colocar o paletó e ser o noivo. Bruno pode ser o pastor."

"Vou ser a madrinha," completou Carla, colocando o vestido que encontrou. Os garotos protestaram, mas acabaram concordando e o "casamento" começou.

"Levante sua mão direita," falou o pastor Bruno. "Juram solenemente dizer a verdade, somente a verdade e nada mais que…", ele parou quando os outros explodiram em risos.

"Isto não é um julgamento — é um casamento," Joel disse.

Bem nessa hora a mãe de Carla chegou. Ela riu também quando escutou como Bruno estava mandando jurarem dizer a verdade num casamento de mentirinha. "Do jeito que tantos casamentos estão terminando em divórcio hoje em dia, talvez não fosse uma má ideia," ela falou.

"Com quantos anos devemos casar, mãe?", Carla perguntou.

"Bem, depende," a mãe respondeu. "Acho que varia de uma pessoa para outra."

"O cristão não deveria casar com quem não crê em Jesus, não é?", Jane perguntou enquanto tirava o vestido.

Bruno perguntou: "Se você amar alguém que não é cristão, não deve orar para essa pessoa conhecer Jesus pessoalmente? Talvez o Senhor dissesse para casar para ganhar a pessoa para Jesus. Isso não poderia acontecer?"

"Muita gente tentou, mas raramente funciona," disse a mãe. "Não precisamos orar sobre isso. Deus já nos deu a resposta em Sua Palavra e não há exceções em Suas regras. Por isso é tão importante que quando tiverem idade para namorar, escolham pessoas cristãs."

As crianças ficaram pensativas. Então Jane riu para Joel e falou, "Venha Joel, nenhum de nós vai casar de verdade tão cedo, mas hoje vamos continuar com nosso casamento de mentirinha!"

NAMORAR AINDA ESTÁ MUITO LONGE DE ACONTECER?

Mesmo agora você pode ficar consciente de que, quando tiver idade, deverá namorar apenas pessoas cristãs. Não corra o risco de se machucar, interessando-se por alguém descrente em Jesus como Salvador.

ESCOLHA UMA PESSOA CRISTÃ PARA NAMORAR

VERSÍCULO-CHAVE

Não se juntem com descrentes para trabalhar com eles...

—2 CORÍNTIOS 6:14

TARDE DEMAIS

7 de junho
LEITURA:
MATEUS 24:36-44

Lia sentiu um nó na barriga. Hoje era o dia do concurso de ortografia e ela tinha sido escolhida para competir contra os melhores de sua série. "Mãe, sabe aquele livro que a professora me deu para ajudar a me preparar para o concurso de ortografia? Preciso estudar e não o encontro. Você o viu?", disse desesperadamente.

"Não," respondeu a mãe. "Onde você o usou pela última vez?"

"Na verdade, mal olhei para ele," Lia admitiu. "Sempre parecia que eu tinha bastante tempo, mas, de repente, o dia chegou."

"Bem, não sei onde você o colocou, mas acho que está um pouco atrasada para começar a estudar agora", disse a mãe.

"Manhê!", Ana, a irmãzinha de Lia, chamou. "Quero ajuda com os sapatos!"

"Lamento, Lia, "mas não posso ajudar a procurar o livro agora. Preciso levar Ana para ensaio do coral. Talvez seu pai possa", a mãe lhe falou.

Lia olhou para o pai que terminava sua xícara de café e disse: "Preciso terminar um relatório para amanhã, não tenho muito tempo, mas vamos dar uma olhada rápida em seu quarto." Enquanto iam para o quarto da menina, o pai lhe perguntou: "Lembra-se sobre o quê o pastor pregou domingo passado?"

Ela respondeu: "Já pensei nisso, pai, Ele falou sobre como é horrível estar despreparado para algo importante."

"Isso mesmo, em especial, como seria terrível não estar pronto quando Jesus voltar," ele disse. O pai procurou entre os livros da estante do quarto. "Bem, não vejo o livro que está procurando, mas pelo menos, não estar pronto para um concurso de ortografia não é tão grave quanto estar despreparado perante Deus no Dia do Julgamento," acrescentou.

"É. Tenho certeza que nem mesmo o frio na barriga que estou sentindo se compara a isso," falou Lia. "Acho que muitas pessoas pensam que têm muito tempo para se preparar para estar perante Deus, *né*?"

"Infelizmente sim," respondeu o pai. "Muitos vão esperar até ser tarde demais, e quando se encontrarem com Deus face a face, não estarão prontos."

VOCÊ ESTÁ DESPREPARADO PARA ALGO IMPORTANTE?

Não é uma sensação boa. Algumas pessoas sentem um frio na barriga ou tontura quando percebem que não estão prontas. Você não vai querer sentir isso quando estiver perante Deus. Nada é tão importante quanto estar pronto para esse dia. Não espere. Aceite Jesus como Salvador antes que seja tarde demais.

ESTEJA PRONTO PARA SE ENCONTRAR COM DEUS

VERSÍCULO-CHAVE

Por isso vocês também fiquem vigiando...

—MATEUS 24:44

8 de junho

LEITURA:
SALMO 32:1-5

LADRÃO DE MELANCIA

Aldo levantou os olhos quando escutou uma batida na janela. A mãe estava lá fora, chamando-o para sair. Então o menino deu pausa no *video game* e correu para o quintal.

A mãe estava atrás da garagem, olhando para o chão. "Quero mostrar uma coisa aqui," ela disse apontando para o chão. "Olhe aquelas plantas, são melancias." Ali, quase escondidas pela grama alta, Aldo viu um punhado de parreiras verdes. "O engraçado é que não plantei melancias este ano", ela completou.

"Talvez tenham brotado por acaso," ele sugeriu. "Quem sabe um esquilo não deixou cair algumas sementes?"

"Você acha?", a mãe lhe perguntou. "Estava pensando em outra coisa. Lembra-se de quando alguém roubou uma melancia do balcão de frutas que o Sr. Souza montou em frente a sua loja no verão passado? Toda a vizinhança comentou o assunto."

"Lembro." Aldo parecia inquieto. "Foi uma daquelas grandes, com listras, não foi?"

"Você lembra mais detalhes do que eu," observou a mãe. "Não me recordo que tipo era, mas fiquei imaginando que talvez a pessoa que roubou a melancia veio até aqui, comeu e enterrou as cascas e as sementes para ninguém descobrir."

"Eu... bem... acho que pode ter acontecido," Aldo murmurou e seu rosto ficou vermelho.

A mãe olhou bem dentro de seus olhos. "Tem alguma coisa para me contar?", perguntou. O menino desviou o olhar. "Foi você, não foi?", ela acrescentou. "Imaginei isso no verão passado, por causa da sua reação na época."

"Eu... fomos eu e o João," Aldo admitiu quase chorando. "Quando enterramos tudo, pensei que o caso estaria encerrado. Não sabia que aquelas plantinhas iriam nascer e me entregar!"

"Não importa o quanto tente esconder o seu pecado, ele sempre volta e o denuncia," a mãe falou. "A Bíblia diz que 'seu pecado vai achá-lo', e ele sempre acha. Mais tarde vamos conversar sobre o castigo que você merece."

AO FAZER ALGO ERRADO, VOCÊ TENTA ESCONDER...

...dos outros, e até mesmo de Deus? Você pode até não deixar que seus pais, professores ou amigos saibam o que aconteceu, mas nada pode ser escondido de Deus. Em vez de tentar manter um pecado em segredo, confesse o que fez e não repita o erro! Permita que o perdão de Deus o limpe e a que Sua força o torne vitorioso contra a tentação.

VOCÊ NÃO PODE ESCONDER O PECADO

VERSÍCULO-CHAVE

Os meus pecados não estão escondidos de ti, ó Deus...

—SALMO 69:5

9 de junho

LEITURA: LUCAS 19:2-10

LADRÃO DE MELANCIA 2

Aldo estava horrorizado! Sua mãe tinha acabado de lhe dizer que deveria ir falar com o Sr. Souza, o dono da mercearia, e contar o que havia feito no verão anterior junto com um amigo — roubado uma melancia. "Mas, mãe, foi há muito tempo," ele protestou. "Por que não posso ficar só de castigo por uns dias e esquecer? E vou… vou pedir perdão a Deus também. Não é suficiente?"

"Pedir perdão a Deus seria suficiente se tivesse pecado apenas contra Ele," ela respondeu, "mas quando mente, rouba ou machuca alguém, também precisa acertar as contas com essa pessoa. Você precisa demonstrar que realmente está arrependido do que fez não apenas porque foi pego."

"Mas aposto que o Sr. Souza nem se lembra mais disso," Aldo argumentou. "Foi há tanto tempo."

"Ah, tenho certeza de que se lembra," ela falou, "mas não faz a menor diferença. Mesmo tendo acontecido há muito tempo, você roubou o Sr. Souza e precisa pagar essa dívida."

"Bem… bem… não posso só comprar outra melancia e deixar na porta dele à noite?", o menino perguntou esperançoso. "Vai ser uma devolução."

A mãe concordou. "A melancia seria devolvida, mas você não deve ao Sr. Souza apenas uma melancia, deve desculpas também, porque lhe causou problemas. Precisa do perdão de Deus e do Sr. Souza."

Dez minutos mais tarde, Aldo e sua mãe chegaram à loja e o menino confessou o crime. O dono da loja o perdoou e o deixou pagar a dívida trabalhando no jardim.

"Bem, Aldo, não se sente melhor agora que fez a coisa certa?", a mãe perguntou enquanto voltavam para casa.

Ele respondeu com um suspiro: "Sim, mas nunca mais quero passar por isso de novo! Descobri que roubar a melancia e pedir perdão a você, ao Sr. Souza e a Deus foi muito difícil mesmo!"

VOCÊ JÁ ROUBOU, MENTIU, DESOBEDECEU…?
…ou fez algo que feriu alguém? Se fez, confesse seu pecado a Deus. E converse com a pessoa que feriu e faça o que puder para consertar as coisas com ela. Deixar passar o que aconteceu sem pedir desculpas, não fere apenas você, mas pode também deixar outros sentimentos ruins sobre o ocorrido.

CONFESSE O SEU PECADO E PEÇA PERDÃO

VERSÍCULO-CHAVE

…E, se roubei alguém, vou devolver quatro vezes mais.

—LUCAS 19:8

10 de junho

LEITURA: ROMANOS 5:6-11

TANTO AMOR

Ah, não! Coitado do passarinho! Está machucado, Sara pensou ao ver o pássaro caído na grama. *Acho que está com a asa quebrada. Talvez eu possa ajudar.* Ela tentou pegar a ave indo lenta e silenciosamente em sua direção. Mas sempre que chegava perto, ela batia as asas e se afastava rápido. O passarinho a levou até a frente da casa. E bem na hora em que achou que conseguiria pegar, o pássaro voou e pousou num fio bem acima dela. Sara ficou surpresa. *Aquele passarinho pode voar! Por que fez isso se sua asa estava machucada?* Pensou. Então correu para dentro de casa e perguntou sua mãe sobre isso.

Ao ouvir a história da filha, a mãe sorriu. "Tem um ninho com filhotes na árvore lá nos fundos," explicou. "Acho que devia ser a mãe querendo afastar você dos filhotes."

"Mas ela não ficou com medo de eu pegá-la?", a menina quis saber.

"Talvez," respondeu a mãe, "mas ela preferia que você fosse atrás dela, do que ficasse perto demais de sua família". Ela sorriu e abraçou a filha. "É uma boa mãe, né? E bem típica, eu acho. A maior parte dos pais ama tanto os seus filhos que faria quase qualquer coisa para deixá-los seguros."

"Uau!", Sara exclamou. "Não pensamos muito nisso."

"Mas o melhor ainda, é que alguém nos ama mais do que os nossos pais," falou a mãe. "Alguém que até morreu por nós."

"Está falando de Jesus, não é ?", Sara perguntou.

"Ele quis morrer para que nossos pecados fossem perdoados para sempre. Sabemos disso, mas não pensamos muito no quanto amor foi preciso. Me sinto bem em pensar que alguém me ama tanto assim."

"Eu também," a menina concordou.

Quando Sara voltou para brincar em seu balanço, ouviu os passarinhos cantando no alto da árvore e falou: "Sua mãe ama vocês, mas Deus me ama mais ainda."

VOCÊ VALORIZA O QUANTO JESUS O AMA?

Ele o ama tanto que veio à terra e deu Sua vida para que você possa ir para o céu. Você já aceitou Jesus e recebeu o grande presente que Ele lhe oferece? Se não, faça isso ainda hoje. E deixe que a sua maneira de viver demonstre que você ama a Deus, também.

ACEITE O AMOR DE JESUS

VERSÍCULO-CHAVE

Sabemos o que é o amor [...]: Cristo deu a sua vida por nós...

—1 JOÃO 3:16

UM OUVINTE

11 de junho

LEITURA:
SALMOS 34:15-17;
55:16,17

Quando Carlos sentou-se em sua mesa para iniciar o dever de casa ouviu a irmãzinha reclamando. Ele começou a estudar, mas aquele barulho todo o estava distraindo. O menino ouviu a voz da mãe: "Cristina, pare de choramingar." Voltou aos livros, mas logo ouviu a irmã novamente.

Carlos se levantou e foi até a cozinha e perguntou: "Qual o problema da Cristina? Esse choro está me levando à loucura. Tenho quilos de dever de casa e ela não está facilitando."

Cristina fez careta e jogou uma meia no irmão.

"Ela quer que alguém coloque suas meias," a mãe respondeu calmamente.

"Mas ela sabe colocar sozinha. "Ah, está bem... vou ajudar só para ela parar!", o menino disse.

"Espere, por favor, Cristina também sabe pedir as coisas com educação. Até agora, só está choramingando e jogando as meias.," falou a mãe

"Não sei se consigo aguentar esse barulho muito tempo," murmurou Carlos.

A mãe falou novamente para a menina que devia pedir com educação. Então virou-se para o menino e disse: "Fico pensando se Deus alguma vez se sente como nós. Parece que sempre estamos choramingando, em vez de orar pelas coisas."

Carlos franziu a testa. "Quer dizer... em vez de reclamar, como o barulho que a Cristina está fazendo, Deus quer que eu ore pelas coisas?"

A mãe disse: "Não estava pensando nisso. Tinha outro problema em mente — mas, sim, Deus quer que oremos por tudo." Ela sorriu. "Vamos orar agora?" Os dois abaixaram a cabeça e a mãe orou: "Pai querido, obrigada por cuidar de todos os detalhes de nossa vida. Senhor, neste momento, pedimos que ajudes a Cristina — e a todos nós — a aprender a pedir com educação em vez de choramingar por causa dos problemas. Por favor ajuda-nos a lembrar que tu sabes o que é melhor para nós. Obrigada por nos ouvir."

Quando a mãe terminou de orar, Cristina andou até ela e entregou as meias. "Por favor, me ajuda, mamãe," falou docemente. A mãe abraçou a filha e a ajudou. Carlos sorriu e voltou para continuar o seu dever de casa.

VOCÊ ORA APENAS NAS REFEIÇÕES E NA HORA DE DORMIR?

Ou ao longo do dia? Deus se importa com tudo o que o preocupa e quer ouvir o que tem a dizer. Se está com problemas no dever de casa, fale com Ele. Se algo está indo bem, agradeça. Se brigou com um amigo, fale com o Senhor a respeito. Em qualquer situação, ore. Deus está ouvindo. O Senhor nem sempre mostra uma solução rápida, mas Ele se importa e sabe o que é melhor.

ORE POR TUDO

VERSÍCULO-CHAVE

...em todas as orações peçam a Deus o que vocês precisam...
—FILIPENSES 4:6

12 de junho

LEITURA:
FILIPENSES 4:11-13

O PAI DO TEMPO

"Detesto ser criança! Não sei por que não posso ficar acordado e ver aquele programa da TV. Só porque uns caras estão ameaçando atirar em alguém, a mamãe fica tensa e me manda desligar!" Rui resmungou e foi para o quarto irritado. Ainda estava zangado quando se deitou. *Queria ser adulto para fazer o que bem entendesse!* Pensou.

Parecia ter passado apenas alguns minutos, Rui ouviu passos. "Mãe, é você?", perguntou.

Uma voz fraca respondeu: "Não. Não sou sua mãe. Sou o Pai do Tempo e soube que você quer ser mais velho. Posso dar a você a idade que quiser."

"Sério?", Rui não conseguia acreditar. "Que sorte!", murmurou. "Acho que quero ter 21 anos." Na mesma hora, o menino se viu no meio de um campo de batalha! Balas zuniam ao seu redor e ele gritou de pavor. "Isto é horrível! Por favor, me dá outra idade," implorou. "Posso ter 40?"

"Claro que pode," o Pai do Tempo concordou. "Se quer ter 40, então que seja!"

"Obrigado," Rui disse olhando em volta. "Ei! O que está acontecendo aqui? Isto parece... é! O funeral da minha mãe!", ele gemeu, sentindo-se muito triste. "É muito pior! Por favor, mais para frente. Por favor!"

O Pai do Tempo concordou. Em um minuto, Rui se viu com 50 anos; era um homem de negócios zangado e preocupado, sem tempo para si mesmo. "Isto não é divertido," reclamou. "Posso ter 65? Já vou estar aposentado, então será mais fácil."

Mais uma vez o Pai do Tempo concedeu seu desejo. Mas em vez de uma aposentadoria divertida, Rui estava muito doente. "Não quero ficar aqui!", chorou. "Quero voltar. Quero minha mãe! Mãe! Mãe!"

No momento seguinte, Rui viu a mãe ao seu lado. "Estou aqui," ela disse, esfregando suas costas. "Você teve um pesadelo."

O menino estava tremendo, mas sentia-se aliviado. "Foi mesmo," falou, "e sabe de uma coisa? Descobri que foi muito bom, porque estou feliz em ser criança."

A mãe sorriu. "Ótimo, espero que aprenda a apreciar as bênçãos de cada etapa de sua vida", respondeu.

ESTÁ ANSIOSO PARA CRESCER?

Para tomar suas próprias decisões? Não tenha pressa. Deus quer que você aprenda muitas coisas antes, e que aprecie diversas alegrias na idade que tem agora. E, conforme for crescendo, descobrirá que cada idade traz vantagens e problemas. Com a ajuda do Senhor, você poderá encarar qualquer coisa e aproveitar cada ano — cada dia — que Ele lhe der. Aprenda a ser feliz com a idade que tiver.

APRECIE CADA DIA

VERSÍCULO-CHAVE

...que seja para nós um dia de felicidade e alegria!
—SALMO 118:24

FUSQUINHA

13 de junho
LEITURA:
NÚMEROS 13:25-33;
14:6-9

"**F**usca azul!", Beto gritou quando viu um Volkswagen azul. Ao falar, deu um tapinha no irmão Tiago, sentado ao seu lado. Os garotos estavam brincando de seu jogo predileto no caminho para casa — descobrir quem conseguia achar um Fusca primeiro e dar um tapinha no outro. Eles faziam as contas para saber quem ia ganhar.

Maria suspirou. Baixou o espelho do para-sol e se olhou. "Minhas sardas estão horríveis," lamentou. "Pareço um monstro."

"Fusca amarelo!", gritou Tiago e bateu em Beto.

"Se não puder fazer alguma coisa com estas sardas, acho que vou ter que me esconder," Maria disse tristemente.

"Filha, está sendo boba. Muitas pessoas têm sardas e acho que ficam uma graça em você," a mãe falou enquanto virava a esquina de sua rua.

"Fusca azul!", os dois meninos riram ao apontar o mesmo Volkswagen ao mesmo tempo e baterem um no outro.

"Você bateu forte demais," Tiago reclamou, "então o ponto é meu. A regra é essa."

"Não é!", Beto argumentou e apelou para a mãe. "Mãe?"

"Meninos, foram tapinhas demais. Hora de parar a brincadeira," ela ordenou.

Maria se virou e olhou para os irmãozinhos. "Acho que estão inventando. Nunca vi tantos Fuscas neste caminho tão curto."

"Você não está procurando," disse Tiago. "Só vê o que procura."

A menina se olhou novamente no espelho. Desta vez, viu seu cabelo sedoso e os olhos castanhos. De repente, as palavras do irmão lhe vieram à mente. *Só vê o que procura.* Ela olhou de novo para os cabelos e os olhos, e as sardas já não pareciam tão feias. Quando a mãe virou na entrada da casa, Maria repetiu: "Só vê o que procura."

"Normalmente é verdade," a mãe concordou, "e Deus nos dá muitas coisas boas para ver. Vamos tentar lembrar de procurar as coisas boas em nós e nos outros — não apenas aparência física, mas também nas atitudes."

VOCÊ VÊ AS COISAS BOAS OU RUINS?

Quando Moisés enviou 12 espiões para saber sobre Canaã (veja a leitura bíblica de hoje), a maioria viu tantos problemas que não acreditou em Deus. Apenas dois creram nas bênçãos que o Senhor tinha para eles ali. Normalmente você vê o que procura, então peça ajuda a Deus para ver sol, sorrisos, amigos, diversão, amor, risos e todas as coisas maravilhosas que Ele coloca em sua vida diariamente.

PROCURE COISAS BOAS

VERSÍCULO-CHAVE

Louvado seja o Senhor, que dia a dia leva as nossas cargas!...
—SALMO 68:19

14 de junho

LEITURA:
MATEUS 25:14-19

PEQUENO FIEL

"Por que sempre fico com o trabalho pesado?", Celso murmurou enquanto saía para procurar lenha para a fogueira. "Viajamos o dia todo quase sem parar e agora, em vez de poder brincar no bosque, papai diz que primeiro vem a obrigação!"

Quando Celso atravessou um pequeno riacho, sua atenção foi atraída por algo preso atrás de umas pedras e galhos à beira da água. *Um barco de brinquedo*, pensou. *Alguma criança deve ter perdido*. Ajoelhou-se e se inclinou para pegar. Limpou a lama. *Não é um barquinho ruim*, pensou.

Olhando para a água que corria rapidamente, o menino imaginou se o barco chegaria até as pequenas quedas d'água bem próximas. *Preciso testar*, decidiu. Subiu nas pedras e colocou a pequena embarcação na água. "Vai, barquinho," falou. Para sua surpresa, o barco sobreviveu à primeira queda e continuou o caminho apesar da força da água e dos redemoinhos. Acompanhando da margem, Celso viu o pequeno barco quase afundar e então submergir novamente.

Ao ouvir um graveto quebrando, o menino olhou para cima. Era o pai. "Vejo que encontrou algo mais interessante do que ajuntar lenha," ele disse.

"Eu vou… vou fazer agora," Celso respondeu, "mas posso pegar aquele barquinho primeiro? Encontrei ele preso nas pedras."

Puxando o brinquedo para a margem com um galho, o pai disse: "Deixe que pego para você. Parece ser um bom barquinho. Resistiu com fé todas as vezes que a água ficou muito forte, não foi?"

"Sim." Celso riu. "Lembra daquele gêiser que vimos ano passado? Qual era mesmo o nome dele? *Velho Fiel*, não é? Talvez possa dar a este barco o nome de 'Pequeno Fiel', por que faz o que deve."

"Boa ideia," respondeu o pai, e ficou sério. "O quanto você é fiel no que deve fazer, filho? Onde está a lenha para o fogo?"

Celso baixou a cabeça, sabendo o que deveria ter feito. "Desculpe, pai," falou. Pegou alguns galhos. "Vou levar num minuto."

"Certo," disse o pai. "O Pequeno Fiel vai esperar comigo enquanto você termina o seu trabalho."

VOCÊ AGRADA A DEUS CUMPRINDO FIELMENTE…

…as tarefas dados por pais ou professores? Algumas coisas parecem injustas ou há outras que preferiria fazer. Talvez esteja no meio de um jogo ou vendo algo no computador e se esqueça de fazer suas tarefas ou deveres de casa. Ser fiel em pequenas coisas como levar o lixo para fora, arrumar sua cama ou fazer o dever é uma forma de demonstrar o seu caráter. Lembre-se de que Deus recompensa os servos fiéis.

FAÇA SEU TRABALHO COM FIDELIDADE

VERSÍCULO-CHAVE

Muito bem, empregado bom e fiel…
—MATEUS 25:21

15 de junho

LEITURA: DEUTERONÔMIO 11:18-21

RODINHAS QUE INSTRUEM

Samuel, irmãozinho de Theo, estava correndo em sua bicicleta na entrada da garagem e algumas vezes atrapalhava o irmão enquanto ele praticava *skate*. "Samuel," chamou Neuza, uma vizinha que tomava conta dos garotos enquanto a mãe foi ao mercado. "Por que não anda na calçada? Assim o Theo não atropela você."

O menino parou e olhou para o irmão. "Tudo bem," concordou. Virou rapidamente e começou a andar pela calçada.

"Não acredito!", Theo falou impressionado. "Ele tirou as rodinhas da bicicleta ontem e está andando como se nunca as tivesse usado. Acho que levei mais tempo para aprender."

Neuza sorriu. "Você não usou rodinhas?", perguntou.

"Não. Achava que eram para criancinhas, então quis aprender sem elas. Mamãe pediu ao papai para colocar, mas quando eu fiz a maior confusão, ele disse que seria bom aprender do jeito mais difícil. Caí muito."

A menina riu. "Bem, Samuel aprendeu a equilibrar-se, pedalar e frear com as rodinhas, então tirar foi bem natural," disse. "Ele só está fazendo o que sempre fez." Ela foi para a varanda, sentou-se no último degrau e sorriu para Theo. "Espero que não tenha objeções às rodinhas que tem agora," acrescentou.

"Não uso rodinhas," Theo falou balançando a cabeça.

"Claro que usa um tipo de rodinhas," Neuza falou. "São os adultos — em especial seus pais —que estão treinando e ajudando você a aprender coisas importantes da vida. Eles o levam à igreja, oram e leem a Bíblia com você, não é?"

"Você sabe que sim," ele respondeu. "Vamos à mesma igreja."

Ela explicou: "Bem, seus pais, seu pastor e seus professores são como rodinhas. Quando for mais velho, essas rodinhas vão sair e terá que fazer escolhas do que é certo e errado. Isso pode ser difícil, mas o que você está aprendendo agora fará com que as decisões certas venham naturalmente."

Samuel pedalou de volta para a casa com um enorme sorriso no rosto. Theo sorriu também. "Assim como as rodinhas funcionaram para o meu irmão," falou.

VOCÊ VALORIZA SUAS "RODINHAS"?
Ou seja, seus pais e outros adultos que o orientam a tomar as decisões certas? Ou acha que já tem idade suficiente para escolher sozinho? Não cometa esse erro. Aceitar a ajuda deles agora, o ajudará a fazer o certo quando for adulto. Será mais natural, pois você teve "rodinhas" na hora certa. Agradeça a Deus por cada um deles.

ACEITE A INSTRUÇÃO DE SEUS PAIS

VERSÍCULO-CHAVE

...aprendam a fazer o que é bom...
—ISAÍAS 1:17

16 de junho

LEITURA:
1 PEDRO 3:3,4

ALÉM DO QUE VOCÊ VÊ

O avô de André deu uma batidinha no pneu do quadriciclo que havia comprado. "Vi o anúncio desse modelo *on-line* e fiz um bom negócio," falou com um sorriso.

André não tinha tanta certeza. Os para-lamas estavam amassados. O assento tinha um rasgo. O apoio traseiro estava torto e uma lanterna quebrada. "Não parece muito bom," disse. "Por que não comprou um novo, vovô?"

"Por um motivo," ele respondeu, "este era muito mais barato e o motor está em ótimas condições. E também poderemos trabalhar juntos nele. Só precisa de alguns ajustes. Vamos consertar tudo."

André não estava convencido. "Para mim parece amassado demais," falou enquanto começava a polir o capacete preto que tinha vindo com a máquina.

"Você precisa aprender a ver além das aparências," disse o avô. "Coloque o capacete e suba. Vamos dar uma volta."

O menino sentou atrás do avô. Depois de uma volta pelo campo, ficou impressionado com o motor silencioso e seguro do quadriciclo amassado. "Anda bem mesmo," falou.

"Foi só para mostrar," disse o avô, "que nunca se deve julgar as coisas apenas pela aparência — e isso inclui pessoas." Ele riu. "Eu também não gostei da aparência desta máquina quando a vi pela primeira vez. Mas quando escutei o motor, foi música para os meus ouvidos!"

"Para os meus também!", André concordou.

"Conhece alguém assim?", o avô perguntou.

"Bem… talvez o Léo," ele respondeu. "É novo na minha turma, é baixinho e tem um sotaque engraçado. Mas começamos a conversar e agora somos amigos." André riu. "Semana passada Léo disse que achava que *eu* tinha um sotaque engraçado."

Os dois riram e o avô falou: "Precisamos aceitar mais as pessoas, como Deus faz. Ele não nos julga pelo exterior. Vê além. O Senhor vê o que está em nosso coração e o que podemos nos tornar — assim como vemos como pode ficar esta máquina amassada."

"Está certo, vovô," concordou André. "Você está sempre certo."

O avô riu. "Vai lá dentro agora e diga isso para sua avó," falou. Os dois riram muito novamente.

VOCÊ JULGA COISAS OU PESSOAS PELA APARÊNCIA?

É fácil porque, como diz a Bíblia, é o que podemos ver. Mas olhe além do que vê com os olhos. Você não pode ver o coração, como Deus o faz, mas pode conhecer as pessoas e saber o que gostam, o que conversam, o que valorizam e se amam ou não ao Senhor. Talvez descubra que essas coisas são como música para seus ouvidos — que são agradáveis e boas.

CONHEÇA AS PESSOAS

VERSÍCULO-CHAVE

...Elas olham para a aparência, mas eu vejo o coração.
—1 SAMUEL 16:7

17 de junho

LEITURA:
2 TIMÓTEO 2:19-22

DOIS BALDES

"Vamos buscar água, Lucas," disse Carla. A família estava acampando no Lago Azul.

"Está bem," Lucas concordou. Pegou um balde e foram para a fonte de água potável no meio do camping.

Voltaram molhados, mas com água fresca. "Foi divertido," Carla disse.

"Ótimo. Já que é tão divertido, por que não buscam mais?", sugeriu o pai e entregou outro balde. "Tomem. Usem este."

Carla olhou para o balde. "Isto é horrível!", comentou. "Onde arranjou essa coisa velha e suja? Não está limpo nem para pegar água para lavar os pratos nem roupas. Você não vai beber água daqui, né?"

"Não, não, não!", o pai respondeu. "Sua mãe e eu vamos usar a do balde limpo, mas vocês podem usar a deste. Como não se importam com o que colocam na mente, não devem se incomodar com o que colocam no estômago também."

"Na mente?", Lucas perguntou. "Do que está falando, pai?"

"Sua mãe me contou que quando estava preparando as malas pela manhã, encontrou uma revista em seu quarto e um livro de piadas no de Carla, e que ambos eram de porcarias," o pai explicou. As crianças sentiram-se culpadas. O pai continuou. "Meu avô me contou que quando era menino, na fazenda não havia água corrente, então tinham dois baldes: um para a água para a casa, e um de lavagem, que ficava nos fundos — no qual colocavam as sobras de comida. Todas as noites, meu avô levava o balde com os restos para o chiqueiro. Ele nem tentava manter o balde limpo." O pai fez uma pausa. "Sua mente pode ser como um balde de água ou um de restos, crianças. Só depende do que colocarem nela."

A mãe comentou: "Seu pai e eu temos nos esforçado para encher a mente de vocês com coisas puras e saudáveis, mas estão chegando na idade de escolher sozinhos o que colocar dentro delas."

Carla estava envergonhada. "Não quero que minha mente seja um balde de lavagem!" disse.

"Nem eu," concordou Lucas. "A partir de agora vou ser tão cuidadoso com o que coloco na minha mente, como sou com o meu estômago."

SUA MENTE É UM BALDE DE ÁGUA OU LAVAGEM?

Você não quer colocar lixo em sua boca ou estômago, certo? Igualmente importante, se não mais, evitar colocar lixo em sua mente. Esforce-se para ficar longe de influências malignas — livros, imagens, *websites* ruins, ou mesmo do grupo errado. Desligue a TV ou mude de canal quando começarem os programas ruins. Cante, estude sua Bíblia, ore e encha a sua mente com coisas boas.

MANTENHA A SUA MENTE PURA

VERSÍCULO-CHAVE

...encham a mente de vocês com tudo o que é bom e merece elogios...

—FILIPENSES 4:8

18 de junho

LEITURA:
SALMO 46:1-7

ENFRENTANDO TEMPESTADES

"Sinto falta da casa antiga," disse Tomás, e suspirou pensando na razão de terem se mudado para um trailer na fazenda do avô. Primeiro o irmãozinho Manuel se feriu seriamente num acidente de carro. Depois, a empresa onde o pai trabalhava faliu e levou muito tempo até ele encontrar um novo emprego. Tomás sabia que morar ali poupava muito dinheiro. "Mas é legal viver perto do vovô," acrescentou.

"Também gosto disso," a mãe respondeu sorrindo. "É uma das bênçãos que veio com nossos problemas." Ela olhou pela janela. "Está ventando muito, acho que teremos uma tempestade. Vamos para a casa do vovô. Estaremos mais seguros lá."

A mãe pegou Manuel e eles correram para a casa grande. "Melhor irmos para o porão," o avô disse assim que chegaram. "Não gosto deste vento." Então desceram. Mesmo lá embaixo, podiam ouvir o barulho da tempestade. "Vamos orar," sugeriu o avô. E orou em voz alta, agradecendo pela chuva. Não acredito que o vovô nem pediu a Deus para a tempestade parar! Tomás pensou.

Quando finalmente tudo se acalmou, saíram para ver o que havia acontecido. "Ainda chove um pouco," a mãe disse, "mas olha que lindo arco-íris a tempestade nos trouxe!"

"Vovô, quando você orou, por que não pediu a Deus para a tempestade parar?", o menino perguntou.

O avô respondeu: "Bem, na verdade a tempestade foi uma bênção. Trouxe a chuva que precisávamos tanto. Sabe, algumas vezes, é preciso tempestades em nossa vida para trazer bênçãos especiais também. Quando tudo acontece do jeito que queremos, é normal esquecermos do quanto precisamos de Deus. E quando atravessamos momentos difíceis, parece que aprendemos mais sobre Ele, Seu amor e cuidado por nós."

A mãe disse: "Aprendi que precisava parar de questionar Deus sobre o motivo das tempestades em minha vida. Preciso confiar nele para atravessá-las."

"Isso mesmo! Fé e confiança em Deus nos darão forças para enfrentar qualquer tempestade que passar pelo nosso caminho," o avô concordou.

HÁ TEMPESTADES EM SUA VIDA?

Problemas na escola ou em casa? Alguém que ama está doente? Há pouco dinheiro? Brigas com irmãos? Alguns amigos parecem desaparecer nas férias? Talvez nunca saiba o motivo das tempestades em sua vida — dos problemas que enfrenta. Confie em Deus. Seja grato e peça ajuda a Ele para fazer o melhor, não importa o que acontecer pelo caminho.

CONFIE EM DEUS NAS "TEMPESTADES" DA VIDA

VERSÍCULO-CHAVE

...quando a sua fé vence essas provações, ela produz perseverança.

—TIAGO 1:3

19 de junho

LEITURA:
SALMO 139:13-16

O PRESENTE

"Peguei a correspondência, e adivinha! Tem um pacote da tia Bela para você. Aposto que é um presente de aniversário," Sheila disse entrando na cozinha.

A menina entregou o pacote para a mãe e colocou o resto das cartas sobre a bancada. Enquanto mexia nelas, um panfleto de uma liquidação de coisas de bebê chamou sua atenção e ela lembrou-se do que uma colega de escola havia dito e disse: "Kátia contou que a tia dela ia ter um bebê, mas mudou de ideia. Ela está tirando. Sabe… fazendo um aborto." A mãe prestou atenção e ela continuou. "A tia falou que o bebê era dela e que podia fazer o que quisesse. Disse que não tinha problema abortar, porque ainda não era uma pessoa."

A mãe franziu a testa e, após uns minutos, entregou o pacote para a filha. "Tome, querida," falou. "Joga isso na lata de lixo."

Sheila prostestou: "Mas você nem abriu. É um presente de sua irmã, e ela vai ficar magoada se você simplesmente… jogar fora!"

"É meu e faço o que quiser," a mãe disse, parecendo ignorar a preocupação da filha.

A menina falou num tom de irritação: "Você está escutando? Está jogando fora uma coisa que nem viu, que nem a tia da Kátia. E isso…", ela parou de falar, percebendo a ligação e exclamou: "Mãe, você é boa!" A mãe ergueu os olhos. "Bebês que não nasceram são como presentes esperando para serem abertos," completou, balançando o dedo para a mãe.

"Presentes de Deus. Cada bebê é muito precioso para Ele. Cada um tem um propósito em Seu plano," acrescentou a mãe.

Sheila falou: "E se destruímos o presente, magoamos quem o deu. Então, o aborto realmente deixa Deus triste, né?"

"Tem razão, querida," a mãe respondeu.

"Eu devia dizer isso para Kátia. Talvez ela possa fazer a tia ficar com o bebê," a menina sugeriu.

"Acho que ela não pode fazer a tia ficar com nada, mas estou orgulhosa por tentar salvar uma vida," a mãe falou, abraçando a filha.

"E eu estou feliz por você ficar com o presente da tia Bela," Sheila sorriu.

CONHECE ALGUÉM QUE ESTÁ PLANEJANDO UM ABORTO?

Você pode orar para que ela compreenda que isso é algo errado. Um bebê que não nasceu ainda é um presente de Deus. É uma pessoa viva. Ele deve ser amado e cuidado. Deve ser protegido. Se o presente da vida for destruído, magoa quem o deu — Deus.

A VIDA É UM PRESENTE DE DEUS

VERSÍCULO-CHAVE

Lembrem que o Senhor é Deus. Ele nos fez, e nós somos dele…

—SALMO 100:3

20 de junho
LEITURA: SALMO 18:1-3

POVO DO PENHASCO

Breno desceu a última curva do caminho íngreme e sinuoso, e olhou maravilhado para a vista. Assobiou. "Uau! Que caverna!" Seus pais, que o seguiam, concordaram.

O guia começou a falar: "Milhares de nativos viviam aqui. Eram chamados de Anasazi, que significa os antigos. Eram também conhecidos como Povo do Penhasco, porque faziam suas casas em cavernas destes penhascos. No verão, as cavernas eram mais frescas do que do lado de fora; e no inverno, eram mais quentes. As rochas os protegiam do sol, vento, chuva e neve, e também de animais selvagens e de seus inimigos."

A família de Breno e o restante do grupo seguiu o guia pelas ruínas, ouvindo a história que contava sobre uma cidade inteira que havia ali há muitos anos.

Horas mais tarde a família estava de volta à estrada, procurando um hotel. "Essa é uma das melhores férias que já tivemos," Breno comentou. "Vamos procurar um hotel com piscina — seria ótimo nadar um pouco depois de passar o dia no deserto." Então lembrou-se do primo que costumava viajar com eles. "Queria que Nelson estivesse aqui. Ele sempre gostou de nadar," disse. "Será que algum dia ele virá conosco de novo?"

"Não sei. Ele diz que está cansado de todas as regras da família — e da igreja," respondeu a mãe. "Falou que queria fazer do jeito dele. Infelizmente, não estava preparado para o mundo perverso e foi sugado pelas drogas e outras coisas terríveis." Ela suspirou. "Agora está pagando por isso na prisão."

Os olhos do pai encontraram os do filho no espelho retrovisor e disse: "Nelson achava que as regras da família e da igreja eram como uma prisão. Na verdade, são mais parecidas com as cavernas que vimos hoje — nos dão abrigo e proteção, nos mantendo seguros."

"Ei!", Breno falou de repente. "É isso que quer dizer o versículo que fala que o Senhor é a nossa Rocha?", e riu ao ter uma ideia. "Então também somos povo do penhasco — do penhasco espiritual," falou. E gostou do que tinha concluído.

AS REGRAS O PROTEGEM?

Elas o ajudam a não se machucar? Você gosta do abrigo de sua casa? Hoje é um bom dia para agradecer a seus pais por sua ajuda e proteção. Agradeça-os pelas regras e disciplina. É também um bom momento para agradecer a Deus por sua igreja, seu pastor, pelos professores da Escola Dominical e por líderes espirituais que lhe ensinam a Palavra de Deus. Agradeça ao Senhor por *Suas* regras também.

DEUS USA REGRAS PARA PROTEGER

VERSÍCULO-CHAVE

Somente ele é a rocha que me salva;
ele é o meu protetor...

—SALMO 62:6

NÃO ME PRENDA

21 de junho
LEITURA:
1 PEDRO 2:13-17

"Olhe isto!", Alan disse, apontando uma matéria no jornal. "A cidade vai começar a cobrar o cumprimento da lei que diz que os cães devem permanecer dentro da propriedade de seus donos. Tag não vai gostar de ficar preso."

"Não, não vai," a mãe concordou e riu, "mas aquele coelho do jardim do Sr. Paiva vai ficar aliviado. Ultimamente, Tag provoca muito ele."

Alan brincou: "Vou levar este papel e ensinar a lei para o Tag. E vou dar-lhe uma aula sobre o cão de caça — grande e mau ."

A mãe riu. "Faça isso."

Alan estava certo — Tag não gostou de ficar preso e toda hora cavava buracos perto da cerca do quintal. Quando tentaram prendê-lo na coleira e corrente, latiu incansavelmente.

"Esse Tag!", Alan falou quando o cachorro sumiu mais uma vez. O menino foi procurar o cão, mas não conseguiu achá-lo. Um vizinho disse ter visto a carrocinha recolher Tag. Alan contou à mãe aos prantos. "A gen-gente pode pegá-lo de volta, né?", perguntou.

"Com certeza," a mãe garantiu. "Vou ligar para o seu pai e ver se ele pode passar lá."

No caminho para casa, o pai resgatou Tag. "Eis o seu cachorro," disse quando o cão pulou do carro, "mas não sei se podemos ficar com ele. Você sabe que vai fugir de novo."

A mãe concordou. "O tio Beto disse que ficaria com Tag na fazenda e acho uma boa ideia. Vamos sentir falta dele, mas poderemos ir visitá-lo com frequência."

"Mas… mas…", Alan gaguejou. "Tudo bem," concordou com um suspiro. "Será melhor do que perder o Tag de vez. Se, pelo menos ele entendesse que está seguro no quintal, saberia o porquê de ficar preso." Fez uma careta. "Cachorro bobo," acrescentou, mas disse isso carinhosamente.

O pai sorriu. "Sabe Alan, somos como o Tag," falou. "Algumas vezes nos sentimos presos por pessoas e coisas que Deus nos dá para nos manter seguros. Se lembrássemos de que o Senhor nos dá pais, professores, policiais… e, sim, até as regras… para o nosso próprio bem, nossa vida seria um pouco mais fácil."

VOCÊ OBEDECE AOS LÍDERES QUE DEUS...

...coloca em sua vida e as regras que deve seguir? Nunca desobedeça aos "podes" e "não podes" da convivência. Ao longo de sua vida, haverá regras e pessoas com autoridade sobre você. Deus manda obedecê-las. Agradeça-lhe por colocá-las em sua vida para ajudar a mantê-lo em segurança.

REGRAS SÃO PARA O SEU BEM

VERSÍCULO-CHAVE

Obedeçam aos seus líderes e sigam as suas ordens...
–HEBREUS 13:17

22 de junho

LEITURA: JOÃO 1:44-49

VENHA VER

"Oi Gui," Tito falou ao encontrar o amigo no corredor da escola, "que tal ir à igreja comigo esta semana?" Há meses o menino convidava Gui para ir à igreja e à Escola Dominical com ele.

"Não," Gui fez pouco. "Vou ver futebol na TV. Nada vai me impedir de ver o timão jogar!", riu. "Como eu já disse, mesmo que não tivesse jogo, não ia querer ir à igreja," acrescentou. "Você tem umas ideias bobas de vez em quando, quer dizer — todo domingo."

"Igreja não é boba. É ótima!", Tito argumentou.

"Igreja é uma grande perda de tempo!", Gui insistiu.

"Não é não!"

"É sim!"

"Não é! Você não sabe do que está falando porque nunca…".

"Esquece, Tito," Gui bradou. "Eu não vou."

O menino sentiu-se mal quando o amigo se afastou. *Queria que ele fosse, mas não deveria ter discutido com ele por causa disso*, pensou. Lembrou-se de uma história da Bíblia sobre Felipe e Natanael. Quando Felipe falou sobre Jesus de Nazaré, Natanael respondeu: "E será que pode sair alguma coisa boa de Nazaré?" E Felipe não ficou zangado, disse simplesmente: "Venha ver!"

Afinal, o mais importante não é ir à igreja, Tito pensou. *O importante é conhecer Jesus. Talvez se eu apenas for amigo do Gui, ele verá que conhecer Jesus é uma coisa boa.*

"Gui, espera!", o menino chamou, correndo para alcançar o amigo. "Olha, desculpe ter discutido sobre ir à igreja. Eu realmente acho que você iria gostar da Escola Dominical e que um dia deveria vir conhecer. Mas que tal ir lá em casa no domingo depois que eu voltar da igreja? Podemos ver o jogo juntos."

"Mesmo se eu não for à igreja com você?", Gui estava surpreso.

"Claro," ele respondeu. "o que eu peço para minha mãe preparar de lanche?" Ele sabia que seria um bom domingo.

VOCÊ CONVIDA AMIGOS PARA IR À IGREJA?

Conversa com eles sobre Jesus? Se alguém rir ou falar que você é maluco por acreditar nisso, não discuta. Seja amigo e aceite-os como Cristo os aceita. Depois de um tempo, talvez seus amigos fiquem curiosos e tenham vontade de "ir ver" o que é a igreja. Melhor de tudo, talvez queiram conhecer Jesus.

SEJA UM CRISTÃO AMIGÁVEL

VERSÍCULO-CHAVE

Procure descobrir, por você mesmo, como o SENHOR Deus é bom…

—SALMO 34:8

VEJO VOCÊ NO CÉU

23 de junho

LEITURA:
1 TESSALONICENSES
4:16,17

Pouco depois da meia noite o Sr. Braga acordou os quatro filhos — Marcos, Ester, Timóteo e Rute. "Vamos ao hospital ver a mamãe," disse suavemente enquanto os ajudava a se vestir. "Ela está pedindo." Há algum tempo sabiam que os médicos não esperavam que a mãe ficasse boa. Agora percebiam que ela não tinha muito tempo, então foram, mesmo àquela hora da noite. E, ainda que em lágrimas, prometeram ser corajosos.

Quando se aproximaram de sua cama, a mãe falou: "Não chorem por mim. Vou me encontrar com Jesus, mas queria ver vocês mais uma vez." Então chamou um a um para mais perto. Primeiro Rute, a mais nova, depois Timóteo, e a seguir Ester. "Amo vocês," disse-lhes, e lembrou quando cada um aceitou Jesus. E falou também, "Boa noite, meu amor. Vejo você no céu."

Finalmente a mãe chamou Marcos, o filho mais velho. Segurou a sua mão enquanto lembravam momentos preciosos do passado. Depois de dizer que o amava, falou "Adeus, filho."

"Adeus?", ele repediu. "Mãe, por que diz 'adeus' para mim? Você deu 'boa noite' para os meus irmãos."

"Eles já aceitaram Jesus como Salvador, e um dia me encontrarão no céu," ela respondeu. "Mas você não, Marcos, e isso realmente me entristece." Uma lágrima rolou em seu rosto, "preciso dizer 'adeus' porque, a menos que você receba Jesus como Salvador, seu nome não estará no Livro da Vida, e não o verei de novo."

"Nã-não diga adeus, mãe," Marcos chorou. "Eu… sei que fiz muitas coisas ruins e que preciso ser salvo. Tenho pensado muito nisso." Fez uma pausa e acrescentou. "Antes de ir, você e papai podiam orar comigo? Eu… quero que Jesus seja meu Salvador também."

Ali, ao lado da cama da mãe, Marcos ouviu o pai falar do plano de salvação. Então inclinou a cabeça e disse a Jesus que era um pecador e que queria ser salvo.

Sua mãe orou feliz aquela noite: "Obrigada, Jesus, por me dar uma família por toda a eternidade."

VOCÊ CONHECE ALGUÉM QUE FOI MORAR COM JESUS?

Talvez mãe, pai, um avô ou um amigo? Você o encontrará no céu? Certamente, se aceitou Jesus como seu Salvador. Já fez isso? Se não, reconheça que é um pecador e que não pode salvar-se a si mesmo. Aceite Jesus agora! E um dia se encontrará com as pessoas amadas no céu. E mais importante, estará preparado para encontrar-se com Deus.

ENCONTRE AS PESSOAS AMADAS NO CÉU

VERSÍCULO-CHAVE

…preparem-se para se encontrar com o seu Deus…
—AMÓS 4:12

24 de junho

LEITURA:
SALMO 17:6,8;
PROVÉRBIOS 7:1-4

MENINA DOS OLHOS

Sara fechou os olhos e abaixou-se quando viu o lápis voando em sua direção. Quando o escutou bater na mesa e cair no chão, sentou-se e olhou para Guilherme, que estava rindo. "Aquilo quase acertou o meu olho," disse irritada.

"Guilherme... Sara... o que está acontecendo aqui?", a Sra. Neves perguntou indo em sua direção.

"Ele jogou um lápis e quase acertou o meu olho!", Sara falou.

"Ela precisava de um lápis, e apenas joguei um para ela," o menino rapidamente explicou. "Não queria machucar ninguém."

"Queria sim," ela o acusou.

"Não queria," ele se defendeu.

"É perigoso jogar um lápis, Guilherme," falou a professora. "Poderia ter ferido Sara, mesmo sem querer." Ela olhou pensativa. "Acho que é um bom momento para uma aula sobre olhos," acrescentou. "Crianças, peguem seus livros de ciências."

Naquela tarde em casa, Sara conversou com os pais sobre a aula. "Não sabia que os olhos eram tão interessantes," falou. "Aprendemos que temos um instinto natural que nos manda fechar os olhos e sair quando algo vem na direção do nosso rosto. Isso porque os olhos são sensíveis e podem se ferir com facilidade. Se não fizermos isso e algo atingir nossos olhos — podemos até ficar cegos."

O pai concordou. "Sabia que algumas vezes Deus se refere ao Seu povo como 'menina dos Seus olhos'?"

"Que expressão engraçada," Sara falou. "O que significa?"

"A 'menina dos olhos' se refere a alguma coisa que considera muito preciosa," o pai falou sorrindo, "então significa que o povo de Deus é precioso e importante para Ele. A Bíblia também fala de uma coisa que deveria ser a 'menina dos nossos olhos.'"

"É mesmo?", ela perguntou. "O quê?"

"A lei de Deus — Sua Palavra," respondeu o pai.

"Então... quer dizer que a Bíblia deveria ser preciosa e importante para nós, não é?", Sara concluiu.

"Isso mesmo," concordou o pai, "e se for importante para nós, a usaremos e obedeceremos."

A PALAVRA DE DEUS É IMPORTANTE PARA VOCÊ?

Se realmente for, você tratará sua Bíblia com respeito e a usará regularmente. Quando estuda o que Deus fala em Sua Palavra, Seus ensinamentos e promessas se tornam mais preciosos para você. Ao ler e praticar o que o Senhor ensina, aprenderá a buscar a Bíblia para orientação, conforto e encorajamento.

USE E OBEDEÇA A PALAVRA DE DEUS

VERSÍCULO-CHAVE

...Siga as minhas instruções...
—PROVÉRBIOS 7:2

25 de junho

LEITURA:
SALMO 139:14-16;
ÊXODO 4:10,11

CONCHAS QUEBRADAS

Nicolas e Laura estavam tendo umas férias maravilhosas no litoral. Passavam horas na praia — nadando, construindo castelos de areia, procurando conchas e fazendo novos amigos. "Quer vir procurar conchas comigo e com o Sérgio? Ele conhece um lugar onde tem algumas bem grandes", falou Nicolas.

"Sérgio!", repetiu Laura. "Você não vai brincar com ele, né? Ele fala engraçado, que nem bebê. E não anda direito!"

"E daí? Por que não podemos brincar juntos?", o irmão quis saber. "Ele é muito legal — eu gosto do Sérgio."

"Bem, ninguém mais vai querer brincar com você," declarou Laura. "Vou procurar minhas conchas." Ela se virou e foi na direção oposta.

Quando voltou para casa, descobriu que Nicolas tinha chegado antes com muitas conchas bonitas. "Ah, Nicolas! São tão grandes!", Laura comentou. "Só achei pequenas. Gosto mais das suas que das minhas." Ela suspirou. "Queria ter ido com você."

"Mesmo junto com o Sérgio?", ele perguntou. Laura corou e olhou para a mãe.

"É uma pergunta justa," a mãe disse. "Soube o que sente com relação ao Sérgio." Ela pegou uma das conchas de Nicolas e entregou à filha. "Olhe bem de perto."

A menina pegou a concha e examinou. "Tem uma ponta quebrada!", disse surpresa e pegou outra. "Esta também tem um quebradinho." Suspirou. "Achei que deviam ser perfeitas para valer a pena guardar, mas mesmo com defeitos, são muito mais bonitas do que as minhas."

"Parece que você está tratando as pessoas do mesmo jeito que trata as conchas," falou a mãe. "Como não acha o Sérgio perfeito, o descarta — se recusa a brincar com ele." Laura parecia envergonhada e a mãe continuou. "Deus fez todos nós — incluindo o Sérgio. Nem sempre entendemos por que Ele faz certas coisas, mas o Senhor tem um propósito para tudo e para todos. Precisamos nos lembrar de que cada pessoa é igualmente especial para Ele."

"Pense nisso, Laura," Nicolas concordou. "Eu e você não somos perfeitos também." A menina teve que admitir que o irmão estava certo.

VOCÊ CONHECE ALGUÉM COM NECESSIDADE ESPECIAL?

Alguém que tenha dificuldade para andar, falar ou usar as mãos? Ou quem sabe, alguém que não fale com clareza, não veja ou ouça direito? Lembre-se de que ninguém é perfeito — nem mesmo você. Não é preciso entender os motivos de Deus para fazer as pessoas como são, mas Ele espera que você as aceite. Invista tempo com elas, converse e viva de forma a demonstrar-lhes o amor de Jesus.

CADA PESSOA FOI CRIADA POR DEUS

VERSÍCULO-CHAVE

...Quem dá a boca ao ser humano? [...] Sou eu, Deus, o SENHOR.
—ÊXODO 4:11

26 de junho
LEITURA: SALMO 119:57-64

NUM MINUTO

"**V**ou num minuto," disse Lucas quando o pai o mandou levar o lixo para fora. Quando a mãe o lembrou de limpar o quarto, o menino respondeu, "Está bem. Num minuto." Quando o mandaram aparar a grama, falou, "Só um minuto — estou ocupado agora." Mas o minuto normalmente se esticava por muito mais tempo e, com frequência, o chamavam diversas vezes até que o trabalho fosse feito.

Uma noite, depois do jantar, chamou o pai para bater uma bola. "Claro, Lucas," ele concordou. "Só um minuto."

O menino saiu e ficou andando de bicicleta enquanto esperava. Finalmente, foi procurar o pai. "Quando você vem?", perguntou.

O pai tirou os olhos do jornal. "Ah, em um minuto," respondeu e voltou a ler.

Lucas esperou mais um tempo, então foi perguntar novamente ao pai... e outra vez. E a cada vez que perguntava, recebia a mesma resposta. "Mas, pai," ele protestou finalmente, "você disse isso quatro vezes. Já faz 30 minutos."

A mãe sorriu para o filho e falou: "Sabe... não nos incomodamos de fazer os outros esperar, mas detestamos quando é conosco, não é?"

"Como assim?", o menino perguntou, temendo já saber.

"Você sempre nos diz que vai fazer algo 'num minuto', mas não faz," foi a argumentação da mãe.

O pai concordou. "Hoje decidi lhe dar uma pequena dose de seu próprio remédio," admitiu. "Há uma boa lição para todos nós aqui. Enquanto fiquei dizendo a você que iria 'num minuto,' percebi que é fácil pedir a Deus que espere e nunca fazer também."

A mãe comentou: "Fico feliz que o Senhor nunca aja desse jeito. Não seria terrível se precisássemos dele e Ele dissesse 'só um minuto — estou ocupado com outra pessoa agora'? Devemos estar sempre prontos a fazer o que sentimos que Ele quer que façamos."

"Sim, mesmo que isso signifique obedecer aos pais imediatamente, ou jogar um jogo," falou o pai se levantando. "Nada de esperar mais, vamos jogar bola."

VOCÊ ADIA SUAS TAREFAS POR "UM MINUTO"?

...ou obedece rapidamente? É natural que queira fazer as coisas do seu jeito, mas Deus se agrada com a obediência imediata. Não adie o que Ele quer que você faça — e lembre-se de que um dos mandamentos do Senhor diz que devemos obedecer aos nossos pais. Peça ajuda a Deus para realizar suas obrigações prontamente todos os dias.

OBEDEÇA PRONTAMENTE

VERSÍCULO-CHAVE

...sem demora, procuro obedecer aos teus mandamentos.
—SALMO 119:60

27 de junho
LEITURA:
PROVÉRBIOS 15:1-4

PALAVRAS DERRAMADAS

Amanda viu, horrorizada, seu *milk-shake* de chocolate derramar-se sobre a mesa. "Por que você tem que mexer em minhas coisas, Marta?", gritou.

"Não queria derramar," a irmã se desculpou quase chorando. "Só queria provar."

A mãe pegou algumas toalhas de papel e deu-as à filha dizendo: "Tome, Marta. Garotas grandinhas limpam a própria sujeira."

"Não… espera," Amanda falou. "Quero tomar! Vou pôr de volta no copo."

"Não vejo como," a mãe disse.

A menina pegou uma colher e tentou coletar a bebida cremosa. Não deu certo. "Comprei isso com o meu dinheiro," ela murmurou.

"Des-desculpe," gaguejou Marta.

"Você não tinha direito de mexer nele," Amanda falou. "Vai ter que comprar outro *milk-shake* para mim quando formos ao *shopping* de novo."

"Mas não tenho esse dinheiro todo," a irmã argumentou.

"Então economize," bradou Amanda olhando fixo para Marta. "Queria não ter uma irmã mais nova."

"Vai brincar, Marta," a mãe disse, "e não mexa nas coisas de Amanda." Depois que a menina saiu, a mãe se virou para a filha mais velha e disse: "Sua irmã não deveria ter mexido no seu *milk-shake*, mas isso não é desculpa para dizer-lhe coisas desagradáveis."

Amanda levantou os olhos e reclamou: "Não é justo! *Ela* estraga as minhas coisas, mas sou *eu* quem leva bronca."

"Precisa entender que ouvir você dizer que não queria ter uma irmã, magoou-a muito mais do que a sua bebida derramada magoou você," respondeu a mãe.

"Bem… eu estava zangada," a menina murmurou. "Não falei sério."

"Podemos ficar zangados e ainda assim tomar cuidado com o que falamos," a mãe disse. "Quando não queremos, as palavras podem derramar e fazer uma sujeira muito maior do que a bebida fez. E recolher essas palavras é tão impossível quanto colocar o *milk-shake* de volta no copo. Nunca vai acontecer. Assim como a bebida derramada, você apenas pode consertar o estrago e acho que deveria tentar, não é?"

Amanda suspirou, mas concordou e foi procurar Marta para se desculpar.

TEM CUIDADO PARA NÃO FALAR PALAVRAS IMPENSADAS...

...quando está zangado? Algumas vezes é difícil não dizê-las — mas uma vez ditas, é impossível retirá-las. Isso não significa que deveria ignorá-las e não tentar consertar as coisas. Quando suas palavras magoarem alguém, desculpe-se e peça à pessoa e a Deus que o perdoe. Ore para que o Senhor o ajude a controlar sua língua no futuro. Cuide para que o que disser seja agradável a Ele.

CONTROLE SUA LÍNGUA

VERSÍCULO-CHAVE

Que as minhas palavras [...] sejam aceitáveis a ti, ó Senhor Deus...
—SALMO 19:14

28 de junho

LEITURA:
LUCAS 21:1-4

SÓ UM TOSTÃO

Queria poder ser um missionário, Cris pensou enquanto ouvia um pregador especial na reunião do estudo bíblico. *Talvez seja um dia*. Quando começou a coleta da oferta missionária, suspirou. Sabia que alguns garotos tinham mais dinheiro que ele. Queria poder dar mais também, pensou. De repente lembrou-se de que tinha dinheiro para comprar um chocolate depois da escola. *Pelo menos posso dar isso!* Decidiu e deu.

Após o jantar, o menino foi com o pai visitar o Sr. Barros, um vizinho idoso. Enquanto o pai consertava uma torneira que estava pingando, Cris sentou-se e conversou com o homem. "Queria ajudar muito as pessoas, como o meu pai faz," disse, vendo o pai trabalhar.

"Por quê? Acho você muito prestativo," o Sr. Barros falou com um sorriso. "É muito útil alegrar um idoso como eu com conversas."

Cris ficou surpreso. "É mesmo?", perguntou. "Sempre quis fazer coisas importantes, dar mais dinheiro para os missionários e… e mais que tudo, queria ser um missionário. Então estaria fazendo algo que vale a pena."

"Já ouviu falar do 'tostão da viúva'?", o Sr. Barros perguntou.

"Tostão da viúva?", repetiu o menino.

"Isso mesmo," o Sr. Barros riu. "Quer dizer um 'pouquinho de alguma coisa.' A expressão 'tostão da viúva' vem da história bíblica. Jesus viu uma viúva colocar apenas duas moedinhas, dois tostões, na caixa das ofertas. Como ela deu tudo o que possuía, Ele disse que, aos olhos de Deus, ela havia dado mais do que quem colocou muitas moedas na caixa," o homem sorriu para Cris. "Talvez você ache que não está sendo útil para Deus, mas quando faz pequenas coisas por amor a Ele, está dando muito."

"Então eu não preciso ficar adulto para poder servir a Deus," o menino concluiu e sorriu. "Vou continuar dando 'tostões de viúva' — mesmo não sendo uma viúva!"

O QUE FAZ PARA JESUS PARECE POUCO?

Deus olha o seu coração e conta as menores ações que você faz por amor a Ele. Até o sorriso amigo para uma pessoa solitária é um presente precioso para Deus. Ele vê o amor que está em seu interior. Não espere até ficar adulto para servir ao Senhor. Faça isso agora.

APESAR DE JOVEM, SIRVA A JESUS AGORA

VERSÍCULO-CHAVE

Que tudo o que vocês fizerem seja feito com amor.
—1 CORÍNTIOS 16:14

DOIS TIPOS DE TESOUROS

29 de junho
LEITURA:
LUCAS 12:16-21

"Lá vão eles," Laura disse ao ver o avião decolar. O Sr. e a Sra. Porto eram missionários na África e tinham vindo fazer uma visita de uma semana à família da menina. "Eles trabalham muito, não é?", acrescentou.

"Sim," concordou o pai, "mas, outro dia, o Sr. Porto me disse que vale a pena, porque muitas pessoas estão aceitando Jesus."

No caminho de volta para casa, a família passou por uma casa grande e imponente, onde havia muitos carros parados e várias pessoas andando em volta. "Parece que está acontecendo um leilão aqui," a mãe comentou.

"É! Vamos parar e ver o que estão vendendo," Laura sugeriu.

"Tudo bem," o pai concordou, estacionou o carro e foram dar uma olhada. Souberam que era a casa de uma mulher muito rica que tinha morrido recentemente e sua família estava vendendo tudo e dividindo os bens.

"Tem coisas lindas aqui," a mãe falou enquanto andavam pelos cômodos, "mas mesmo sendo objetos usados, a maior parte é cara demais para o nosso orçamento!"

Quando retomaram o caminho, o pai comentou pensativo: "Vimos um enorme contraste hoje. A pessoa que morava naquela casa tinha muitos bens terrenos. Escutei alguém dizer que a senhora se agarrava às suas coisas e vivia com medo que pudessem ser roubadas. Por outro lado, o Sr. e a Sra. Porto não têm muitos bens, mas são conhecidos pelo trabalho que fazem por Jesus. Duas formas diferentes de viver, e dois tipos de tesouros bem distintos."

"Aquela senhora era cristã?", Laura perguntou.

"Não sabemos," respondeu a mãe, "mas sabemos que todas as riquezas e todas as belas coisas que tinha não têm utilidade agora".

"Ah, isso é bem triste, não é?", disse a menina. "Todas aquelas coisas bonitas e não lhe fizeram bem."

"É triste," a mãe concordou. "É realmente triste que muitas pessoas estejam mais preocupadas com seus bens terrenos do que com seu destino eterno."

VOCÊ ALGUM DIA QUER TER MUITO DINHEIRO E BENS?

Dinheiro pode ser usado para fazer boas ações — manter missionários e ajudar os necessitados. Pode comprar coisas bonitas para a sua vida aqui na terra. Mas você será pobre de verdade se tiver apenas bens e dinheiro quando for chamado à presença do Senhor. O mais importante é aceitar Jesus como Salvador, colocar Deus em primeiro lugar em sua vida e juntar tesouros no céu.

BENS E DINHEIRO NÃO VÃO DURAR

VERSÍCULO-CHAVE

O que adianta alguém ganhar o mundo inteiro, mas perder a vida...

—MATEUS 16:26

30 de junho

LEITURA:
1 TIMÓTEO 4:12-16

A SOMBRA

"Olhe Paulo. Tem um portão aberto lá," Tiago falou enquanto os garotos observavam um canteiro de obras. "Vamos entrar e dar uma olhada. Se fingirmos que conhecemos tudo, ninguém vai perguntar. Vamos!"

Paulo hesitou. Olhou para o irmãozinho de 4 anos, Ricardo, que sempre seguia os garotos mais velhos. "Não sei," murmurou. "A placa diz 'Não Entre.'"

"Se está com medo, fique aí," zombou Tiago. "Eu vou entrar."

"Espera," chamou Paulo e se virou para Ricardo. "Você fique sentado aqui esperando por mim," mandou. "Não vou demorar." E, deixando o irmão, passou com o amigo para o outro lado da cerca.

Logo Ricardo ficou entediado e saiu à procura do irmão. No canteiro de obras, tijolos caíam da demolição de um prédio. "Ei!", gritou um operário ao ver o menino. "Está tentando se matar?" Ele pegou Ricardo e o levou até o gerente. Não demorou, Paulo e Tiago também foram descobertos e levados ao gerente.

"Desculpe," disseram. "Não vamos fazer de novo." Paulo virou-se para o irmão e falou: "Venha! Precisamos ir para casa."

O gerente disse: "Calminha! Vou mandar alguém com vocês para ter certeza de que vão para casa. Quero que seus pais saibam o que aconteceu." Então, na companhia de alguém da construção, as três crianças voltaram para suas casas.

O pai repreendeu: "Vocês podiam ter se machucado seriamente. Aquele operário falou que Ricardo quase foi atingido por um tijolo."

"O Tiago entrou primeiro," Paulo protestou baixinho. "Além disso, mandei Ricardo ficar do lado de fora."

O pai disse: "Havia placas mandando você ficar do lado de fora, mas não foram respeitadas. Isso sem falar que ficam chamando Ricardo de 'A Sombra', porque ele segue vocês. É preciso ter cuidado aonde vai e quem você segue, sabendo que seu irmão vai estar logo atrás. A Bíblia diz que mesmo sendo jovem, precisa ser um bom exemplo para os outros."

Quando Paulo soube que estava de castigo por um mês inteiro, por perder o irmão e por seus próprios atos, entendeu que não devia reclamar.

VOCÊ TEM UMA "SOMBRA", ALGUÉM QUE O SEGUE?

Pode ser um irmãozinho, um vizinho ou um amigo na escola. Pode ser alguém que você não conheça muito bem. Seja um bom exemplo. Para isso é preciso ter um bom líder, e o melhor de todos é Jesus. Siga os Seus ensinamentos, assim você poderá ensinar os outros a seguir a Jesus também.

SEJA UM BOM EXEMPLO

VERSÍCULO-CHAVE

...para os que creem, seja um exemplo...
—1 TIMÓTEO 4:12

QUE TAL UM DESENHO?

1. Você gosta de desenhar e colorir figuras? _____
   Que outras coisas você tem feito (talvez em casa, Escola Dominical, ou no colégio)? _____

2. Estas coisas o fazem sentir-se especial? _____
   Por quê? _____
   _____

No quadro abaixo, desenhe algo que você faz e gosta muito. Ou, se preferir, desenhe alguém que você ama.

Sempre que você olhar a imagem que desenhou — ou o próprio objeto ou a pessoa que você ama — lembre-se de que o amor de Deus é mais do que o amor que você dedica a alguém ou a algo. Por isso, dê a Ele o seu amor também.

1.º de julho

LEITURA:
JEREMIAS 18:3-6

A ÁGUIA ESCONDIDA

"**O** que está fazendo, vovô?", Laura perguntou, indo para o balanço da varanda, onde seu avô tirava lascas de um bloco de madeira.

O avô mostrou, "Estou libertando uma águia que está presa nesta madeira."

Laura olhou o bloco bem de perto e então se virou para o avô. "Não estou vendo nada aí dentro."

O avô sorriu. "Ah, está aqui sim," insistiu, mexendo no bloco de madeira com as mãos. "Mais tarde, quando voltar do zoológico, vou mostrá-la a você."

Descrente, Laura torceu o nariz, mas antes que dissesse alguma coisa, a avó chamou. "Estou indo, vovó," ela respondeu. "Nos vemos mais tarde, vovô. Boa sorte com sua águia invisível!"

Naquela noite, quando todos sentaram à mesa do jantar, o avô colocou uma recém-esculpida águia ao lado do prato de Laura. "Aí está, minha jovem," falou piscando o olho. "Eis a água que libertei da madeira."

Os olhos da menina se arregalaram de admiração. "Uau!", suspirou. "Que linda!"

O avô disse sorrindo, "É sua, minha querida, e sempre que olhar para ela, quero que se lembre de algo muito especial." Laura ouviu com atenção. "Hoje de manhã você não conseguia ver a águia dentro do bloco de madeira, mas eu sim," continuou o avô. "Só levou algum tempo para trazê-la para fora. De um jeito parecido, Deus vê uma criação especial dentro de você. Talvez ainda não consiga perceber, mas Ele sim. O Senhor tem um plano especial para a sua vida. Quando você se entrega a Ele — vivendo como Deus quer e sendo o tipo de pessoa que Ele espera — com o tempo se tornará uma bela escultura em Suas mãos."

Perdida em seus pensamentos, Laura olhou novamente para a águia e, finalmente olhou para o avô, dizendo: "Obrigada. Fico imaginando quais planos Deus tem para mim!"

VOCÊ QUER CUMPRIR OS PLANOS DE DEUS PARA VOCÊ?

Ir aonde Ele quer que vá? Ser o que o Senhor quiser? A Bíblia compara Deus a um artista — um oleiro; que molda a sua vida em algo belo. Talvez você se pergunte sobre o plano do Senhor, não tenha medo de deixar Ele trabalhar em sua vida. Confie em Deus a cada dia para lhe mostrar o que deve fazer e dizer, sabendo que Ele tem um plano maravilhoso para você.

DEIXE DEUS MOLDAR A SUA VIDA

VERSÍCULO-CHAVE

Só eu conheço os planos que tenho para vocês...

—JEREMIAS 29:11

2 de julho

LEITURA:
SALMO 16:11;
FILIPENSES 1:21-23

MELHOR AINDA

"Eu vi você, Eduardo, cobrindo os ouvidos durante o sermão do pastor Hélio," Joana implicou ao voltarem de carro da igreja num domingo de manhã."

"Foi só por um minuto," Eduardo murmurou.

"Por que fez isso? O pastor falou sobre a volta de Jesus. Você não quer que Ele volte?", a irmã quis saber.

"Claro... um dia," ele respondeu.

"Tem vezes que eu queria que Ele voltasse agora," Joana disse, "antes da minha prova de matemática de amanhã."

"Se tivesse estudado, não ia pensar nisso," Eduardo falou.

"Desejar que Ele volte logo é bom. Muitas vezes a vovó ora, 'Senhor, venha logo.' Lembra?", insistiu Joana.

"É fácil para ela — ela é idosa," ele respondeu. "Primeiro eu quero um cachorro."

"Papai disse que um dia vamos ter," ela falou, olhando para o pai.

"Mas, e se Ele vier hoje?", Eduardo perguntou. "Se vier logo, nunca terei um cão."

O pai sorriu. "Estou pensando no acampamento do verão passado," disse. "Prometi que iríamos, mas não consegui definir uma data, pois dependia de minhas férias. Então deixamos tudo pronto para a viagem e seguimos com nossa rotina."

A mãe concordou. "Trabalhamos e nos divertimos," ela falou. "Finalmente quando seu pai disse que podia ir, ficamos felizes em viajar. Ninguém queria ficar em casa — nem mesmo para se divertir — e perder todo o prazer do acampamento."

Eduardo entendeu. "Estão dizendo que estar com Jesus é melhor ainda do que ter um cachorro, não é?", perguntou.

"Sim, e o Senhor também quer que continuemos aproveitando as bênçãos que nos dá e trabalhando para Ele, até esse dia chegar," respondeu o pai.

"Bem, ainda sonho enquanto espero ir para o céu!", Eduardo falou.

"E talvez o Senhor queira que você tenha um cão," o pai disse. "Mas, novamente, talvez não. Confie que seja qual for a decisão de Deus, será a certa, está bem?"

"Está bem," Eduardo concordou com um sorriso.

VOCÊ ESPERA QUE JESUS NÃO VENHA ANTES QUE...

...tenha tempo de fazer certas coisas? Existem lugares que gostaria de ver, pessoas que gostaria de encontrar ou atividades que gostaria de experimentar? É normal querer ter experiências ou coisas especiais. Mas lembre-se sempre de que nada se compara ao que há no céu esperando pelos salvos por Jesus. Não sabemos muito, mas temos certeza de que o céu é melhor do que imaginamos.

O CÉU SERÁ MELHOR DO QUE A TERRA

VERSÍCULO-CHAVE

...gostaríamos de deixar [este] corpo para irmos viver com o Senhor.
—2 CORÍNTIOS 5:8

3 de julho

LEITURA:
PROVÉRBIOS 13:13-21

MANTENHA LIMPO

"**M**as, mãe!", Carlos fez uma careta, "Não tem problema o Nilo não ser cristão. Sei que ele faz e diz coisas que você não gosta, mas posso ser uma boa influência para ele."

"Você realmente acha que pode passar a maior parte do tempo com alguém e não se tornar como ele?", a mãe perguntou. Parou de lavar os pratos e olhou para o filho.

"Claro," o menino respondeu com segurança. "Garanto que não faço as coisas e nem falo como ele. Posso ajudar, saindo com ele."

A mãe pegou dois copos. Encheu o primeiro com água do filtro e o segundo com a água suja da pia. Colocou os dois sobre a bancada em frente ao filho. Então virou um pouco da água limpa dentro do copo com a água suja. "O que aconteceu, Carlos?", perguntou. "Colocar água limpa nesse copo, limpou a água suja?"

"Claro que não," ele respondeu, olhando com nojo para a gordura e restos de vegetais boiando no copo. *Argh!*, pensou. Pegou o copo de água limpa e deu um gole.

Quando Carlos colocou o copo na bancada, a mãe entornou só um pouquinho de água suja nele. "Quer outro gole?", perguntou.

"Não!", ele exclamou. "Agora está suja! Por que fez isso?"

"Para mostrar o que acontece entre as pessoas," ela respondeu. "Colocar *muita* água limpa na água suja pode ajudar um pouco, mas mesmo um *pouquinho* de água suja, estraga a água limpa. Amizades são assim — você *será* influenciado pelas pessoas com quem passa muito tempo e, se não for cuidadoso, vai acabar agindo como um deles, e não como Deus gosta. Você pode ser amigo de crianças não-cristãs, em especial quando quer mostrar Jesus a elas. Mas precisa ter cuidado ao escolher seus *melhores* amigos. Os garotos com quem se encontra todos os dias deveriam amar o Senhor e querer seguir Seus passos."

Carlos olhou para o copo de água suja mais uma vez. Então o pegou e o esvaziou na pia. "Entendi," falou. "Vou ser legal com o Nilo, mas vou passar a maior parte do tempo com garotos que querem fazer o que é certo."

SEUS MELHORES AMIGOS O AJUDAM A SEGUIR DEUS?

Ou normalmente dizem e fazem coisas que não agradam ao Senhor? Provavelmente você tem amigos não-cristãos, mas seus melhores amigos — aqueles com quem passa a maior parte do tempo — devem amar e obedecer a Deus. Quando tem amigos assim, vocês podem ajudar uns aos outros a se manterem próximos ao Senhor e, juntos, fazer diferença por Jesus!

ESCOLHA AMIGOS COM CUIDADO

VERSÍCULO-CHAVE

Eu sou amigo de todos os que te temem...
—SALMO 119:63

4 de julho

LEITURA:
SALMO 33:12,16-22

CONSIDERE O PREÇO

Tomás e sua irmã, Sônia, estavam assistindo um desfile cívico em sua cidadezinha. "Lá vem a banda da nossa escola," Tomás falou. "Olha só o Zé tocando tambor. É quase tão grande quanto ele."

"E vejam o Pavilhão! Não é lindo?", comentou um senhor, numa cadeira de rodas.

"Pavilhão?", o menino perguntou. "Quem é?"

Sônia riu. "Ele está falando da bandeira, seu bobo!", explicou. "Pavilhão é como chamam a bandeira."

O homem concordou. "Vocês esqueceram de por a mão no coração quando a bandeira passou," ele disse.

"Mas quase ninguém mais faz isso," protestou Sônia.

"Não," ele concordou, "só alguns. E acho que são os que sabem o preço que foi pago pela bandeira."

"Preço? Aquela bandeira custou mais do que as outras?", quis saber Tomás. "É especial?"

"Para mim, a bandeira de meu país é especial," o homem respondeu. "Se eu pudesse, com certeza ficaria de pé em frente a ela. Fui ferido quando lutava por aquela bandeira e pelo que ela representa — todas as bênçãos e liberdade que Deus deu a este país. Ele nos deu uma nação livre, mas teve um preço a pagar. Gosto de acreditar que estou nesta cadeira de rodas hoje para que aquela bandeira pudesse ser exibida pela rua. As outras pessoas que demonstram respeito por ela, provavelmente também lutaram pelo Pavilhão — ou conhecem e amam alguém que o fez. Sabem o quanto custou porque ajudaram a pagar o preço."

"Desculpe," disse Tomás. "Acho que não percebemos o custo da nossa liberdade."

"Não. E lamentamos que tenha se ferido também," acrescentou Sônia.

"Obrigado. Lembrem-se sempre de que muitos homens e mulheres corajosos morreram por nossa liberdade," disse o homem, "e outros — como eu — foram feridos. É importante demonstrar respeito por nossa bandeira e por nosso país."

Quando voltavam para casa, Tomás e Sônia estavam pensativos. "Depois do que aquele homem falou, acho que nossa bandeira e nossa liberdade significam mais para mim do que antes," comentou a menina. "Custou muito mais do que sabemos."

DEMOSTRA RESPEITO AO CANTAR O HINO NACIONAL?

Faça isso. Agradeça a Deus por viver num país onde tem liberdade para amar ao Senhor e seguir Seus mandamentos. Ore para que continue assim e que seus compatriotas tenham o desejo de honrar e obedecer ao Deus verdadeiro.

RESPEITE A BANDEIRA DE SEU PAÍS

VERSÍCULO-CHAVE

Feliz a nação que tem o SENHOR como o seu Deus!...
—SALMO 33:12

CONSIDERE O PREÇO 2

5 de julho

LEITURA:
1 PEDRO 1:18-21

"Oba! A cara está boa!" Sônia comentou quando chegaram em casa. Os pais tinham voltado antes e faziam um lanche na varanda.

"Podemos ir ver a queima de fogos à noite?", Tomás pediu enquanto pegava uma fruta. "E João Guedes pode ir conosco?"

"Na verdade, convidamos a família do João para um piquenique antes dos fogos," a mãe falou sorrindo.

"Há um tempo venho testemunhando para o Sr. Guedes," disse o pai. "Ele está interessado, mas diz que não acredita e que não precisa fazer nada para receber a salvação — diz que hoje em dia nada é de graça. Talvez possa falar com ele sobre isso esta noite."

"Gostaram do desfile, crianças?", a mãe perguntou.

"Com certeza!", o menino respondeu. "Um senhor numa cadeira de rodas falou conosco, e agora gostamos mais ainda de nossa bandeira e de nossa liberdade."

Sônia concordou. "Não nos custaram nada," ela explicou, "mas custou muito para aquele homem."

"E custou a vida para algumas pessoas," completou Tomás. "E para você, pai?", o menino colocou um enorme morango na boca.

O pai pensou um pouco. "Não, acho que não." E balançou a cabeça. "É tão fácil ter as bênçãos garantidas. Esquecemos que alguém pagou um alto preço por elas." E acrescentou sorrindo. "Vocês me deram uma ideia para abordar o Sr. Guedes."

"Que ótimo!", a mãe falou. "Conte, quero saber!"

"O Sr. Guedes acha que a salvação não pode ser de graça — devia custar alguma coisa," ele começou. "Talvez possa mostrar a ele que — assim como a liberdade que temos em nosso país — a salvação é de graça para nós, mas um alto preço foi pago por ela. Custou o único Filho de Deus. Custou a vida de Jesus. Podemos ter o privilégio de sermos filhos de Deus, porque Ele se dispôs a pagar o preço por nossa salvação."

"Uau! Sim, e muitas vezes esquecemos isso também," disse Sônia. "Precisamos respeitar tanto nossa bandeira, como a nossa salvação, não é?"

"*Especialmente* nossa salvação," observou Tomás.

VOCÊ SABE QUANTO CUSTOU A SALVAÇÃO?

Jesus precisou deixar a glória do céu e viver neste mundo de pecado. Ele teve que assumir a punição que você merecia, sofrer e morrer na cruz — tudo isto para pagar o preço da sua salvação. Ela é de graça para você, porque Ele já pagou o preço. Aceite Seu presente, recebendo Jesus como seu Salvador hoje.

JESUS PAGOU POR SUA SALVAÇÃO

VERSÍCULO-CHAVE

Pois ele os comprou e pagou o preço...
—1 CORÍNTIOS 6:20

6 de julho
LEITURA:
1 PEDRO 5:5-11

DEPOIS DE FLOQUINHO

Mel, a gatinha de Jorge, pulou no ar tentando pegar o cadarço que ele balançava para ela. "Não sei se aguento," disse para o tio Celso, que estava sentado ao seu lado. "Roberto é um cara legal, mas ninguém pode tomar o lugar do papai — e não quero que ele tente! Não quero um padrasto."

O tio ficou quieto. Sabia como tinha sido difícil para Jorge, a morte do pai, e que estava inquieto com a ideia de sua mãe casar novamente. Mas tio Celso também sabia que Roberto, que frequentava a mesma igreja, era um homem gentil, temente a Deus e muito bom para o menino e sua mãe.

Quando Mel se cansou do cadarço, pulou no colo de Jorge, se acomodou e ronronou. O menino acariciou a gatinha, e o tio teve uma ideia. "Quanto tempo faz que perdeu seu primeiro gato?" perguntou.

"Floquinho? Há alguns meses," ele respondeu com tristeza.

"Foi o que eu pensei, por isso estou bem surpreso ao ver você tratando Mel assim," o tio falou. "É tão carinhoso como era com Floquinho, mas ela é totalmente diferente. Até na cor."

"E daí?", perguntou Jorge.

"Não sente falta de Floquinho?", o tio perguntou. "Não gosta mais dele?"

"É claro," o menino respondeu, "mas como Floquinho se foi, é bom ter a Mel. Gosto dela também."

Tio Celso pareceu chocado. "Como pode gostar de Mel, Jorge?", perguntou. "Ela não é seu primeiro gatinho. Ela é uma... *gadrasta*! Como ela pode substituir Floquinho? É diferente demais."

"Do que está falando?", Jorge ficou assustado. "Não estou tentando substituir o Floquinho. Mel é uma gata diferente, mas me faz bem e estou contente em tê-la."

O tio concordou. "Entendo que é um pouco semelhante à sua mãe casar-se com Roberto," falou. "Não penso que ele tentará substituir seu pai. Ele sabe que você terá apenas um pai. Mas se lhe der uma chance, acho que descobrirá que sua mãe — e você também — ficarão felizes em tê-lo em suas vidas. Talvez Deus queira usar o Roberto para ajudar vocês."

Jorge ouviu e abraçou um pouco mais a gatinha, concordando.

VOCÊ CONHECE ALGUM PADRASTO OU MADRASTA?

Você conhece alguém que tem? Muitos padrastos e madrastas acabam se colocando numa posição difícil. Sabem que nunca poderão substituir seu pai ou sua mãe, mas podem ser uma presença maravilhosa e apoio em sua vida. Peça ajuda a Deus para ser amigável e respeitoso com eles, e para aceitar as mudanças.

RESPEITE PADRASTOS E MADRASTAS

VERSÍCULO-CHAVE

...Amem uns aos outros e sejam educados e humildes uns com os outros.
—1 PEDRO 3:8

7 de julho

LEITURA:
ROMANOS 14:7,8,19

QUEM SERÁ FERIDO?

"**L**á vem a Sra. Barros," Breno falou voltando da escola com a irmã. Sandra levantou os olhos e viu a vizinha se aproximando.

Ela cumprimentou as crianças. "Ah, Breno, encontrei uma bola no jardim," disse, "É sua?" Sandra ficou surpresa quando o irmão respondeu que sim.

"Você perdeu mesmo uma bola?", perguntou depois que a vizinha se afastou. Ele riu e balançou a cabeça. "Como pode mentir?", Sandra se irritou. "Espera só até a mamãe saber!"

"Ela só vai saber se você contar," Breno resmungou, "então não seja fofoqueira."

Mas quando chegaram a casa, Sandra contou sobre a conversa. "A Sra. Barros não sabe de quem é a bola, então posso ficar com ela," argumentou Breno antes que a mãe pudesse falar. "Dizer que é minha não machuca ninguém."

"Mentira sempre fere alguém," ela respondeu. "Para começar, vai machucar você — que conhece a punição por mentir." Breno olhou com raiva para a irmã, mas sabia que merecia.

Naquela tarde a campainha tocou e o menino foi atender. Era a Sra. Barros. "Oi Breno," falou e entregou a bola. "Fiquei contente em saber de onde veio. Caiu na minha roseira premiada e quebrou um galho. Espero que você pague por isso!"

Bem nessa hora a mãe chegou e viu Breno com a bola na mão. "Filho, você tem que dizer a verdade," falou com firmeza. "A bola não é sua."

"Bem!" reclamou a Sra. Barros. "A bola é do menino até que encontre quem fez o estrago." Breno e sua mãe tentaram explicar, mas a vizinha não acreditou. "Estou impressionada!", declarou. "Vocês se dizem cristãos, mas são só hipócritas!" e saiu pisando firme.

A mãe balançou a cabeça com tristeza. "Achou que não estava ferindo ninguém," falou, "mas agora eu estou sendo acusada por algo que você fez. Pior ainda — o nome de Deus está sendo manchado." Olhou para a bola na mão de Breno. "Não sei se isso vai ajudar, mas você devolverá aquela bola e pagará pela roseira da Sra. Barros. E lembre-se sempre de que as suas ações afetam os outros."

AS SUAS AÇÕES AFETAM OS OUTROS?

Quando você desobedece, mente, trai ou faz outra coisa errada, isso pode ferir você e a outros também. Sua família e amigos podem sofrer por causa do que você diz ou faz — e o nome de Deus pode ser manchado. Quando é amoroso, gentil e prestativo, outros são abençoados com seus atos. Boas ou más, suas ações afetam os outros.

SUAS AÇÕES AFETAM OS OUTROS

VERSÍCULO-CHAVE

Porque nenhum de nós vive para si mesmo...

—ROMANOS 14:7

8 de julho

LEITURA:
1 CORÍNTIOS 3:5-8

SEMENTE CAÍDA

"Digam, crianças… se ganhassem um *video game* novo — ou um relógio — esconderiam?" perguntou o Sr. Melo à sua turma, num domingo de manhã.

"Eu não!", Roberto falou e esticou o braço. "Ganhei um relógio novo. Gostam?"

"Muito bonito!", respondeu o professor. "Gostamos que as pessoas notem as coisas novas que temos, não é?

Mas há algo muito melhor do que ter muitas coisas legais: é ter Jesus. Ainda assim, às vezes o mantemos em segredo. Por que acham que isso acontece?", desta vez, ninguém respondeu. "Vocês amam Jesus?", ele continuou. "Se amam, falem sobre Ele!

Em silêncio, vamos orar e pedir ao Senhor para nos dar o nome de alguém para quem devemos testemunhar."

As crianças ficaram em silêncio e um nome veio à mente de Roberto. *Ah não!* pensou. *Não o Tito! É o garoto mais durão da escola. Nunca vai escutar!*

Depois da aula, Roberto explicou o problema ao professor. "Olhe por essa janela," disse o Sr. Melo. "Vê a árvore crescendo no meio das rochas enormes na encosta? Como acha que ela chegou ali?"

Roberto deu de ombros. "Acho que a semente de outra árvore caiu lá e brotou."

"Você acha que a árvore-mãe se preocupou com a dureza daquelas rochas quando deixou cair a semente ali?", o professor perguntou. O menino riu e balançou a cabeça. "Isso mesmo," continuou. "A árvore só deixou cair a semente e Deus fez o resto. É isso que devemos fazer. Precisamos falar aos outros sobre o Senhor — deixar a semente da Sua Palavra cair. Não se incomode como ela vai brotar. Esse é o trabalho de Deus, e Ele vai cuidar."

"Mas falar com o Tito!", exclamou Roberto. "Ele é durão! Vai rir da minha cara. Será constrangedor!"

"Não será fácil, Roberto," o Sr. Melo concordou, "mas lembre-se — Deus costuma usar Sua Palavra para suavizar os corações. Ele tem o poder para salvar Tito. Faça a sua parte, e Deus fará a dele. Vou orar por você e por seu colega, está bem?"

Roberto acenou. *Vou fazer*, pensou. *Vou dar testemunho para o Tito.*

TEM MEDO QUE RIAM DE VOCÊ QUANDO…

…testemunha por Jesus? Pensa que ninguém vai ouvir ou acreditar? Não sabe por onde começar? Não se preocupe. Sua função é espalhar a semente da Palavra de Deus — o restante é com Ele. Peça ao Senhor para lhe mostrar para quem deve testemunhar. Em seguida, ore com fé por essa pessoa, convide-a para ir à igreja ou a um estudo bíblico, fale sobre Jesus e veja a ação de Deus.

FAÇA A SUA PARTE — TESTEMUNHE POR JESUS

VERSÍCULO-CHAVE

Eu plantei, […] mas foi Deus quem a fez crescer.
—1 CORÍNTIOS 3:6

9 de julho

LEITURA:
1 JOÃO 3:21-23; 5:14,15

QUEM DISSE?

"Por favor, eu queria ter um cavalo — e botas de vaqueiro. Em nome de Jesus. Amém," orou Miguel e subiu na cama. "Espero que Jesus responda logo."

"Desculpe filho, mas espero que não," a mãe falou. "Não temos lugar para um cavalo."

"Eu podia pedir um estábulo também," Miguel falou, sentando novamente.

A mãe sorriu e, com carinho, o empurrou de volta para o travesseiro. "Às vezes Deus responde dizendo não," ela lembrou.

Na noite seguinte, a mãe pediu a Miguel para avisar o irmão que era hora do jantar. "Certo," ele respondeu e saiu. "Zé, hora de comer," chamou o irmão, que jogava basquete com um vizinho.

"Quem disse?", José quis saber.

"Eu," respondeu Miguel e foi ignorado pelo irmão. Miguel chamou novamente. "Zé, mamãe disse para vir agora!"

José jogou a bola para o amigo. "Até mais tarde, Abel," falou. "Tenho que ir."

Quando sentaram-se para jantar, o pai pediu a Miguel para agradecer pelo alimento. O menino franziu a testa. "Melhor você," disse. "Pedi um cavalo a Deus. Orei em nome de Jesus, mas Ele não respondeu minha oração."

A mãe balançou a cabeça. "'Em nome de Jesus' não é uma frase mágica para conseguir tudo, meu amor."

Depois que o pai orou, explicou a Miguel: "Quando sua mãe disse para chamar José, passou a autoridade dela para você. Seu irmão obedeceu porque deu o recado dizendo para ele fazer o que sua mãe queria. Quando pede algo em nome de Jesus, é parecido. Quer dizer que está pedindo por algo que *Ele* quer. Você não pode pedir e conseguir tudo o que quer. O que pediu foi que Deus ajustasse os planos dele aos seus."

"Mas por que Ele não ia querer que eu tivesse um cavalo?", Miguel perguntou.

"Talvez queira, talvez não. Teremos que esperar," disse o pai se levantando. Pegou um embrulho no armário e entregou ao filho. "Talvez Deus saiba que apenas parte do seu pedido seria suficiente agora," acrescentou. Todos sorriram quando Miguel abriu o pacote e deu um grito de felicidade ao ver um par de botas de vaqueiro.

VOCÊ PODE ORAR 'EM NOME DE JESUS'?

Sim, Jesus deu autoridade aos Seus filhos para orar em Seu nome, mas isso não significa apenas repetir uma frase. É um privilégio que deve ser usado com cuidado. Primeiro pense no que está pedindo. Acredita que é o que Jesus ia querer — que isso está "de acordo com a Sua vontade"? Se estiver, vá em frente e peça, e confie que Ele fará o que for melhor.

ORE EM NOME DE JESUS

VERSÍCULO-CHAVE

...se pedimos [...] de acordo com a sua vontade, [...] ele nos ouve.
—1 JOÃO 5:14

10 de julho

LEITURA:
EFÉSIOS 6:13-17;
HEBREUS 4:12,13

UMA ESPADA AFIADA

Quando a família voltava da igreja o Miguel contou, "Hoje recebemos um missionário da Guatemala na minha classe da Escola Dominical. O Sr. Melo nos mostrou uma machete. Era grande — e ele disse que também era muito afiada."

"O que é uma chete?", perguntou a irmãzinha.

"Não é 'chete,' Linda," ele corrigiu. "É 'ma-che-te,' e é como uma espada grande. Pode ser usada como arma, mas o Sr. Melo disse que na Guatemala é usada para cortar mato alto e abrir buracos na terra na hora do plantio. Usam também para cortar cana-de-açúcar e outras plantas. Machetes são muito úteis. Gostaria de ter uma."

"O que ia fazer?", riu Linda. "Você não precisa de uma che… uma mache… uma espada. Por que não chamam só de espada?"

"Sabia? Temos muitas espadas em casa," o pai disse.

"Na verdade, cada um tem uma," completou a mãe com um sorriso.

Linda não acreditou e falou, "Não temos não! Eu não tenho, e nem o Miguel."

"Têm sim," disse o pai. "Tem uma na mão do Miguel agora!"

A menina olhou para a Bíblia que o irmão estava segurando. "É uma Bíblia!"

O pai riu. "Certo. E a Bíblia é chamada de 'espada do Espírito,'" ele explicou. "Ela pode penetrar em nossos corações e apontar nossos pecados. Pode revelar nossos pensamentos e planos."

A mãe concordou e disse, "A propósito, eu estava guardando rancor contra nossa vizinha, a Sra. Branco. Não queria perdoá-la por não limpar aquele lixo fedorento que parece sempre cair em nosso quintal. Na verdade, estava até pensando em como revidar um pouco. Então, na semana passada estava lendo a Bíblia e passei por um versículo que diz para fazermos o bem a quem nos ofende. Confessei meu pecado a Deus e pedi perdão."

"Foi no dia que levou umas flores lá, não foi?", Linda perguntou. "Eu lembro disso!"

"Como podem ver," disse o pai, "a Bíblia realmente é afiada o suficiente para apontar nossos pecados. Então, depende de nós, mudar o nosso comportamento com a ajuda de Deus!"

ALGO QUE LEU NA BÍBLIA CONDENOU SUA ATITUDE?

Fez você sentir culpa por brigar com um irmão, ser malvado com um colega ou negligente com suas tarefas? Ela já o lembrou de fazer alguma coisa que devia — talvez ajudar um garoto mais novo, limpar o jardim ou trabalhar com entusiasmo? Você muda rapidamente seu comportamento quando a Palavra de Deus mostra o que deveria fazer? Não feche a sua Bíblia e finja que não entendeu o assunto. Deus sabe.

A BÍBLIA MOSTRA OS PECADOS

VERSÍCULO-CHAVE

…a palavra de Deus […] corta mais do que qualquer espada afiada…

—HEBREU 4:12

11 de julho
LEITURA:
JOÃO 16:7-13

CONSCIÊNCIA CULPADA

Alan saiu assoviando da mercearia do Sr. Branco. Então, subiu em sua bicicleta e saiu 'voando' pela rua. Com frequência olhava por sobre o ombro. Finalmente parou e tirou uma barra de chocolate do bolso e deu uma grande mordida. Ao lembrar que havia roubado o chocolate, já não parecia mais tão saboroso e sentiu um frio na barriga. O menino colocou o resto da barra no bolso e foi para casa.

"Alan, que bom que chegou. Preciso que vá correndo até a mercearia buscar açúcar," disse a mãe.

Ele gaguejou, "À mer-merciaria? M-ma-mas eu não estou me sentindo bem."

"Ah, que pena," a mãe falou. "Então se deite que vou mandar a Leila."

Um pouco mais tarde, Alan ouviu a mãe atender o telefone e ficou assustado ao escutar, "Sim, Sr. Branco…". Depois disso, ouviu apenas um pouco da conversa da mãe. Quando desligou, ela foi até a garagem. O menino sentiu-se péssimo.

Em seguida o pai veio e Alan não aguentou mais. "O Sr. Branco disse a mamãe, não foi? Ah, pai, não sei por que fiz aquilo!"

O pai olhou para o filho intrigado. "O Sr. Branco ligou para dizer que um cheque que descontou para sua mãe, voltou," falou. "Foi um que uma senhora lhe deu no bazar. Temos que pegá-lo de volta e dar o dinheiro ao Sr. Branco. Bem… o que você fez?"

Gaguejando ele falou, "Eu… eu ro-roubei um chocolate hoje. Pen-pensei que o Sr. Branco tinha contado para mamãe, mas não foi isso, não é?"

O pai sacudiu a cabeça. "Não," respondeu, "mas você está infeliz e assustado porque está tentando fugir da consciência culpada. Há um versículo na Bíblia que diz 'Os maus fogem, mesmo quando ninguém os persegue.' É isso que está fazendo."

"Eu nem precisava ter contado sobre o chocolate," Alan concluiu, "mas estou feliz em tê-lo feito! Detestaria passar o resto da vida com a consciência culpada, fugindo de alguém. Me sinto bem melhor depois de ter confessado."

O pai respondeu "Bom, porque agora você vai confessar ao Sr. Branco e pagar pelo chocolate!"

JÁ SENTIU COMO SE SOUBESSEM QUE AGIU ERRADO?

Deus deu a consciência a todos. Se você aceitou Jesus como seu Salvador, o Espírito Santo trabalha em sua consciência. Se Ele o condena por ter mentido, colado, desobedecido ou feito algo errado, confesse e tome providências para consertar o que fez. Decida ouvir e obedecer ao Espírito Santo. Quando fizer isso, Ele vai ajudá-lo a não pecar.

OUÇA O ESPÍRITO SANTO

VERSÍCULO-CHAVE

Os maus fogem, mesmo quando ninguém os persegue...
—PROVÉRBIOS 28:1

12 de julho
LEITURA: TIAGO 4:13-17

A PERGUNTA

Mário se encolheu na cadeira quando o professor da Escola Dominical falou. "Queria saber se alguém de vocês gostaria de entregar sua vida a Jesus e ser salvo hoje," disse o Sr. Machado. "Ou talvez gostaria que eu orasse por você. Quem quiser, levante a mão, por favor." O menino hesitou, começou a levantar a mão, mas mudou de ideia e ficou quieto. O professor orou e a classe foi dispensada.

Após a aula, o Sr. Machado falou com Mário. "Pensei que fosse levantar a sua mão," disse. "Quer que eu ore por alguma coisa?"

"Não," ele deu de ombros.

"Certo," o professor respondeu e sorriu. "Você já aceitou Jesus como seu Salvador?"

"Bem… ainda não," ele admitiu. "Mas serei salvo um dia."

O Sr. Machado disse, "Bom, e a propósito, quando é um dia?"

"Vai ser… bem… não sei," Mário respondeu, "mas antes de morrer."

"Sei," respondeu o professor. "Então, a pergunta é: quando você vai morrer?"

O menino ficou surpreso, "Quando? Eu… não sei. Ninguém sabe."

"Acha que pode morrer daqui a 50 anos?", ele perguntou e Mário concordou. "Então, você quer ser salvo daqui a 50 anos, certo?"

"Ah, claro," disse o menino. "Não planejo esperar tanto."

"Não é possível que morra daqui a um ano?", continuou o Sr. Machado.

Mário se assustou. "Bem… acho que não, mas suponho que seja possível," admitiu e encolheu os ombros. "De qualquer forma, não quero nem esperar tanto."

"Como você disse, não sabemos quanto tempo estaremos aqui, não é? Podemos até morrer amanhã. Não é verdade?", ele insistiu e o garoto concordou. "Se vai aceitar a Cristo um dia, e se pode morrer amanhã, então deveria aceitar hoje, não é?", o professor concluiu. "Se realmente quer ser salvo, hoje é o dia de tomar essa decisão. É perigoso esperar mais um pouco." Mário não sabia o que dizer. "Pense nisso," acrescentou o Sr. Machado, "e conversaremos sobre isso novamente."

VOCÊ PENSA QUE NÃO PRECISA CONFIAR EM JESUS AGORA?
…porque tem sua vida inteira pela frente? O problema é que você não sabe qual será a duração de sua vida — longa ou curta. O único tempo que tem com certeza é este momento. Não espere. Aceite Jesus agora.

SEJA SALVO AGORA

VERSÍCULO-CHAVE

…Hoje é o dia de ser salvo.
—2 CORÍNTIOS 6:2

13 de julho

LEITURA:
MATEUS 7:1-5

UM HÁBITO MEU

Célia se sentia sozinha na pequena cidade para onde tinha se mudado com a família recentemente, e queria muito ter uma amiga. Mas não havia ninguém de sua idade na vizinhança. Ninguém, exceto Márcia. E Célia não gostava de ficar com ela. "Ela ri o tempo todo," disse à sua mãe. "Isso me enlouquece!"

"Não seja tão dura," aconselhou a mãe. "Conheça a menina. Talvez ela precise de uma amiga."

A menina suspirou. "Ah, você não entende."

Alguns dias mais tarde, Célia entrou em casa correndo depois da festa da Escola Dominical e contou, "A Márcia e a mãe dela me trouxeram para casa. Tudo bem se eu for ao jogo com ela amanhã à noite?"

A mãe pareceu surpresa. "Claro. Seria bom," respondeu. "Divertiu-se na festa?"

"Brincamos de coisas divertidas... mas diversos garotos riram de mim," ela contou. "Estávamos sentados numa roda brincando de um jogo que eu não conhecia, e fiquei tão nervosa que comecei a estalar os dedos. Nicole fez um escândalo. Estava tão irritada que falou alto, 'Célia, por que tem que estalar sempre os dedos? É incômodo!' Fiquei tão envergonhada!"

"Isso não foi muito gentil, mas não fique aborrecida. Só tente ver isso como uma dica útil para se livrar desse hábito," a mãe sugeriu.

"Mas tantas garotas riram!", a menina protestou. Então, fez uma pausa e completou, "a Márcia não riu e falou para Nicole que ela estava sendo boba. Então me senti mal quando lembrei que estava evitando a Márcia por causa das risadinhas. Depois da festa, ela e a mãe me ofereceram uma carona para casa — e, sabe de uma coisa? Ela é muito legal!"

"Ótimo," a mãe aprovou. "Sabe, querida, acho que todos temos um ou dois hábitos irritantes. Talvez seja por isso Deus diz que o julgamento deve começar por nossas próprias vidas. Devemos trabalhar para melhorar nossos hábitos e desconsiderar os hábitos ruins dos outros."

"Eu sei." Célia concordou. "Conhecer as pessoas ajuda muito. Com certeza Márcia riu bastante no caminho para casa, mas eu quase não notei!"

VOCÊ SE IRRITA COM AS MANIAS DOS OUTROS?

...como roer unhas, ri, suspirar ou ficar rabiscando? Esquece-se de que, provavelmente, você tem um pequeno hábito estranho também? Em vez de julgar as pessoas por hábitos irritantes, peça ajuda a Deus para superar isso e ver as boas qualidades dos outros. Ao agir assim, você normalmente descobre que aqueles hábitos irritantes não o incomodam mais tanto assim.

NÃO JULGUE

VERSÍCULO-CHAVE

Não julguem os outros para vocês não serem julgados por Deus.

—MATEUS 7:1

14 de julho

LEITURA:
MATEUS 5:43,44;
GÁLATAS 6:9,10

IRMÃOS E IRMÃS

Marta fechou a porta quando Zeca chegou. "Ei! Obrigado!", ele gritou.

"Você nunca segura a porta para mim," a menina resmungou.

"Você nunca segura a porta para mim," o irmão repetiu.

"Não me imite," Marta resmungou com raiva.

"Não me imite," Zeca novamente repetiu as palavras da irmã.

"Para, Zeca!", ela gritou.

"Para, Zeca!", veio o eco. Marta correu para o quarto e bateu a porta.

Quando Marta voltava para casa com Raquel, o irmão da sua amiga, Antônio, as alcançou. "Como foi na prova de português hoje, Raquel?", ele perguntou.

"Muito bem!", ela respondeu. "Acertei tudo!"

"Uau! Dia de festa," o irmão falou antes de atravessar a rua para encontrar-se com um amigo. "Vou estourar pipoca em casa!", Raquel riu e acenou.

Márcia olhou para ela. "Você e Antônio são sempre tão legais um com o outro?"

Raquel explicou, "Brigávamos demais, mas mamãe disse que Deus queria que vivêssemos em paz e que se um de nós fosse legal, o outro seria também. Tentamos e funcionou. Antônio também tenta — mas às vezes nos esquecemos."

Tem um versículo na Bíblia que diz algo mais ou menos assim, Marta pensou. Duvido que funcione com o Zeca, mas vou tentar.

Quando Zeca chegou, Marta lhe perguntou: "Qual o seu problema?".

"Nada," ela respondeu.

"Nada," Zeca repetiu. A irmã apenas riu e foi para o quarto.

No jantar, Marta entregou as batatas para Zeca antes de se servir. "Como foi na escola?", ela perguntou.

Ele respondeu, "Terrível. Não entendo a multiplicação."

"Posso ajudá-lo se quiser," ela se ofereceu.

"Por quê?", ele estava assustado.

"Porque eu quero," Marta respondeu. Zeca olhou para ela de um jeito estranho e a irmã mal pode acreditar quando ele passou o frango para ela tirar o primeiro pedaço e pensou, afinal, isso pode estar funcionando! Vou tentar mais um pouco!

VOCÊ PROMOVE A PAZ COM GENTILEZA?

É tão legal com seus irmãos e irmãs como é com colegas e amigos? Agradeça a Deus pela família que Ele lhe deu, e faça tudo o que puder para tornar a sua casa um lugar agradável. Quando trata seus familiares com delicadeza — mesmo quando implicam — pode não ver imediatamente bons resultados, mas Deus diz que o prêmio será maravilhoso se você seguir os Seus ensinamentos.

SEJA UM PACIFICADOR EM CASA

VERSÍCULO-CHAVE

Afastem-se do mal e façam o bem; procurem a paz...
—SALMO 34:14

15 de julho

LEITURA:
ROMANOS 5:3-5;
TIAGO 1:2-4

EM OBRAS

"**O** que aconteceu?", Tiago perguntou quando pararam atrás de uma fila de carros.

Melissa colocou a cabeça para fora da janela. "É uma obra," anunciou. "Posso ver uma escavadeira e uma placa. Tem placas do outro lado também."

O menino reclamou, "Ah, não! Vamos nos atrasar! Já é ruim ser novo na escola, mas chegar depois e todos ficarem olhando, é pior ainda!"

Olhando o relógio, a mãe disse: "Acho que vou me atrasar para a entrevista de emprego também, mas não podemos fazer nada sobre isso."

"Queria que papai estivesse vivo. Estaríamos morando na casa antiga e frequentando a outra escola," disse Melissa. "E teríamos os nossos amigos e iríamos para o colégio a pé. E você não precisaria procurar trabalho."

"Também gostaria disso," a mãe falou, "mas temos que aceitar que Deus sabe o que é melhor e confiar que Ele vai cuidar de tudo".

Nesse momento, a fila de carros começou a andar e eles seguiram por um caminho de cascalho. Passaram por homens trabalhando com britadeiras, e uma enorme máquina que retirava pedaços pesados de asfalto.

"Por que eles têm que estragar uma estrada que está boa?", Melissa perguntou.

"Isso me lembra a nossa família," Tiago falou com tristeza. "Tudo está quebrado e estragado."

"Parece assim mesmo," concordou a mãe, "mas pense que... as pessoas da prefeitura têm planos para esta estrada. Estão deixando ser quebrada, porque sabem que depois que a obra terminar, ficará melhor. Quanto a nós, Deus tem planos para a nossa vida. Ele está permitindo que atravessemos um momento muito difícil, mas, normalmente, durante tempos assim, nos aproximamos dele."

"Mas ainda não consigo entender por que Ele tirou o papai de nós," Melissa falou.

"Isso não sei dizer," a mãe respondeu, "mas sei que quando cremos no Senhor e aprendemos a confiar, Ele nos ajuda a reconstruir a nossa vida". Ela sorriu e acrescentou. "Vão confiar em Deus junto comigo?"

"Vamos tentar," Tiago falou. "Vamos tentar de verdade." Melissa concordou.

É DIFÍCIL ACREDITAR QUE ALGO BOM PODE VIR...

...da decepção ou dor pela qual está passando? Obras na estrada a transformam numa rodovia melhor. Modernizações melhoram um edifício. Confiar em Deus em momentos difíceis fortalece a fé. O Senhor usará situações difíceis em sua vida para deixá-lo mais forte, sábio, paciente e compassivo — se você permitir.

CONFIE EM DEUS

VERSÍCULO-CHAVE

...quando a sua fé vence essas provações, ela produz perseverança.

—TIAGO 1:3

16 de julho

LEITURA:
ÊXODO 20:1-17

DESOBEDIÊNCIA

qui faz calor, pensou Lucas, que estava passando um tempo na casa dos avós, no Pantanal. *Não seria tão ruim se eu pudesse ir nadar no rio, mas o vovô diz que pode ter jacaré por ali*. Então, todos os dias, enquanto os avós dormiam após o almoço, Lucas sentava no quintal, olhando o rio lá longe. Procurava os jacarés, mas nunca via nenhum.

Uma tarde fazia calor demais. *Nunca vi nenhum jacaré!* Lucas pensou. *Vou dar uma volta.* E foi.

Ficou atento, mas não viu nada. Na tarde seguinte, foi passear perto da água novamente. E como não via sinal algum dos perigosos répteis, decidiu nadar um pouco, assegurando-se de estar de volta e com a roupa seca quando seus avós acordassem. E assim fez durante toda a semana.

Uma tarde Lucas foi até o rio como de costume. Estava se divertindo quando viu um par de olhos vindo em sua direção. "Um jacaré!", engoliu em seco. Nadou para a margem o mais rápido que pode, mas o jacaré se aproximava cada vez mais. "Socorro! Socooooroooo!", gritou.

Um vizinho, que estava num barco, viu a cena e foi ajudar. O barco se aproximou e afugentou o jacaré. Lucas estava sem fôlego e tremendo por causa do perigo. Agradeceu ao vizinho, que ficou próximo até ele sair do rio.

Quando o menino entrou em casa, encontrou o avô acordado — ansioso — esperando por ele. "Des-desculpe vovô," ele falou. "Não vi nenhum jacaré a semana toda, e o rio parecia tão tranquilo... Achei que podia nadar um pouco."

"Você se enganou redondamente," o avô falou sério, quando ouviu toda a história. "Ignorou o perigo e fez uma coisa que sabia que era errada, não foi?" Com os olhos baixos, Lucas concordou. "Satanás costuma nos tentar fazendo com que coisas erradas sejam tão agradáveis e convidativas, que até parecem corretas," ele continuou. "Sempre que for tentado a pecar, lembre-se daquele jacaré. Não deixe Satanás atrair e colocar você em perigo." Quando o menino concordou novamente, o avô acrescentou. "E agora vamos decidir como discipliná-lo."

VOCÊ PENSA QUE SE ALGO PARECE CERTO...

...não pode ser errado? Não é isso o que a Bíblia ensina. Deus definiu padrões de certo e errado (veja na leitura bíblica de hoje). Se algo vai contra os princípios do Senhor, é pecado. Não seja enganado pelo jeito atraente mostrado pelo Maligno. Lembre-se de que ele pode fazer coisas ruins parecerem boas. Siga os padrões de Deus, não os de Satanás.

NÃO DEIXE SATANÁS ENGANAR VOCÊ

VERSÍCULO-CHAVE

...Satanás pode se disfarçar e ficar parecendo um anjo de luz.
—2 CORÍNTIOS 11:14

BELOS PRESENTES

17 de julho
LEITURA:
ROMANOS 12:1,2

"Opa!", Silvia exclamou quando viu a pilha de coisas que a mãe havia posto sobre a mesa. "Cristina vai ganhar tudo isso de aniversário?"

A mãe riu e acenou, dizendo: "Vovó trouxe alguns. Ela encontrou diversas coisas em promoção, então acho que sua priminha vai ganhar mais do que precisa. Me ofereci para embrulhar os presentes da vovó."

Silvia sentou-se ao lado da mãe. "Posso ajudar?" "Claro", a mãe respondeu.

A menina escolheu uma boneca de vestido cor-de-rosa, embrulhou num papel roxo brilhante e amarrou com uma fita prateada. "Pronto! Está bem bonito, não é? Mas sabe o que eu mais gosto dos presentes?", falou.

A mãe riu. "Acho que vai me contar."

"É o que tem dentro," disse Silvia. "É a melhor parte do presente."

"Concordo," falou a mãe com uma expressão pensativa. "P-r-e-s-e-n-t-e, soletrado é uma palavra interessante, é dar de presente, sinônimo do verbo ofertar. Pode ser pronunciada presente, (entonação forte na primeira sílaba) ou presente (uma das conjugações do verbo sentir).

A menina riu. "Então quando dou um presente, eu oferto um sentimento."

"Isso me faz pensar em um versículo da Bíblia — que diz que devemos nos oferecer a Deus," a mãe falou.

Silvia pegou uma folha de papel de presente. "Se fizermos isso, estamos nos dando de presente para Ele?", perguntou. "E se nossas vidas são um presente, deveríamos enchê-las de coisas boas, não é?"

A mãe sorriu. "Nada temos de bom para oferecer a Deus. Somos salvos pela graça e fé em Jesus. Quando o Senhor nos olha, vê a retidão de Cristo, não a nossa."

"A Bíblia manda fazermos coisas boas depois que somos salvos, não é?", Silvia perguntou.

"Sim," a mãe concordou. "Ela nos diz como devemos viver e servir a Deus."

"Então, se nos ofertarmos a Deus como diz o versículo, faremos o que Deus manda — e não apenas seremos belos exteriormente e estragados por dentro." Ela olhou para o presente que havia acabado de embrulhar. "Deveríamos ser como este presente — bonito por dentro e por fora!"

VOCÊ JÁ SE DEU PARA DEUS?

É "bonito por dentro e por fora?". Não há nada de bom em você, mas ao aceitar Jesus como seu Salvador, Ele lhe dá a Sua bondade. Então, entregue a sua vida ao Senhor e siga os Seus ensinamentos. Desenvolva as qualidades que Ele quer ver em você. Entregue a sua vida de presente a Deus hoje — para que Ele faça o que desejar.

OFERTE-SE A DEUS

VERSÍCULO-CHAVE

...se ofereçam completamente a Deus como um sacrifício vivo...

—ROMANOS 12:1

18 de julho
LEITURA: SALMO 23

VOLTANDO PARA CASA

Davi olhou para o homem frágil na cama. Vovô está ficando tão fraco. Vai morrer logo, pensou. "Está com medo, vovô?", perguntou.

"Não, Davi," o avô sussurrou e sorriu, pegando a mão do neto. "Não tenho medo de morrer. Jesus está comigo. Estou indo para casa, ficar com Ele."

O menino concordou, mas achou que teria medo assim mesmo. Afinal, não podia ver Jesus!

Naquele dia, mais tarde, Walter, amigo de Davi, ligou e convidou, "Quer vir para cá um pouco? "Mamãe diz que pode ficar para o jantar." A mãe de Davi consentiu, então ele atravessou o parque até a casa de Walter.

Os garotos brincaram lá fora até a hora do jantar. Depois de comer, jogaram no computador. Davi olhou pela janela e disse: "Já está escuro! Tenho que ir!"

Mal conseguia ver o caminho, quando começou a cruzar o parque. A lua estava escondida atrás das nuvens criando sombras estranhas na grama. Barulhos esquisitos o assustavam. O coração de Davi disparou e seus joelhos tremeram. Não seja uma criancinha, disse a si mesmo. Sombras não machucam.

"Davi?", uma voz chamou na escuridão. O menino gelou, mas logo reconheceu a voz.

"Pai! Que bom ver você!", a voz do menino tremia. "Bem… pelo menos é bom ouvir. Está tão escuro que não consigo ver nada."

O pai disse: "Eu sei, por isso vim buscar você. Achei que ia querer companhia para atravessar o parque." Com o pai ao seu lado, as sombras pareciam amigáveis e os barulhos não eram mais assustadores.

Ao entrarem em casa, o menino foi até o quarto do avô para contar a experiência, "Quando soube que papai estava lá, não fiquei mais com medo. Mesmo sem conseguir vê-lo, sentia que ele estava comigo." Então fez uma pausa. "É por causa disso que não tem medo de morrer?", perguntou.

O avô respondeu, "Exatamente, a morte é como uma sombra escura, e mesmo que eu não possa ver Jesus, sei que Ele está aqui. Sinto Sua presença e, com Ele ao meu lado, não tenho medo de nada." Agora Davi entendia.

VOCÊ CONHECE ALGUÉM QUE ESTÁ QUASE PARTINDO?

Você tem medo de morrer? Para um cristão, a morte é como uma sombra. Como diz o Salmo 23 (veja a leitura bíblica e o versículo-chave), não é preciso ter medo da morte quando Jesus está ao seu lado. Na verdade, o último versículo do Salmo diz o que irá acontecer se confiar em Jesus. Ele diz "E na tua casa, ó Senhor, morarei todos os dias da minha vida." Você passará a eternidade no céu com Ele!

OS CRISTÃOS NÃO DEVEM TEMER A MORTE

VERSÍCULO-CHAVE

Ainda que eu ande por um vale escuro como a morte, não terei medo…
—SALMO 23:4

19 de julho

LEITURA:
ATOS 17:10-12

TODOS OS CAMINHOS...

"Este piquenique está divertido!" disse Clara aos tios Daniel e Sônia, e virou-se para o irmão. "Não queria viver aqui na montanha, Fábio?", perguntou. "Amo ficar aqui. E esta área de piquenique é a mais bonita do mundo!"

"Com certeza é legal," o irmão concordou ao olhar em volta. "Olha — acho que todo mundo gosta deste lugar. Tem caminhos para cá vindo de todas as direções. Que nem a cidade de Roma."

"Como pode ser parecido com Roma?", tia Sônia perguntou.

Fábio riu e explicou, "Na semana passada, nosso professor disse que no tempo do Império Romano, era possível seguir qualquer estrada e ela levaria até Roma. Ele disse que é como ir para o céu. Não importa a religião que seguir, ela o levará ao céu se você for sincero e fizer o seu melhor."

"Talvez todos os caminhos realmente levassem a Roma, mas, com certeza, nem todas as religiões levam ao céu," afirmou tio Daniel. "A Bíblia fala algo a respeito disso."

"Isso mesmo," concordou tia Sônia. "Se queremos saber o que é certo e o que é errado, não podemos aceitar a palavra de qualquer pessoa — a menos que fale de acordo com o que lemos na Bíblia. E no evangelho de João, Jesus disse que Ele é o caminho para o céu — o único caminho — que leva ao céu."

Clara parecia em dúvida e murmurou, "Nunca ouvi nosso professor dizer isso. Não acha que ele saberia?"

Fábio concordou. "Sim. Ele estudou muito e é muito legal! Gosto dele!"

"Não importa quem ele é, ou se é legal," respondeu o tio. "O que importa é se ele ensina o que Deus fala em Sua Palavra. Quando o apóstolo Paulo foi a Bereia, os cristãos de lá foram pesquisar nas Escrituras para saber se o que ele dizia estava certo."

Fábio disse, "Nunca pensei nisso. Sempre achei que tudo o que um professor diz é verdade, mas acho que ele pode estar errado de vez em quando."

O tio Daniel concordou, afirmando: "As pessoas podem errar, mas o que Deus fala em Sua Palavra sempre está certo."

VOCÊ VAI À IGREJA E À ESCOLA DOMINICAL?

Lê bons livros? Assiste a programas de TV cristãos e ouve rádio? Ótimo. Mas tenha certeza de que o que está aprendendo está de acordo com a Palavra de Deus. Se tiver dúvida, pergunte ao seu pastor ou professor a passagem bíblica do que estão ensinando. Siga o exemplo dos primeiros cristãos e leia a Bíblia sozinho, ou ouça com atenção ao ouvir quando alguém a ler.

ESTUDE A BÍBLIA

VERSÍCULO-CHAVE

...Todos os dias estudavam as Escrituras Sagradas...
—ATOS 17:11

20 de julho

LEITURA:
MATEUS 7:13,14,21-23;
JOÃO 14:6

TODOS OS CAMINHOS... 2

Após o piquenique, tio Daniel indicou os caminhos ao redor da área e perguntou, "Lembram-se de qual caminho usamos para chegar até aqui?"

"Hum... acho que foi aquele perto dos balanços," disse Clara.

"Não, foi o que fica perto do arbusto florido," discordou Fábio.

"Lembro-me de ver os balanços assim que chegamos," a menina insistiu, "e eu..."

"Mas tem hera do outro lado do arbusto," interrompeu Fábio. "Lembro-me de olhar para as folhas para ver se eram venenosas."

Tio Daniel riu e falou, "Bem, vocês não concordam, certo?. Então vamos fazer um experimento. Cada um acredita que está certo, não é?"

"Sim!", os dois gritaram.

"Tudo bem. Então cada um tenta o seu caminho e veremos quem tem razão," propôs o tio. "Eu vou com Fábio, e sua tia Sônia vai com Clara. Vejamos... nós levamos cerca de cinco minutos andando do carro até aqui, então, quem caminhar por... digamos, sete minutos... e não encontrar o carro, volta. Quem achar o carro, traz a pequena bandeira que está presa na antena. Quem não trouxer a bandeira, lava a louça quando chegarmos a casa, combinado?"

"Claro!", as crianças concordaram e foram. Quinze minutos depois, voltaram para a área do piquenique, mas ninguém trouxe a bandeira. "Não acredito que nenhum de nós achou o carro!" falou Clara. "Tio Daniel, você sabe onde ele está?"

O tio riu. "O único caminho para o carro é aquele perto das flores do campo," ele disse. "Venham. Vou mostrar."

Eles seguiram e, em alguns minutos, constataram que o tio estava certo. "Olhem, lá está o carro!", gritou Fábio.

"Vocês dois acreditavam sinceramente que o caminho que escolheram levaria até o carro," ele lembrou, "mas sua sinceridade não ajudou. Vocês podem também ser bem sinceros sobre o caminho que escolherem para tentar chegar ao céu, mas, a menos que escolham o caminho correto — o Senhor Jesus — sua sinceridade não vai ajudar. Jesus é o único caminho para o céu." Os dois irmãos concordaram.

VOCÊ JÁ CONHECE O CAMINHO PARA O CÉU?

Será que o caminho é indo a igreja, orando ou fazendo boas ações? Essas coisas podem parecer o caminho certo para você e para outras pessoas também. Mas a Bíblia diz que Jesus é o único caminho. Confie nele e tenha a certeza de que está no caminho certo para o céu.

JESUS É O CAMINHO PARA O CÉU

VERSÍCULO-CHAVE

Há caminhos que parecem certos, mas podem [levar] para a morte.
—PROVÉRBIOS 14:12

21 de julho

LEITURA:
1 CORÍNTIOS 13

COM AMOR

"**S**ofia, me deixe ajudá-la. Vou ganhar pontos no concurso da Escola Dominical!", disse Alessandra, pegando algumas roupas dobradas e subindo a escada. "Espero conseguir muitos pontos e ganhar uma semana no acampamento de verão." Ajudar membros de sua família era uma das formas dos juniores do grupo ganharem pontos.

Sofia fez careta para a irmã e balançou a cabeça. "Não vou assinar nenhum papel dizendo que você me ajudou," ela disse. "Me deixe em paz."

A família estava encantada com o comportamento de Alessandra. Mal acreditavam em como se tornara prestativa de uma hora para outra — lavava os pratos, fazia as camas, se oferecia para ajudar nos deveres do irmão, ficava de babá e até levava o lixo para fora! Sofia era a única que recusava a sua ajuda.

Alessandra fez muitos pontos, mas outra garota fez mais e ganhou o prêmio. "Ah, bem," disse com um suspiro. "De qualquer forma, aprendi muito." E, para a surpresa de todos, continuou prestativa.

Um dia, Sofia pediu à irmã para ajudá-la a dobrar a roupa. Alessandra ficou intrigada. "Por que quer a minha ajuda?", perguntou. "Quando era para o concurso, não me deixava fazer nada para você."

"Agora você realmente quer ajudar," Sofia respondeu. "Antes, só fazia pelos pontos."

"Acho que sim. Queria ganhar aquela viagem," Alessandra admitiu.

"Por que você *quer* ajudar agora?", a irmã perguntou.

"Bem…" a menina pensou um pouco. "No dia que o concurso terminou, a professora usou o texto de 1 Coríntios 13 na lição da Escola Dominical. Ela disse que não importa quanto bem fizermos, se não houver amor em nosso coração, todas as boas ações não valem nada aos olhos de Deus. Decidi que agradar ao Senhor era um motivo melhor para as boas ações do que ganhar pontos para ir ao acampamento, e pedi ajuda a Ele para fazer as coisas por amor." Ela riu e continuou. "Fico feliz que veja a diferença."

"Eu vejo," Sofia concordou, "lamento não ter ajudado você a ganhar o concurso! Afinal, acho que merecia."

VOCÊ FAZ COISAS BOAS PARA OUTRAS PESSOAS?

Por que faz isso? É apenas para ganhar pontos — para fazer com que gostem de você? Ou pensa que fazendo boas ações ganhará pontos com Deus? Ele diz que todas as boas ações não valem nada se não forem feitas com amor genuíno. Deixe que o amor do Senhor encha o seu coração e transborde para os outros. Eles perceberão a diferença!

AMEM UNS AOS OUTROS

VERSÍCULO-CHAVE

O meu mandamento é este: amem uns aos outros como eu amo vocês.
—JOÃO 15:12

22 de julho

LEITURA:
SALMO 19:12-14

OQJD

"Mamãe me deixou regar as plantas," Lucas disse ao irmão indo para o jardim de inverno com uma caneca de água. Mas tropeçou e a caneca escorregou de sua mão, espirrando água em João, que fazia o dever de casa na mesa da cozinha.

"Olha o que fez!", João reclamou. "Molhou-me inteiro e espirrou água no meu dever. Você é um grande desastrado."

"Desculpe," Lucas falou, mas João continuou resmungando e xingando o irmãozinho.

"Foi um acidente, João," e Lucas se desculpou". A mãe censurou: "João! Pare de usar essas palavras!".

"O João me chamou de palhaço hoje de manhã," Jane o entregou, "e ontem disse que Maria era um lixo."

"Deixe que eu cuido disso, Jane," a mãe falou. "Você e Lucas vão brincar." Quando as crianças saíram, a mãe virou-se para João, dizendo: "Parece que xingar os outros é muito fácil," Ele baixou os olhos e concordou. "Quer ajuda?", a mãe perguntou. Novamente o menino concordou. Então a mãe pegou um pincel atômico, segurou a mão do filho e, em suas costas escreveu OQJD. "Significa 'O Que Jesus Diria?'", explicou. "Quando olhar para isso, pense no que Ele diria e então, confie que vai ajudá-lo a falar a coisa certa."

Naquela tarde, João e seu amigo André estavam treinando manobras de *skate* na entrada da garagem. "Ah, não," ele resmungou quando Jane saiu, pois sabia que ficaria no caminho. "Cuidado, sua…" o menino começou, mas lembrou do OQJD escrito em sua mão e engoliu o palavrão que ia usar. Em vez disso, falou "Cuidado, maninha."

Mais tarde, a vizinha entrou zangada no quintal deles. "Olha o que aquele seu cachorro fez com minhas flores," reclamou a Sra. Campos. "Será que não consegue manter esse animal dentro de sua casa?"

"Se você…", João parou. Olhando a mão murmurou, "Desculpe."

"Você devia ter mandado ela se catar," André disse depois que a Sra. Campos saiu.

"Quase que mandei, mas…", o menino olhou para o amigo. "Hoje tive ajuda para tomar cuidado com o que falo," acrescentou com um sorriso.

QUE TIPO DE COISAS VOCÊ DIZ?

São coisas que Jesus diria? Talvez já tenha escutado alguém dizer que OQJD é um lembrete para fazer o que Ele faria, mas também é importante falar o que Ele falaria. Se você acha que isso o ajudará a lembrar, escreva OQJD em sua mão. Escreva também com letras grandes em um papel e pendure em seu quarto. Pode ser uma boa maneira de você lembrar-se de agradar Jesus com suas palavras.

PEÇA A DEUS PARA CONTROLAR SUA LÍNGUA

VERSÍCULO-CHAVE

Ó Senhor, controla a minha boca e não me deixes falar o que não devo!

—SALMO 141:3

PROBLEMA DE MEMÓRIA

23 de julho
LEITURA:
FILIPENSES 4:5-9

"Pai! Tem alguma coisa errada com a minha câmera!", Ronaldo foi até a sala e entregou a máquina digital ao pai e explicou, "Não me deixa tirar mais fotos. Diz que não tem memória suficiente."

"Certo," o pai respondeu. "Vamos dar uma olhada. A câmera tem um *chip* de memória, que guarda um limite de fotos." Ele pegou a máquina e deu uma olhada nas imagens e disse, "Tem muitas fotos na memória. Quer guardar todas?"

Ronaldo olhou as imagens. "Bem, esta eu usei para o meu trabalho de história. Não preciso mais. Porém, essas são da minha festa de aniversário, quando ganhei a câmera," ele explicou apontando várias imagens. "Quero guardar. Muitas destas outras foram tiradas quando estávamos brincando com as configurações para descobrir como funcionava."

"Teremos que deletar algumas para abrir espaço na memória do chip," o pai falou. Então, foram passando as fotos uma a uma e deletando as que o menino não queria guardar. As outras, passaram para o computador.

Quando terminaram, Ronaldo sorriu para o pai e falou, "Minha professora diz que nossa mente é como um *chip* de memória."

O pai sorriu. "É mesmo — e como *chips* de memória, nossa mente, às vezes, fica cheia de coisas que não são importantes. Então é como se ficássemos sem espaço para as coisas que Deus quer que pensemos."

"Como assim, pai?", o menino quis saber.

"Bem, se focarmos com frequência em coisas negativas, nossa mente ficará cheia desse tipo de pensamentos," o pai explicou. "Precisamos ter cuidado para encher a nossa mente com ideias boas, honestas e valiosas. Afinal, ela não vem com um botão para deletar e se livrar de coisas que não quer pensar."

Ronaldo concordou e riu, "É verdade. Se bem que eu não sei. Algumas vezes na escola, parece que alguém apagou todos os arquivos da minha memória — pelo menos os de história e matemática! Mas não se preocupe, pai. Vou me esforçar para manter a mente cheia com coisas boas."

QUE TIPO DE PENSAMENTOS ENCHEM A SUA MENTE?

Você vive num mundo corrido, cheio de coisas que chamam a sua atenção. Em meio às atividades diárias, não permita que os pensamentos ruins, impuros e negativos penetrem em sua mente. Em vez disso, concentre-se em coisas boas, positivas e saudáveis. As músicas, as brincadeiras, os livros, os programas de TV e sites na internet, devem inundar sua mente com pensamentos que Deus aprovaria.

ARMAZENE O QUE É BOM EM SUA MENTE

VERSÍCULO-CHAVE

...encham a mente de vocês com tudo o que é bom e merece elogios...
—FILIPENSES 4:8

24 de julho

LEITURA:
2 CORÍNTIOS 2:14-17

AROMA AGRADÁVEL

Beth sentiu um aroma delicioso quando entrou em casa. Inspirou profundamente, tentando descobrir o que era. *Já sei — torta de maçã! Talvez a mamãe me deixe comer um pedaço antes do jantar.* Sua barriga roncou quando foi para a cozinha. Nada de mãe. Nada de torta de maçã.

A menina encontrou a mãe na sala de estar. "Oi mãe. Trouxe um bilhete da minha professora," disse sorrindo. "Acho que é algo bom."

A mãe abriu o envelope e leu em voz alta, "Como é agradável ter a Beth em minha turma. Diversas vezes ela abre mão de seu tempo livre para ajudar os colegas. Fez amizade com a garota nova da Indonésia. Sua filha é como uma brisa de ar fresco em nossa classe. A propósito, ela me convidou para visitar a sua igreja, e vou aceitar o convite." O bilhete estava assinado pela Sra. Castro, professora de Beth.

A mãe se inclinou e deu um grande abraço na filha. "Estou tão orgulhosa, querida!"

A menina estava contente. "Agora, onde está a torta de maçã?", perguntou. "Sei que você fez — sinto o cheiro. Posso comer um pedaço?"

A mãe ergueu a sobrancelha. "Torta de maçã? Eu não fiz... ah, é a vela." Apontou para o aparador. "É uma vela aromatizante."

"Ah," A menina estava desapontada. "Isso me deixou com vontade de comer torta de maçã," falou.

A mãe sorriu e disse, "Sabe de uma coisa? Acho que sua vida é como aquela vela. A vela deixou você com vontade de torta de maçã, porque o aroma é muito bom, e acredito que suas ações e comportamento deixaram sua professora com vontade de ter o que você tem — penso que é por isso que ela quer ir à igreja."

"Mas... não é exatamente da igreja que ela precisa," falou Beth. "É de Jesus."

A mãe concordou, "Sim. Sua professora não percebe que deseja um relacionamento com Jesus. Mas ela vê alguma coisa na sua vida que a atrai." A mãe deixou o bilhete na estante e olhou para o relógio. "Venha, Beth," falou. "Ainda temos tempo de fazer uma torta de maçã antes do jantar."

O SEU COMPORTAMENTO APROXIMA AS PESSOAS DE VOCÊ?

Suas ações fazem com que queiram conhecer Jesus? Sua vida pode ser um testemunho do Senhor quando demonstra amor, gentileza, paciência e presteza. O seu modo de agir pode levar pessoas a querer conhecer por que a sua vida é assim. Ao lhe observarem, elas podem sentir a vontade de conhecer o que você já conhece — desejo de conhecer Jesus.

TESTEMUNHE COM SUA VIDA

VERSÍCULO-CHAVE

...somos como o cheiro suave do sacrifício que Cristo oferece...

—2 CORÍNTIOS 2:15

25 de julho

LEITURA:
MALAQUIAS 3:16,17;
COLOSSENSES 3:23,24

O ÁLBUM DE BIANCA

"Olha, Bianca!" A mãe estava no sofá com um grande livro no colo. "Essa é uma mecha do seu cabelo quando tinha três meses — e veja a impressão do seu pé quando nasceu."

A menina riu e falou, "Uau! É muito pequenininha! Isso é o meu álbum de quando era bebê, não é? Já faz tempo que não olho."

A mãe sorriu. "Escrevi nele durante seus três primeiros anos. Você andou e falou cedo. Deu o primeiro passo aos nove meses. Disse 'Papa' aos cinco, pelo menos foi o que o seu pai falou. E quando tinha dois anos e meio, já cantava o *ABC*. Você era bem inteligente."

"Sério?", Bianca perguntou. "Bem, agora vivo fazendo bobagens. Não sou mais inteligente."

"Claro que é," a mãe discordou. "Algumas vezes só insiste demais nos erros." Ela apontou para o livro. "Por que acha que não escrevi coisas como 'Hoje Bianca caiu 15 vezes tentando andar'?"

"Isso não ficaria legal", disse a menina rindo.

"Não mesmo, mas cair faz parte de aprender a andar. Não lembro de quantas vezes caiu, mas lembro-me do primeiro passo. Não guardei as vezes que chorou uma eternidade, mas era um bebê adorável, e guardei isso," a mãe disse, sorrindo: "As mães escrevem as boas recordações nos livros de bebê, e isso me lembra que Deus também tem um livro de recordações."

Os olhos de Bianca brilharam, e ela perguntou: "Ele escreve apenas as coisas boas em Seu livro — que nem as mães?"

"Gosto de pensar que sim. É claro, Deus sabe tudo o que fazemos, e há consequências para nossos atos," a mãe disse. "Mas quando aceitamos Jesus como Salvador, todos os nossos pecados — ou seja, tudo de ruim que fazemos — é perdoado e esquecido."

Beth perguntou, "Quando pecamos depois de salvos, Deus quer que nos arrependamos e confessemos, não é? E quando se arrepende de verdade, precisamos de Sua ajuda para não errar de novo."

"Isso mesmo." A mãe sorriu. "Deus vê tudo e a Bíblia diz que Ele disciplina os Seus filhos, mas também os premia. Então vamos lembrar de fazer coisas que queremos que Ele escreva em Seu livro."

VOCÊ ESTÁ FELIZ POR DEUS LEMBRAR-SE...

...das coisas boas que você faz? Não insista em suas falhas e erros. Confesse-os a Deus e peça Sua ajuda para melhorar. Ele prometeu que sempre perdoará e lhe dará forças para seguir em frente. Agradeça ao Senhor pelo que você pode conquistar com a Sua ajuda.

FAÇA ALGO PELO QUAL GOSTARIA DE SER LEMBRADO

VERSÍCULO-CHAVE

Deus não é injusto. Ele não esquece o trabalho que vocês fizeram...
—HEBREUS 6:10

26 de julho

LEITURA:
SALMO 119:129-135

RECIFE DO HOMEM MORTO

Tump! O fundo do barco batia contra o mar e respingos de água salgada molhavam o rosto de Celso e Janete. "Isto é ótimo!", ela gritou. "Não acredito que o tio João nos deixou vir sozinhos! É tão divertido!" O barco seguia e eles riam quando o vento batia em seus cabelos.

Alguns minutos depois, Celso desligou o motor e falou: "Acho que o tio João disse que podíamos vir até aqui," Em seguida, ligou novamente o motor. "Melhor voltar."

"Não quer olhar o mapa?", Janete perguntou, esticando o papel para o irmão. "Ouvi o tio explicar para você."

O menino balançou a cabeça. "Não, não preciso do mapa." Fez uma larga volta com o barco e tomou o caminho de volta.

De repente, um solavanco, seguido de um terrível *CRACK!* O motor engasgou e morreu. "Devemos estar presos num recife," Celso engoliu em seco. "Não vi. Deixe-me olhar o mapa." Ele o estudou um pouco e resmungou apontando no mapa. "Ah, nã-nã-não! Estamos aqui, no recife do Homem Morto!"

"Celso, o barco está vazando!", Janete falou. "O que vamos fazer? Estamos muito longe do cais." Enquanto ela falava, ouviram o som de uma buzina; uma lancha da Guarda Costeira ia em direção a eles e, logo, estavam a salvo.

Naquela tarde, sentaram no chalé, com as cabeças baixas e expressões abatidas. "Desculpe, tio João," Celso falou: "Vou pagar pelo estrago no barco. Tenho um dinheiro guardado e o papai disse que dá para pagar a parte que o seguro não cobre."

"Eu sei. Fico feliz que assuma uma responsabilidade dessas," o tio falou. "Mas, por que não olhou no mapa, Celso? O recife é bem marcado porque muitos barcos quebram ali."

"Achei que não precisava," o menino admitiu.

"Bem, espero que se lembre sempre desta experiência e da importância de olhar os mapas," respondeu o tio.

"Nós vamos!", falou Janete. "Lembro-me de que a minha professora da Escola Dominical disse que a Bíblia é o guia ou mapa mais importante."

"Totalmente certo!", declarou o tio. "Nunca pense que não precisa dela."

USA A PALAVRA DE DEUS COMO MAPA PARA A SUA VIDA?

Antes de tudo, ela o conduz a Jesus, o único caminho para o céu. A Bíblia o guiará em sua caminhada como cristão. As promessas de Deus lhe darão alegria e você encontrará conforto nos momentos difíceis. Ela lhe ensinará a ser honesto, puro, amoroso, paciente e gentil. Obedecer a Palavra de Deus o ajudará a evitar muitos erros. Aproveite o privilégio de usar o guia especial que Deus lhe deu.

PERMITA QUE A BÍBLIA GUIE A SUA VIDA

VERSÍCULO-CHAVE

Conserva-me firme, como prometeste...

—SALMO 119:133

27 de julho

LEITURA:
GÁLATAS 4:4-7

ADOTADA DUAS VEZES

Marta nunca se cansava de escutar a história de quando seus pais a trouxeram da agência de adoção para casa. "Você só tinha seis semanas," o pai disse uma noite, quando ela implorou para ouvir a história novamente. "Nunca vou esquecer aquela ligação da agência, dizendo que tinham um bebê para nós. Eu estava no trabalho e fiquei tão feliz, que nem lembrei de perguntar se era menino ou menina." Todos riram ao recordar o dia feliz.

A mãe continuou a história. "O caminho para casa era longo, e eles nos deram uma mamadeira para podermos alimentar o bebê. Mas você ficava adormecendo no lugar de tomar a mamadeira."

Marta riu. "Então papai ficou tocando a buzina para tentar me acordar?"

"Isso mesmo," o pai respondeu com um sorriso. "Acho que foi uma bobagem."

"E então vocês me adaptaram… quero dizer, me adotaram," ela disse e riu do próprio erro. "Eu sei que quando você é adepto a algo, também quer dizer que gosta disso. Mas o que quer dizer a palavra adotar?", perguntou.

A mãe respondeu, significa tomar algo como seu. No caso de pais e filhos, quer dizer, receber voluntariamente uma criança de outros pais e criar como se fosse sua." A mãe abraçou Marta. "Ficamos felizes em tê-la conosco. Não precisávamos fazer isso, mas nós queríamos você. Somos muito gratos ao Senhor por ter nos unido."

"Eu também," a menina falou.

O pai acrescentou, "Sabe, Marta, a Bíblia também fala sobre adoção. Deus quer nos adotar em Sua família. A Bíblia diz que quando cremos no Senhor Jesus Cristo, Deus nos aceita e nos adota como Seus filhos."

"É verdade, e ser adotado na família de Deus é mais maravilhoso do que ser adotado em nossa família," a mãe falou. "Tornamo-nos filhos e herdeiros de Deus — junto com Jesus."

"Então fui adotada duas vezes,". "Fui adotada em sua família quanto era um bebê, e na família de Deus, quando aceitei Jesus como Salvador. Agora sou de vocês e de Deus," a menina falou alegremente. Ela sorriu e concluiu. "Gosto de ser adotada!"

VOCÊ JÁ FOI ADOTADO NA FAMÍLIA DE DEUS?

Mesmo que tenha uma família maravilhosa aqui na terra, precisa também fazer parte da família de Deus. Somente aceitando Jesus como seu Salvador, você pode se tornar filho e herdeiro do Senhor. O que poderia ser melhor do que isso? Você quer se tornar filho de Deus ainda hoje?

DEUS QUER ADOTAR VOCÊ

VERSÍCULO-CHAVE

…a estes ele deu o direito de se tornarem filhos de Deus.
—JOÃO 1:12

28 de julho
LEITURA:
ATOS 11:27-30

O PRESENTE DE CAIO

"**N**ão esqueça o dinheiro para a oferta de missões, mãe," Caio falou.

"Certo," a mãe abriu a bolsa. Caio pegou a nota e saiu correndo para a aula da Escola Dominical.

A Sra. Porto, após recolher a oferta, disse: "Estou imaginando quantos de vocês pegaram dinheiro com seus pais." Diversos garotos concordaram. "Tenho uma sugestão. No mês que vem, por que não ofertam apenas dinheiro que ganharem?", ela continuou. "Os missionários estão organizando uma escola para garotos da idade de vocês. Pensem naquelas crianças. Algumas não têm pais; outras não têm o que comer. Estarão dando seu dinheiro para elas e para o Senhor."

Caio não gostou da ideia. "Não sei que diferença faz se damos o nosso dinheiro ou se nossos pais ajudam," reclamou no caminho para casa.

"A diferença é que não há satisfação verdadeira ao dar para o Senhor quando não lhe custa nada," explicou o pai.

"Talvez não… mas não tenho muito dinheiro," o menino protestou, "e estou economizando para comprar uma bicicleta nova."

O pai sorriu e falou: "Às vezes é preciso fazer sacrifícios e ficar sem as coisas que queremos para ofertar para o trabalho de Deus, mas talvez você ainda encontre formas de ganhar um dinheiro extra. Ore e pergunte ao Senhor sobre o que deve fazer."

Durante as semanas seguintes, Caio ficou surpreso com quantos trabalhos conseguiu. Seus pais pagaram pelas tarefas extras de casa. Aparou a grama para os vizinhos, levou recados e limpou o porão da avó. Realmente gostou de ganhar dinheiro para a oferta missionária, e até decidiu dar o que normalmente gastava em balas toda semana.

"Pretendo ser um missionário na África, e por isso estou trabalhando para que as pessoas possam ouvir sobre Jesus," Caio declarou quando ganhou alguns reais.

"Pretende ser?", a mãe perguntou. "Isso não é pretender. Mesmo não estando na África, o trabalho que está fazendo ajuda as pessoas a conhecerem o Senhor. Estou muito orgulhosa de você!" ela abraçou o filho. "De certa forma, você já é um missionário!".

VOCÊ JÁ DOA SUAS OFERTAS PARA A OBRA DE DEUS?

Ou apenas repassa o que é de seus pais? Talvez dê algo de sua mesada ou dos presentes em dinheiro que recebe. Você também pode pedir a Deus por oportunidades de ganhar dinheiro para ofertar. A oferta, fruto de seu trabalho, será muito abençoada. E mesmo que você não seja um missionário num país estrangeiro, pode ser uma parte importante no trabalho deles.

DOE PARA DEUS

VERSÍCULO-CHAVE

…não vou oferecer ao Senhor, […] sacrifícios que não me custaram…
—2 SAMUEL 24:24

APRENDA COM A FORMIGA

29 de julho
LEITURA:
PROVÉRBIOS 6:6-11

"Por que eu?", Breno falou durante o jantar de domingo. "Fiz uma simples pergunta e terminei com uma pesquisa para fazer."

A mãe sorriu. "Como isso aconteceu?"

Breno explicou, "O versículo de hoje era 'Preguiçoso, aprenda uma lição com as formigas!' A professora explicou o que é um preguiçoso. Então perguntei o que havia de especial nas formigas e a Srta. Alves me mandou pesquisar e levar um relatório na próxima semana."

"Deve ser interessante, e talvez ajude num outro problema," o pai comentou. "Sua mãe e eu temos conversado com você sobre esse hábito de deixar tudo para última hora e estar sempre atrasado. Quem sabe aprende alguma lição com as formigas."

Breno deu de ombros e admitiu, "É… acho que devia fazer as coisas mais rápido, mas duvido que uma pesquisa sobre formigas vá me tirar da cama mais cedo ou me ajudar a fazer logo meus deveres de casa e tarefas."

Os pais o incentivaram e o menino foi fazer a pesquisa. Para sua surpresa, gostou do que aprendeu. Descobriu que existem muitas espécies de formigas — todas interessantes.

Uma noite, ele contou sobre o que havia aprendido "Li que uma formiga pode levar uma carga 52 vezes maior que o seu próprio peso. E que um tipo recolhe grãos na época da colheita e estoca para o ano todo. Outra espécie é capaz de tirar todas as folhas de uma árvore pequena numa noite. Mas sabem qual é a mais engraçada? É uma espécie que cuida de pulgões para sugá-los!" Os pais também acharam tudo interessante.

No domingo seguinte Breno contou para a turma, "As formigas são criaturinhas muito ocupadas! Acho que é por isso que a Bíblia diz para seguir o exemplo delas."

"Se todos os cristãos trabalhassem como as formigas, o mundo seria um lugar melhor," concordou a professora.

No dia seguinte, Breno estava pronto para a escola logo cedo. Ele riu quando a mãe ficou surpresa e falou, "Resolvi que não posso passar vergonha por causa daquelas formiguinhas. O mínimo que posso fazer é estar pronto na hora todos os dias."

VOCÊ É PROCRASTINADOR?

Alguém que vive adiando tudo? É preguiçoso? Se for, deve decorar o versículo-chave de hoje. Não permita que as formiguinhas o envergonhem. Pense em como são ocupadas e como trabalham duro, e siga o seu exemplo. Fazer seu trabalho prontamente, tanto em casa como na escola, é uma parte importante da construção de um forte caráter cristão.

NÃO SEJA PREGUIÇOSO

VERSÍCULO-CHAVE

Preguiçoso, aprenda uma lição com as formigas!
—PROVÉRBIOS 6:6

30 de julho
LEITURA: ROMANOS 12:10-15

NÃO IMPLIQUE!

ric chutou uma pedra com raiva. Então, escutou alguém vindo atrás dele: era Diogo, um dos colegas de turma. "Está zangado?", o menino perguntou ao ver a expressão de Eric. "Qual o problema?"

"Ah, nada," ele resmungou e bateu em sua cabeça. "É… é que estou cansado dessa careca. Os garotos fazem pouco de mim."

Diogo perguntou com cautela, "A leucemia fez seu cabelo cair, não é? Foi por causa do tratamento, certo?"

Eric concordou e respondeu, "A Sra. Souza pediu a minha mãe para vir e explicar tudo numa das aulas de saúde da semana que vem. Ela diz que os garotos vão se acostumar a me ver assim, mas eles ainda implicam." Ele mordeu os lábios, para não mostrar como aquilo machucava. "Você nunca implicou comigo," acrescentou.

Diogo sorriu. "Você está bem," disse quando chegaram à casa de Eric. "Quer ir na minha casa brincar? Minha mãe deixou-me levar alguém hoje."

"Claro," Eric concordou. "Só vou perguntar a mamãe se posso." Então, após ter a permissão da mãe, ele foi brincar na casa de Diogo.

Os garotos conversaram enquanto os carrinhos corriam pela pista. "A leucemia dói?", Diogo perguntou.

Eric respondeu, "Alguns exames doem, e o tratamento me deixa enjoado. E mesmo usando um boné a maior parte do tempo, fico engraçado com esta careca. Quando eles implicam, me sinto pior ainda." Ele parou o carrinho e olhou para o amigo. "Por que você não implica como os outros fazem?"

"Como eu disse, você parece legal. Além disso, eu…" Diogo não tinha certeza do que dizer, então foi direto ao assunto. "Eu não quero que se sinta mal, e Jesus não ia querer que eu fizesse isso," falou. "Simples assim."

"Então queria que os outros garotos conhecessem Jesus," Eric respondeu. "Na verdade, também não sei muito."

Diogo sorriu. "Vamos até a cozinha comer biscoitos com leite, e lhe conto mais sobre Ele," disse. "Talvez você possa vir à Escola Dominical comigo também. Aprendemos muito sobre Jesus lá. Tudo bem?", Eric concordou, sorrindo.

VOCÊ CONHECE ALGUÉM CUJA APARÊNCIA É DIFERENTE...

...por causa de um problema de saúde? Ou que tenha cicatrizes por causa de um ferimento ou cirurgia? Ou uma pessoa que nasceu com um problema físico? Você pode deixar-lhe a vida mais fácil se recusando a implicar como os outros. É cruel ferir crianças por causa de implicância. Ao não participar desse tipo de crueldade, você demonstra um tipo de amor e comportamento que agrada a Deus.

NÃO IMPLIQUE QUANDO ISTO MACHUCA OUTROS

VERSÍCULO-CHAVE

Quem ama é paciente e bondoso...
—1 CORÍNTIOS 13:4

31 de julho
LEITURA:
SALMO 37:1-9

ANTES DO PÔR DO SOL

"Leo me deixa com raiva!", Cristina disse ao pai. "Ele foi muito malvado comigo depois que caí na corrida hoje. Diz que sou um fracasso total! Queria dar-lhe um bom chute e gritar na cara dele!"

"Talvez devesse dizer a seu irmão que está realmente zangada por isso," sugeriu o pai.

"Devo?", a menina ficou surpresa. "Mas pensei que não deveríamos ficar zangados com as pessoas."

"Bem, provavelmente você não deve chutar nem gritar," o pai concordou. "Seria demais. Mas todo mundo fica zangado ocasionalmente, e algumas vezes, com razão. Acho que deveria dizer ao Leo como se sente. A Bíblia diz que não devemos ficar com raiva o dia todo — temos que resolver a situação antes do pôr do sol — você devia superar isso logo. Conversar sobre isso normalmente ajuda."

Cristina ficou pensando naquilo. "Só falar, mas não chutar, não é?", perguntou lentamente. "Acho que posso tentar."

Mas ela simplesmente não foi capaz. Então, naquela noite quando foi para a cama, Cristina ainda estava com raiva e não conseguia dormir. Ficou acordada por um tempo. De repente se levantou, marchou até o quarto do irmão, ligou a luz e declarou: "Estou realmente muito zangada com você!"

Leo se virou e murmurou, sonolento, no travesseiro, "Vá embora! "

"O que você quis dizer quando falou que sou um fracasso total?", perguntou. "E que sou uma péssima corredora?"

O menino abriu um olho. "Não quis dizer isso. Só estava implicando com você, mas sei que não deveria. Agora vá embora e me deixa dormir." resmungou. Ele puxou as cobertas e acrescentou. "Vou ao parque amanhã de manhã, e se quiser ir comigo, é melhor dormir também."

Cristina fez uma careta. "Não me mande ir dormir! Eu faço o que eu... ei, me chamou para ir ao parque com você?", perguntou surpresa.

Leo se virou. "Sim," murmurou. "Boa noite, mana."

"Boa noite, irmão." Cristina riu ao voltar para o quarto. Não estava mais zangada. Agora podia dormir.

SE VOCÊ ESTIVER ZANGADO, ISTO PIORA CADA VEZ MAIS?

Você pode ter uma boa razão para estar zangado, mas não deixe a raiva crescer. Ore sobre isso, e converse com quem o deixou assim. Algumas vezes, pode até ser necessário a presença de um adulto.

RESOLVA OS PROBLEMAS ANTES DE DORMIR

VERSÍCULO-CHAVE

...não fiquem o dia inteiro com raiva.
—EFÉSIOS 4:26

ANOTAÇÕES

1.º de agosto

LEITURA:
TIAGO 1:13-15

A GRANDE COBRA

Enzo tinha vários animais de estimação. Amava a todos — em especial seu cão, Estalo. Entretanto, parecia que seus animais não o satisfaziam totalmente. Estava sempre trazendo outras criaturas para casa.

Um dia, a mãe deu um grito ao encontrar uma pequena cobra na lancheira dele. "Quantas vezes já disse para não colocar estas coisas aqui? Livre-se disto!", mandou.

O pai deu uma olhada no réptil. "Onde achou isto?", perguntou.

"Ela estava tomando sol na estrada, é tão bonitinha. Não podia deixá-la. E se fugisse?" Enzo respondeu.

"Você sabe o tipo desta 'bonitinha'?", perguntou o pai. "É uma cascavel e li que, mesmo os filhotes são muito perigosos."

"Mas é tão pequena!", o menino exclamou. "Além disso, não estou vendo nenhum chocalho."

"Você não tem barba, mas terá se viver o suficiente. Esta cobra adulta terá um chocalho e presas com veneno suficiente para matar uma pessoa," o pai falou.

Enzo protestou: "Ela não parece uma assassina. Aposto que se pegar um filhotinho como este, cuidar e alimentar, ela nunca vai matar você."

"Bem, não faremos a experiência," o pai determinou. "Cascavéis são perigosas. Leve lá para fora e mate, ou então, eu farei isso."

"Está certo, eu faço," de má vontade, o menino falou e levou a caixa para o quintal. "Não entendo porque tenho que me livrar da cobra, não vou fazer isto!" Estalo apenas rosnou e o menino reclamou com o cachorro.

Mais tarde, naquela noite, Enzo estava resmungando por não ter ficado com o animal. "Cobras pequenas crescem," o pai falou novamente, "e são perigosas. Lembra o que o pastor falou no domingo?"

"Não exatamente," o menino disse.

"Ele falou que, como a cobra, alguns pecados podem parecer pequenos para nós. Às vezes até parecem divertidos, mas enchem a nossa vida de veneno," o pai explicou. "Como aquela cobra, o pecado deve ser visto como perigoso, e não como algo com o qual possamos brincar. Precisamos lembrar que aos olhos de Deus, não existe pecadinho."

EM SUA VIDA EXISTE PECADO QUE PARECE PEQUENO?

Uma mentirinha ou a cópia de apenas uma ou duas respostas de um colega na hora da prova? Um comportamento grosseiro ou a recusa em perdoar alguém? Certamente, isso não é tão forte como roubar ou cometer algum grande crime, mas a ideia de que uma coisa errada não seja tão séria, normalmente leva a erros maiores. Aos olhos de Deus, qualquer pecado é pecado. É perigoso e inaceitável.

PECADO É PERIGOSO

VERSÍCULO-CHAVE

...a mente controlada pela natureza humana [morre] espiritualmente...

–ROMANOS 8:6

2 de agosto
LEITURA:
ROMANOS 5:6-11

A GRANDE COBRA 2

"Quer ver meus bichinhos, Paula?", Enzo perguntou. E mostrou as tartarugas, porquinhos-da-índia e coelhos. "Tem mais um," disse. Foi até um canto do celeiro e levantou a tampa de uma caixa. Paula engoliu em seco. "Achei esta cobra ainda filhote," ele falou, "Mas não conte a ninguém! Papai mandou matá-la — mas não consegui. Era tão bonitinha e pequena."

"Agora não é pequena," a vizinha falou. "Ou bonitinha! É nojenta!"

Enzo tirou a cobra da caixa e a colocou em cima da palha. "Pode fazer carinho," disse. "Aqui, amiga, mostra... ei! Qual o problema? Nunca vi ela se enrolar assim." Deram um passo para trás. "A cabeça está balançando. Foge, Paula! Ela vai atacar!"

"Pegou seu cachorro!", Paula gritou e foram buscar o pai.

"O Dr. Caldas está vindo," o pai falou e correu para matar a cobra.

Quando o veterinário chegou, as crianças ainda tremiam e Enzo chorava, acariciando o cão. "Vou fazer o que posso para salvá-lo," disse o Dr. Caldas, aplicando uma dose forte de soro, "mas mordida de cobra pode ser fatal. Preparem-se." Ele explicou como cuidar de Estalo, e foi embora.

"Desculpe ter desobedecido, pai. Sei que mereço o castigo," o menino falou aos prantos mas... podemos orar pelo Estalo?"

"Claro, mas precisamos aceitar a resposta de Deus," o pai concordou e relembrou: "Lembra-se de que comparamos o pecado àquela cobra no dia que você a achou?", Enzo acenou. "A cura para o pecado é como o remédio para a mordida da cobra," o pai continuou. "O veneno precisa ser combatido. Aplicamos uma dose de soro após a mordida e esperamos que o veneno seja neutralizado. Quando confiamos em Jesus, pedimos que nos perdoe e nos limpe, sabemos que o veneno do pecado em nossa vida é removido pelo Seu sangue, derramado por nós."

Enzo concordou de novo. Inclinaram as cabeças para orar e ele falou primeiro. "Desculpe por desobedecer. Por favor, me perdoe," orou. "Obrigado por Jesus e por cuidar de mim e da Paula. Por favor, cuide do Estalo também. Amém."

O VENENO DO PECADO JÁ FOI REMOVIDO DE SUA VIDA?

Jesus é o único que pode removê-lo. Seu sangue jamais perderá o poder de limpar o pecado. Ele quer que você o aceite e seja salvo. Aceite-o agora.

JESUS REMOVE O VENENO DO PECADO

VERSÍCULO-CHAVE

...o sangue de Jesus, o seu Filho, nos limpa de todo pecado.
—1 JOÃO 1:7

A MENINA PREGUIÇOSA

3 de agosto

LEITURA:
1 CORÍNTIOS 9:24-27;
APOCALIPSE 4:10,11

Susana estava na varanda, esperando o pai. *Queria que papai chegasse logo,* pensou. *Preciso de dinheiro para comprar o presente da Joana antes da festa. Mamãe estava certa quando disse que eu devia ter cortado grama, ou cuidado das crianças da Sra. Gomes para ganhar dinheiro, mas está quente demais.*

Nessa hora, a mãe saiu. "Filha, porque não vai até lá para saber se a Júlia quer que a busquemos para a Escola Dominical amanhã?", sugeriu.

Ela fez careta. "Ah, mãe, com certeza ela vai à festa da Joana." Susana se espreguiçou, *não vou andar até lá,* pensou. *Está muito quente.*

"Tudo bem," a mãe respondeu, "mas não esqueça."

Quando o pai chegou, era tarde demais. "Ah," a menina falou, "depois compro o presente da Joana." E foi para a festa de mãos vazias.

Susana voltou para casa bem triste. "A Joana não ligou quando expliquei que não tive tempo de comprar o presente e que daria na semana que vem, mas as outras crianças ficaram cochichando pelas minhas costas," reclamou. "Soube que me chamam de Susana preguiçosa de novo. Fiquei tão envergonhada."

"Imagino," falou a mãe. "Afinal, Joana a convidou para a festa e você aceitou, mesmo assim, não se preocupou em comprar o presente para ela."

"Você vai me dar uma bronca né?", ela choramingou.

"Acho que sabe que merece," respondeu a mãe, "mas talvez eu também precise de uma. Jesus também nos convidou para a Sua casa no céu. Ao crer nele, aceitamos o Seu convite, mas temos um presente para levar para Ele? A Bíblia fala de coroas sendo lançadas ao Seu trono por aqueles que amaram e serviram ao Senhor. Podemos servir a Deus e ganhar coroas agora. Quando chegarmos ao céu, não poderemos prometer trazer depois."

"Mas o que eu posso fazer por Jesus?" Susana se perguntou em voz alta, e deu um pulo. "Já sei. Júlia estava na festa, mas não a convidei para a Escola Dominical. Dá tempo de ir até lá convidar, antes do jantar? Não quero mais ser conhecida como uma menina preguiçosa — principalmente no céu."

VOCÊ JÁ ACEITOU O CONVITE DE JESUS PARA O CÉU?

Isso é ótimo, e você vai levar um presente para Ele? A Bíblia fala de coroas dadas para aqueles que amam e servem a Jesus. O que você pode fazer por Ele? Há alguém a quem deveria testemunhar ou demonstrar gentileza em nome de Jesus? Um amigo que deveria convidar para a Escola Dominical? Faça isso agora para não ficar envergonhado quando estiver diante do Senhor.

GANHE ALMAS PARA JESUS AGORA

VERSÍCULO-CHAVE

...quem aumenta o número de amigos é sábio.
—PROVÉRBIOS 11:30

4 de agosto
LEITURA:
PROVÉRBIOS 15:13-15

UMA VISITA AO HOSPITAL

"Oi Jorge," Ana falou quando entrou no quarto do hospital. Ele havia passado por uma cirurgia no joelho no dia anterior. "Olha o que eu trouxe para você." Ela entregou-lhe um buquê de flores. "A-a-tchim! Obrigado, Ana. A-a-tchim!" Jorge espirrou novamente. "São lindas, mas eu sou alérgico."

"Bem, que bom que só está espirrando por causa das flores," ela disse, levando o buquê para o outro lado do quarto. "Achei que estivesse gripado. Minha mãe conheceu uma senhora que pegou gripe no hospital e morreu de pneumonia. Tem todo tipo de germe em hospitais. Dá para pegar quase qualquer doença aqui," Ana olhou para ele. "Você não parece bem."

"Estou ótimo," Jorge respondeu. "Quase não sinto dor."

"É porque o doutor dá remédio, não porque está melhor," ela comentou. "Poderia estar morrendo. Minha mãe diz que os médicos nunca falam tudo. Pena que não vai poder jogar futebol este ano. Papai diz que talvez você nunca mais possa jogar." Ela balançou a cabeça com tristeza.

"Ele vai sim," uma voz veio da porta. Tiago, amigo do menino, estava chegando. "Oi, Jorge," ele falou. "Você está ótimo!" Entregou um livro. "O Sr. Gomes mandou dizer que nossa turma da Escola Dominical está orando por você. Este é um presente da turma."

"Um livro de charadas!" Jorge riu. "Agradeça a eles."

"Sabia que…" Ana tapou a boca com a mão. "Bem, eu não devia contar, mas como quase soltei — seu cão foi atropelado," ela contou com a voz triste. Jorge engoliu em seco. "Talvez morra," ela acrescentou.

"Ah, isso é horrível," o menino lamentou.

"Encontrei sua mãe e ela disse que ele vai ficar bem," Tiago corrigiu.

Ana olhou para o relógio. "Tenho que ir. Minha mãe está esperando lá embaixo. Eu queria passar aqui e animar você um pouco. Cuide-se. Vou fechar a porta quando sair. Talvez mantenha os germes lá fora."

Tiago riu depois que ela foi embora. "Não sei o que ela falou, mas duvido que tenha sido animador," ele disse. "Ei… vamos resolver algumas dessas charadas agora."

VOCÊ FALA COISAS ALEGRES PARA OS DOENTES?

Se a pessoa quiser conversar sobre algo infeliz, ouça, mas não fique perguntando. Algumas vezes é assustador estar no hospital, mas alimentar medos não ajuda a pessoa. Seja alegre e solidário. Ofereça-se para orar por seu amigo, e em seguida, certifique-se de orar por ele ou ela.

ANIME AS PESSOAS DOENTES

VERSÍCULO-CHAVE

A alegria faz bem à saúde…
—PROVÉRBIOS 17:22

5 de agosto

LEITURA:
JOSUÉ 1:5-9

SEMPRE PRESENTE

"Desapareceu!" Beth exclamou uma manhã quando ia com sua irmã mais velha para a escola, passar o dia. "Estava lá, e agora desapareceu!" Um enorme telescópio havia sido instalado recentemente numa montanha perto da cidade. As garotas costumavam vê-lo claramente enquanto andavam em sua rua.

Jane riu. "Nessa neblina muitas coisas desapareceram," disse. "Na verdade, estão apenas escondidas. Acho que poderemos ver o telescópio quando voltarmos para casa no final do dia."

Ela estava certa. No caminho de volta o telescópio estava novamente visível, mas Beth tinha outra coisa em mente. "Não quero ir à escola amanhã," disse para Jane. "Tem uma garota na minha turma de trabalhos manuais que não gosta de mim e eu estou com medo dela. É maldosa!"

"Talvez amanhã eu possa ficar a maior parte do tempo com você," a irmã sugeriu.

"Mas estamos em turmas diferentes — e seu grupo é mais velho," a menina respondeu um pouco nervosa. "Você não pode ficar comigo o dia todo."

Jane pensou um pouco. "Não, eu não posso, mas você conhece alguém que pode," falou.

"Conheço?", Beth perguntou. "Quem?"

"Estou pensando na nossa lição bíblica da semana passada. A Sra. Ramos leu versículos que dizem que Jesus está sempre com a gente," lembrou a irmã. "Ele…"

"Eu sei," Beth interrompeu Jane, "mas não posso ver Jesus."

A irmã apontou para o cume da montanha. "Esta manhã não conseguíamos ver o grande telescópio, mas ele estava lá," disse. "Mesmo que não estejamos vendo Jesus, Ele está aqui também, porque prometeu que sempre estaria com a gente."

Beth suspirou. "Certo. Você pode ficar comigo até as turmas se separarem para a aula de trabalhos manuais," falou e sorriu. "E então, vou lembrar-me de que Jesus está comigo o resto do tempo, mesmo que eu não consiga ver."

VOCÊ GOSTARIA DE PODER VER JESUS?

Talvez quando tiver um pesadelo ou se perder numa loja? Respire mais tranquilamente ao pensar que, mesmo que você não possa vê-lo, Jesus está ao seu lado. tenha essa certeza, porque é o que a Bíblia diz. Jesus prometeu estar sempre com aqueles que creem nele, e Ele cumpre o que promete.

JESUS ESTÁ SEMPRE COM VOCÊ

VERSÍCULO-CHAVE

...eu [Jesus] estou com vocês todos os dias, até o fim dos tempos.
—MATEUS 28:20

6 de agosto
LEITURA: TIAGO 4:4-10

MOSTRE SUAS CORES

"Ei, Lucas," o avô chamou um garoto da vizinhança que vinha pela calçada. Quando o menino se aproximou, foi possível ver que ele parecia não estar bem. Lucas levantou os olhos, hesitou, e foi falar com o avô. "Problemas?", o avô perguntou.

"Todos os meus amigos estão zangados comigo," o menino contou com tristeza.

"Isso é muito ruim," o avô foi solidário. "Quer me contar mais sobre isso?"

"Eu... acho que sim," Lucas respondeu e contou a história. "Alguns dos meus amigos da escola contaram a uns garotos da igreja que eu fumo."

"E, é verdade?", o avô perguntou.

"Eu... bem... experimentei quando estava com uns meninos da escola," ele admitiu. Então secou os olhos com a mão. "Mas eu sou um cristão e não fumo com frequência," se defendeu. "É só que... bem, detesto ser o diferente. Só experimentei algumas vezes e nem gostei, mas agora os garotos dizem que sou duas caras e que ninguém gosta mais de mim. Acha isso justo?"

O avô deu um suspiro. "Lucas, você me lembra um camaleão — um lagarto que muda de cor. Quando está num tronco de árvore, ele fica marrom. Quando está sobre uma folha, fica verde. Bem, Deus fez os camaleões desse jeito, para que se protejam de seus inimigos, mas Ele não quer que os cristãos sejam assim. O Senhor quer que mostremos nossas cores cristãs o tempo todo."

O menino fungou. "Mas é tão difícil ser muito diferente dos outros," disse.

"Se andasse com meninos cristãos na escola, e na igreja, não seria tão diferente," o avô falou. "Mas mesmo estando com garotos incrédulos, não há desculpa para não se comportar como um cristão. Você deveria fazer e dizer o que agrada a Deus — não importa com quem estiver."

"Ah, vovô, desculpe de verdade! Nunca mais vou fumar um cigarro," Lucas declarou. "Espero que não. Não tente agradar a Deus e ao mundo. Isso não funciona." o avô lhe disse.

VOCÊ É COMO UM CAMALEÃO...?

Está tentando ser igual a alguém ao seu lado? Dependendo de quem for, você, às vezes, faz brincadeiras maldosas ou implica com os outros; e outras vezes tem um comportamento prestativo e gentil? Não há como agradar ao Senhor e ao mundo ao mesmo tempo. A Bíblia diz que os cristãos devem fazer boas ações. Comporte-se como um cristão.

SEJA FIEL A DEUS

VERSÍCULO-CHAVE

...Quem quiser ser amigo do mundo se torna inimigo de Deus.
—TIAGO 4:4

7 de agosto

LEITURA:
SALMO 25:8-14

ACEITE AJUDA

Emília estava em sua mesa, fazendo o dever de matemática quando a irmãzinha entrou. "Quero escrever números também," disse Kátia, que tinha apenas quatro anos. Queria ser como a irmã mais velha.

Sorrindo, Emília escreveu os números de um a dez numa folha de papel. Então, pegou a mão de Kátia e a ajudou a começar. "Um... dois..."

A menininha empurrou a mão da irmã. "Eu consigo," falou.

"Tudo bem," respondeu Emília e voltou para o seu dever. Tinha acabado de resolver o último problema quando Kátia começou a chorar. "Qual o problema?", ela perguntou. A menininha jogou o papel longe. Seus números estavam todos desfigurados, muitos irreconhecíveis. "Deixa eu ajudar você," Emília se ofereceu, se inclinando para pegar novamente a mão da irmã.

"Não!" Kátia empurrou a mão e pegou o papel. "Quero fazer sozinha," insistiu, e tentou novamente escrever os números no verso da folha.

"Certo," Emília concordou, "mas eu já terminei meu dever e vou buscar algo para beber. Volto daqui a pouquinho."

Quando a menina saiu do quarto, viu que a mãe estava separando roupas na sala. "Tentei ajudar Kátia a escrever os números, mas ela não deixa," falou. "Ela prefere chorar por não conseguir, do que ter a minha ajuda."

A mãe sorriu. "Acho que todos precisamos aprender a aceitar ajuda," disse, entregando algumas toalhas para Emília dobrar. Após trabalhar um tempinho em silêncio, a mãe completou, "Algumas vezes somos bem parecidos com a Kátia. Seus números não saem direito quando ela não deixa você guiar a mão dela, e nossas decisões normalmente não são corretas quando não pedimos ajuda, nem deixamos que Deus nos guie."

"Como Ele faz isso?", Emília perguntou.

"Por meio de Sua Palavra, das pessoas que coloca em nossa vida — e do Espírito Santo agindo em nosso coração e mente," a mãe respondeu.

Emília concordou, terminando de dobrar as toalhas. "É, vou tentar me lembrar disso," falou, "e acho que vou ver se a Kátia mudou de ideia e quer ajuda agora."

VOCÊ PEDE AJUDA A DEUS?

Ou acha que pode fazer tudo sozinho? Lê a Sua Palavra para saber o que Ele espera de você? Escuta a sabedoria divina por meio de seus pais e professores? Obedece quando sabe que Deus quer que se comporte de determinada maneira? Você será uma pessoa mais feliz quando seguir os Seus caminhos.

PERMITA QUE DEUS O ORIENTE

VERSÍCULO-CHAVE

Eu lhe tenho ensinado [...] a maneira certa de viver.

—PROVÉRBIOS 4:11

8 de agosto

LEITURA: TIAGO 5:16-18

SEM PIADA

"Queria ter 100 reais para dar de oferta amanhã!", comentou Elisa. "A família Dutra está superanimada para ir ao campo missionário."

"Se limpar o porão para mim esta tarde, eu lhe pago — não os R$100,00, mas um dinheirinho," a mãe falou. "Você orou pelo dinheiro que gostaria de dar?"

"Se orei por R$100,00?", perguntou Elisa. "Não."

A mãe sorriu. "Deveria," falou. "Deus é poderoso."

Elisa estava limpando o porão quando sua amiga, Patrícia, chegou. "Posso ir brincar assim que terminar de limpar este armário antigo," ela disse. Então sentou-se e olhou para o armário. "Queria que estivesse pronto," completou.

"Bem, vou ajudá-la," Patrícia se ofereceu. "Vem, vamos terminar. Vai funcionar mais do que só desejar."

"Eu sei." Elisa se levantou. "Estou sempre querendo coisas, e mamãe sempre me diz que só querer não ajuda. Orar e trabalhar, sim. Então, adivinha sobre o que tenho orado agora? Por R$100,00 para a oferta missionária!" Ela se abaixou e puxou alguma coisa que estava presa no cantinho do armário. "Olha," falou, segurando uma moeda antiga. "Isto deve ser o começo da resposta às minhas orações." As garotas riram disso.

Na manhã seguinte, a única oferta que Elisa tinha era a moeda antiga e alguns reais que a mãe havia pago pela limpeza. "Bem, você está dando tudo o que pode," a mãe lhe falou. "O Senhor não espera mais."

Naquela tarde, Patrícia apareceu. "Meu pai ajudou a contar a oferta de hoje," contou animada, "e aquela moeda antiga chamou sua atenção. Ele coleciona moedas e disse que ela deve valer uns R$ 100,00! Papai falou que deviam avisar a quem deu para poder ir buscar. Eu sei que foi você — quer ela de volta?" e parou para tomar fôlego.

Elisa olhava, espantada, para a amiga. "É claro que não quero ela de volta! Estou dando para a oferta missionária, seja qual for o seu valor. Eu orei e trabalhei para ganhar o dinheiro e ofertar, não para guardar!" Ela sorriu. "E isso não é piada!"

HÁ ALGO QUE GOSTARIA QUE FOSSE DIFERENTE?

Você fez o que pode para mudar? Orou? Apenas querer não ajuda. Ao parar de desejar e começar a orar a Deus e trabalhar pelo que se quer, as coisas acontecem. Deus opera maravilhas quando o Seu povo ora e trabalha.

ORE E TRABALHE

VERSÍCULO-CHAVE

...A oração de uma pessoa obediente a Deus tem muito poder.

—TIAGO 5:16

9 de agosto

LEITURA:
EFÉSIOS 5:6-16

DE QUEM É A CULPA

"Como parte de nossa devocional, a mamãe vai ler uma história de nossa revista da Escola Dominical," o pai disse certa noite.

"Esta é a história que ganhou o concurso de redação", disse a mãe antes de começar a leitura. "Havia uma agitação no tribunal enquanto as testemunhas, uma após a outra, falavam do acusado. Todos concordavam que ele era divertido. Contava histórias de viagens e demonstrava ter muita cultura. Mas depois que passava a frequentar as casas, muitos pais notaram que usava palavrões com frequência, dizia piadas sujas, demonstrava raiva e violência, e ensinava comportamentos ruins às crianças.

'Eu fugi de casa por causa de uma história que ele me contou,' falou Sara, de 17 anos, ao sentar no banco das testemunhas.

'Ele me ensinou que beber era bom,' acrescentou Juliano.

Outro garoto chorou, 'Ele falou ao meu amigo João e a mim sobre um plano infalível para roubar uma loja. Nós tentamos, mas o dono tinha uma arma e João morreu.'

'Ele me disse que eu poderia fazer o que quisesse, mesmo que fosse contra a Bíblia, e que todos deviam me aceitar como sou,' declarou uma garota.

'Finalmente o acusado foi chamado ao banco dos réus e pediram que dissesse seu nome. 'Meu nome é TV,' respondeu. 'Eu apenas estava exercendo o meu direito à liberdade de expressão. Além disso, fui convidado pelos pais e crianças a entrar em cada casa. Eles podiam ter me pedido para sair, mas não o fizeram.'

Após ouvir todo o testemunho, o juiz disse. 'Embora acredite que o senhor TV seja culpado, não posso condená-lo,' declarou: 'Ele foi convidado a cada casa e a lei permite a liberdade da troca de ideias. A responsabilidade de pedir que se retirasse, era dos donos da casa. Como não o fizeram, são igualmente culpados. Caso encerrado!'"

O pai olhou para os filhos, e disse: "Espero que agora entendam o porquê sua mãe e eu não permitimos que assistam certos programas," falou. "Vamos compartilhar a responsabilidade de desligar a TV quando começarem os programas ruins."

VOCÊ JÁ OUVIU O NOME DE DEUS EM VÃO NA TV?

Você ouve piadas sujas e histórias imorais? Assiste violência? Essas coisas o influenciam. Não seja vítima de programas impuros. A TV ou a internet não são ruins e podem ser usadas para o bem, porém são utilizadas, com frequência, para espalhar a influência negativa na vida do espectador. Desligue ou mude de canal quando estes tipos de programas entrarem no ar.

DESLIGUE A TV

VERSÍCULO-CHAVE

Não participem das coisas [...] que pertencem à escuridão...
—EFÉSIOS 5:11

10 de agosto

LEITURA:
ROMANOS 10:2-4,9-13

IMUNIZADO

"Por que preciso de injeção?", Josué perguntou enquanto a enfermeira passava álcool em seu braço. "Eu detesto!" Ele piscou quando ela espetou a agulha. "Opa! Isso dói!"

"Ah! Eu sei que agora não parece legal," ela concordou, "mas se não tomar a vacina, pode pegar uma doença que deixará você aleijado ou que pode até causar a morte. É muito importante ser imunizado."

"O que é imu… imuzado?", Josué perguntou, se atrapalhando com a palavra estranha.

"I-mu-ni-za-do. É outro nome para vacinado," explicou a enfermeira. "Deixa *imune* a determinadas doenças. Quer dizer, não deixa você ser infectado. Algumas vacinas o protegerão por toda a sua vida."

"Uau! Devem ser remédios muitos fortes para durar tanto," o menino comentou.

"A de hoje não é remédio," ela sorriu. "É uma vacina que contém um tipo de germe que causa a doença."

Josué engoliu em seco. "Mas vai me deixar doente!", protestou.

"Não," ela respondeu. "Os germes da vacina são fracos e seu corpo irá combatê-los com facilidade. Quando isso acontece, ele cria armas especiais chamadas anticorpos. Mesmo após muitos anos, eles ainda estarão em seu sangue, combatendo os germes que tentarem entrar em seu corpo." O menino ficou impressionado.

"Fui imunizado hoje," ele contou à tarde, satisfeito em usar a palavra esquisita. "Os germes fracos não vão me deixar pegar uma doença séria."

"Ótimo," falou o pai. "Sabe de uma coisa? Acho que meu chefe também foi imunizado."

"Foi?" Josué estava surpreso.

"Sim, eu acho… mas de um jeito errado," o pai respondeu. "Seu Roberto é um homem bom e muito religioso. O problema é que acredita que só ir à igreja e fazer boas ações é suficiente. É quase como se tivesse tomado uma injeção de religião, e isto não o deixa perceber que precisa ser salvo."

A mãe concordou. "Uma religião fraca e indiferente, muitas vezes parece imunizar as pessoas contra a verdadeira questão — a fé em Jesus Cristo," ela disse.

"Isso é ruim!", exclamou Josué. "Que bom que tomei a injeção certa."

ACHA QUE APENAS SER RELIGIOSO TORNA VOCÊ…

…bom aos olhos de Deus? Errado! Suas boas ações talvez o tornem uma boa pessoa para os padrões do mundo, mas não dependa delas para ser salvo do pecado. Os atos religiosos não salvarão você. A Bíblia diz que somos salvos apenas por meio da fé em Jesus.

A RELIGIÃO NÃO PODE SALVÁ-LO

VERSÍCULO-CHAVE

Pois pela graça de Deus vocês são salvos por meio da fé…
—EFÉSIOS 2:8

JOÃO IOIÔ

11 de agosto
LEITURA:
MATEUS 25:14-29

"O que eu faço, mãe?", João perguntou enquanto colocava o casaco. "Os garotos vão cantar, desenhar ou tocar algum instrumento no show de talentos do grupo bíblico hoje à noite. Mas não sei fazer nada disso. Tudo o que sei é fazer malabarismo com o ioiô. Acha que vale?"

"Claro. Não conheço ninguém que faça malabarismos com o ioiô tão bem quanto você," ela o encorajou.

"Talvez não, mas na semana passada, nosso orientador disse como é importante usar nossos talentos para o Senhor," ele disse. "Como posso usar um ioiô para o Senhor?"

A mãe sorriu. "Deve haver alguma forma, João," ela respondeu. "Vamos pensar — mas agora precisamos ir. Faltam dez minutos para às 19 horas."

O show de talentos foi muito bom. João fez seus malabarismos e todas as crianças aplaudiram.

Após a sua apresentação, o menino estava esperando na entrada pela mãe, quando o pastor entrou com uma senhora e seu filho pequeno. "João, você poderia cuidar do Sérgio um pouquinho enquanto converso com a mãe dele?", o pastor lhe pediu.

João olhou para o garotinho. Não sabia como cuidar de crianças pequenas, mas lembrou-se de seu ioiô. Então, durante vários minutos, ele distraiu o menino com malabarismos no ioiô.

"Muito obrigada," a mãe de Sérgio falou quando saiu do gabinete pastoral. "Não me lembro de quando foi a última vez que ele ficou quieto por tanto tempo."

Depois que os outros saíram, o pastor sorriu para João. "Queria agradecer também," disse. "A Sra. Ramos — a mãe de Sérgio — acabou de se entregar ao Senhor. Você, João, foi parte dessa decisão porque estava cuidando do menino."

João sorriu. Obrigado, Senhor, e orou silenciosamente. Obrigado por me deixar usar o meu talento em Seu trabalho.

VOCÊ USA SEUS TALENTOS PARA O SENHOR?

Há diversas coisas que pode fazer — algumas podem ser divertidas, e todas podem ser úteis. Talvez possa fazer biscoitos para um vizinho mais velho, ler ou recitar as Escrituras numa programação da igreja, ou ser o tesoureiro de seu grupo bíblico. Seja qual for o seu talento, se estiver disponível para o Senhor, Ele usará você.

DEUS PODE USAR VOCÊ

VERSÍCULO-CHAVE

...tudo o que vocês fizerem ou disserem, façam em nome do Senhor...
—COLOSSENSES 3:17

12 de agosto

LEITURA:
1 PEDRO 2:15,20-23

UM SUAVE EMPURRÃO

"**Q**uer ouvir nosso plano?", Gina perguntou à mãe no caminho para casa. "Diana e eu estamos cansadas dos garotos implicarem porque vamos ao estudo bíblico depois da escola, então achamos uma maneira de resolver isso."

"Como exatamente?", a mãe perguntou, parando em frente a uma obra muito barulhenta.

"Vamos escrever uma carta dizendo que eles são pecadores e que vão para o inferno, e vamos pedir a todos do estudo bíblico para assinar," Gina falou. "Então, nenhum de nós vai brincar nem falar com eles até que parem de implicar." Ela sorriu orgulhosa.

As britadeiras faziam barulho demais, então, quando saíram dali, a mãe falou. "Viu o trabalho difícil daqueles homens lá atrás para quebrar o asfalto?", perguntou, estacionando na garagem. "Antes de entrar, quero mostrar uma coisa," disse, saindo do carro. Gina a seguiu até a calçada, onde a mãe apontou para uma pequena plantinha verde saindo do asfalto. "Olhe para isso."

"Eu já tinha visto plantas brotando na rua," a menina falou. "Como pode uma coisinha assim quebrar a calçada?"

A mãe riu. "Interessante, não é? Aqueles homens lá atrás precisam usar britadeiras, mas esta plantinha abre seu caminho empurrando suave e constantemente o asfalto."

"É!" a menina sorriu. "É um milagre."

A mãe concordou. "Quando me contou sobre seu plano, me pareceu como se fosse usar uma britadeira para o trabalho," disse. "Eu penso que a gentileza deve ser mais eficaz."

"Como assim?", Gina perguntou.

"Ao invés de usar uma britadeira, escrevendo uma carta desagradável e fazendo ameaças, dê pequenos empurrões nos garotos," a mãe explicou. "Deus diz para amarmos os nossos inimigos e fazer o bem para eles. Por que você não lhes explica a razão por gostar do estudo bíblico e os convida para ir?"

Gina ficou pensativa. "Você está certa," falou. "Vamos ao estudo bíblico, então é melhor fazer o que a Bíblia ensina e sermos gentis, mesmo com os garotos maldosos." Ela sorriu. "Quem sabe? Talvez consigamos um milagre também."

QUE TIPO DE ABORDAGEM VOCÊ USA QUANDO...

...implicam por causa de sua fé em Jesus? Uma abordagem de britadeira, ou um suave empurrão para persuadir alguém a tratá-lo melhor? Deus sabe que paciência e mansidão normalmente são mais eficazes do que a reação mais bruta. Ele sabe que ser gentil com aqueles que implicam é uma boa forma de ganhá-los para Cristo. Siga o conselho divino e trate-os bem.

CULTIVE UM ESPÍRITO MANSO

VERSÍCULO-CHAVE

...a perseverança pode vencer qualquer dificuldade.
—PROVÉRBIOS 25:15

TESTEMUNHA VIVA

13 de agosto
LEITURA:
COLOSSENSES 3:12-17

Kátia retornou do acampamento bem na hora que sua família havia sentado para comer. "Estou tão feliz por Júlia ter me convidado," falou enquanto sentava. "Foi ótimo. E adivinha só? Me tornei cristã!" A menina estava ansiosa para que a sua família também conhecesse Jesus. "Vou ser uma pessoa melhor agora!", acrescentou.

"Pessoa melhor? Melhor do que quem?" Keila, sua irmã, perguntou. "Somos pessoas ruins, pai?"

"Claro que não," ele respondeu, parecendo ofendido.

Kátia ia responder, mas viu que os outros começavam a comer. "Não comam! Esperem!" e disse: "Temos que orar primeiro, para agradecer a Deus pela comida!"

"Se quer ser religiosa, tudo bem," o pai disse sério, "mas comece agradecendo a mim e a sua mãe pela comida. Agora vamos comer."

Naquela noite, a mãe comentou que uma reunião de família aconteceria no domingo. "Não posso ir!" Kátia avisou. "Vou à Escola Dominical e à igreja. Não quero faltar por causa de uma reunião boba de família!"

"Se essa religião a faz insultar sua família, não queremos mais ouvir sobre isso!", o pai reclamou.

A menina contou à Júlia o que aconteceu, e foram perguntar à professora da Escola Dominical o que Kátia deveria fazer. "É ótimo que queira contar à sua família sobre a sua nova fé," disse a Sra. Machado, "mas demonstrar é mais importante do que falar. Você deve ser uma testemunha viva. Não tente mudar as pessoas, mas deixe que o seu comportamento demonstre as mudanças que Jesus fez em você."

Após conversarem mais um pouco, Kátia concordou. "Acho que entendi." E durante as semanas seguintes teve diversas chances para ser uma testemunha viva. Ajudou em casa, aparou a grama sem ninguém mandar, e até conseguiu evitar discussões, quase sempre cedendo.

Uma noite, depois de ajudar Keila com um trabalho escolar, a irmã virou-se para ela. "Acho que vou à igreja com você," disse: "Preciso ver que religião é essa. Ela mudou você." Kátia sorriu e ficou surpresa ao ver o pai sorrindo também. Obrigada, Jesus, ela sussurrou. Obrigada.

AS AÇÕES FALAM MAIS ALTO DO QUE AS PALAVRAS?

É verdade — ninguém acreditará em suas palavras se as suas ações não estiverem de acordo com elas. O nosso agir também fala mais alto do que as palavras. Suas atitudes são positivas ou humildes? Está disposto a colocar os outros antes de você mesmo? Peça ajuda a Deus para fazer as mudanças necessárias para ser uma testemunha viva para Ele.

TESTEMUNHE COM SUA VIDA

VERSÍCULO-CHAVE

Sejam sábios na sua maneira de agir com os que não creem...
—COLOSSENSES 4:5

14 de agosto

LEITURA: TIAGO 1:22-25

MAIS QUE PALAVRAS

Após um delicioso almoço de Dia dos Pais, Olivia se juntou ao resto da família para cantar "Ele é um pai maravilhoso… Ninguém pode negar!" A pequena Maria estava ansiosa. "Abre os presentes, papai," disse quando a música acabou. "Abre o meu primeiro. Fiz um desenho para você."

"Não conta," falou Olívia, mas todos riram quando Maria insistiu em ajudar o pai a desembrulhar o desenho que tinha feito para ele. Então ficaram vendo o pai abrir os outros presentes. Cada um tinha comprado ou feito alguma coisa para ele — todos, menos Olívia.

"Os presentes são maravilhosos!", o pai declarou. "Mal posso esperar para usar. Muito obrigado."

"Você não abriu o presente da Olívia," cutucou Maria. "Onde está?"

A menina estava constrangida. Todos esperavam para ver o que ia dar, mas tudo o que tinha era um cartão que havia pedido à mãe. "Eu… eu amo você, papai, e eu ia comprar ou fazer alguma coisa, mas estava tão ocupada," explicou sem jeito.

O pai sorriu. "Eu sei," garantiu, "e já tenho presentes demais. Vem, vamos comer aquele bolo lindo!"

Naquela noite a mãe encontrou Olívia chorando. "Não dei um presente ao papai," soluçou.

"Bem, se não teve tempo ou dinheiro, a falta de um presente não é importante," a mãe disse.

"Eu sei, mas… eu podia ter arranjado tempo para fazer *alguma* coisa," admitiu a menina. "Você até se ofereceu para me ajudar a fazer biscoitos, mas eu não tive tempo."

"Teria sido bom fazer algo para mostrar o seu amor," a mãe concordou. "É tão fácil dizer que amamos alguém, mas amor é mais que palavras. É ação — nossas atitudes provam o nosso amor."

"Amanhã vou fazer outro Dia dos Pais para o papai!", Olívia declarou. "Vou… ah… já sei! Vou começar a mostrar meu amor por ele, lavando o carro."

"Ele ficará contente," a mãe garantiu, "e *eu* vou usar isto como um lembrete de que minhas ações precisam demonstrar o meu amor pelo Pai celestial também."

SUAS AÇÕES DEMONSTRAM AMOR AOS SEUS PAIS?

É importante dizer a alguém que você o ama. É importante dizer isso a Deus também. Mas essas palavras precisam ser apoiadas por ações. Um dia, quando estiver perante o Senhor, dirá "eu ia viver para servi-lo, mas estava muito ocupado"? Ou ouvirá "muito bem", por ter praticado a Palavra de Deus, e não apenas escutado?

PONHA SEU AMOR EM AÇÕES

VERSÍCULO-CHAVE

…Deve ser um amor verdadeiro, que se mostra por meio de ações.
—1 JOÃO 3:18

15 de agosto

LEITURA:
ROMANOS 6:11-14

RAÍZES E TUDO MAIS

Marcos estava catando dentes-de-leão quando seu amigo, Ronaldo, passou de bicicleta. "Oi," o amigo chamou. "Vamos nadar no parque."

"Não posso," Marcos respondeu. "Minha mãe diz que está cansada de ver estes pontos amarelos no meio da grama verde, e tenho que tirar todos." Mostrou a ferramenta. "Uso esta coisa em volta da planta e tiro pela raiz — como são fundas!" Ele enxugou a testa com a mão. "E está muito quente."

"É." Ronaldo concordou. "Quente demais para fazer desse jeito. Por que não corta só as pontas? Vou ajudá-lo. Você segura as folhas e eu corto com a ponta da enxada. Vai ser mais rápido e a gente pode ir nadar."

"Tudo bem," Marcos concordou. Eles terminaram o trabalho e foram ao parque.

Durante semanas, os dentes-de-leão brotaram de novo e a mãe mandou Marcos tirá-los. Ele, simplesmente, os cortava por cima.

Um dia a mãe observou o trabalho do filho pela janela. Então, saiu para falar com ele. "Eu não estava entendendo por que tantos dentes-de-leão reapareciam," disse, "mas agora vejo o problema. Você não os está tirando pela raiz, como eu lhe mostrei."

"Ah," Marcos falou, olhando as folhas em sua mão. "Achei que não fazia diferença, desde que não aparecessem."

"Mas faz," respondeu a mãe. "Se as raízes ainda estão no solo, ele cresce novamente. Você precisa tirar por inteiro — raízes e tudo o mais." A mãe resolveu ajudá-lo a terminar o trabalho.

Naquela noite, o pai soube da história. "É um bom exemplo de como algumas vezes tratamos o pecado em nossa vida," falou. "Se ninguém vê, achamos que não importa. E fazemos algumas boas ações, esperando que as pessoas notem. Mas quando pensamos que está tudo resolvido, o mesmo pecado se mostra de novo." O pai olhou para Marcos. "Você sabe como tirar o pecado pela raiz em vez de tentar escondê-lo, filho?", perguntou.

"Sim," o menino respondeu. "Precisamos realmente estar arrependidos e pedir perdão a Deus, e… e então depender de que Ele nos ajude a não fazer a mesma coisa outra vez!"

VOCÊ REPETE O MESMO PECADO VÁRIAS VEZES?

Talvez você tente encobri-lo fazendo coisas boas. Isso pode parecer funcionar com as pessoas, mas não com Deus. Ele sabe quando a raiz do pecado ainda está lá. Quando você se arrepende sinceramente e depende de Deus, Ele o ajuda a parar de fazer coisas pecaminosas. Com Sua ajuda, você pode eliminar o pecado pela raiz.

ELIMINE O PECADO PELA RAIZ

VERSÍCULO-CHAVE

Portanto, não deixem que o pecado domine o corpo mortal de vocês…

–ROMANOS 6:12

16 de agosto

LEITURA:
LUCAS 6:27-36

AMOR COMO O DE LUPI

"Lupi!" gritou Isabel, de 2 anos, ao entrar na sala. Ela sentou-se no chão perto da cadelinha da família, esticou a mãozinha e puxou o rabo do animal. Lupi não mordeu, nem mesmo rosnou. Apenas se afastou e foi deitar perto da lareira. Isabel a seguiu e puxou sua orelha. "*Cacholinha* legal," balbuciou a menininha. E Lupi mais uma vez não rosnou nem mordeu. Em vez disso, lambeu o joelho de Isabel.

"Cuidado, filha," disse a mãe. Ela se aproximou, soltou a mão da menina e a ajudou a fazer carinho na cabeça da cachorra. "Seja gentil com a Lupi."

"Por que a Lupi aguenta essa tortura?" perguntou Ângela, que estava lendo no sofá. "Não importa quantas vezes Isabel puxe seu rabo ou orelha, ela não rosna."

"Lupi ama Isabel," a mãe respondeu. "Todos nós precisamos ajudar a ensinar sua irmã a não maltratar Lupi nem qualquer outro animal."

"Com certeza Lupi é uma boa cachorrinha," Ângela concordou. "No lugar dela eu não seria tão legal assim!"

"Somos abençoados por ter um cachorro fiel, que é tão paciente e amoroso com a Isabel," a mãe concordou e sorriu quando a menininha colocou sua cabeça nas costas da cadela. "Lupi é um bom exemplo de como todos nós deveríamos tratar outras pessoas, mesmo as que não nos tratam bem."

"Quer dizer, os que são maldosos com a gente?", perguntou Ângela.

"Sim," a mãe respondeu. "Precisamos fazer o que a Bíblia ensina — mostrar amor a eles. Em vez de pensar em vingança, devemos conversar e resolver os problemas com calma. Às vezes quem nos machuca não faz por mal — assim como Isabel não quer ferir Lupi. Mas mesmo quando for de propósito, Deus quer que façamos o bem a essas pessoas. Não é fácil, mas Ele vai nos ajudar a mostrar Seu amor a todos — mesmo aos nossos inimigos."

"Amar como a nossa cadelinha?" Ângela perguntou. "Amor como o da Lupi?"

"Mais ou menos isso," a mãe sorriu e concordou. "Somente Deus pode nos dar o tipo de amor que precisamos para tratar os outros da forma como queremos ser tratados."

VOCÊ TRATA OS OUTROS COMO GOSTA QUE O TRATEM?

O versículo-chave de hoje é chamado de Regra de Ouro. Siga-o! É um dos grandes mandamentos de Deus. Talvez ache difícil, quando alguém o trata de um jeito maldoso. Talvez queira revidar, mas não o faça! Em vez disso, pergunte-se: "Como eu gostaria de ser tratado?" E, trate os outros dessa forma.

SIGA A REGRA DE OURO

VERSÍCULO-CHAVE

Façam aos outros a mesma coisa que querem que eles façam a vocês.
—LUCAS 6:31

17 de agosto

LEITURA:
MARCOS 13:32;
2 PEDRO 3:3-9

A PROMESSA

"Cristal!", Carlos gritou na escada. "Fogo! Levanta! Tem um fogo…" fez uma pausa. "Sob a frigideira, no fogão," acrescentou baixinho. O menino riu quando a irmã desceu correndo os degraus.

"O quê? Onde?", ela perguntou sem fôlego.

"Debaixo da frigideira do ovo," Carlos repetiu. "Está na hora do café da manhã, dorminhoca."

"Ah, isso não tem graça," Cristal reclamou. "Você me assustou!"

O pai levantou os olhos do jornal. "Falando em susto," disse, "ouçam isso. 'Profeta apocalíptico anuncia o final do mundo para a próxima terça-feira.' Este artigo provavelmente vai assustar algumas pessoas."

"Que bobagem," riu Carlos. "Ninguém acredita nessas coisas."

Cristal estava de olhos arregalados. "O mundo vai acabar mesmo na terça-feira, papai?", perguntou.

O pai sorriu. "Não, querida. O mundo não acaba na terça," respondeu, "mas o Senhor Jesus *poderia* vir nesse dia. Ele pode vir até antes."

"Falamos disso no meu estudo bíblico algumas semanas atrás," disse Carlos. "Tomás disse que o avô dele falou que tinha medo de ir dormir quando pequeno, porque as pessoas sempre diziam que Jesus podia voltar a qualquer minuto. O avô do Tomás diz que se fala disso há centenas de anos, e que já não tem certeza se Jesus vai mesmo voltar."

"Carlos," falou a mãe, "o simples fato de as pessoas duvidarem da vinda de Jesus é um sinal de que Ele voltará logo. O apóstolo Pedro escreveu que haveria zombeteiros nos últimos dias. Ele disse que iriam questionar a promessa da volta de Jesus, porque o mundo continua seguindo como sempre. Então, Pedro nos lembra que Deus não conta o tempo como nós, e que Jesus certamente *manterá* Sua promessa."

"A Bíblia também nos diz que ninguém sabe o dia ou a hora da vinda de Jesus," acrescentou o pai. "Poderia ser hoje. Ou então, no próximo ano, ou daqui a alguns anos. Apenas Deus sabe. Mas uma coisa é certa — Ele vai voltar como prometeu."

ÀS VEZES VOCÊ SE PERGUNTA SE JESUS VAI VOLTAR?

O apóstolo Pedro fala de uma razão por Ele ainda não ter voltado — o Senhor é "longânimo", ou seja, Ele está, pacientemente, dando mais oportunidades para que todas as pessoas venham a Ele e sejam salvas. Mas quando for a hora, de acordo com o tempo de Deus, Jesus voltará como prometeu.

JESUS VAI VOLTAR COMO PROMETEU

VERSÍCULO-CHAVE

…depois que eu for e preparar um lugar para vocês, voltarei…
—JOÃO 14:3

18 de agosto
LEITURA:
MATEUS 6:7-13

O TIGRE E A BICICLETA

Tiago vinha pela calçada com a cabeça baixa. O pai, que estava trabalhando no motor do cortador de grama, o viu. "Algo errado?", perguntou.

"Sim!", o menino respondeu. "Sabe aquela bicicleta nova que estavam sorteando na loja de departamentos? Bem, alguém ganhou. Não acredito. Orei tanto, pai! De verdade! Minha bicicleta é tão velha e eu precisava daquela nova. Por que Deus deixou outra pessoa ganhá-la?"

O pai parecia pensativo enquanto limpava as mãos num pano. Antes que pudesse responder, Daniel, o irmãozinho de Tiago, saiu pulando de casa. "Vi um tigre na TV, e ele fez um monte de truques! Posso ter um tigre, papai?", perguntou ansioso. "Eu podia ensinar o meu tigre a fazer truques também."

Tiago virou os olhos. "Não se pode ter um tigre, bobinho," falou. "Tigres são animais selvagens. Iria comer você."

"Não iria, não!", Daniel gritou, fechando a cara para o irmão. "Vou ter um, vou andar nele e ensinar muitos truques. Você vai ver!"

"Não pode ter um tigre," Tiago repetiu.

"Posso sim!", insistiu Daniel.

O pai levantou a mão para se calarem. "Por que não vai brincar no quintal, Daniel," falou, "e finja que tem um tigre." Ainda fazendo careta para o irmão, o menino foi e o pai se virou para Tiago. "Você é mais velho e compreende melhor as coisas. Conhece muitas razões para o Daniel não ter um tigre como bichinho de estimação, não é?"

"Claro," ele concordou. "Ele é bobo."

"Mas Daniel não entende isso. Apenas sabe que quer ter um tigre," falou o pai. "Talvez isso seja um pouco como Deus, você e a bicicleta. Você sabe que quer aquela bicicleta, mas talvez Deus saiba que é melhor não tê-la agora. Pode não entender o motivo, mas isso não significa que Deus não tenha um."

Tiago suspirou. "Então eu deveria confiar em Deus porque Ele sabe o que é melhor, que nem Daniel deve confiar em você?", perguntou. Então riu. "E provavelmente devo andar com a minha bicicleta velha, fingindo que é nova, né?"

O pai sorriu. "Acho que sim," concordou.

VOCÊ ACEITA A RESPOSTA DE DEUS...

...às suas orações — mesmo quando não é aquela que gostaria de receber? Talvez nem sempre entenda os motivos de Deus, mas você sabe que Ele o ama e que irá direcionar a sua vida da melhor forma. Creia em Deus. Confie nele. Ele sabe o que está fazendo — mesmo quando lhe diz não.

DEUS SABE O QUE É MELHOR PARA VOCÊ

VERSÍCULO-CHAVE

...Porque o Espírito pede [...] de acordo com a vontade de Deus.

—ROMANOS 8:27

19 de agosto

LEITURA:
ECLESIASTES
11:9,10; 12:1

CORAÇÕES ENDURECIDOS

"Ah, não!", disse Alex, derrapando até parar numa calçada com uma corda e um aviso de "Cimento fresco!" O menino saltou da bicicleta, tirou o sapato e limpou na grama o cimento, que havia grudado nele que nem lama. Então tentou consertar a marca deixada com o sapato, mas apenas conseguiu piorar, deixando cair pedrinhas e grama no cimento que já começava a endurecer. *Talvez consiga se usar as ferramentas do meu pai*, pensou. Pegou sua bicicleta e foi para casa.

Ao chegar, Alex contou para a mãe o que tinha acontecido. Ela balançou a cabeça. "Deveria ter procurado na hora quem mora ali e mostrado," ela falou. "Melhor correr. Talvez ainda haja tempo de consertar. Se não, precisa se oferecer para pagar o reparo."

Alex foi. Quando chegou, um homem estava saindo da casa. "Eu... lamento, senhor. Não prestei atenção e estraguei o seu cimento. Tentei consertar, mas ficou pior. Eu... trabalho para o senhor ou encontro outro jeito de pagar por isso," se ofereceu.

"Por que não me contou o que aconteceu na hora?", ele perguntou.

O menino olhou para baixo. "Eu... queria consertar, então fui buscar ferramentas. Mas acho que demorei demais — parece que já está bem duro agora."

O homem olhou para o cimento. "Que nem o coração dos homens," murmurou e virou-se para Alex. "Sabe, meu jovem, que o coração das pessoas é como esse cimento?"

Alex ficou assustado. "Como assim?"

"Trabalho numa casa de repouso e vejo muita gente que ficou adiando a entrada de Deus em suas vidas, até que, como o cimento, tomaram a forma do mundo," ele explicou. "Achavam que havia tempo, mas esperaram demais e seus corações ficaram endurecidos para o amor e perdão de Deus."

Alex concordou. "Um versículo que aprendi na Escola Dominical diz: 'Se hoje vocês ouvirem a voz de Deus, não sejam teimosos.' Acho que agora jamais vou esquecer isso."

"Espero que não," falou o homem, "e se esse cimento marcado o ajuda a lembrar-se disso, já vale o custo do conserto, então não precisa pagar por nada."

VOCÊ ESTÁ "ENDURECENDO SEU CORAÇÃO" PARA DEUS?

Está se recusando a aceitar Jesus agora? Isso é perigoso. Talvez tenha uma vida longa, talvez não. Mesmo se tiver, ficará mais difícil simplesmente aceitar o que Deus fala em Sua Palavra quando for mais velho. Talvez isso já esteja acontecendo! Não espere mais — aceite Jesus agora, enquanto é jovem.

ACEITE JESUS ENQUANTO É JOVEM

VERSÍCULO-CHAVE

...Se hoje vocês ouvirem a voz de Deus, não sejam teimosos...

—HEBREUS 3:15

20 de agosto

LEITURA:
FILIPENSES 3:12-14

UM PASSO DE CADA VEZ

Jessica caiu no choro quando fechou a tampa do piano com força. "Não consigo!", declarou. "Esta partitura nova é muito difícil! Não adianta ficar tentando — nunca vou conseguir!"

A mãe pegou a pequena Júlia e foi até a sala. Os olhos da menina estavam úmidos. "Jessica," a mãe começou, entregando um lenço para a filha, "eu sei que é uma peça difícil, mas sua professora diz que você consegue aprender. Ela falou que você tem muito talento, e com a prática, tocará lindamente."

"Mas mãe, está horrível," ela choramingou. "Jamais vou conseguir tocar do jeito que deve ser."

A pequena Júlia se mexeu para descer. "Jessica," a mãe falou colocando o bebê no chão e olhando enquanto ela andava até um brinquedo, "lembra quando a Júlia começou a aprender a andar?"

"Bem… claro," a menina respondeu. "No início ela caía o tempo todo."

"Sim," a mãe respondeu. "Ela não conseguiu na primeira tentativa, não é?"

Um pequeno sorriso despontou entre as lágrimas de Jessica. "Não. Ela não conseguia ficar de pé no começo. Mas quando ela perdia o equilíbrio e caía sentada, começava a chorar e todos corríamos para ajudar."

"Isso mesmo, querida — e após muitas tentativas, Júlia conseguiu se equilibrar," a mãe falou. "Então ela deu o primeiro passo, e depois, outros mais. Foi um passo de cada vez, mas agora ela vai para quase todos os lugares. Foi assim também quando você aprendeu a andar. Todos aprendemos dessa forma."

Jessica suspirou. "Já sei o que vai dizer, mãe," respondeu. "Vai falar que quando estou aprendendo uma nova peça no piano, acontece o mesmo. Vai dizer que sempre é mais difícil da primeira vez, e que a cada vez que eu praticar, vai ficar mais fácil, e que finalmente vou poder tocar ela inteira."

A mãe abraçou a filha. "Isso mesmo, meu amor," falou, "e quando estiver tocando aquela peça bem, terá aprendido muito mais do que a música. Deus usará a experiência para ensinar a você a ter paciência e persistência, e a importância de não desistir."

VOCÊ É PERSISTENTE?

Continua tentando, mesmo quando a tarefa é difícil? Deus usa todos os tipos de desafios para ajudá-lo a crescer mais forte e sábio e, principalmente, a se parecer mais com Jesus. Não desista! Nem em sua vida diária, nem na espiritual. Peça ajuda a Deus. Seja paciente ao aprender coisas novas.

NÃO DESISTA

VERSÍCULO-CHAVE

...Deus, que começou esse bom trabalho [...], vai continuá-lo...
—FILIPENSES 1:6

21 de agosto
LEITURA:
PROVÉRBIOS 2:6-15

PASSANDO NA PROVA

"**P**rovavelmente não vou passar no teste de matemática de hoje," Caio disse a Alice, uma colega de turma, quando iam para a escola. "Ainda confundo multiplicação e divisão. E sou muito burro para entender frações."

"É, eu também," falou Alice, "mas vou passar. Quer saber como?", ela tirou um cartão de dentro do forro de sua manga. "Vê? A tabuada está bem aqui!", ela riu. "Tenho outro. Quer?", perguntou, tirando um cartão da outra manga e oferecendo-o a Caio.

"Isso é trapaça," ele falou.

"O que é pior: colar ou não passar?", Alice perguntou.

Caio pegou o cartão e ficou olhando. *Seria tão fácil colar!* pensou. *Minha carteira é no fundo da sala e o Sr. Costa dificilmente fica andando quando temos prova. Mas...* "Não vou fazer isso," ele decidiu, devolvendo o cartão. "Também acho que você não deveria. Não é certo."

"Você *é* um burro," a menina respondeu, "e não só em matemática."

Durante a prova, Caio ficou se debatendo com os problemas sem olhar em volta. Não queria ver Alice colando.

Ao final do dia o menino correu para casa. "Então, como foi na escola?", a mãe perguntou quando ele entrou na cozinha para um lanche.

"Bem," Caio respondeu, "mas não sei se passei na prova de matemática. Espero que sim!"

"Bem, se estudou e se esforçou, não se preocupe," a mãe disse. Ela sabia que Caio tinha problemas para entender a matéria. "Aconteceu alguma coisa boa hoje?"

"Bem..." Caio hesitou. "Isso vai parecer estranho, mas... na verdade, me senti bem fazendo a prova. Tive uma chance de colar, mas decidi que não faria."

"Muito bom!", a mãe parecia satisfeita. "Pense nisso," ela falou. "Talvez tenha tido problemas com a matemática, mas passou num outro tipo de prova. Foi tentado a fazer algo errado, mas não fez. Algumas vezes esse tipo de prova é bem difícil. Estou orgulhosa de você!"

Caio riu como se qualquer pedacinho de preocupação em sua mente, tivesse desaparecido!

(Na história de amanhã você saberá como ele foi na prova.)

ALGUMAS VEZES SEUS AMIGOS O INCENTIVAM A...

...fazer coisas erradas? O chamam para implicar com alguém? Algum colega quis que fizesse bagunça para perturbar o professor? Outros garotos o chamam para rir quando fazem piadas ofensivas a Deus? Você passou no teste — resistiu à tentação? Pode ser bem difícil, porém o mais sábio a fazer é dizer não. Peça a Deus sabedoria e coragem para fazer o que é certo.

SEJA SÁBIO — RESISTA A TENTAÇÃO

VERSÍCULO-CHAVE

Filho, se homens perversos quiserem tentar você, não deixe.

—PROVÉRBIOS 1:10

22 de agosto

LEITURA:
1 PEDRO 2:11,12

PASSANDO NA PROVA 2

O Sr. Costa entregou todos as provas de matemática, menos duas. "Caio e Mário," chamou, "quero falar com vocês no intervalo."

Hum, Caio pensou. *Com certeza não passei.*

"Que azar, bobão," Alice sussurrou quando saiu da sala. "Eu tirei um B." O menino não respondeu.

Depois que todos saíram, o Sr. Costa mostrou as provas para os dois, com uma expressão séria. "Caio, você tirou um C," falou, "mas então corrigi a prova do Mário, e percebi que ele errou quase os mesmos problemas que você. Comparei suas provas. Resposta por resposta. São as mesmas. Aparentemente alguém colou."

"Não fui eu," Mário disse de mau humor. "Quem ia querer colar dele?"

O professor franziu a testa. "Mário tem razão, Caio," falou. "Não é segredo que você tem problemas em matemática, mas isso não é desculpa para colar."

O menino estava em choque. "Mas eu não colei!", exclamou. "Sinceramente!"

"Veremos. Vou dar outra prova aos dois na hora do almoço para ver como se saem sozinhos," falou o Sr. Costa. "Agora podem ir." Caio saiu lentamente da sala.

Do lado de fora, Alice estava esperando para saber o que o professor tinha dito. "Então você colou!", ela exclamou ao saber o que houve. "Age como se fosse certinho, mas colou!"

"Não colei!" Caio protestou. "Se alguém colou, foi o Mário."

A menina deu de ombros. "Bem, melhor usar meu cartão quando fizer o teste de novo," ela falou entregando o cartão. Caio balançou a cabeça. "Você realmente é um burro," Alice declarou. "Se foi acusado de colar, é melhor fazer. Não adianta ser honesto se o Sr. Costa pensa que não é. Não faz sentido."

"Talvez não para você," Caio respondeu, "mas faz para mim. Meu pai sempre diz que um F honesto é melhor que um A desonesto." Caio sabia que o pai estava certo. Ele sabia que Deus e seus pais esperavam que fosse honesto, então realmente não importava o que os outros pensassem. Mas ele orou para conseguir outro C naquela tarde.

(Na história de amanhã, você saberá se ele conseguiu.)

VOCÊ JÁ FOI ACUSADO INJUSTAMENTE DE UM ERRO?

Já achou que não faria diferença cometer o erro, uma vez que os outros continuariam pensando que tinha feito? Lembre-se: o que os outros acham não é nem de perto tão importante quanto o que Deus pensa. Você passa na prova fazendo o que é certo. Continue a passar em cada prova no futuro, sempre agindo corretamente. Viva para agradar a Jesus e fazer o que Ele aprova.

MANTENHA-SE FIEL A DEUS

VERSÍCULO-CHAVE

Feliz é aquele que nas aflições continua fiel!
—TIAGO 1:12

23 de agosto

LEITURA:
MATEUS 10:29-31

PASSANDO NA PROVA 2

Chegou a hora do almoço. Caio sentou-se numa carteira da primeira fila, e Mário foi para o fundo da sala fazer a prova que o Sr. Costa havia preparado. Caio olhou para o papel e orou novamente, pedindo para lembrar-se do que havia estudado. O professor ficou em sua mesa corrigindo provas enquanto os meninos trabalhavam.

Os primeiros problemas foram os mais complicados para Caio. Então algo aconteceu! De repente, ele começou a compreender melhor como resolver as questões. *Entendi!* pensou surpreso. *Isto faz sentido!*

"Terminou tão rápido?", o Sr. Costa perguntou quando o menino entregou a prova. "Bem, sente-se que vou corrigir agora."

Caio estava nervoso enquanto o professor corrigia. "Incrível, Caio!", ele falou. "Você só errou duas questões! É a melhor prova de matemática que fez no ano todo." Devolveu o papel para o menino. "Estava errado em acusá-lo de colar," o Sr. Costa reconheceu. "Desculpe-me."

"Tudo bem," o menino respondeu. "Posso ir?" O professor concordou e ele saiu rapidamente, ansioso para contar a Alice o que havia acontecido.

"Não acredito!", ela ficou surpresa ao saber como ele tinha se saído bem.

Caio queria muito chegar logo em casa depois da aula. "Mãe!", gritou enquanto entrava correndo. "Só errei dois problemas na segunda vez que fiz a prova de matemática!"

"Segunda vez?", a mãe perguntou. "Como assim? Explique isso."

O menino contou sobre a acusação do professor e a segunda prova. "Foi estranho como, de repente, entendi como resolver os problemas," ele acrescentou. "E antes eu realmente não tinha compreendido."

A mãe sorriu. "Talvez não seja tão estranho," falou. "Você estudou muito e foi honesto. E também orou. E Deus responde a oração." Ela sorriu. "Agradeça a Ele por permitir que você provasse ao Sr. Costa que não havia colado. Deus deu a você — e a mim também — outra demonstração de que Ele cuida de todos os detalhes de nossa vida. Vamos agradecê-lo por isso."

VOCÊ ACHA QUE ALGUMAS COISAS SÃO PEQUENAS DEMAIS...

...para Deus cuidar? Ora por grandes problemas que os seus familiares enfrentam? É preciso. Ora também pelo dever de casa? Provas, e outras coisas do cotidiano? Deus cuida de tudo em sua vida — mesmo os menores detalhes. Ele nem sempre responde como você gostaria, mas o Senhor quer que fale com Ele sobre tudo. Confie em Suas respostas e não esqueça de agradecer a Deus por cuidar de você.

DEUS CUIDA DE TUDO EM SUA VIDA

VERSÍCULO-CHAVE

Entreguem todas as suas preocupações a Deus, pois Ele cuida...

—1 PEDRO 5:7

24 de agosto

LEITURA:
PROVÉRBIOS 16:16-20

O ORGULHO DE CRISTINA

"Alguém viu minha revista da Escola Dominical?", Cristina perguntou um domingo pela manhã. "Não estou achando em lugar nenhum." Mas ninguém tinha visto e ela acabou lembrando que havia deixado na casa de Maria. *Vai estragar meu quadro perfeito*, pensou. Sempre fazia a lição, sabia o versículo e levava a Bíblia para a aula.

Cristina ficou arrasada. *Se eu ficasse doente, poderia pular a lição*, pensou. Então fingiu estar com dor de barriga, voltou para a cama enquanto a família foi à igreja — exceto a mãe que insistiu em ficar em casa com ela.

Quando voltaram, Nádia, a irmã, trouxe sua revista. "Maria mandou isto," ela falou. Cristina desejou que a professora e a turma não tivessem notado que ela não havia feito a lição. "Maria perguntou se você ainda ia à casa dela hoje, mas a mamãe disse que não," Nádia continuou. "E Carla pediu para tentar ir à igreja a noite, porque o Coral Júnior vai cantar e se você não for, ela terá que fazer aquele solo em seu lugar, mas está um pouco resfriada."

Ah, não! Eu tinha esquecido tudo isso, Cristina pensou. *Quero muito ir e estou cansada de ficar na cama.* Então foi avisar que estava se sentindo melhor.

A mãe não se convenceu. "Se estava tão doente a ponto de faltar a Escola Dominical, é melhor ficar em casa o resto do dia," falou.

Naquela noite a mãe encontrou Cristina soluçando no travesseiro. "Querida, você piorou?"

A menina balançou a cabeça. "Eu queria ir à igreja. Não estou doente. Nem estava hoje de manhã," confessou. "Só não queria estragar o meu quadro."

"Pode não estar doente," a mãe falou, "mas certamente caiu. Queria que seu quadro fosse perfeito para todos acharem que é ótima — isso é orgulho. E ele causou a sua queda — mentiu e se comportou de uma forma que não agrada a Deus. Penso que, não faz muito tempo, aprendeu um versículo sobre isso."

Cristina ficou pensando no que a mãe tinha dito e lembrou-se do versículo de Provérbios, que por sinal é o mesmo de hoje. Ela sabia que era a sua descrição.

SENTE ORGULHO AO PENSAR QUE SUA APARÊNCIA...

...é melhor do que a dos outros em sua turma? Ou o que se veste melhor? Ou que é mais confiável? Mais inteligente? Acha que merece elogios? Faz coisas para impressionar os outros e ser elogiado? Cuidado com o grande "eu". Glorifique ao Senhor pelas conquistas que Ele faz por seu intermédio.

NÃO SEJA ORGULHOSO

VERSÍCULO-CHAVE

O orgulho leva a pessoa à destruição...
—PROVÉRBIOS 16:18

248

E O VENTO LEVOU...

25 de agosto
LEITURA:
LUCAS 6:46-49

"Mamãe está sendo injusta. Ela não me deixa comprar a música que eu quero," resmungou Ana, enquanto ajeitava os pequenos quadrados de tecido coloridos na mesinha da avó. Olhou bem para a composição. "Isso! Acho que finalmente consegui."

A avó olhou. "Também gosto," disse. "Será uma bela almofada."

"E a mamãe?", Ana continuou. "Acha que ela pensa que o tipo de música que eu ouço vai me fazer usar drogas ou algo assim, vovó?"

Enquanto falava, o avô abriu a porta e entrou uma rajada de vento. *Vuhhh!* Os quadrados voaram pela sala. "Ah, não!", ela exclamou. "Levei tanto tempo para deixá-los do jeito certo." Ela recolheu os quadrados de pano e tentou refazer o desenho. "Não lembro mais a ordem," murmurou, enquanto o avô se desculpava.

"Querida, estou pensando naquela música que você quer," a avó falou. "Acha que ela glorifica ao Senhor?"

"Ah, por favor, vovó,", Ana choramingou. "Que mal faz? Eu vou a Escola Dominical e a igreja. Ouvir aquela música não vai me mudar."

"A mim, parece que está dividindo sua vida em pequenos quadrados — como esses de tecido," a avó disse. "Uma parte é para os amigos, outra para a música, outra para os livros, e por aí vai. Algumas partes pertencem a Jesus, e outras não." Ana fez uma careta enquanto tentava arrumar os quadrados novamente na mesa. "Quando o vento soprou, e os pedaços de pano voaram," a avó continuou, "e quando problemas ou tentações soprarem em sua vida, todos os seus quadradinhos podem se separar porque não estão ligados por nada consistente. Sabe o que precisa para manter seus quadrados juntos?"

Ana segurou um carretel. "Linha," falou. "Vou costurá-los."

"Sim," a avó concordou. "Você precisa de linha costurando as peças de tecido, e que Jesus seja a linha que costura a sua vida, querida — passando por todas as partes dela, não apenas por alguns quadrados. Assim, vento nenhum poderá 'desconsertar' você!"

Ana não respondeu, mas parecia pensativa enquanto colocava a linha na agulha.

JESUS É A "LINHA" QUE UNE AS PARTES DA SUA VIDA?

Você lê a Palavra de Deus e faz o que Ele manda? Se questiona se os programas que assiste, a linguagem que usa e a música que escuta agradam ao Senhor? Ou acha que Jesus precisa estar envolvido apenas quando você vai à igreja e Escola Dominical? Não divida a sua vida em pequenos compartimentos para dedicar apenas alguns a Deus. Permita que Ele seja o Senhor de tudo.

FAÇA O QUE JESUS DIZ

VERSÍCULO-CHAVE

Por que vocês me chamam "Senhor, Senhor" e não fazem o que eu digo?

—LUCAS 6:46

26 de agosto

LEITURA: PROVÉRBIOS 4:14-27

O EXPERIMENTO

"O que está fazendo?", a mãe de Téo exclamou enquanto descia correndo a escada do porão após ouvir um BUM muito alto vindo de lá. Ela engoliu em seco. "Téo!" gritou. "Olha a bagunça que você fez!"

"Só estava experimentando meu kit de química," ele resmungou. "Não sabia que esse negócio ia explodir."

"É quase como dizer: 'Não sabia que a arma estava carregada' depois de atirar em alguém," a mãe fez cara feia.

"Mas eu preciso fazer experiências para descobrir as coisas!" Téo protestou. "Como vou aprender?"

"Talvez lendo um livro?", a mãe sugeriu. Ela deu um suspiro e continuou. "Acho que você tem feito outros experimentos ultimamente, não é?"

"Outros experimentos?", Téo perguntou. "Como assim?"

"Bem, experimentou fumar, não foi?", ela perguntou. E quando o menino começou a negar, a mãe levantou a mão. "Seu hálito é de cigarro," falou, "e quando estava colocando sua calça para lavar, encontrei parte de um maço de cigarros no bolso."

"Ah, bem... alguns de nós só experimentamos," ele admitiu, "mas não gostamos muito. Não tem problema provar as coisas, desde que a gente não exagere. Não dá para saber sem testar."

A mãe abriu o armário, pegou uma garrafa de desinfetante e colocou um pouco num copo. "Tome um gole," ela falou, entregando o copo ao filho.

"Mãe!" Téo engoliu em seco, olhando para o desenho de uma caveira no rótulo da embalagem. "Isso é veneno!"

"Sim, e ouvi dizer que se tomar só um gole já queima a boca," ela concordou, "mas você não sabe disso, né? Não testou. Tem certeza que não quer um pouco?"

"Não, obrigado!", o menino exclamou, olhando para ela. "Você realmente me faria beber isso?"

"Claro que não," a mãe respondeu. "Só quero que compreenda que nem sempre é preciso experimentar para saber o que evitar. Esse princípio também é verdadeiro em relação a qualquer pecado. Nunca é seguro fazer experiências com o pecado."

VOCÊ PENSA QUE PRECISA EXPERIMENTAR TUDO?

Até mesmo coisas pecaminosas? Você pode ter sérios problemas. É perigoso experimentar drogas, álcool, fumo, jogo ou outras coisas que prejudiquem seu corpo ou mente. É perigoso roubar, trair, mentir ou desobedecer. Ouça seus pais e outros adultos responsáveis. Acima de tudo, ouça Deus e não se envolva com o pecado.

NÃO FAÇA EXPERIMENTOS COM O PECADO

VERSÍCULO-CHAVE

Não vá aonde vão os maus. Não siga o exemplo deles.
—PROVÉRBIOS 4:14

27 de agosto

LEITURA:
ROMANOS 10:9-14

COMO UM IRMÃO

"Mãe, posso ir ao parque brincar com o Bruno?", Felipe, de 10 anos, perguntou.

A mãe sorriu. "Bruno" respondeu. "Tudo o que ouço é 'Bruno.'"

"Ele é divertido," respondeu o filho. "Não tenho irmãos, então finjo que o Bruno é meu irmão."

"Ele parece um bom menino," a mãe falou. "Não ia convidar seu 'irmão' para a Escola Dominical?"

"Esqueci," Felipe admitiu, "mas eu vou. Posso ir agora?"

Um dia, Felipe voltou para casa animado, após brincar com o amigo. "Lembrei de convidar Bruno para a Escola Dominical," falou, "e ele prometeu que vai!"

"Que bom," a mãe respondeu.

Cumprindo a palavra, Bruno começou a ir à Escola Dominical com Felipe toda semana. E num domingo, o menino aceitou Jesus em sua vida.

Diversas semanas mais tarde, os garotos haviam combinado brincar no parque, mas Bruno não apareceu. Felipe estava chateado porque o dia passou e não encontrou o amigo. Então, certa noite o pai trouxe uma notícia. "Acho que o Bruno não vai aparecer mais," falou. "Soube que o pai dele é procurado pela polícia. Não acreditam que seja um criminoso, mas ele não conta o que sabe sobre um crime que aconteceu. Aparentemente descobriu que a polícia sabia onde estava, então fez as malas e foi embora com a família. Parece que ele vem fugindo há alguns anos."

"Ah, não!", resmungou Felipe. "Provavelmente nunca mais vou ver o Bruno, e sinto falta dele. Ele era como... como..."

"Eu sei, querido," a mãe falou. "Gostava dele como um irmão. Bem, talvez ele entre em contato com você algum dia."

"Espero que sim," o menino disse e lembrou-se de algo. "Vou encontrá-lo um dia no céu! Estou feliz por ter lhe falado de Jesus. Queria ter falado antes." As lágrimas encheram os olhos de Felipe. "Vou orar pelo Bruno, esteja ele onde estiver."

"Muito bom," a mãe aprovou. "Vamos orar também. E vamos nos lembrar de que temos outros amigos que precisam conhecer a Jesus."

SEUS AMIGOS CONHECEM JESUS?

Você lhes falou sobre o Senhor? Se realmente os ama, não fique apenas se divertindo com eles. Fale sobre Deus a cada um deles. Convide-os para ir à Escola Dominical ou para o estudo bíblico. Apresente o caminho para o céu aos seus amigos. Se eles conhecerem Jesus, vocês poderão estar juntos por toda a eternidade. Não espere mais. Fale ainda hoje com seus amigos sobre Cristo.

FALE SOBRE JESUS COM SEUS AMIGOS

VERSÍCULO-CHAVE

...como poderão ouvir, se a mensagem não for anunciada?
—ROMANOS 10:14

28 de agosto

LEITURA:
2 TIMÓTEO 3:14-17

ENLATE A BÍBLIA

"**N**o que se transformou este verão!" lamentou Diana. "Quando mudamos para o interior, pensei que ia andar a cavalo e passear no riacho. Ultimamente tudo o que faço é colher feijões, descascar milho, ervilha e agora pêssegos para enlatar e congelar."

A mãe sorriu. "Acho que fez coisas divertidas também," falou, "e quando as chuvas chegarem ficará feliz em termos esta comida em conserva."

Diana deu de ombros. "Talvez," respondeu, "mas agora estou cansada disso!"

No outono Diana voltou para a escola. E no início do verão, vieram as primeiras chuvas. E logo depois, uma tempestade bem forte, que acabou deixando a família presa em casa.

"Ah, mãe, o que vamos fazer?" Diana choramingou olhando a chuva que batia forte na janela. "Podemos ficar dias sem sair!"

"Temos muita lenha," a mãe disse sorrindo, "e o congelador está cheio de carne. Também temos bastante conservas feitas em casa."

"É verdade!", a menina concordou. "Não tem perigo de passarmos fome, *né*?" Ela suspirou. "Mas é um tédio! Está muito úmido para brincar lá fora."

A mãe riu. "Tem muitos livros bons, jogos e quebra-cabeças," falou. "Melhor ainda, pode decorar os versículos para o estudo bíblico."

"Sim — mas não sei por que temos que aprender tantos versículos," respondeu Diana. "Temos muitas Bíblias. Se precisarmos de um versículo, é só procurar."

"Lembra-se de que reclamou de fazer as conservas e congelá-las?", a mãe perguntou. "Agora que as tempestades chegaram e não podemos ir ao mercado, é bom ter comida estocada, não é?"

"Claro," Diana concordou.

"Bem," continuou a mãe, "na vida, você nunca sabe quando passará por tempestades e tentações, ou quando terá uma chance de testemunhar. Nesses momentos, talvez nem sempre seja conveniente — ou possível — procurar um versículo na Bíblia. Então, ficará feliz em ter esses preciosos versículos armazenados em seu coração."

"Devo 'enlatar' esses versículos?", ela perguntou, sorrindo. "Tudo bem, eu vou!"

VOCÊ MEMORIZA A PALAVRA DE DEUS?

Ou pensa que não é necessário, já que tem Bíblias em casa? Agradeça a Deus por estarem disponíveis, mas pode chegar o dia que poderão não estar. Além disso, nem sempre tem uma Bíblia com você e os versículos que aprendeu podem ajudar, estimular ou confortar. Mas não decore apenas palavras. Pense sobre o significado de cada versículo e peça ajuda a Deus para aplicá-los em sua vida.

MEMORIZE VERSÍCULOS BÍBLICOS

VERSÍCULO-CHAVE

...a Escritura [...] é útil para [...] ensinar a maneira certa de viver.
—2 TIMÓTEO 3:16

LEMBRE-SE DE MIM

29 de agosto

LEITURA:
1 CORÍNTIOS 11:23-27

"Ei, pai," Samuel falou enquanto a família voltava de uma visita à casa da avó, "o que gostaria que escrevessem em sua lápide?"

"Que pergunta!", a mãe exclamou. "Por que isso agora?"

O menino riu. "Enquanto você e a vovó conversavam, Graça e eu fomos falar com o tio João, que aparava a grama do cemitério no final da rua, e andamos um pouco por lá," Samuel explicou. "Tem coisas interessantes escritas nas lápides — são ditados ou poemas. Fiquei pensando no que gostaria que tivesse na sua um dia."

"Penso que gostaria de um versículo bíblico," o pai respondeu. "Quero que as pessoas lembrem-se de que sou cristão."

"Por que as pessoas colocam flores nos túmulos?", Graça perguntou.

"É uma demonstração de amor pela pessoa que morreu," a mãe disse. "Fazem em memória dela, e isso traz algum conforto enquanto recordam os bons momentos juntos e as coisas boas que essa pessoa fez por elas."

O pai concordou. "Isso me lembra do culto memorial que temos na igreja," falou.

"Culto memorial?", Samuel perguntou. "Em nossa igreja? Que culto é esse?"

"A Santa Ceia," o pai respondeu. "A Bíblia diz para participarmos em memória de Jesus. Nesse ato, lembramos de Sua vida, morte e ressurreição."

"E também que Ele vai voltar," a mãe acrescentou.

"Por que não levamos flores para Ele, como fazem no cemitério?", Graça perguntou. "Ou escrevemos algo sobre Jesus numa lápide?"

"Jesus não está morto, então não precisa de lápide!", Samuel exclamou. "Você sabe disso! Mas acho que poderíamos levar flores — como fazem na Páscoa."

"Tudo bem, mas Jesus deu instruções especiais sobre como devíamos lembrar dele," o pai respondeu. "O pão e o vinho são símbolos que Ele deixou para lembrarmos o Seu sacrifício."

"O que Jesus fez foi incrível, mas normalmente não pensamos nisso," observou Samuel. "Da próxima vez que participar da Santa Ceia, vou pensar nele e agradecer pelo que fez."

"Por que esperar até lá?", Graça perguntou. "Agradeçamos a Ele agora também!"

VOCÊ PENSA EM JESUS DURANTE A SANTA CEIA?

Ou sua mente vaga pelas atividades escolares, amigos ou talvez um jogo novo? Aprenda a focar seus pensamentos em Jesus e no que Ele fez. Pense no quanto Ele é santo e em como é maravilhoso que o Filho de Deus — sem pecado — morreu por *você*. Use este momento de culto para entender mais uma vez como Jesus é perfeito e agradeça a Ele pelo Seu enorme sacrifício e amor.

LEMBRE-SE DE TUDO QUE JESUS FEZ POR VOCÊ

VERSÍCULO-CHAVE

De maneira que, [...] estão anunciando a morte do Senhor...
– 1 CORÍNTIOS 11:26

30 de agosto

LEITURA:
SALMO 139:13-18;
JOÃO 3:16

CRIAÇÃO DE DEUS

Após o estudo bíblico, Carla entrou no carro da mãe. "Oi," ela falou. "Gostei da minha aula hoje. Foi bem divertida."

"Que bom," a mãe respondeu. "Conte-me como foi."

"Ouvimos uma boa história da Bíblia," Carla falou, "e cantamos." Ela começou a cantarolar.

"Conheço esse cântico," a mãe sorriu. "Acho que foi um dos primeiros que aprendeu. Vamos cantar." Então começaram a cantar juntas. "Cristo tem amor por mim."

Carla parou e olhou para a mãe. "Deus realmente me ama?", perguntou.

"Sim," a mãe garantiu. "Deus a ama muito."

"Por quê?", a menina quis saber. "Por que Ele me ama?"

"Bem… pense desta forma," a mãe começou, apontando para um desenho que a menina tinha na mão. "Vejo que desenhou muitas flores e árvores, e fez uma bela grama. Esse desenho é especial para você, não é? Por que gosta tanto dele?"

Carla olhou para seu desenho. "Fiz no estudo bíblico de hoje," falou com orgulho.

A mãe sorriu. "Com Deus é mais ou menos assim," falou. "Ele nos fez, e acho que esse é um motivo de sermos tão especiais para Ele. É uma das razões por Ele nos amar."

A menina sorriu. "Deus gosta de mim como eu gosto do meu desenho," falou alegremente.

"Bem, sei que você gosta muito de seu desenho, mas sabe de uma coisa?", a mãe falou. "Deus ama você muito mais do que isso. Bem mais! Ele a ama mais do que papai e eu a amamos."

Carla olhou novamente para o desenho. "Muito mais," repetiu. "Isso é muito, não é, mãe?"

"É sim," ela respondeu.

Quando chegaram à casa, a mãe ajudou Carla a colocar o desenho na parede do quarto onde ela pudesse ver todos os dias quando acordasse. E todas as manhãs, o desenho a lembraria de que Deus a tinha criado e que ela era especial para Ele.

EXISTE ALGO QUE É ESPECIAL PORQUE VOCÊ O FEZ?

Deus o fez, e você é especial para Ele. O Senhor se importa muito com você. Mais do que poderia se importar com qualquer coisa que já tenha feito. Na verdade, Deus o ama tanto que enviou Jesus para receber o castigo que devia ser seu. Você o ama também? Já o recebeu como seu Salvador? Não espere mais. Coloque sua fé nas mãos de quem o fez e o ama.

DEUS FEZ VOCÊ E O AMA.

VERSÍCULO-CHAVE

Lembrem que o SENHOR é Deus. Ele nos fez, e nós somos dele...
—SALMO 100:3

NADA DE QUEIJO HOJE

31 de agosto

LEITURA:
PROVÉRBIOS 22:6;
EFÉSIOS 6:1-3

"Que tal fatiar este queijo, João?", a mãe sugeriu enquanto o filho a ajudava a preparar o lanche.

"Claro," ele pegou o cortador de queijo.

Quando João começou a fatiar o queijo, Marcos, de 2 anos, entrou correndo na cozinha. "Quero!", falou esticando a mão.

A mãe balançou a cabeça. "Desculpe, Marcos," falou séria. "Nada de queijo para você porque passa mal."

O menino fez careta e ignorou a mãe. "Quero, *pro* favor!" pediu, batendo no braço do irmão. *"Goto de quejo."*

"Não posso dar, Marcos," João falou. "Mamãe disse não." O menino insistiu mais um pouco, mas foi embora, nada feliz. "Que pena que Marcos não entenda por que não pode comer queijo," o menino falou. "Se soubesse que é alérgico, talvez não ficasse tão zangado quando você diz não."

"Muitas vezes os pais precisam tomar decisões que os filhos não entendem," a mãe falou olhando para João.

"Está falando sobre a festa de ontem, não é?", ele perguntou.

"Quando você pediu para ir, seu pai e eu não negamos por maldade. Como dissemos — com base em nossa experiência e conhecimento, percebemos que não era o tipo de festa que você deveria participar. Foi por isso que dissemos não. Acho que você não compreende isso de verdade."

"Agora, entendo melhor," João respondeu com um suspiro. "Bem... pelo menos, entendo que vocês têm razão para nem sempre me deixar fazer o que quero, assim como há um motivo para não dar ao Marcos o que ele quer."

"Muito bom." A mãe sorriu e abraçou o filho. "Deus nos colocou no comando para ensinar e proteger você," acrescentou. "Faremos o que pudermos para ensinar-lhe sobre Ele e como viver para o Senhor. Um dia, não poderemos mais tomar as decisões. Terá que escolher o que é certo sozinho."

João concordou. "Eu sei, e até lá, vou tentar me lembrar que vocês têm suas razões quando não me deixam fazer certas coisas." Ele riu. "Se eu esquecer, pode me dizer 'Nada de queijo hoje.' Isso me fará lembrar."

VOCÊ PENSA QUE AS REGRAS QUE SEUS PAIS...

...estabelecem são apenas para impedi-lo de se divertir? Não esqueça que eles têm mais conhecimento e experiência do que você. O fato de insistirem que respeite as regras é um sinal de amor. No livro de Provérbios 22:6, Deus os instrui — Ele diz que devem ensinar o caminho que você deve andar. O Senhor também dá instruções aos filhos. Obedeça aos seus pais.

HONRE E OBEDEÇA A SEUS PAIS

VERSÍCULO-CHAVE

...o dever cristão de vocês é obedecer [...] ao seu pai e à sua mãe...
—COLOSSENSES 3:20

QUEM É O PAI?

A Bíblia apresenta o nome de vários pais e filhos, e diversos deles estão listados abaixo. Trace uma linha do nome do filho ao nome do pai de cada um deles. Se você não conhece esses nomes, pode checá-los na referência bíblica indicada.

(1 Samuel 4:4)	Hofni e Finéias	Adão
(Gênesis 4:1,2)	Caim e Abel	Zebedeu
(Lucas 1:59,60)	João Batista	Num
(Êxodo 6:20)	Arão e Moisés	Jacó
(Gênesis 48:2)	José	Anrão
(Gênesis 35:29)	Jacó e Esaú	Zacarias
(Mateus 4:21)	Tiago e João	Arão
(1 Crônicas 23:1)	Salomão	Jessé
(Gênesis 21:2,3)	Isaque	Eli
(Números 14:6)	Josué	Salomão
(1 Samuel 17:58)	Davi	Davi
(1 Reis 11:43)	Roboão	Isaque
(Êxodo 6:23)	Nadabe e Abiú	Abraão

Agora encontre o nome de todos os pais no caça-palavras. Você os achará de cima para baixo, da direita para esquerda ou cruzado.

Z	O	A	B	R	A	A	O	A
E	A	M	A	N	R	A	O	R
B	O	C	A	J	A	M	I	A
E	L	A	A	M	P	V	L	O
D	N	C	N	R	A	B	A	A
E	O	U	A	D	I	D	K	E
U	M	C	A	A	A	A	A	L
I	S	A	E	U	Q	A	S	I
S	A	L	O	M	A	O	A	N
O	T	A	E	S	S	E	J	S

256

1.º de setembro

LEITURA:
ROMANOS 5:1-5

CORUJA SITIADA

Nilo lançou sua linha na água. A isca fez um *plop* quando caiu. Na outra ponta do barco, o avô segurava tranquilamente a vara de pesca. Enquanto aguardavam os peixes abocanharem as iscas, tudo era silêncio exceto pelo chilrear dos grilos.

De repente, um grasnido rasgou a névoa. Nilo deu um pulo e o avô apontou para o galho mais alto de uma árvore, onde uma coruja estava empoleirada. E um corvo enorme voava em círculos, grasnando cada vez que passava. "Qual o problema do corvo?", perguntou.

"Não há como saber," o avô respondeu. "A coruja deve estar próxima ao ninho dele. Ou talvez esteja apenas importunando para ela não dormir. Às vezes, os corvos fazem isso."

Nilo ficou olhando o pássaro negro dar voltas e voltas, seus gritos enchiam o pântano. Apenas a cabeça da coruja se movia, observando o corvo. "Queria que fosse embora," falou. "Ele pode machucar a coruja?"

O avô balançou a cabeça. "Improvável," respondeu. "O bom Senhor deu a elas o que precisam para se proteger — asas fortes e garras afiadas. Se o corvo se aproximar muito, cairá rápido, e ele sabe disso. Veja, como mantém uma distância segura."

"É, mas se eu fosse ela, lutaria, fugiria ou… faria alguma coisa," disse Nilo.

O avô riu. "Talvez aquela velha coruja saiba que o corvo vai se cansar e irá embora," disse, puxando a linha e lançando-a novamente. "Podemos aprender uma lição com ela. Em vez de ficarmos nervosos e chateados com coisas que nos incomodam, precisamos buscar o Senhor tranquilamente e confiar nele. Devemos pedir Sua ajuda para saber quando há algo a fazer ou quando o melhor é apenas esperar com paciência por Ele."

Nilo concordou e voltou a atenção para sua linha de pesca. Um pouco mais tarde, percebeu que tudo voltara a ficar tranquilo. Olhou para a coruja. "Você está certo, vovô. O corvo se foi!", ele sorriu. "Vou tentar lembrar de ser como a coruja e esperar que Deus cuide das coisas, a menos, é claro, que Ele mostre que eu devo fazer algo a respeito!"

VOCÊ SE PREOCUPA COM O QUE ESTÁ ACONTECENDO...

...em sua vida, ou ao redor do mundo? Está chateado com algo em casa ou na escola? O noticiário sobre guerra e economia o incomoda? A vida nem sempre é agradável, mas tenha a certeza de que Deus conhece cada situação. Se Ele mostrar algo que você puder fazer — talvez pedir desculpas, ser prestativo ou estudar mais, faça. Se não, deixe que outros percebam que você está pacientemente confiando no cuidado de Jesus.

SEJA PACIENTE E CONFIE EM DEUS

VERSÍCULO-CHAVE

...Tenha paciência, pois o Senhor Deus cuidará disso.

—SALMO 37:7

2 de setembro

LEITURA:
FILIPENSES 4:4-7

ELOGIAR FAZ MARAVILHAS

Quando Laura entrou correndo em casa, a mãe olhou para ela. "Que dia horrível," a menina reclamou. "Nunca vou saber por que tenho a infelicidade de ter duas aulas por dia com a Sra. Martins, que é mal-humorada e ninguém gosta dela!"

"Então, acho que o versículo da devocional de hoje é exatamente o que você precisa," a mãe respondeu. "Ele diz: 'e sejam agradecidos a Deus em todas as ocasiões', lembra? Falamos sobre ele e decidimos que devemos ter sempre uma atitude de louvor e gratidão a Deus, não importa a situação."

"Sim, mas…", Laura parecia em dúvida. "É bem difícil — senão impossível — ter uma atitude de louvor na aula da professora Martins."

"Pode ser difícil, mas a atitude correta fará a aula ser mais tranquila," a mãe motivou Laura. "Tenho certeza de que Deus tem algo para lhe ensinar com isso."

"Ah, com certeza vou aprender muitas lições," Laura reclamou. "Sentem direito… não falem na aula… fiquem em seus lugares… blá-blá-blá! Realmente não sei como pode esperar que eu seja agradecida por estar na turma dela!", suspirou. "Pensa! Eu tenho aula com ela não uma, mas duas vezes por dia — quer dizer, duas horas, cinco vezes por semana, o ano inteiro! Ah, não aguento! É demais!", Laura bateu a mão na cabeça e jogou-se numa poltrona.

A mãe riu. "Filha, não seja tão dramática," disse. "Você vai sobreviver. Pode até ganhar o respeito e a amizade da professora se você tiver a atitude correta. Por que não tenta dizer coisas boas sobre ela? Tenho certeza que ajudaria mais do que reclamar."

"Coisas boas? Não consigo pensar em nenhuma," a menina retrucou.

"Peça ajuda a Deus para pensar em algo," a mãe sugeriu. "Fale com Ele sobre isso, e agradeça pela oportunidade que está lhe dando de aprender algo novo. Ficará surpresa com os resultados."

Laura suspirou. "Sei que está certa, mãe," disse depois de um tempo. "Na verdade, ela explica matemática muito bem. Acho que Deus sabe que preciso disso. Vou ver o que mais vai acontecer."

VOCÊ CONVERSA COM DEUS TODOS OS DIAS SOBRE...

...as pessoas e circunstâncias que enfrenta? É difícil lidar com certas situações? É difícil lidar com alguém em especial? Parece impossível agradecer por alguns acontecimentos ou pessoas? Ore por situações difíceis pedindo a Deus para lhe mostrar oportunidades e lições a aprender por meio delas. Agradeça-lhe por ensiná-lo por meio de todas as pessoas e circunstâncias em sua vida.

DESENVOLVA ATITUDES DE GRATIDÃO

VERSÍCULO-CHAVE

...sejam agradecidos a Deus em todas as ocasiões...
—1 TESSALONICENSES 5:18

ELOGIAR FAZ MARAVILHAS 2

3 de setembro

LEITURA:
PROVÉRBIOS 16:20-24;
26:28; 29:5

"**F**uncionou, Laura!" Bruno chamou a irmã mais velha que cortava a grama num sábado de manhã. "Vamos para o parque!"

"O que funcionou?", perguntou a mãe, saindo da casa com o filho.

Laura riu. "Bruno estava reclamando que queria ir ao parque, mas você disse que estava muito ocupada," ela explicou. "Eu falei que se ele parasse de ficar irritado, e começasse a dizer coisas boas, você faria coisas legais, talvez até o levasse ao parque ou…".

"Mas Laura disse para eu falar só a verdade," Bruno interrompeu, "então eu disse. Você *é* uma boa dona de casa… e bonita… e uma boa mãe… e eu a amo."

"Acredito em tudo o que disse," falou rindo. Ele segurou a mão da mãe, ansioso para sair. "A propósito, Laura," disse a mãe, "seguiu minha sugestão de falar coisas boas sobre sua professora? Melhor ainda, e sua própria ideia de dizer coisas boas *para* ela? Fez isso?"

Laura balançou a cabeça lentamente. "Ainda não," disse, "mas vou tentar na próxima semana."

"Muito bom," a mãe aprovou. "Continue orando por ela também." Ela riu quando Bruno puxou sua mão. "Vamos sair agora," disse. "Voltamos logo."

Todos os dias da semana seguinte, Laura tentou pensar em algo bom para dizer à professora Martins. "Bonita echarpe," comentou quando passou pela mesa dela na segunda-feira pela manhã.

"Obrigada," a Sra. Martins respondeu, parecendo ter gostado, embora um pouco assustada.

Quando a menina entregou uma tarefa ao final da aula no dia seguinte, sorriu para a professora. "Tenho tido problemas com matemática, mas a senhora explicou tão bem que acho que finalmente entendi," disse.

Os dias foram passando e Laura continuou a encontrar tantas coisas para fazer comentários positivos, que ficou surpresa ao perceber que estava começando a realmente gostar da professora. A Sra. Martins parecia gostar da menina também, e até a elogiava de vez em quando. *Estranho*, Laura pensou, *mas quando pensamos e dizemos coisas boas sobre as pessoas, elas também fazem o mesmo com você!*

ELOGIAR PODERIA RESOLVER UM PROBLEMA...

...com um professor, vizinho ou amigo? Por que não tenta? Mas não esqueça, Deus quer que você seja honesto. Ele não aprova falsidade. Procure boas qualidades nos outros e faça elogios verdadeiros. Quando sua "maneira de viver agrada a Deus", Ele permitirá que os outros fiquem em paz e se deem bem com você.

SEJA HONESTO AO ELOGIAR OS OUTROS

VERSÍCULO-CHAVE

[Quando o] viver agrada a Deus, Ele transforma os nossos inimigos...
–PROVÉRBIOS 16:7

4 de setembro

LEITURA:
TITO 3:4-7

A RESPOSTA CERTA

"Ainda acho que deveria receber uma nota melhor que a sua no teste de matemática," Samuel reclamou quando voltava com Jairo da escola. "Minhas respostas foram quase corretas."

"Talvez, mas não importa," Jairo argumentou. "Errado é errado!"

"Bem, não acho justo," o menino respondeu chateado, e acenou para um homem que mexia em seu jardim. "Aquele é o Sr. Braga, meu professor da Escola Dominical. Vamos perguntar o que ele acha. Aposto que vai concordar comigo."

"Ou *comigo*," Jairo riu.

Então os garotos pararam e explicaram o problema. "Acho que eu devia tirar uma nota melhor do que o Jairo," Samuel falou. "Minhas respostas estavam quase certas."

"E eu digo que não faz diferença," o amigo argumentou.

O Sr. Braga encostou o ancinho. "Deixa eu contar o que aconteceu ontem," falou. "Nossa pia estava entupida, então fui procurar o número do Paulo, o encanador. Os últimos quatro dígitos eram 5519. Fiz a ligação, mas a senhora que atendeu disse que o número estava errado, pois o seu terminava com 5529." O professor balançou a cabeça. "Disquei apenas um número errado."

"Então… não ajudou porque tinha discado o número *quase* certo," Samuel concluiu.

"Não. Lamento, Samuel, mas se eu avaliasse o seu teste, acho que daria zero também. Você passou perto, mas estava errado," o Sr. Braga disse. "E agora, tenho uma pergunta a vocês — e é importante que a resposta seja certa. A questão é a seguinte: Como vocês podem alcançar o céu?"

"Bem… sendo bom e fazendo o melhor," sugeriu Jairo. "E dando dinheiro aos pobres e ajudando os outros."

"Não," Samuel discordou. "Não é isso. É aceitando Jesus como Salvador."

O Sr. Braga sorriu, e disse: "Dessa vez você está certo, Samuel," disse. "Como falei, é importante saber esta resposta. Se tiverem tempo para um refrigerante, gostaria de conversar um pouco mais sobre isto. Se quiserem, podem ligar para suas mães para saber se podem. Meu celular está aqui."

"Tudo bem. Eu tenho tempo. Obrigado!" Jairo falou, pegando o telefone.

SABE A RESPOSTA PARA A QUESTÃO DO SR. BRAGA?

Não importa quantas boas ações você fizer, elas nunca o levarão ao céu. Talvez você conheça as palavras corretas e em sua mente, já sabe a resposta certa. Mas você já a colocou em prática? Já aceitou Jesus como seu Salvador? A Bíblia diz que apenas os que creem nele serão salvos e estarão na eternidade com Ele no céu. Coloque a sua confiança em Jesus hoje!

BOAS AÇÕES NÃO PODEM SALVAR VOCÊ

VERSÍCULO-CHAVE

A salvação não é o resultado dos esforços de vocês...
—EFÉSIOS 2:9

5 de setembro

LEITURA:
DEUTERONÔMIO
18:20-22

ADIVINHADOR

"**P**ai, olha isso!" Deise apontou para o jornal. "Aqui diz que esta senhora é uma vidente e tem uma lista de coisas que diz que vão acontecer logo."

"Não acredite," Beto, o irmão mais velho, avisou. "É uma farsa."

"É uma farsa, papai?" a menina perguntou. "As previsões parecem possíveis. Ela diz que haverá um desastre de avião, que teremos um inverno frio, e…".

"Há desastres de avião toda hora, e todo inverno é frio," Beto interrompeu. "Até eu podia prever isso! Ela não é uma vidente! É uma adivinhadora."

O pai sorriu. "As pessoas gostam de pensar que podem prever o futuro," falou, "mas não podem. Antes de a Bíblia ser escrita, Deus usava os profetas para passar a Sua mensagem, mas Ele não faz mais isso. Na carta aos Hebreus está escrito que o Senhor fala conosco 'por meio de Seu Filho.' E o faz com o que está registrado na Bíblia."

"As pessoas como essa senhora nunca acertam?" Deise perguntou.

"Algumas vezes — mas normalmente é mais uma questão de bons palpites," o pai respondeu. "No livro de Deuteronômio está escrito que se um profeta cometer um erro, não é de Deus. Lembre-se de que Satanás é poderoso, e é possível que, às vezes, dê um conhecimento especial a algumas pessoas. Assim, qualquer tentativa de prever o futuro pode ser muito perigosa."

"As pessoas fazem previsões só para enganar todo mundo?" Deise quis saber.

"Aposto que fazem por dinheiro," Beto opinou. "Muita gente pagaria uma boa grana para alguém dizer o que acontecerá no futuro, não é pai?"

"É verdade," o pai respondeu, "e suponho que os palpiteiros também gostem da sensação de poder que isso lhes dá."

Deise ficou calada um pouco enquanto lia a lista de previsões. "Acho que qualquer um poderia prever a maior parte destas coisas," ela concordou. "É bem bobo acreditar que esta senhora tem algum tipo de poder especial."

O pai concordou. "Fico feliz em conhecer o Deus verdadeiro, e vocês? Ele é o único que realmente conhece o futuro e se importa com o que acontecerá conosco."

VOCÊ JÁ OUVIU ALGUÉM PREVER O FUTURO?

Ou leu algumas previsões? Nenhum ser humano sabe o que acontecerá no futuro. Somente Deus. Ele o proíbe de usar tais adivinhadores para tentar descobrir o que acontecerá. Evite quem queira fazer isso. Fique feliz em confiar em Deus para conduzi-lo — um dia de cada vez — enquanto se esforça para agradá-lo em tudo o que fizer.

SÓ DEUS CONHECE O FUTURO

VERSÍCULO-CHAVE

…nestes últimos tempos ele nos falou por meio do Seu Filho…

—HEBREUS 1:2

6 de setembro

LEITURA:
EFÉSIOS 6:1-3

ATRASOS DE DANIELE

Daniele bocejou descendo as escadas. "Bom dia, dorminhoca," a mãe falou. "Estou saindo para a cidade, mas volto para casa na hora do almoço. Quero que você limpe o jardim esta manhã."

"Ah, mãe!", a menina reclamou. "Detesto insetos, aranhas e tirar o mato. *Preciso mesmo* fazer isso?" "Sim, precisa," a mãe falou pegando as chaves do carro. "Pedi na semana passada, lembra, mas ainda não foi feito."

Daniele seguiu a mãe até o carro. "Mas limpei a garagem." Ela comentou olhando em volta. "Viu como está?"

"Mas eu pedi a você que limpasse o jardim," a mãe lembrou. "Faça isso hoje. Até logo."

A menina suspirou quando voltou para dentro de casa. *Acho que é melhor ir e fazer logo isso*, pensou. De repente, lembrou-se de uma coisa — o aniversário da mãe! *Mamãe devia ter um bolo de aniversário*, ela decidiu, e sei como fazer. Então, em vez de limpar o jardim, Daniele foi para a cozinha.

Quando a mãe chegou à casa, um bolo de chocolate com cobertura branca estava na bancada. Ela gostou e ficou surpresa e, após comer um pedaço como sobremesa, declarou que tinha sido o melhor que já havia comido. "Mas como teve tempo de limpar as flores e fazer um bolo?" a mãe perguntou em voz alta. E, vendo a expressão da filha, completou. "Você limpou o jardim, não foi?"

Quando Daniele admitiu que não havia limpado, a mãe suspirou. "Agradeço o trabalho que fez na garagem sábado passado, e agradeço o bolo delicioso, mas a questão é que as ervas daninhas ainda estão no jardim. Você não me obedeceu e fiquei muito decepcionada."

"Mas achei que gostaria de um bolo," a menina protestou.

"Um bolo é bom, querida, mas queria mais ainda que me obedecesse," a mãe respondeu. "Lamento, mas não poderá ir ao *shopping* que tínhamos planejado para esta tarde. No lugar disso, você fará o trabalho no jardim."

VOCÊ OBEDECE AOS SEUS PAIS E AS AUTORIDADES?

Acha que deveria ser dispensado de fazer o que foi mandado, contanto que faça outras coisas para ajudar? O versículo de hoje alerta para a importância da obediência. Lembre-se de que nenhuma desculpa é boa o suficiente para você desobedecer aos mandamentos de Deus, e um deles, é obedecer aos seus pais.

OBEDEÇA AOS SEUS PAIS

VERSÍCULO-CHAVE

...É melhor obedecer a Deus do que oferecer-lhe em sacrifício...
—1 SAMUEL 15:22

ATRASOS DE DANIELE 2

7 de setembro

LEITURA:
ROMANOS 6:11-18

Daniele estava lutando para tirar as ervas do canteiro de flores quando o avô, que morava na casa ao lado, chegou. "Ouvi sua mãe e sua avó falando sobre uma ida ao *shopping*," disse, "e achei que iria também."

A menina fez uma careta. "Mamãe não deixou," ela respondeu. "Eu não fiz esta limpeza semana passada. Ela me mandou fazer hoje de manhã, mas eu... eu... bem, não fiz, então disse que devia fazer agora."

"Que pena," comentou o avô, "mas por que adiou tanto?"

Ela deu de ombros. "Detesto tirar as ervas," respondeu.

"Sempre gostei de trabalhar no jardim e observar o milagre do crescimento," o avô disse. "Se não fosse pelo meu joelho ruim, ajudaria você. Não me importo de tirar as ervas."

"Queria que pudesse ajudar. Detesto insetos mais do que as ervas daninhas!" Daniele reclamou.

O avô sorriu. "Acho que muitas pessoas também," disse, "mas todas as coisas boas e doces da vida têm algo desagradável misturado a elas."

"*Ufa!*", a menina bufou quando puxou uma erva maior que as outras. "Estas coisas são grandes e teimosas. É difícil se livrar delas!"

"Teria sido mais fácil na semana passada," disse o avô. "Quanto mais cedo, melhor."

"Acho que sim," ela murmurou. "Devia ter feito. Papai diz que eu tenho o péssimo hábito de adiar o que não gosto de fazer."

"Procrastinação," disse o avô.

"O que significa isso?" Daniele perguntou.

"É uma palavra grande para adiar as coisas," o avô explicou. "Maus hábitos são como estas ervas daninhas — quanto mais tempo crescem, pior é para se livrar deles. Sua vida é como um jardim, Daniele, cheio de coisas belas. Mas para se manter bela, os maus hábitos e o pecado devem ser extraídos diariamente. Ao deixar você em casa esta tarde, sua mãe está ajudando a tirar algumas ervas daninhas de sua vida."

A menina suspirou ao tirar outra erva teimosa. "Quer dizer a erva daninha da procrastinação?" perguntou. "Da próxima vez que quiser adiar alguma tarefa, vou tentar lembrar de não deixar a erva daninha crescer!"

QUAIS ERVAS DANINHAS VOCÊ PRECISA RETIRAR?

Desobediência? Traição? Grosseria? Mentira? Na verdade, quanto mais tempo permitir que estes pecados permaneçam em sua vida, mais difícil será para se livrar deles. Sejam quais forem os pecados, arranque-os agora — com a ajuda de Deus. Quanto mais cedo o fizer, mais fácil será removê-los de sua vida.

ARRANQUE OS MAUS HÁBITOS

VERSÍCULO-CHAVE

O pecado não dominará vocês [...] não são mais controlados pela lei...

—ROMANOS 6:14 14

8 de setembro

LEITURA:
1 PEDRO 4:8-11

AS FERRAMENTAS FALANTES

"Seu amigo João está realmente crescendo no Senhor, não é?" tio Carlos perguntou quando Nelson o ajudava a substituir as tábuas rachadas da varanda.

"É," o menino respondeu secamente.

"Ele é um bom garoto," o tio falou tirando os pregos. "O solo dele no coral juvenil foi ótimo." Nelson não respondeu. E permaneceu calado — calado demais. O tio pôs de lado o martelo e perguntou: "Você brigou com João?"

O menino suspirou e respondeu: "É que ele faz tudo melhor do que eu. Eu costumava fazer os solos, mas agora é João quem canta a maioria. É o melhor aluno da Escola Dominical também — leva mais visitantes e aprende mais versículos bíblicos do que todo mundo. Vence até no tênis."

"Poderia pegar a trena da caixa de ferramentas, Nelson? Vamos medir e cortar as tábuas novas," o tio Carlos falou. "O que acharia se o martelo se zangasse quando começarmos a usar a trena? Ou se a trena dissesse, 'Você me deixou nesta caixa quente e velha, então não vou medir nada para você'? E se o serrote falasse 'Estou cansado de cortar tábuas. Se não me deixar tirar os pregos, não trabalho'?".

Nelson riu. "Mandaríamos se comportarem!" disse. "Um não pode fazer o trabalho do outro. São só ferramentas. Feitas para uma finalidade."

"Certo," tio Carlos concordou, "e cristãos são *ferramentas* nas mãos de Deus. Deveríamos nos dispor a fazer aquilo a que somos designados — ou seja, servir ao Senhor de todas as formas que pudermos."

"Mas por que João tem que fazer melhor do que eu faço?" Nelson choramingou.

"Quantos martelos têm em minha caixa de ferramentas?", o tio perguntou.

O menino foi olhar. "Dois."

"E eu uso os dois. Com Deus é assim. Ele não tem apenas um solista, uma testemunha ou um trabalhador. Uma ferramenta não diz ao carpinteiro quando vai trabalhar ou o que vai fazer. Ela simplesmente espera, pronta para ser usada quando necessário. Nós devemos ser assim também, Nelson — prontos e disponíveis para Deus usar quando e onde Ele quiser."

VOCÊ TEM CIÚMES DE ALGUMA FERRAMENTA DE DEUS?

Ou de algumas pessoas que Ele usa? Gostaria que o Senhor o usasse em trabalhos diferentes dos que tem feito até agora? Se Deus lhe dá uma determinada tarefa, acha que ninguém mais deveria fazer? Lembre-se de que Ele usa diversas pessoas de formas diferentes, mas também usa várias pessoas do mesmo modo. Seja uma ferramenta nas mãos de Deus, pronta e disponível para o que Ele quiser.

SEJA UMA FERRAMENTA DE DEUS

VERSÍCULO-CHAVE

...Que cada um use o seu próprio dom para o bem dos outros!

—1 PEDRO 4:10

9 de setembro

LEITURA:
LUCAS 6:31-36

CHEGA DE PROVOCAÇÕES

Queria não ter que passar pela casa do José, Beth pensou enquanto voltava da escola, *mas a mamãe diz que tenho que atravessar a rua na faixa.* Ela suspirou. *Talvez ele já tenha entrado. Talvez não me provoque hoje.* Mas então ela viu o menino sentado nos degraus da entrada.

"Lá vai ela — a velha cenoura quatro-olhos," ele gritou e riu alto. Beth ficou vermelha. Não se incomodava de usar óculos, e gostava de seu cabelo ruivo, mas José sempre fazia isso parecer feio.

Ao chegar à casa, a menina contou à mãe. "Ele sempre zomba de mim." Sua voz tremia. "Um dia destes vou me vingar dele. Eu vou... vou... vou pensar em algo!"

"Posso entender por que está chateada," "mas..." fez uma pausa e falou pensativa: "Lembra-se de quando lhe dei uma bronca semana passada por algo que não fez?", perguntou. "Qual foi a sua reação?"

"Bem, eu expliquei o que aconteceu," Beth respondeu.

"Sim, e você até saiu e colheu um buquê de flores para mim," a mãe lembrou.

A menina sorriu. "E então você me deu um abraço."

"Eu estava errada em lhe dar a bronca," a mãe disse, "mas não sei como teria reagido se você tivesse dado uma resposta zangada. Ser gentil com alguém que não merece ou espera, normalmente muda o comportamento da pessoa. Funcionou comigo. Talvez funcione com José."

"Bem... talvez, mas não acho que ele gostaria de flores." Beth respondeu.

A mãe sorriu e falou: "É preciso gentileza, não um presente que deva vir dentro de uma embalagem bonita." E continuou dando uma nova ideia: "Mas talvez possa oferecer algo também. Tem figurinha de futebol na embalagem de cereal. Por que não dá a José?" Ela gostou da ideia.

Quando o menino começou a provocar Beth no dia seguinte, ela foi em sua direção e lhe entregou a figurinha. Ele parou de falar e ficou olhando para ela. "Vou guardar a próxima para você," Beth disse.

José não falou nada, mas no dia seguinte ela estava próxima à casa dele, quando ouviu o menino chamar, "Ei! Obrigado pela figurinha." A provocação havia parado.

QUANDO ALGUÉM NÃO É GENTIL, O QUE VOCÊ FAZ?

Tenta encontrar uma forma de se vingar, ou aceita o conselho de Deus e trata a pessoa bem? Você ficará surpreso como isso transforma os inimigos em amigos. Mesmo que não perceba uma melhora imediata no comportamento da pessoa, seja paciente e confie em Deus. Ele promete que sua recompensa será ótima.

SEJA GENTIL COM QUEM NÃO É COM VOCÊ

VERSÍCULO-CHAVE

A resposta delicada acalma, mas a palavra dura aumenta a raiva.
—PROVÉRBIOS 15:1

10 de setembro

LEITURA:
SALMO 119:102-105

DEIXE A LUZ ACESA

"Júlio, hora de entrar," a mãe chamou. "Tem coisas a fazer antes do jantar."

"Tudo bem, estou indo," o menino respondeu, e logo derrapou até parar em frente à mãe. "O que eu preciso fazer?"

"Isto," ela mostrou a Bíblia de Júlio. "Você disse que seu professor da Escola Dominical passou uma tarefa diária de leitura, e ainda não terminou a de hoje, não é?"

O menino deu de ombros. "Não," admitiu, "mas não vejo por que temos que ler versículos todos os dias. Sei que você e papai acham que eu devia fazer isso também, mas vamos à igreja aos domingos — duas vezes — e aprendo sobre Deus lá." A mãe franziu a testa e continuou segurando a Bíblia até Júlio pegá-la sem vontade e sentar-se para ler.

Naquela noite, quando a mãe passou pelo quarto do menino, esticou a mão e desligou a luz. "Mãe! Ainda não está na minha hora de dormir!", ele protestou.

"Eu sei," ela respondeu voltando para a porta, "mas sua luz está ligada há muito tempo, então, não poderia ter feito o que precisava enquanto a luz estava ligada?"

Júlio olhou para a mãe intrigado. "Claro que não," resmungou enquanto ligava a luz. "Fica escuro demais com a luz apagada. Estou montando o meu barco e as partes estão todas espalhadas. Preciso de luz para ler as instruções e saber que peça coloco depois."

"Mas não sabe onde as coisas estão? Já leu as instruções?" - perguntou a mãe.

"Claro," ele respondeu, "mas não lembro de todas."

A mãe sorriu. "Durante um tempo, após a luz apagar, você lembra onde estão as coisas e o que leu nas instruções, não é? Mas para fazer o trabalho direito, precisa da luz ligada, certo?"

"Isso!" Júlio concordou.

"Bem, Deus se refere à Sua Palavra — a Bíblia — como a luz," a mãe continuou. "É bom receber essa luz na igreja e na Escola Dominical. Mas para ter maiores benefícios, é preciso o uso constante. Ligar a luz da Palavra de Deus, usando a Bíblia durante a semana, e também aos domingos."

AS MEDITAÇÕES DIÁRIAS SÃO IMPORTANTES?

Ou você acha que aprende o bastante sobre a Bíblia apenas indo à igreja e à Escola Dominical, ou talvez ao estudo bíblico? Essas são boas formas de aprender sobre Deus, mas Ele ensinará mais ainda a você, se separar alguns minutos todos os dias para ler a Sua Palavra. Aprenda com Ele diariamente, e peça Sua ajuda para seguir os Seus ensinamentos.

LEIA A PALAVRA DE DEUS DIARIAMENTE

VERSÍCULO-CHAVE

A explicação da tua palavra traz luz e dá sabedoria às pessoas...

—SALMO 119:130

11 de setembro

LEITURA: LUCAS 21:9-19

GUERRA!

Mateus estava deitado na cama com a cabeça apoiada nas mãos quando a mãe parou na porta. Ela percebeu que ele não estava alegre como sempre. "Como foi a escola?" perguntou. "Aconteceu alguma coisa?"

"Bem… não exatamente," ele hesitou. "Tivemos uma discussão na aula de estudos sociais. Um dos garotos começou a falar sobre terrorismo e guerra nuclear, e como o mundo inteiro iria explodir e acabar. Achei que o professor concordou."

"Ele disse isso?", a mãe perguntou.

"Nã-não. Mas parecia que pensava da mesma forma," Mateus respondeu.

"E você o que pensa sobre o assunto, filho?", ela quis saber.

Mateus deu de ombros. "Acho assustador. Na escola falamos sobre a guerra, e tem programas sobre ela na TV. Parece que a gente está sempre ouvindo sobre soldados enviados para o campo de batalha." Ele fez uma pausa. "Você não tem medo, mãe?"

"Querido, este mundo é um lugar muito confuso, mas quando ouço histórias sobre guerra nuclear, agradeço ao Senhor por meu futuro estar nas mãos dele. Sabemos que Deus ama e cuida de Seus filhos. Ele está no controle deste mundo. Nada acontece a não ser que Ele permita, e podemos confiar que o Senhor só permite o que é melhor para nós", ela respondeu.

"O professor diz que se todos parassem de fazer armas nucleares o mundo ficaria em paz, e ninguém iria lutar," Mateus falou.

"Seria bom, mas não vai acontecer", a mãe comentou. Além disso, houve muitas e muitas guerras antes de termos armas nucleares. As nações querem ser poderosas e sempre farão qualquer coisa para ter esse poder. É irreal pensar que de repente todas irão decidir parar de lutar."

Mateus suspirou. "Acho que sim," disse.

"A Bíblia diz que sempre haverá guerras," a mãe continuou, "mas como falei antes, precisamos lembrar de colocar nossa fé no Senhor e não ter medo."

Mateus pensou um pouco sobre o que a mãe estava dizendo, e deu um sorriso. "É bom ser cristão, *não é*, mãe? Confiar no Senhor e não ter medo!"

VOCÊ TEM MEDO AO OUVIR HISTÓRIAS SOBRE A GUERRA?

E quando escuta que soldados são enviados para lutar contra terroristas? Coisas assustadoras podem acontecer, mas se você é cristão, não deve temer. Seu futuro está nas mãos de Deus. Confie nele — Ele estará com você não importa o que aconteça. Além disso, existe a vida eterna no céu!

NÃO TENHA MEDO, CONFIE EM DEUS

VERSÍCULO-CHAVE

…Não fiquem aflitos. Creiam em Deus e creiam também em mim.
—JOÃO 14:1

12 de setembro

LEITURA: ATOS 4:1-12

O ÚNICO ANTÍDOTO

"Tiago, vem comer. O jantar está pronto," a mãe chamou.

O menino piscou. Estava numa parte emocionante do livro e não queria parar de ler. Terminou o capítulo rapidamente e correu para a cozinha.

"Por que demorou tanto?", a mãe perguntou. "Lendo outro livro de aventura?"

"Sim, o melhor de todos," ele respondeu. "O bandido enganou Buckman, e ele bebeu veneno! Se não encontrar o antídoto em três horas, vai morrer!"

"O que é um *antíboto*?" Sara, a irmãzinha, perguntou.

O pai riu. "Um antídoto, querida. É um remédio contra o veneno."

A mãe colocou o frango, legumes e pão sobre a mesa. Depois que o pai orou, Tiago se serviu de arroz e continuou a história. "Buckman percebeu e foi até o médico, que mostrou muitas fórmulas e disse que qualquer uma funcionaria," falou. "Mas o médico está trabalhando para o bandido. Apenas um dos frascos tinha o antídoto de verdade."

"Ele pegou o certo?", Eva perguntou.

"Não!" Tiago engoliu um pedaço de frango. "Então agora está em sérios apuros, porque pensa que está curado!"

"Isso parece com o que o pastor falou na igreja semana passada," comentou a mãe.

Tiago ficou surpreso. "O pastor Roberto leu *A última aventura de Buckman*?"

"Não," a mãe riu. "Mas ele explicou que não iremos para o céu se não tomarmos o antídoto de Deus para o pecado. Satanás tenta enganar as pessoas fazendo-as pensar que outras coisas podem salvá-las."

Tiago pensou um pouco. Ele sabia que o caminho para chegar ao céu é aceitando Jesus. "Está dizendo que Jesus é o antídoto de Deus para o pecado?"

"Isso mesmo," o pai respondeu, "e quando as pessoas acham que outras coisas podem salvá-las, estão com problemas, por que pensam que estão bem sem Jesus."

"Uau! Você está certo," Tiago falou. "É como na história."

"Bem," disse o pai, "o jantar acabou. Assim que ajudar a limpar a mesa, você poderá descobrir se Buckman percebeu o seu erro a tempo. E vamos todos alertar as pessoas sobre o antídoto que pode salvá-las. O único que funciona de verdade — Jesus!"

VOCÊ JÁ CONHECE O ANTÍDOTO CONTRA O PECADO?

A Bíblia diz que todos pecaram e o pecado não pode entrar no céu. Do que está dependendo para se livrar dele? Uma religião? Boas ações? Sendo melhor do que os outros? A má notícia é que esses antídotos não funcionam. A boa notícia é que Deus fornece o antídoto perfeito que *funcionará*. Coloque a sua fé em Jesus e se prepare para o céu.

JESUS É O ANTÍDOTO DO PECADO

VERSÍCULO-CHAVE

Jesus respondeu: [...] ninguém pode chegar até o Pai a não ser por mim.

—JOÃO 14:6

13 de setembro

LEITURA:
1 PEDRO 1:22-25; 2:1-3

COMIDA RUIM

"**A**lguém deve ter decidido que não devemos comer mais porcarias," Lia reclamou um dia. "Estão tirando as máquinas de doces e refrigerantes da cantina. E se tivermos fome entre as aulas?"

"Duvido que não possa esperar até o almoço," a mãe disse. "Mas não vão colocar outra coisa no lugar das máquinas que estão tirando?"

"Bem… sim," Lia admitiu. "Maçãs, passas, leite e suco."

"Me parece bom," a mãe aprovou. "Afinal, a comida afeta a saúde de vocês." E logo depois completou. "Sabia que há um pássaro brasileiro que muda de cor dependendo do tipo de peixe que come?"

"Sério? E você acha que também vou mudar de cor? Como… se eu tomar um refrigerante, vou ter uma cor diferente do que se beber leite?" Lia riu. "Onde encontra essas informações estranhas, mãe? Isso é verdade mesmo?"

A mãe sorriu. "Foi isso que disseram no curso de enfermagem," respondeu. "Era usado como ilustração para ensinar que somos o que comemos." Ela ficou olhando Lia mudar os canais da TV. "O princípio se aplica à mente também," continuou. "O que 'comemos' mentalmente faz uma grande diferença em como reagimos ao mundo."

"Acho que você pensa que a TV é comida ruim," a menina disse.

"Não toda, mas sim… diria que muita coisa é." Lia desligou a TV e ficou olhando para a tela escura. "Suponha que não tivéssemos televisão," a mãe falou. "O que faria no lugar de ficar grudada em frente à tela?"

Lia pensou um pouco. "Não sei," respondeu. "Ligaria para um amigo. Leria um livro. Talvez até faria o trabalho de casa!"

"Bem, acho que isso é comida saudável — como maçãs, passas e sucos," a mãe disse. "Mas, vejamos… você também precisa de alguma carne ou proteína em sua dieta. O que acha que poderia ser?"

"A Bíblia — estudaria a minha lição bíblica," Lia respondeu prontamente.

"Muito bem," a mãe concordou. "Vamos melhorar nossas dietas então. Você pode começar comendo alguns biscoitos e queijo enquanto decora o versículo para o estudo bíblico."

VOCÊ QUER SE LIVRAR DA PORCARIA MENTAL...

…e substituir por coisas saudáveis? Livre-se de livros, programas de TV, sites indecentes na internet que usam linguajar ruim. Bons livros, bons amigos, meditar na Palavra e ler devocionais diárias são alimentos saudáveis. Se os versículos bíblicos não fazem parte de sua dieta mental, acrescente-os. Agrade a Deus com uma dieta espiritual saudável.

MELHORE SUA DIETA MENTAL E ESPIRITUAL

VERSÍCULO-CHAVE

…desejando […] o puro leite espiritual, para que […] possam crescer…
—1 PEDRO 2:2

14 de setembro

LEITURA: SALMO 139:13-16

IDENTIDADE ESPECIAL

Carla entrou correndo na casa balançando um papel. "Por favor, mãe, posso ir?", pediu. A mãe leu o bilhete. No sábado pela manhã, o *shopping* estaria coletando impressões digitais gratuitamente de crianças acompanhadas pelos pais. "Minha professora disse que é muito importante," ela falou, "caso precisem me identificar em algum momento."

"Nós já sabemos quem você é. É o bebê desta família," André, o irmão mais velho, implicou.

"Posso ir, mãe?", Carla ignorou o irmão.

"Claro — É uma boa ideia," a mãe concordou. "Ninguém, no mundo todo, tem as mesmas impressões digitais que as suas, Carla. Você é única."

"Uau! Isso é um alívio," André falou e riu da expressão da irmã. Em seguida, ele ficou sério. "Quando fiz um trabalho sobre aborto para a aula de saúde, aprendi que o padrão das digitais de uma pessoa aparece quatro ou cinco meses antes do nascimento. E será o mesmo a sua vida toda."

"Isso mostra como a vida é especial para Deus," a mãe comentou. "Mesmo antes de nascermos, Ele cria cada detalhe da melhor forma para nós. É muito triste que tanta gente despreza a vida de uma criança que ainda não nasceu, a ponto de terminar com ela só porque um bebê seria inconveniente — ou porque poderia ter algum defeito físico sério."

"Minha professora da Escola Dominical vai ter o bebê a qualquer hora," Carla falou. "Ela nos contou que os médicos estão com medo de ter algum problema com ele. Querem fazer alguns exames e, se mostrarem que será deformado, querem fazer um aborto. Mas a Sra. Mendes não quer. Ela diz que Deus sabe o tipo de bebê que ela precisa, e que o que Ele mandar será perfeito."

"Isso é ótimo!", a mãe concordou. "Nunca é certo tirar a vida — mesmo a vida de quem não nasceu ainda, mesmo se tivermos medo que nasça com defeito. Vida e morte devem ser deixadas nas mãos de Deus."

JÁ OUVIU A EXPRESSÃO PRÓ-VIDA NO NOTICIÁRIO?

É um slogan para motivar pessoas a se recusarem a tirar a vida de um bebê que ainda não nasceu. Escolher não dar a vida a essa criança, é o mesmo que decidir matá-la. Mas talvez tenha escutado que a mãe deve ter o direito de decidir se terá ou não a criança. Isso é errado! Deus dá a vida e somente Ele pode tirá-la. Obedeça a Deus — escolha a vida, não a morte.

ABORTO É TIRAR UMA VIDA

VERSÍCULO-CHAVE

...Tudo o que fazes é maravilhoso, e eu sei disso muito bem.
—SALMO 139:14

IDENTIDADE ESPECIAL 2

15 de setembro

LEITURA:
JEREMIAS 1:5-8

No sábado, Carla e a mãe seguiram para o *shopping* para coletar as impressões digitais. "Mãe, podemos comprar um presente para o bebê da Sra. Mendes?", a menina pediu quando saíram do carro. No dia anterior, a professora da Escola Dominical, tinha dado à luz a uma menina saudável. "Podemos comprar alguma coisa?", ela perguntou novamente.

"É uma ótima ideia," a mãe concordou sorrindo.

"Olha só," Carla falou, "o nome do bebê da Sra. Mendes é 'Carlota' — quase o mesmo que o meu! Fico imaginando o que ela vai ser quando crescer."

"Não sei," a mãe disse, "mas Deus sabe. Ele sabe tudo mesmo antes de nascermos, e tem um plano especial para nossas vidas. A Bíblia relata que mesmo antes de nascerem, o Senhor escolheu Jeremias para ser um profeta, Sansão para ser um nazireu, e João Batista para ser o precursor de Cristo."

"Isso é muito legal," a menina falou.

Após coletar as impressões digitais, Carla e a mãe foram comprar um presente para o bebê. Escolheram uma jardineira em cor pastel no formato de um bloquinho de construção de brinquedo. A menina segurava o presente enquanto procuravam uma planta para colocar dentro da jardineira. "Mãe, olha isto," falou apontando para umas marcas no fundo da peça. "Isto não é um defeito, é?"

A mãe examinou a jardineira. "Não, querida. São letras," falou. "São as iniciais do artista."

Carla olhou mais de perto. "Ah, agora percebi," disse. "Acho que quem fez isso queria receber o crédito pelo trabalho."

"Talvez," a mãe concordou. "As iniciais são uma boa forma de identificar um artista."

"Que nem as minhas impressões digitais?", perguntou Carla.

"Mais ou menos," a mãe concordou sorrindo. "Você foi criada por Deus. Ele a fez à Sua imagem e lhe deu uma identidade especial. O Senhor tem um plano para sua vida. Confiando nele e obedecendo-o, o crédito será dado ao Seu nome."

VOCÊ SABIA QUE DEUS O CRIOU?

Ele o fez do jeito que você é — baixo, alto, inteligente, musical, ou o que for — e Ele o fez do jeito certo. O Senhor também tem um plano para a sua vida. Com o passar do tempo e o desenrolar de sua vida, confie em Deus e esteja pronto a aceitar qualquer situação e responsabilidade que Ele tiver para você.

DEUS TEM UM PLANO PARA A SUA VIDA

VERSÍCULO-CHAVE

Só Eu conheço os planos que tenho para vocês...

—JEREMIAS 29:11

16 de setembro

LEITURA:
SALMO 34:14-17

O ESTRANHO RESGATE

"**D**aniel!" Lucas sussurrou. "Coloca isto no bolso. Rápido!" e entregou-lhe uma barra de chocolate.

O menino olhou surpreso para o primo mais velho. "Temos que pagar primeiro, mas mamãe não disse que podíamos comprar chocolate," argumentou.

"Deixa que eu cuido disso," o primo sussurrou. "Faça o que eu digo, garoto. Rápido — ninguém está olhando."

Daniel hesitou. "Deus está," respondeu.

"Não comece a pregar. Só escuto isso desde que cheguei aqui. Se soubesse que seus pais eram tão religiosos, não teria vindo passar a semana com vocês. Agora coloca isto no bolso, ou vou lhe dar uma lição!" Lucas resmungou.

O menino arregalou os olhos. Não conhecia o primo muito bem, mas acreditava que iria apanhar se não obedecesse. Então respirou fundo. "Não!" disse afastando-se. "Senhor, por favor me ajude," sussurrou, sem saber que Lucas podia ouvi-lo.

O primo ficou com raiva. "Não comece a orar também. Não vai adiantar." Ele encarou Daniel. "Coloque isto no bolso. Estou mandando!" Lucas agarrou o menino, mas Daniel conseguiu se soltar, batendo contra uma pilha de toalhas de papel. "Vamos sair daqui," engoliu em seco enquanto as toalhas se espalhavam por todos os lados. Ele se virou para sair, mas um atendente veio correndo ajudar.

Enquanto arrumavam as toalhas, Daniel escutou uma voz familiar. "Oi meninos," seu pai falou. "Sua mãe esqueceu de colocar o pão na lista, então me mandou aqui para comprar." Ele riu quando viu a barra de chocolate na mão de Lucas. "Vejo que ela está mimando vocês deixando comprar doces," acrescentou.

O rosto de Lucas avermelhou. "Só estava olhando," falou. "Vou colocar no lugar."

"Tudo bem," o pai respondeu. "Eu compro. Vocês podem voltar comigo."

No caminho para casa, Daniel perguntou ao pai. "Deus nos vê o tempo todo e nos ajuda quando precisamos, não é?"

"Claro," o pai concordou. "Você sabe disso."

Daniel olhou por sobre o ombro para o rosto vermelho do primo e concordou em voz alta:. "Sim, eu sei e Lucas também sabe… agora."

ALGUÉM TENTOU FORÇÁ-LO A FAZER ALGO ERRADO?

Você foi forte o suficiente para dizer não? Mesmo se não houver ninguém por perto para ver, lembre-se de que Deus está sempre olhando e pronto para ajudá-lo. Faça o que é certo, peça coragem a Deus, e então faça o que lhe agrada.

DEUS QUER AJUDAR VOCÊ

VERSÍCULO-CHAVE

Deus cuida das pessoas honestas e ouve os seus pedidos.

—SALMO 34:15

A MELHOR NOTÍCIA

17 de setembro

LEITURA:
SALMO 40:9,10

Caio saltou do ônibus escolar e correu para casa. Entrou na cozinha. "Mãe! Mãe! Adivinha!" O menino continuou correndo e gritando pela casa até encontrar a mãe. "Ganhei o troféu de matemática! Consegui!", seus olhos brilhavam enquanto mostrava o troféu para ela. "Também ganhei um cartão de presente para o Palácio do Sorvete," continuou. "É meu lugar predileto."

"Que maravilha, queri…" a mãe começou, mas Caio não estava ouvindo.

"Tenho que ligar para o Jorge para contar," falou pegando o telefone. "Ele ainda é meu melhor amigo, sabe. Queria que não tivesse se mudado."

A mãe sorriu e esperou pacientemente o filho terminar a ligação. Então admirou o troféu. "A propósito, o que Jorge disse?", perguntou.

"Ele achou ótimo," Caio respondeu. "Queria que ainda estivéssemos na mesma escola."

"Seria bom," a mãe concordou, parecendo pensativa. "Muita coisa aconteceu desde que ele se mudou há um ano, não é? Nós nem íamos à igreja naquela época, mas agora conhecemos Jesus." O menino concordou. "Entendo porque queria ligar para Jorge logo," a mãe continuou. "Sempre é divertido contar as novidades e, ganhar um troféu de matemática é uma notícia muito boa. Mas você tem uma novidade melhor ainda, e estou me perguntando se… contou a Jorge?"

"Notícia melhor?" Caio perguntou. "Ah! Você está falando que eu deveria contar a ele sobre Jesus, não é?" O menino e os pais haviam conversado diversas vezes sobre como ele poderia compartilhar a boa notícia da salvação com Jorge, mas Caio ainda não tinha feito.

Ele suspirou. "Tenho um pouco de medo de falar para ele," admitiu, "mas quero mesmo que Jorge conheça Jesus também." Levantou-se e pegou o telefone. "Vou fazer isso agora! Vou ligar de novo para ele e contar que tenho a melhor notícia de todas!" fez uma pausa. "Posso convidar Jorge para passar o fim de semana com a gente?", pediu. "Acho que a mãe dele vai deixar. Ele poderia ir à igreja e aprender mais sobre Jesus. Deixa?"

A mãe concordou sorrindo.

VOCÊ TEM BOAS NOVIDADES PARA COMPARTILHAR?

Você aceitou Jesus como seu Salvador? Contou aos seus amigos? Disse-lhes que podem conhecer Jesus também? Essa é a melhor notícia que existe, e você tem a responsabilidade e o privilégio de contar aos outros sobre isso.

COMPARTILHE A BOA NOTÍCIA DE DEUS

VERSÍCULO-CHAVE

Eu não me envergonho do evangelho, pois ele é o poder de Deus...
–ROMANOS 1:16

18 de setembro

LEITURA:
TITO 3:1-5,8,9

BOAS MANEIRAS

"Licença," Davi falou passando por cima do prato da irmã para pegar o sal.

"Faça isso de novo," reclamou Paula, "e vou limpar minha faca na sua camisa."

"Vocês dois — comportem-se!", a mãe exclamou. "Davi, se quiser algo, por favor peça para alguém passar.

"Mas é mais rápido eu mesmo pegar," o menino retrucou.

"Pode ser mais rápido, mas não é o mais educado," ela respondeu, "e boas maneiras são importantes — para o seu bem-estar e o dos outros."

"E para o Senhor," acrescentou o pai. "Que tipo de testemunho você pensa que pode dar se for grosseiro e sem educação?" Quando Paula começou a se levantar para sair da mesa, ele a mandou parar. "Antes de sair, filha, deve pedir licença — lembra?"

"Que tal um jogo para ajudar a lembrar as regras?", a mãe sugeriu.

"Um jogo?", Davi perguntou. "De que tipo?"

"Vou fazer um quadro e cada um começará com 20 estrelas," ela respondeu. "Apagamos uma estrela cada vez que forem mal-educados — como passar na frente de alguém ou interromper quem está falando. No fim de cada semana, o vencedor ganha um prêmio e recomeçamos."

Davi respondeu: "Jamais vou lembrar de tudo que devemos fazer ou não!"

"Vamos ajudar," o pai falou.

O plano funcionou. Ao final da primeira semana, Davi ficou apenas alguns pontos atrás da irmã. "Ei, isso até que é divertido," falou rindo. "Vou ganhar de você da próxima vez, Paula. Estou ficando *mais bom* em lem…"

"Melhor — não mais bom," Paula interrompeu com sarcasmo. "Você devia aprender a… *ops*!" Ela parou, mas a mãe apagou uma estrela. "Esqueci a regra de 'não interromper'," murmurou.

No dia seguinte, no mercado, a mãe encontrou a mãe de um dos amigos de Davi. "Como Davi é educado sempre que vai lá em casa!", falou a Sra. Cravo. "Acho que ele até ensinou algumas coisas ao meu filho."

Quando ela contou sobre a conversa para o resto da família, o menino riu. "Uau! Ei, Paula, acho que eu devia ganhar pontos extras," implicou. "Assim, com certeza, ganho de você na próxima semana!"

VOCÊ É BEM EDUCADO DENTRO E FORA DE CASA?

Algumas vezes parece ser mais difícil usar boas maneiras em casa, do que em outro lugar. Peça ajuda a Deus para ser gentil e atencioso onde estiver. Ele deseja que você seja amável e cortês com todas as pessoas. Boas maneiras são parte de um bom testemunho para o Senhor.

TENHA BOAS MANEIRAS

VERSÍCULO-CHAVE

Aconselhe que [...] sejam calmos e pacíficos e tratem todos com educação.

—TITO 3:2

19 de setembro

LEITURA:
1 CORÍNTIOS 3:5-9

NOS BASTIDORES

Fábio correu para o palco, colocou alguns adereços no lugar e tirou outros, então saiu rapidamente. Era o contrarregra-chefe da peça que o grupo juvenil tinha preparado para os membros da igreja.

Quando a apresentação acabou, Fábio terminou o que precisava fazer e pegou seu casaco. Suspirou alto ao sair do auditório e começar a descer os degraus da igreja.

O pastor, que vinha subindo a escada, o cumprimentou e falou: "Parabéns pelo belo trabalho que fez hoje na peça, mas, por que o suspiro tão grande? Está cansado?"

"É, acho que sim," Fábio concordou. "Cansado e desanimado com… com outra coisa."

"Lamento ouvir isso," respondeu o pastor. "Quer conversar a respeito?"

O menino deu de ombros, mas decidiu compartilhar seu problema. "É… é o meu pai," falou. "Mamãe e eu somos salvos, mas o papai não é, sabe. Não quero que ele…" Fábio hesitou. "…fique perdido por toda eternidade," ele terminou a frase com a voz trêmula. "Minha mãe e eu temos orado muito pelo meu pai, e sei que você e pessoas da igreja também — mas não temos resposta. Todos testemunhamos, mas ele continua o mesmo."

"Espere um pouco, Fábio," disse o pastor. "Como sabe que nossas orações não tiveram resposta? Como sabe que seu pai continua o mesmo?"

Fábio ficou surpreso. "Com certeza não vejo mudança alguma," respondeu.

"Mas não pode ver dentro de seu coração," o pastor lembrou. "É um pouco como… bem, como a peça na qual acabou de trabalhar tanto. O público não viu todo o trabalho de bastidores que foi preciso." Fábio pensou em todos os ensaios e corridas para arrumar o palco enquanto a cortina estava fechada. O pastor continuou. "Muitas vezes Deus faz muito trabalho de bastidores também. Nossas orações e testemunho são parte de situações invisíveis que levarão ao resultado final."

"Então temos que continuar orando, não é?", o menino perguntou.

"Sim," o pastor concordou. "Continue e confie que Deus fará a mudança."

VOCÊ DESANIMA POR NÃO VER RESPOSTAS ÀS ORAÇÕES?

Fez o melhor testemunhando para alguém, mas parece que não fez diferença alguma? Não desista. Você não sabe como Deus está agindo no coração dessa pessoa. Pode demorar muito tempo até que ela aceite Jesus, mas continue testemunhando e orando. O resultado pertence a Deus.

DEUS ESTÁ TRABALHANDO, CONTINUE ORANDO

VERSÍCULO-CHAVE

Eu plantei, e Apolo regou [...], mas foi Deus quem a fez crescer.
—1 CORÍNTIOS 3:6

20 de setembro

LEITURA:
COLOSSENSES 3:1,8-11

EFEITO DOMINÓ

Os dominós estavam enfileirados pela sala do porão. "Uau! Você fez uma bela cadeia de dominós," disse a mãe de Alice ao descer as escadas. Com cuidado foi até onde a filha estava abaixada e sentou-se ao seu lado. "Como foi a apresentação, a que você fez com a Graça?"

"Bem," a menina respondeu. "Foi muito bem."

"E a matemática?", a mãe perguntou em seguida. "Você disse que tem feito os deveres todas as noites. Está se saindo melhor agora?"

"Vai ficar ótimo, mãe." Irritada, Alice franziu a testa. "Por que todas essas perguntas?". Enquanto falava, Pompom, sua gata, desceu a escada correndo. Mas antes que a menina pudesse pegá-la, a gata esbarrou em um dominó. Todos caíram, um após o outro. Alice ficou olhando todo o seu trabalho sendo destruído.

"Sabe, filha, quando alguém toca um dominó, ele bate no outro," ela falou pensativa. "Todos afetam o seguinte e, antes que possa fazer alguma coisa, eles caem. Mentiras são assim. Normalmente, uma mentira leva a outra, e cada uma não afeta apenas o mentiroso, mas outra pessoa também."

Alice suspirou olhando para os dominós. "Espero que seja mais fácil consertar as mentiras do que a cadeia de dominós," murmurou.

"Tem mentiras para consertar?", a mãe perguntou.

"Eu… eu… tenho," ela admitiu. "Não fiz meu dever de matemática, mãe. Estou tendo problemas com álgebra. E falar em público me dá dor de barriga. Não fiz a apresentação também. Matei aula e Graça está furiosa comigo. Eu… acho que derrubei alguns dominós, não é?"

"Derrubou sim," a mãe concordou. "Sua professora de matemática disse que ajudará você amanhã, depois da aula. E seu professor de retórica falou que poderão fazer a apresentação na sexta-feira à tarde."

Alice ficou de boca aberta. "Você sabia?"

A mãe riu. "Eu tenho telefone! Arrume a bagunça e guarde os dominós. E suba, pois ainda tem trabalho. Pode começar ligando para Graça, para pedir desculpas."

"Tudo bem. Obrigada, mãe," Alice respondeu. "Subo em um minuto."

VOCÊ SE LEMBRA DE ALGUMA MENTIRA QUE CONTOU?

Há sempre consequências para o que faz, mas quando mente, complica ainda mais. Se você é cristão, Deus diz que deve deixar "de lado a velha natureza e os seus costumes". Mentir está incluído na lista das coisas que deve "deixar de lado" — em outras palavras: livre-se disso. Quando errar, seja honesto e desculpe-se. Peça ajuda a Deus para melhorar. Tem alguma limpeza para fazer hoje?

FALE A VERDADE

VERSÍCULO-CHAVE

"Não mintam uns para os outros."
—COLOSSENSES 3:9

21 de setembro

LEITURA:
GÊNESIS 1:1;
SALMO 33:4,5

SEM MENTIRAS

"Como foi a escola?", a mãe perguntou quando Téo e Tânia chegaram a casa.

"Ótima!", ela respondeu, enquanto Téo dizia: "Foi legal, eu acho."

A mãe olhou para Téo. "Você não parece muito seguro."

O menino deu de ombros. "É que nossa aula de ciências foi sobre como os humanos evoluíram a partir de formas de vida inferiores," ele respondeu. "E eu disse que acredito que Deus criou o mundo, incluindo as pessoas. Alguns garotos me acham maluco, e tenho quase certeza que a Srta. Ramos também. Ela *diz* que acredita em Deus e na Bíblia, mas que não faz diferença se acreditamos na criação ou na evolução."

"Mas muitos dizem isso, não é?", Tânia perguntou. "Pelo menos, ela crê em Deus. Sendo assim, importa realmente se ela não acredita na parte da criação?"

"Importa sim," a mãe disse. "Os primeiros capítulos da Bíblia falam que Deus criou *todas* as coisas — e como disse Téo, isso inclui as pessoas. Há outras partes na Bíblia que também falam que Deus criou tudo."

"Sim, mas a Srta. Ramos diz que quando pensamos em Deus, devemos pensar apenas em coisas como o Seu amor. Ela diz que…" O menino fez uma pausa e olhou pela janela. "Lá vai aquele garoto novo, o Celso," murmurou. "No dia que o conheci, ele disse que ia vender sua bicicleta e perguntou se eu queria comprar. Falei que sim, paguei uma parte e ele prometeu esperar o restante. Mas sabe o que fez? Vendeu para outro garoto!" Téo reclamou. "E eu queria muito!"

"Melhor ele devolver seu dinheiro!", Tânia falou.

"Já devolveu," o irmão respondeu, "mas eu queria a bicicleta. Nunca mais vou acreditar nele!"

"Sabe Tânia," a mãe falou pensativa, "Téo não vai acreditar mais em Celso, porque uma das primeiras coisas que ele disse foi uma mentira. E Deus? Se as primeiras palavras da Bíblia são mentiras, acha que podemos ter certeza que Deus está falando a verdade no restante de Sua Palavra?"

"Você está certa, mãe," Tânia falou.

"O primeiro capítulo, e o primeiro versículo são importantes — e verdadeiros," a mãe disse. "Deus nunca mente."

VOCÊ ACREDITA NO QUE DEUS FALA NA BÍBLIA?

Em tudo? Alguém já tentou convencê-lo de que pessoas inteligentes não acreditam em coisas como a versão bíblica para a criação? Ou que não é importante acreditar nas partes que falam sobre os milagres de Jesus? Jamais esqueça… a Bíblia é verdadeira de capa a capa. Deus nunca mente.

DEUS NUNCA MENTE

VERSÍCULO-CHAVE

As palavras do SENHOR são verdadeiras.

—SALMO 33:4

22 de setembro

LEITURA:
LUCAS 18:9-14

FLECHA SABE O CAMINHO

"Uau!" tio Miguel exclamou quando o seu cavalo de repente empinou. "Calma, garoto!" Mas, mesmo sendo um cavaleiro experiente, o tio Miguel caiu, e o cavalo saiu galopando.

"Tio Miguel!", Beto engoliu em seco, puxando as rédeas de seu cavalo para parar. O menino estava passando o dia numa caçada na fazenda do tio.

"Vou ficar bem," o tio garantiu, após ver seus ferimentos, "mas acho que minha perna está quebrada. Se eu conseguir subir no seu cavalo, podemos voltar juntos para o rancho."

Beto ajudou o tio a tentar subir no cavalo, mas ele não conseguiu. "Você terá que voltar para pedir socorro," tio Miguel falou após diversas tentativas.

"Mas eu não sei o caminho e vai escurecer logo!", o menino exclamou.

"Flecha sabe o caminho," o tio respondeu. "Deixe as rédeas sobre a sela e não tente guiar. Mesmo se escurecer, ele chegará a casa. Confie no cavalo. Diga aos homens que estou no Desfiladeiro do Chacal — saberão onde me achar."

Beto protestou, mas o tio Miguel o convenceu que era absolutamente necessário, e ele saiu. O tempo parecia passar devagar, e ele tremia cada vez que escutava uivos de lobos. Mesmo quando tinha quase certeza que Flecha estava indo na direção errada, não tocou nas rédeas. Deixou o cavalo escolher o caminho e finalmente viu luzes ao longe. "Você conseguiu! Bom garoto, Flecha!" exclamou. E logo alguns dos homens saíram a cavalo para ajudar o tio Miguel.

No dia seguinte, Beto conversou com o tio. "Sabe de uma coisa? Hoje de manhã estava fazendo minha lição do estudo bíblico e era sobre o fariseu e o cobrador de impostos. O fariseu achava que podia trabalhar pela sua entrada no céu, mas o cobrador de impostos apenas orava e confiava em Deus. A lição dizia que é o que devemos fazer também, apenas confiar no Senhor. E acho que confiar em Flecha foi um bom exemplo disso. Eu nunca teria encontrado o caminho de casa. Apenas confiei que o cavalo me trouxesse aqui, e ele trouxe."

VOCÊ CONFIA EM JESUS?

Sabe que será salvo apenas se acreditar nele? Não há nada que possa fazer por sua entrada no céu. O fariseu (da leitura de hoje) mencionou todas as boas ações que fez, mas foi a oração simples do cobrador de impostos que Deus ouviu. Se você ainda não é salvo, pode fazer aquela oração agora.

CONFIE EM JESUS E SERÁ SALVO

VERSÍCULO-CHAVE

...Ó Deus, tem pena de mim, pois sou pecador!
—LUCAS 18:13

23 de setembro

LEITURA:
ROMANOS 12:4-10

NÃO SÓ BATATAS

Numa bela tarde, Julia pedalou lentamente sua bicicleta em direção à casa do avô e o encontrou trabalhando na horta. Ele levantou os olhos, sorriu e perguntou: "Como está a minha neta especial hoje?". A menina sentiu as lágrimas no canto dos olhos. "Qual o problema, querida?" quis saber o avô.

"Não consigo fazer nada tão bem quanto minhas irmãs," Júlia respondeu.

O avô abraçou neta. "Ah, isso não é verdade," falou. "Elas são boas em algumas coisas, e você em outras."

"Mas Lia sempre tira 10. Eu estudei muito para minha prova de português e passei raspando," ela falou com tristeza. "Débora sempre tira boas notas também, e é ótima jogadora de vôlei. Errei o saque duas vezes hoje."

"Talvez esteja tão ocupada tentando ser como elas, que não percebe o que você faz bem sozinha," o avô respondeu. Ele apontou para sua horta. "Vê essas cenouras, batatas e ervilhas?"

"Claro", ela disse. "Gosto de todas."

"Eu também," o avô concordou. "Elas fazem uma ótima sopa de legumes. Mas se todos os legumes de minha horta decidissem ser batatas?"

A menina riu. "Não seria possível," falou, "mas se fosse, você teria que fazer uma sopa de batatas."

"Sim, e uma sopa de batatas é boa, mas o que eu *gosto de verdade* é o sabor dos diferentes legumes em minha sopa," o avô falou e sorriu. "Acho que algumas vezes esquecemos que nem todos são feitos para ser batatas. Assim como Deus dá a cada legume um sabor diferente, Ele dá aos seus filhos talentos diferentes."

"Então… não deveria me preocupar com as notas?", Júlia perguntou.

"Bem, você deve estudar bastante e tentar tirar boas notas, e deve se dedicar aos esportes ou a qualquer outra coisa que fizer," ele respondeu, "mas deve também pedir ao Senhor para lhe mostrar qual o talento especial que Ele lhe deu. Peça ajuda a Deus para usar o seu talento a serviço dele. Afinal, o mundo seria um lugar muito chato se todos fôssemos batatas."

"Sim," Júlia riu. "Ou se todos fossem cenouras — ou ervilhas!"

VOCÊ SABIA QUE DEUS LHE DEU TALENTOS ESPECIAIS?

Talvez você pense que seus irmãos ou amigos são melhores em certas coisas — e talvez sejam mesmo. Mas você é melhor em outras. Deus deu a cada um — incluindo você — dons especiais. Pode ser na música, arte, o cuidado com crianças, ou qualquer outro. Seus talentos serão diferentes dos de seus amigos e familiares, mas deve servir ao Senhor com qualquer dom que Ele tenha lhe dado.

USE OS SEUS TALENTOS PARA SERVIR A DEUS

VERSÍCULO-CHAVE

…usemos os nossos diferentes dons […] que Deus nos deu…
—ROMANOS 12:6

24 de setembro

LEITURA:
HEBREUS 12:5-7,11

A COLEIRA

"Mãe, acho que vou caminhar com você," Marta falou ao ver a mãe calçando os tênis.

"Bom," ela ficou animada. "E vamos levar o Chip também." colocou a coleira no grande cachorro e seguiram pela rua.

Enquanto caminhavam a passos rápidos, Chip tentou correr na frente várias vezes. Mas a mãe puxava a corrente e imediatamente ele parava e esperava. "Mãe, por que você puxa a coleira com tanta força?", Marta perguntou. "Não machuca?"

"Um pouco," ela respondeu, "mas é preciso, para ensiná-lo a ficar perto. Enquanto ele estiver ao meu lado, a corrente fica solta. Se ele tenta sair sozinho, a coleira aperta para discipliná-lo."

A menina esticou a mão e fez carinho na cabeça do cachorro. "Não brigue contra a coleira, Chip," falou. "Apenas fique junto e dê uma boa caminhada com a gente." Marta suspirou. "Eu detesto a ideia da corrente apertando o seu pescoço," acrescentou.

"Eu sei," a mãe concordou. E então falou, "Fico pensando se Deus se sente assim quando precisa nos disciplinar. Algumas vezes precisamos de coleiras apertadas também."

"Como assim?", Marta perguntou.

"Às vezes, nossa natureza pecaminosa quer que a gente tome nosso próprio caminho em vez de ficar perto do Senhor," a mãe explicou. "Podemos decidir seguir nossos desejos egoístas no lugar de vivermos como sabemos que Deus quer. Ele usa a Sua Palavra, e até circunstâncias para 'apertar a coleira' e nos lembrar de andar perto dele."

"Se Chip correr solto, pode até se divertir, mas pode se meter em problemas, não é?", a menina perguntou. "Pode fazer alguma coisa que machucaria muito mais do que a coleira, certo?"

"Sim, e se formos por nós mesmos em vez de seguir o caminho de Deus, podemos nos divertir um pouco, mas podemos enfrentar sérios problemas também," a mãe disse. "Quando oramos sobre decisões, seguimos as instruções do Senhor e aprendemos com Sua disciplina, podemos apreciar nossa caminhada com Ele."

"Não vamos lutar contra nossas coleiras, Chip," Marta falou. "Nem você nem eu."

VOCÊ ACEITA AS CONSEQUÊNCIAS DO SEU ERRO?

Deus normalmente usa os pais ou professores para "apertar a coleira" quando os Seus filhos precisam de disciplina. Seja grato pela repreensão, mesmo quando isso dói. Ela é dada para evitar que você se machuque muito mais. Então, não "lute contra a coleira", no lugar disso, aprenda com ela.

APRENDA COM A DISCIPLINA DE DEUS

VERSÍCULO-CHAVE

...Preste atenção, meu filho, quando o Senhor o castiga...
—HEBREUS 12:5

25 de setembro

LEITURA:
TIAGO 1:13-16

CHEIRO DE PECADO

"Mãe, posso comer outro biscoito?", Miguel perguntou quando sentiu o aroma no ar.

"Agora não," a mãe respondeu. "Já comeu o bastante. Poderá comer mais como sobremesa, depois do almoço."

"Tudo bem," o menino falou, mas olhou ansioso para os biscoitos que esfriavam sobre a bancada. Cheiravam tão bem, e o sabor era ainda melhor. Permaneceu ali, olhando para eles, quando a mãe tirou outro tabuleiro do forno. "Quando mais sinto o cheiro destes biscoitos, mais quero outro," reclamou. "Posso comer só mais um?"

A mãe balançou a cabeça. "Seria muito mais fácil esperar, se você fosse brincar lá fora em vez de ficar aí, onde fica vendo e cheirando os biscoitos," ela disse. "Lembra-se do versículo bíblico que aprendeu semana passada?"

"Qual deles?". Aprendi muitos," respondeu ele.

"Aquele sobre 'se afastar do mal,'" a mãe respondeu.

"Ah... 'Afaste-se do mal e faça o bem,'" Miguel citou. "É desse que você está falando?"

"Esse mesmo," a mãe concordou. "Talvez fosse bom pôr em prática o que esse versículo diz."

"Bem, mas... biscoitos não são o *mal*," ele protestou.

"Não, não são," concordou a mãe, "mas se ficar perto dos biscoitos muito tempo, pode cair na tentação de comer um."

"Está certo, vou lá para fora," o menino decidiu. Miguel saiu da cozinha suspirando em direção à garagem.

Miguel estava trabalhando numa casa de passarinho quando a mãe o chamou para almoçar. "Você estava certa, mãe," ele disse quando sentou-se à mesa. "Depois que me afastei dos biscoitos, não me incomodaram mais. Quando arranjei o que fazer, acabei me esquecendo deles."

"Que bom, filho!" a mãe exclamou. "É sempre uma boa ideia ficar longe de qualquer coisa que o tente."

O QUE VOCÊ FAZ QUANDO É TENTADO A COLAR?

Ou mentir? Fumar? Ser maldoso com os outros? É difícil dizer não para estas e outras coisas erradas? Será muito mais fácil se você se mantiver longe de garotos que o incitam a fazer isso — e se ficar longe de lugares que os estimulem a fazer o que é errado. Fique perto de amigos que o ajudem a fazer o que é certo. Então será mais fácil resistir à tentação.

EVITE A TENTAÇÃO

VERSÍCULO-CHAVE

Afaste-se do mal
e faça o bem...
—SALMO 37:27

26 de setembro

LEITURA:
PROVÉRBIOS 3:5,6;
ROMANOS 11:33-36

VISTA IN-CRÍ-VEL

"Acho que estamos andando em círculos," Tadeu disse enquanto ele, o pai e a irmã enfrentavam o desafio de achar a saída do labirinto — um milharal cheio de caminhos.

"Por quê?" Gilda perguntou, olhando para os talos com o dobro de sua altura. "Tudo parece igual. Sabe o caminho, não é pai?"

O pai riu. "Neste momento, não tenho muita certeza."

"Olha lá!" Tadeu gritou. "Ali tem uma plataforma. Podemos subir e ver onde estamos!"

Os três subiram correndo os degraus. De pé, acima do milharal, puderam ver todo o campo. A menina apontou. "Olha a bandeira laranja da saída," falou. "Temos que ir naquela direção!"

"A gente chegou bem longe. Que vista in-crí-vel! Dá para ver que não andamos em círculos." comentou Tadeu. Eles riam da ênfase que o menino deu à sílaba do meio.

Quando saíram do labirinto, o pai foi buscar chocolate quente e bolinhos, e se acomodaram em fardos de feno para lanchar. "Pai," Tadeu começou, "sei que precisamos mudar para outro estado no mês que vem por causa do seu trabalho, mas me pergunto por que Deus está fazendo isso com a gente. Gosto daqui!"

"É," Gilda fez eco. "Temos amigos — e gostamos tanto da nossa igreja. Por que Ele quer que a gente mude?"

"Não sei o motivo," o pai respondeu. "Nem sempre compreendemos os caminhos que Ele traça, mas sabem de uma coisa?", fez uma pausa. "Nossa vida é mais ou menos como aquele labirinto. Lembra de quando subimos na plataforma? Tivemos uma visão do todo — onde estávamos e para onde deveríamos ir. É assim que Deus nos vê — Ele tem essa visão in-crí-vel. Ele conhece a nossa vida do princípio ao fim. A forma como a conduz pode não fazer sentido para nós, mas Deus tem uma visão diferente."

"Acho que é por isso que Ele diz para confiarmos nele," murmurou Tadeu.

"Exatamente," o pai concordou. "Não sabemos o que vai acontecer, mas Deus sim. Podemos confiar e aceitar esta mudança como parte de Seu plano para a nossa família."

HÁ ALGO EM SUA VIDA QUE NÃO FAZ SENTIDO?

Talvez esteja encarando uma mudança, ou a de um amigo querido. Alguém que você ama está doente. Ou seu pai perdeu o emprego. Há outras coisas que o deixam triste? Sente-se só? Busque o Senhor para pedir conforto e paz. Ele vê as coisas mais claramente do que você, e está trabalhando em sua vida. Deus sabe o que é melhor e você pode confiar nele.

CONFIE SUA VIDA A DEUS

VERSÍCULO-CHAVE

Confie no Senhor [...] e ele lhe mostrará o caminho certo.
—PROVÉRBIOS 3:5,6

DIA DA FAMÍLIA

27 de setembro

LEITURA:
1 TESSALONICENSES 4:13-18

"**N**ão gosto do acampamento! Não vai! Fica comigo!" Alice, de 4 anos, chorava agarrada ao irmão mais velho.

"Não vou ficar para sempre," Marcos falou. "É só uma semana."

"Não! Quero que fique em casa e brinque comigo," a garotinha insistiu.

Gentilmente, a mãe soltou as mãos de Alice da perna de Marcos e a pegou no colo. "Sábado que vem iremos todos ao acampamento no Dia da Família," falou. "Marcos vai se divertir com você lá, e vamos fazer um piquenique."

"Podemos ter *cachorros-quentes*?", ela perguntou.

O pai riu. "Sim, podemos," falou. "Pegue suas coisas, filho. Está na hora de ir para a igreja e encontrar o restante do grupo."

Quando a porta de fechou atrás deles, o pai e Marcos puderam ouvir a voz da garotinha. "Quanto demora para esse Dia da Família?"

Alice começou a perguntar todos os dias se era hora de ir acampar. E quando chegou, ela se divertiu muito. "Afinal, gosto de acampar," decidiu.

Apenas alguns dias depois do acampamento, os pais de Alice e Marcos receberam uma temida ligação. Quando a mãe desligou o telefone, seus olhos estavam cheios de lágrimas. "Vovô se foi," ela disse.

"Foi?", Marcos repetiu. "Para onde?"

"Foi para casa, estar com Jesus," a mãe respondeu.

Levou um tempo para Marcos perceber que o avô tinha morrido. "Mas eu pedi ao Senhor para curá-lo," ele disse.

O pai o abraçou. "Vamos sentir falta do vovô, mas não é para sempre."

"Como assim?", o menino soluçou. "A morte é para sempre."

"Ah, não!", respondeu o pai. "A morte é só uma porta que nos leva a outro mundo — para os cristãos, ela leva ao céu. Um dia o veremos lá."

Alice puxou o braço do pai, esperando que ele a pegasse. "Não chora, Marcos," ela falou. "Vamos ver o vovô no Dia da Família no céu. Ele pode mostrar para você todas as coisas legais — que nem você fez comigo no acampamento." E, se ajeitando no colo do pai, perguntou. "Eles têm *cachorros-quentes* no céu?"

Em meio às lágrimas, a família riu junta.

ALGUÉM QUE VOCÊ AMA FOI PARA O CÉU?

Quando se sentir triste ou solitário, lembre-se de que, para os cristãos, a separação não é eterna. Haverá um maravilhoso "Dia da Família" quando todos os filhos de Deus se reunirem no céu, e você poderá estar com seus entes amados novamente. E também poderá ver Jesus. Que dia maravilhoso será!

OS CRISTÃOS SE ENCONTRARÃO NO CÉU

VERSÍCULO-CHAVE

...Ficaremos para sempre com o Senhor...
—1 TESSALONICENSES 4:17

28 de setembro

LEITURA:
EFÉSIOS 4:26-32

O BOLO PREMIADO

Raquel riu quando seu irmão, Carlos, colocou um enorme pedaço de bolo na boca. "Uau! Seus bolos estão ficando cada vez melhores!", ele declarou.

A menina e a mãe iam entrar no concurso de bolos no festival local — Raquel na categoria Juvenil, e a mãe na Experiente. Ela queria que o seu bolo fosse perfeito e fez tantos para praticar, que a família inteira estava cansada deles — exceto Carlos.

Um dia Raquel entrou na cozinha bem na hora em que o irmão apreciava o último pedaço de uma grande fatia de bolo. "Carlos!", ela gritou. "O que está fazendo? Esse é o meu bolo para o festival! Você estragou tudo!"

"Ah, não!", o menino exclamou. "Este é o bolo do concurso? De verdade?"

"Sim!" a voz da garota estava trêmula de raiva. "Acabei de confeitar ainda há pouco!"

"Desculpe!", o irmão falou. "Pensei que fosse mais um teste. Tem tempo para fazer outro? Posso ajudar?"

"Não! Vou ter que começar do zero e nunca vou perdoar você!" Raquel gritou. "Nunca!" Ela olhou irritada para o irmão. "Saia daqui!", mandou, pegando a receita.

O segundo bolo de Raquel estava esfriando na bancada quando ela entrou na cozinha, deixando a porta bater atrás de si. "Raquel! Meu bolo!", a mãe engoliu em seco. "Está no forno e pode solar com a porta batendo!"

"Seu bolo para o festival?", a menina perguntou horrorizada. "Não sabia que estava assando!" Ela abriu a porta do forno e espiou. Para sua tristeza, viu o centro do bolo murcho. "Ah, desculpe!", falou.

A mãe suspirou. "Acho que gostaria que eu perdoasse você, assim como perdoou Carlos?", a mãe perguntou tranquilamente. "Ele me contou o que aconteceu."

"Eu… eu…" a menina gaguejou. "Sei que devia desculpá-lo."

"Sim," a mãe concordou. "Devemos sempre nos lembrar de que fomos perdoados por Deus — e temos que perdoar os outros, assim como o Senhor nos perdoa."

Raquel concordou, dizendo: "Vou procurar Carlos e dizer que está tudo bem," falou. "E obrigada por me perdoar!"

VOCÊ ESTÁ ZANGADO COM ALGUÉM?

Precisa perdoar alguma pessoa? Quando aceitamos Jesus, Ele nos dá o perdão dos nossos pecados e nos torna Seus filhos. O Senhor o perdoa também quando peca agora e se arrepende. Não está feliz por Ele não guardar rancor? Não guarde rancor também. Perdoe, assim como Deus o perdoa.

PERDOE OS OUTROS

VERSÍCULO-CHAVE

…perdoem uns aos outros, assim como Deus [...] perdoou vocês.

—EFÉSIOS 4:32

UM BOM SEGREDO

29 de setembro

LEITURA:
MATEUS 6:1-6

A mãe de Isaque percebeu que ele estava passando muito tempo sozinho na casa da árvore. Quando perguntou o porquê, o menino apenas sorriu e falou, "Ah, gosto de ficar sozinho às vezes."

Ela resolveu conversar com o pai do menino sobre isso. "Isaque está muito cheio de segredos em sua casa da árvore," falou uma noite. "Pergunto-me o que ele anda fazendo lá."

Joana, de 4 anos, levantou os olhos de seu livro. "Eu sei," disse baixinho. "Eu sei."

"Sabe?", a mãe ficou surpresa. "O que é?"

"Não posso falar. Garotas crescidas não contam segredos," a menina lembrou aos pais. "E Isaque disse que se eu falar, não vai me deixar orar na casa da árvore quando eu crescer — como *ele* faz agora."

A mãe sorriu. "Brincar lá sozinho, quer dizer?", perguntou. "Você já brinca lá quando alguém ajuda a subir e garante que não vai cair."

"Mas Isaque disse que não vou poder orar nela se contar o segredo dele," Joana repetiu.

"Ele não vai deixar você *orar* nela?", o pai perguntou. "Acho que quer dizer *brincar*, querida."

"*Hã-hã.* Eu disse orar," Joana insistiu. "Isaque ora e lê as melhores histórias. Eu ouvi, mas ele disse para não contar se eu quisesse… ah, não! Contei!", e a menina desatou a chorar.

Depois de acalmarem a menina, os pais garantiram que o irmão entenderia e ela foi brincar. "Isaque está seguindo as instruções de Jesus, e indo para um lugar secreto para orar," a mãe falou. "Fico feliz. Mas devíamos dizer a ele que Joana nos contou? Ou devemos manter seu segredo?"

"Bem, acho que Joana não vai conseguir calar e dirá que contou," o pai respondeu, "então acho melhor eu falar com ele. Com certeza vai entender. Tenho notado que ele tem feito pequenas coisas discretamente para ajudar Joana, e vou lembrá-lo de que Deus vê e sabe tudo, e que um dia Ele mostrará as boas ações que fazemos com discrição e nos recompensará. Vou garantir que guardaremos seu segredo também."

"Tudo bem," a mãe concordou sorrindo. "É um bom segredo!"

VOCÊ TEM UM MOMENTO SECRETO PARA ORAR?

Ou ora apenas junto com o grupo? É muito bom orar com os outros, mas é importante ter um momento e um lugar para estar a sós com Deus. Há muitas outras coisas que podem ser feitas em segredo. Se você é cristão, tente secretamente fazer uma boa ação a cada dia. Quando Deus o recompensar por coisas feitas discretamente — talvez aqui na terra ou no céu, você receberá o prêmio.

DEUS RECOMPENSA

VERSÍCULO-CHAVE

…o seu Pai, que vê o que você faz em segredo, lhe dará a recompensa.

—MATEUS 6:6

30 Setembro

LEITURA:
GÁLATAS 4:1-7

UM NOVO PAI

"**M**iguel, o que acha de ter Lucas como seu pai?"

Quando a mãe fez a pergunta, o menino estranhou. "Meu pai?" perguntou. "Ele é o meu *padrasto*, mas não pode ser meu pai de verdade. O meu pai morreu."

"Sim, filho," a mãe falou, "mas Lucas ama muito você, e gostaria de adotá-lo".

Miguel ficou chocado. "Me adotar? Mas eu não quero ser adotado. Quero continuar sendo Miguel Bastos!", ele falou e saiu do quarto pisando duro.

Mais tarde, naquela semana, o padrasto do menino foi conversar com ele. "Ficaria muito feliz se você me chamasse de pai," Lucas disse.

"Mas uma pessoa só pode ter um pai," Miguel respondeu, "então você não pode me adotar e eu não posso ser seu filho. Me adotar e me fazer chamá-lo de pai não vai fazer de mim seu filho."

"Não um filho biológico, mas gostaria de ser seu pai em todas as outras situações," Lucas respondeu alegremente. "Pense assim. Você quer ir para o céu um dia, não é?" O menino concordou. Mas ele continuou, explicando: "sabe que apenas os filhos de Deus podem ir para o céu, e que ninguém nasce filho de Deus? Precisamos nascer de novo — ou sermos adotados — em Sua família".

"Bem… é,", Miguel concordou hesitante.

"Quando aceitamos Jesus como Salvador, Deus se torna nosso Pai," Lucas falou. "Ele nos dá o privilégio de sermos Seus filhos, porque nos ama. Miguel, eu gostaria de adotar e torná-lo meu filho, dar-lhe o meu nome e cuidar de você — porque eu o amo."

"M-mas eu não amo você como amava meu pai de verdade," o menino gaguejou.

"Eu sei," Lucas respondeu. "Seu pai sempre terá um lugar especial em seu coração. Mas espero que você me ame cada vez mais também. Sabe, a Bíblia diz que amamos Deus, porque Ele nos amou primeiro. Alguém precisa começar a amar, e o Senhor fez isso, mas Ele nos adota em Sua família apenas se quisermos. Eu amo você, Miguel, mas só vou adotá-lo se você quiser. Espero que pense sobre isso."

Após alguns minutos, o menino deu um sorrisinho, e concordou: "Está certo, vou pensar no assunto."

VOCÊ CONHECE ALGUÉM QUE FOI ADOTADO?

Em sua família? Ou talvez *você* tenha sido adotado. Isso é maravilhoso. E mais maravilhoso ainda é o fato de Deus amá-lo e querer adotá-lo. Ele quer que você seja o Seu filho e quer lhe dar um novo nome; cristão. Mas o Senhor apenas entrará em sua vida se você permitir. Você o convidará a ser o seu Pai celeste?

VOCÊ QUER SE TORNAR FILHO DE DEUS

VERSÍCULO-CHAVE

Nós amamos porque Deus nos amou primeiro.
—1 JOÃO 4:19

QUEBRA-CABEÇA

Você geralmente se compara aos outros? Gostaria de ser capaz de fazer o que um irmão ou amigo faz?

Lembre-se de que Deus não criou todos os seres humanos iguais. Ele deu a Seus filhos tipos diferentes de talentos. Pense nisso.

Ele deu um talento a você e deseja que o use para servi-lo. Você tem medo de tentar? Pensa que alguém poderia fazê-lo melhor do que você? Encontre a mensagem no quebra-cabeça abaixo e pense sobre ela.

Os "quadrados" na tabela ao lado tem formas diferentes — alguns deles têm só duas laterais, outras têm três e o do centro tem quatro.

Olhe os pingos em cada quadrado na sequência abaixo e encontre a letra correspondente às formas na tabela. Escreva a letra dentro do quadrado e descubra uma preciosa mensagem para sua vida.

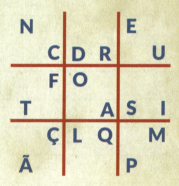

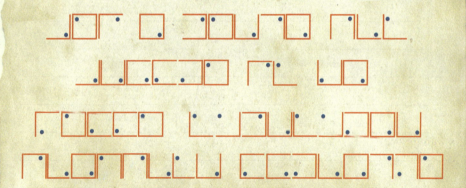

Agora olhe o livro de Filipenses 4:13.
Quem dá a você força?_____

1.º de outubro

LEITURA:
GÁLATAS 5:13-15

OS VAGA-LUMES

"Solta! É meu!", Gabriel gritou.

"Não é não!", respondeu Ana. "Eu vi primeiro! Por que não vai para lá — você sempre fica no meu caminho!"

Sentada no balanço da varanda, a mãe suspirou. "Tem centenas de vaga-lumes," falou para o pai, "mas as crianças querem o mesmo. Elas brigam por tudo ultimamente."

Lá fora, no escuro, Ana gritou. "Para, Gabriel! Não coloque seu vaga-lume no meu vidro! Use o seu."

O pai se levantou. "Ana! Gabriel!", chamou. "Venham aqui!"

Ainda discutindo, os dois obedeceram. "Já temos que entrar?", resmungou a menina.

O garoto levantou seu vidro. "Aposto que tenho mais do que você," falou.

"De jeito nenhum!", ela mostrou o seu. "O que aquele vaga-lume está fazendo?"

Gabriel olhou mais de perto. "Parece que…", fez uma pausa. "Olha, pai!" Ana levantou o vidro para o pai ver. "Parece que um vaga-lume está comendo o outro."

"Pode ser," o pai falou. "Ouvi dizer que eles fazem isso."

"Que nojo!" a menina falou. "É horrível."

"Eca! É mesmo," Gabriel concordou.

"Isso não devia incomodá-los," disse o pai. "Comeram um ao outro o dia todo."

"A gente *o quê?*", Ana perguntou. "Como assim?"

"Vocês brigam e dizem coisas maldosas" o pai explicou. "A Bíblia se refere a isso como morder e devorar, ou seja, comer um ao outro. Estão destruindo a autoestima um do outro, em vez de mostrar o amor que Deus quer ver."

"Hoje mesmo Ana, você estava chorando porque Gabriel falou coisas ruins de você aos amigos dele, e Gabriel ficou zangado e magoado porque você riu da casa de passarinho que ele estava construindo. E agora estão brigando por causa de vaga-lumes," a mãe observou.

"Des-desculpe," a menina falou, abaixando o seu vidro. "Vou me livrar disso."

"Eu também," ele murmurou, tirando a tampa do seu. "E me desculpe também."

"Espero que isso seja apenas o começo de uma mudança por aqui, e pensem nos vaga-lumes toda vez que começarem a dizer alguma coisa ruim," a mãe lhes falou.

VOCÊ DEMONSTRA AMOR POR SEUS IRMÃOS?

Isso é o que Deus diz que você deve fazer. É o oposto de "ferir e prejudicar" um ao outro. Então, quando estiver tentado a brigar ou dizer algo ruim, pare! Pense em alguma coisa boa para falar. Ame os outros como o Senhor diz que deve ser.

NÃO BRIGUE

VERSÍCULO-CHAVE

…vocês agem como animais […], ferindo e prejudicando uns aos outros…

–GÁLATAS 5:15

2 de outubro

LEITURA:
ÊXODO 20:17;
LUCAS 12:15,20-24

QUERIA QUE FOSSE MEU

Quando Ricardo viu as novas luvas de goleiro que Gustavo levou para a escola, ele se virou, mordendo os lábios. *É aquela que vimos na exposição de esportes!* pensou. *Estou economizando. Mas terei que esperar até o próximo ano, e ele já tem! Não é justo — o pai do Gustavo é rico, por isso ele tem tudo o que quer, e eu não!*

Enquanto os garotos jogavam bola, Ricardo olhava com inveja as luvas que não podia ter. E, durante a aula seu pensamento se voltava para elas toda hora.

Ao sair da escola, o menino arregalou os olhos ao passar pelo campo e ver, no canto da trave, as luvas de Gustavo. Ricardo olhou em volta e as pegou. *Trago amanhã de manhã*, disse a si mesmo, *mas hoje — só hoje — vou fingir que são minhas.*

À noite, ele se divertiu jogando com o irmão. Quando o pai perguntou onde tinha conseguido as luvas, pensou rápido. "Ah… um dos garotos me emprestou," disse.

De manhã, Ricardo esqueceu as luvas propositalmente. *Vou ficar com elas só mais um dia*, pensou. E, quando Gustavo perguntou se alguém as tinha visto, ele não disse nada.

Uma semana se passou e as luvas ainda estavam em seu quarto. Não podia jogar com elas porque o pai faria perguntas. E, como seria constrangedor devolver para Gustavo agora, ele as escondeu no fundo de seu armário. Foi ali que a mãe as encontrou quando estava guardando as roupas, e perguntou ao filho o que era aquilo.

"Trouxe para casa para experimentar. E…" Ricardo hesitou. "Eu… nunca pensei em ficar com elas."

"Mas *ficou*, não foi?", contestou a mãe. "O problema está em seu coração," ela continuou. "Lá no fundo, queria uma coisa que não era sua — você cobiçou. Em vez de pedir que Deus o perdoasse e o acalmasse, continuou pensando no que queria. E isso o levou a roubar e a mentir."

"Desculpe, mãe. Eu…vou devolver as luvas pro Gustavo amanhã e pedir desculpas," Ricardo prometeu.

"Tudo bem," a mãe respondeu, "mas acho que primeiro você deve pedir perdão a Deus por cobiçar, não acha?" O menino concordou.

ALGUÉM POSSUI ALGO QUE VOCÊ QUER MUITO?

Você fica olhando e desejando o que não é seu? Cuidado! Deus diz que você não deve cobiçar. Admirar, sim — mas em seguida volte seu pensamento para outras coisas. O Senhor prometeu lhe dar tudo que precisar em sua vida. Confie que Ele fará isso e cuide para não se flagrar desejando tantas coisas que vê na TV e nas vitrines.

NÃO COBICE

VERSÍCULO-CHAVE

…a verdadeira vida de uma pessoa não depende das coisas que ela tem…

—LUCAS 12:15

OS TESTES DA VIDA

3 de outubro
LEITURA:
PROVÉRBIOS 3:4-6

"A gente detesta testes, vovô!" Sheila disse afundando-se no sofá. Ela e o irmão, Sílvio, estavam visitando o Sr. Wilson, um vizinho querido que todas as crianças chamavam de "vovô." A menina suspirou. "Entre eu e Sílvio, já foram cinco testes esta semana!", reclamou.

O avô sorriu. "Ninguém gosta de testes," ele concordou, "mas todos nós passamos por eles."

"*Você* não!" Silvio protestou. "Já acabou a escola."

"Sim, mas nem todos os testes são na escola, e nem todas as lições estão nos livros ou no computador. A vida coloca muitos testes em nosso caminho," disse o avô rindo.

"Não entendi," o menino falou.

"Bem, diria que qualquer dificuldade poderia ser considerada um teste. O bom é que podemos aprender lições com eles," o avô sugeriu.

Sheila se levantou e disse: "Melhor a gente ir. Tenho que estudar para outro teste!"

Alguns dias mais tarde, as crianças conversaram de novo com o Sr. Wilson. Ele percebeu que os dois estavam tristes. "Problemas?", perguntou.

"Podemos contar," Silvio murmurou. "Papai e mamãe estão se divorciando."

"Achei que nos amavam! Por que devo escolher entre pai e mãe?", ela chorou.

"Eles amam vocês," o avô garantiu. "E o que faz você pensar que tem que escolher? Você ama os dois, e sempre amará."

"Sim, mas... mas tudo está tão confuso!", a menina falou.

"Eu sei, e lamento," o avô respondeu. "Vocês estão encarando o maior teste de sua vida, mas Deus ajudará. Ele quer que confiem nele nesse momento difícil."

"Eu detesto testes!" Silvio declarou. "Por que isso tem que acontecer?"

"Nem sempre há uma resposta pronta para os testes da vida," o avô respondeu. "Mas Deus os permite. Quando olhamos as lições que podemos aprender e não nos tornamos amargos, Ele nos abençoa e ajuda a crescer." O avô falou. "Para começar, procurem formas de mostrar o amor de Deus aos seus pais," aconselhou. "Peçam ajuda ao Senhor para passar neste teste. Farão isso?" Os dois concordaram.

VOCÊ ESTÁ ENCARANDO UM DOS TESTES DA VIDA?

Morte ou um divórcio em sua família? Seu pai perdeu o emprego? Sua mãe trabalha fora e não fica tanto em casa? Doença? Seja o que for, confie no Senhor. Espere para ver o que Ele está realizando. Aprenda a ser paciente e amoroso nos momentos difíceis. Mantendo uma boa atitude e confiando em Deus, isso ajudará quem está ao seu redor a passar pelos testes delas também.

CONFIE EM DEUS QUANDO FOR TESTADO

VERSÍCULO-CHAVE

...quando a sua fé vence essas provações, ela produz perseverança.
—TIAGO 1:3

4 de outubro

LEITURA: JOÃO 1:12,13; 3:1-7

DOIS ANIVERSÁRIOS

"Quem está conduzindo a música?", Carlos sussurrou.

"O Sr. Crivo," Tiago falou baixinho. "É o diretor da Escola Dominical." Carlos estava visitando a turma pela primeira vez, e tudo era novo para ele.

"Os aniversariantes da semana passada venham aqui, por favor," o Sr. Crivo convidou. "Vamos cantar 'Parabéns para você.'"

Carlos sentiu o cotovelo do amigo em suas costelas. "Seu aniversário foi na quinta." Tiago sussurrou. "Vai lá para ganhar um presente."

Carlos balançou a cabeça, mas viu que diversos garotos estavam indo, então levantou-se e foi. O professor deu a cada aniversariante um marcador de livro e um chocolate. E todos cantaram "Parabéns pra você" — duas estrofes! O menino reconheceu a primeira, mas nunca tinha escutado a segunda. "Parabéns pra você. Mas você só fez um. Aceite o presente da salvação de Deus, e então fará dois."

Quando a aula acabou, Carlos perguntou. "Por que aquela música falava só de dois aniversários?" falou. "Acabei de fazer o meu décimo!"

"Não exatamente," Tiago respondeu. "Você tem só um *aniversário*... o dia que nasceu. O resto das vezes comemora aquele dia."

"Certo, mas então o que é ter um segundo aniversário?", o menino quis saber.

"Quando nasce na terra, se torna filho do seu pai e da sua mãe," Tiago explicou no caminho para casa. "Mas todos nós fazemos coisas ruins — todos pecamos e o pecado não é permitido no céu. A Bíblia diz que só seremos perdoados e entraremos no céu, se nascermos de novo na família de Deus. Ou seja, quando nos arrependemos de nossos pecados e aceitamos Jesus como Salvador, temos dois aniversários." Ele olhou para o amigo. "Entendeu?"

"Mais ou menos, eu acho, mas não exatamente," Carlos respondeu. "Quero dizer, sei que nem sempre sou bom, mas nunca pensei sobre nascer de novo. E não conheço muito sobre Jesus. Pode me explicar tudo de novo?"

"Claro." Tiago estava animado. "Se você ainda não entender, papai poderá ajudar também."

"Certo," Carlos concordou. "Pode começar!"

QUANTOS ANIVERSÁRIOS VOCÊ TEM?

Já nasceu de novo? Na família de Deus aceitando o Senhor Jesus como seu Salvador? Seu primeiro aniversário — o dia de seu nascimento na terra — o tornou parte da família de seu pai e sua mãe. Deus quer que seja parte de Sua família também. Como diz a música, "Aceite o presente da salvação de Deus, e então fará dois" — dois aniversários. Não espere, aceite Jesus agora!

VOCÊ PRECISA DE DOIS ANIVERSÁRIOS

VERSÍCULO-CHAVE

...todos vocês precisam nascer de novo.
—JOÃO 3:7

5 de outubro

LEITURA:
SALMO 34:7,8;
MATEUS 18:10

DEUS INVISÍVEL

Pedro estava assustado. *Onde está a mamãe?*, se perguntou olhando de um lado para o outro no corredor de livros da loja. Tinha visto umas imagens coloridas e legais nos livros sobre tubarões, e se ajoelhou para olhar melhor a prateleira mais baixa. O menino não notou a mãe saindo do corredor de livros. "Mãe! Onde você está?", ele chamou, e seus olhos começaram a se encher de lágrimas quando não ouviu resposta. Pedro correu nervosamente para o final do corredor e olhou em todas as direções.

"Precisa de ajuda, garotinho?", uma atenciosa vendedora perguntou. "Acho que vi você com a senhora do corredor ao lado. É a sua mãe?" Enquanto a mulher falava, a mãe de Pedro apareceu ao lado da estante.

O menino correu e agarrou a perna dela num abraço apertado. "Não sabia onde você estava, e fiquei com tanto medo!", a voz de Pedro ainda estava trêmula.

"Ah, desculpe, querido. Devia ter dito onde estava indo. Sei que você estava procurando livros de tubarões, e eu podia ver você por trás das prateleiras. Olha!", ela apontou, então Pedro se virou e espiou o corredor ao lado através das prateleiras. "Eu estava tomando conta de você, e outra pessoa também," a mãe falou.

"Quem?", o menino perguntou surpreso.

"Deus e Seus anjos," a mãe explicou. "O Senhor está sempre cuidando de você, mesmo que não possa vê-lo — assim como eu estava cuidando de você, mesmo sem você me ver."

"Isso é bom," Pedro falou. "Já sabia que você nunca ia me deixar. Só esqueci."

"Deus também não vai deixá-lo," a mãe garantiu.

"Vou agradecer a moça que me ajudou a achar você," o menino falou, se virando para procurar a vendedora. "Sabe onde ela está?"

"Não, deve ter ido ajudar outra pessoa," a mãe respondeu.

"Acha que ela era um anjo?", ele perguntou.

"Não sei," a mãe sorriu. "É possível."

"Acho que era," Pedro declarou.

A mãe o abraçou bem forte. "Se alguma vez se sentir sozinho novamente, lembre-se de que Deus está com você," ela lembrou ao filho.

"Eu vou," ele respondeu.

VOCÊ JÁ SE PERDEU ALGUMA VEZ?

Sentiu-se assustado ou sozinho? Sabe quantos versículos bíblicos falam de anjos cuidando e ajudando as pessoas? Agradeça a Deus por eles. Melhor ainda, lembre-se de que Ele está sempre com você. Quando sentir-se assustado ou nervoso, faça uma rápida oração. Peça ajuda ao Senhor para saber o que fazer, e confie nele, mesmo não podendo vê-lo.

EMBORA VOCÊ NÃO O VEJA, DEUS ESTÁ PRESENTE

VERSÍCULO-CHAVE

...estou com vocês todos os dias, até o fim dos tempos.
–MATEUS 28:20

6 de outubro

LEITURA:
ÊXODO 31:18;
MATEUS 5:17,18

PEDRAS DE JARDIM

"Vovô, podemos fazer nossas pedras de jardim agora?", Amanda perguntou e Jéssica concordou.

O avô disse que sim e as garotas trouxeram suas ferramentas para o quintal. "Vou espalhar jornal para não fazermos sujeira," ele falou. Colocou um velho balde em cima do papel e despejou, cuidadosamente, o pó de cimento nele. As meninas adicionaram água e se revezaram para mexer. Quando o cimento estava pronto, o entornaram em diversos moldes. Elas sacudiram os moldes para tirar as bolhas de ar e foram brincar enquanto o cimento endurecia um pouco.

Depois de um tempo, o avô chamou. "Está na hora de fazer as marcas no cimento," disse.

"Certo!", respondeu Jéssica. Ela correu para a varanda e rapidamente colocou a mão no meio do cimento ainda macio, tomando cuidado para não afundar muito.

"Ah, eca," Amanda gritou. "Parece sujo. Talvez eu não faça."

"Quando o cimento endurecer, a marca da minha mão ficará na pedra, né, vovô?", Jéssica perguntou. "Nunca vai mudar!"

O avô sorriu. "Vai diminuir um pouco," falou, "mas vai durar muito tempo."

"Acho que vou fazer também," Amanda decidiu e pressionou a palma no cimento pegajoso. "Nada mal," admitiu, admirando sua marca. "Vamos fazer desenhos nas outras pedras."

"Minha amiga Ana diz que uma vez Deus colocou o dedo no cimento," Jessica falou. "Isso não é verdade, é?"

"Não, exatamente," respondeu o avô. "Provavelmente ela deve estar se referindo aos Mandamentos. A Bíblia diz que Deus deu duas tábuas de pedra a Moisés, escritas com o Seu dedo."

"Então o que o Senhor escreveu, nunca vai mudar também," falou Amanda. "A Bíblia sempre será a mesma, como as mãos neste cimento."

"Não vai mudar," o avô concordou, "mas não porque Ele escreveu uma parte na pedra. A Palavra de Deus é verdadeira, e a verdade nunca muda." Ele pegou o jornal. "As histórias deste papel mudam todos os dias," falou, "e algumas nem mesmo estão corretas — mas vocês podem sempre acreditar na Bíblia. Ela é verdadeira e durará para sempre!"

VOCÊ JÁ COLOCOU SUA MÃO EM CIMENTO MOLHADO?

Ou escreveu nele? É divertido fazer isso, e olhar para ele muitos anos depois. Você pode se perguntar "Isso foi o melhor que pude escrever?" ou então "Minha mão era tão pequena assim?" As coisas mudam — suas mãos crescem, sua escrita melhora. Mas a Palavra de Deus nunca muda. É perfeita e durará para sempre.

PODE SEMPRE CONFIAR NA PALAVRA DE DEUS

VERSÍCULO-CHAVE

...mas a Palavra do Senhor dura para sempre...
—1 PEDRO 1:25

7 de outubro

LEITURA:
SALMO 19:7-11

PEDRAS DE JARDIM 2

Muitos dias depois de Amanda e Jéssica fazerem as pedras de cimento para o jardim, elas voltaram à casa dos avós. "Vão querer pintar suas pedras hoje?", o avô perguntou sorrindo.

"Sim!", as duas responderam juntas.

"Então peçam à vovó para ajudar a pegar tinta e pincéis," ele falou, "e eu vou espalhar jornal na mesa de piquenique. Vamos pintar lá fora." E depois de juntar todo o material, as meninas foram para o quintal. "Segurem seus pincéis e criem suas obras-primas!", o avô falou.

"Vou pintar meu nome com tinta rosa numa das minhas pedras," Amanda disse.

"Eu gosto de azul," falou Jéssica, e fez espirais nos círculos que tinha desenhado em suas pedras. Então ela parou e fez uma careta. "Elas formarão um caminho lindo no jardim da vovó, mas estão bonitas demais para pisar," disse. "Vão ficar sujas."

"A sujeira pode ser lavada," Amanda respondeu. "Além disso, vamos precisar andar sobre elas para não encher nossos pés de lama quando estiver molhado."

"Isso mesmo, querida," a avó, que tinha se juntado a elas, concordou. "Sabem, se vocês seguirem as pedras do caminho de *Deus* em suas vidas, não chegarão cheias de lama em Seu jardim também."

"Deus tem um jardim?", Jessica perguntou.

"Vovô e eu gostamos de imaginar o mundo todo como o jardim do Senhor," a avó explicou.

"Adão e Eva pecaram no Jardim do Éden," Amanda falou. "Aprendi na Escola Dominical." Ela hesitou. "O pecado seria como lama no jardim de Deus?"

O avô concordou. "Sim, mas o Senhor enviou Jesus para morrer por nós e limpar o nosso pecado, quando o aceitamos. Deus também nos deu a Bíblia. Seguindo os mandamentos da Sua Palavra, podemos evitar que as nossas vidas fiquem sujas."

"Quer dizer os Dez Mandamentos?", Jéssica perguntou.

"Esses e todas as outras instruções que o Senhor dá em Sua Palavra," o avô respondeu. "Então pensem nos mandamentos de Deus como pedras de jardim, meninas. Sigam por eles. Como diz no Salmo 19, quando obedecemos, somos recompensados."

QUE TIPO DE PEDRA DE JARDIM VOCÊ USA?

Você já pintou uma pedra para o seu jardim? Mais importante ainda, já pensou nos mandamentos da Palavra de Deus como pedras de jardim para seguir ao longo da vida? Obedeça os mandamentos. O salmista na leitura bíblica de hoje, os considera perfeitos, corretos, puros e mais desejáveis do que ouro ou comida — e somos recompensados quando os obedecemos.

PERMITA QUE DEUS O ORIENTE

VERSÍCULO-CHAVE

...teus ensinamentos [...] sou recompensado quando lhes obedeço.

—SALMO 19:11

8 de outubro

LEITURA:
ROMANOS 10:11-17

POR QUE ESPERAR TANTO?

"Então é isso," João terminou. Durante muito tempo estava criando coragem para testemunhar para o amigo. "Desde que me tornei cristão no acampamento, queria contar, mas não sabia como dizer."

"Sou seu melhor amigo. E, se é tão importante para você, devia ter me contado antes," respondeu Miguel.

João corou. "Devia," admitiu.

Miguel deu um soco em seu braço. "Fico feliz que tenha falado. Venho me perguntando sobre Deus. Talvez possa responder algumas das minhas dúvidas."

"Claro!" João sentiu uma onda de alívio, e os garotos conversaram mais sobre Jesus e Seu amor. Antes daquela noite terminar, Miguel aceitou Jesus como Salvador.

"Lamento ter esperando tanto para falar com você sobre Jesus," João se desculpou, "mas estou muito feliz que agora você é cristão, Miguel."

"Eu também!" Miguel riu para o amigo e olhou para o relógio. "Bem, tenho que ir para casa. Nos vemos amanhã."

No dia seguinte, João acordou cedo. "Delícia! Panquecas! Mas antes de comer vou ver se o tempo está bom para pescar hoje," disse, ligando o rádio.

"Uma tragédia atingiu nossa cidade esta manhã," começou a voz do locutor. "Um incêndio aconteceu na Rua Vinícius, 1234…"

"Ah, não!", João engoliu em seco. "É o endereço do Miguel!"

"Todos os membros da família escaparam," a voz continuou, "exceto o garoto de 12 anos, Miguel Silva, que perdeu a sua vida nas chamas."

João desatou a chorar. "Não acredito!" falou em soluços. "Miguel estava aqui ontem à noite, e agora está mor-morto!"

"Lamento, João… lamento muito." O pai colocou o braço nos ombros do filho.

"Queria não ter esperado tanto para falar com ele sobre Jesus," o menino disse lentamente, "mas… se não tivesse falado ontem, ele estaria perdido para sempre, e eu nunca mais o veria! Que bom que se tornou cristão ontem."

O pai concordou. "Estamos muito tristes agora, mas um dia haverá uma reunião maravilhosa, e você o encontrará no céu."

VOCÊ QUER FALAR COM ALGUÉM SOBRE JESUS?

Seu melhor amigo conhece o Senhor? Todos da sua família são salvos? Eles sabem que Jesus os ama? Você sabe como lhes falar sobre a salvação em Jesus? Peça a Deus para lhe dar coragem para falar e use qualquer oportunidade para dar o seu testemunho. Não espere. As suas palavras podem ser a única chance de alguém ouvir a história de Jesus e Seu amor.

TESTEMUNHE AGORA

VERSÍCULO-CHAVE

…como poderão crer, se não ouvirem a mensagem?…
—ROMANOS 10:14

9 de outubro

LEITURA:
ROMANOS 5:6-11

SACRIFÍCIO VERDADEIRO

Roberto se encostou na árvore e ficou olhando as brasas dentro do anel de pedras. "Não fique acordado até tarde," o pai disse ao entrar na barraca. O menino balançou a cabeça. Em outra noite qualquer, já estaria deitado, mas esta era diferente. Os pais sabiam que ele queria ficar um pouco sozinho.

O menino sentou num tronco, pensando em seu cachorro. Rei era uma pequena bola de pelo preta e branca quando Roberto o ganhou em seu aniversário de 10 anos. Ele cresceu e se tornou um amigo fiel. Hoje Rei havia demonstrado sua amizade de forma dramática.

Pouco antes do jantar, Roberto fora com Rei catar lenha para a fogueira. Quando o menino parou para pegar um galho, ouviu o som assustador de uma cascavel. Ao se virar, viu a cobra pronta para dar o bote. De repente, uma mancha preta e branca se colocou no caminho. Era Rei. O réptil atacou o cão, mas ele lutou bravamente, mordendo e sacudindo até matar a cobra. Então, Rei caiu também.

O coração de Roberto doía ao lembrar a corrida de volta para o acampamento com o cão inconsciente — na esperança de que alguém pudesse ajudar. Mas não havia nada a fazer. Rei tinha dado sua vida para salvar o menino.

Uma lágrima rolou pelo seu rosto. Abraçou longamente Rei, alisou seu pelo e agradeceu por ter salvo sua vida. Lembrou-se de um versículo bíblico — "Cristo deu a sua vida por nós." *Esse versículo fala de Jesus*, pensou. *Rei deu sua vida para me salvar, assim como Jesus.* Roberto suspirou. *Não posso fazer nada pelo Rei. Como o papai disse, só posso lembrar os bons momentos que tivemos. Mas posso agradecer a Jesus por ter morrido em meu lugar. Posso viver para Ele todos os dias e mostrar Seu amor aos meus amigos e a todos que conheço.*

Roberto se levantou e cobriu as brasas com terra. Então entrou na barraca. Agradeceu a Deus por Rei e também pela salvação que Jesus possibilitou. Pediu ao Senhor para não sentir muita falta de seu animal, e para ser uma testemunha de Jesus. Então, caiu no sono.

SABIA QUE JESUS O AMOU A PONTO DE MORRER?

Você deseja entregar sua vida a Ele? Se já aceitou Jesus como seu Salvador, viva para servi-lo. Pense no que pode fazer para mostrar sua gratidão e amor — pense em como falar com Ele frequentemente, obedeça aos seus pais, ajude um vizinho, convide um amigo para ir à igreja. Acrescente mais coisas a essa lista — e então as pratique!

VIVA PARA SERVIR A JESUS

VERSÍCULO-CHAVE

...se ofereçam completamente a Deus [...], dedicado ao seu serviço...
—ROMANOS 12:1

10 de outubro

LEITURA:
SALMO 119:41-48

PENSAMENTO EMBARAÇADO

"**A**i!" Marisa reclamou uma manhã, enquanto passava a escova em seu cabelo. "Sabia que podia cortar o cabelo ou usar tranças à noite?" Sílvia, a irmã mais velha, que ainda estava na cama com seu livro devocional e a Bíblia, comentou.

"Bem, neste momento, só queria que… desembaraçasse!" ela respondeu entre dentes, enquanto puxava a escova.

"Deixe-me ajudar," a irmã se ofereceu. Ela pegou a escova e começou a desfazer os nós. "Você deveria ficar com os braços fortes, depois de fazer tanto isto," brincou enquanto atacava outra parte do cabelo. "Estou puxando muito?"

"Não mais do que eu," Marisa respondeu.

Depois de mais alguns minutos, Sílvia colocou a escova sobre a mesa. "Deve estar bom!", falou. "Agora vou terminar de desembaraçar a minha *cabeça* antes de me aprontar para a escola!" E pegou novamente a Bíblia e o livro devocional.

"Como assim, desembaraçar a cabeça?" Marisa perguntou, colocando os livros na mochila. "Seu cabelo não fica cheio de nós como o meu."

"Meu cabelo não tem nós, mas minha mente tem," ela respondeu. "Às vezes fico muito preocupada. Então não consigo me concentrar nas aulas ou em outras coisas que preciso fazer ao longo do dia."

"Como resolve isso?", a irmã perguntou. "Uma escova funciona no cabelo. O que funciona na mente?"

"A Bíblia. Todos os dias leio alguns versículos," ela respondeu. "Meus pensamentos parecem embaraçar sozinhos — que nem o seu cabelo — mas eu coloco a Palavra de Deus em minha mente. Forço-me a pensar sobre o que Deus diz. Isso ajuda a organizar os meus pensamentos."

"Acho que eu devia tentar isso também," disse Marisa, colocando a mochila no ombro, "mas como meu ônibus chega tão cedo, para mim será melhor fazer quando chegar da escola ou antes de dormir." Ela olhou em volta. "Onde está o meu casaco?"

"Lá," Silvia apontou para o canto. "Está certa, mana," falou. "Deveria tentar ler versículos bíblicos todos os dias. Desembaraçar os pensamentos deve ser mais importante do que o seu cabelo."

ÀS VEZES SEUS PENSAMENTOS FICAM CONFUSOS?

Você se preocupa com aulas, amizades e o que acontecerá em sua casa? Se certas atividades são legais ou não? Não tem certeza sobre o que fazer? O que você assiste na TV ou lê *on-line* pode influenciar o seu pensamento. Separe um tempo para ser influenciado pela Palavra de Deus também. Você precisa manter sua mente e vida em ordem.

COLOQUE A PALAVRA DE DEUS EM SUA MENTE

VERSÍCULO-CHAVE

Respeito e amo
os teus mandamentos e
medito nas tuas leis.
—SALMO 119:48

11 de outubro

LEITURA:
2 TIMÓTEO 4:11-16

LEMBRADO PELO QUÊ?

"**A**credita que a Joana ganhou o concurso de ensaios 'Grande Celebridade' com um trabalho sobre uma *mulher* que foi *escritora*?", Joel falou. "Meu trabalho sobre Getúlio Vargas deveria ter vencido! Ele foi muito mais do que um escritor."

"E o meu sobre o primeiro o astronauta brasileiro?", perguntou Tomás.

"Ou o meu sobre Dom Pedro I?", sugeriu Carlos. "Afinal, ele declarou nossa independência. O que é melhor do que isso?" e olhou para o pai. "Se tivesse que escrever sobre um brasileiro ilustre, quem escolheria?"

O pai do menino sorriu para o grupo. "Não sei quem escolheria," respondeu após pensar um pouco. "Tanta gente trabalhou para fazer deste um grande país. Alguns foram cientistas, outros exploradores e pioneiros, e outros foram políticos. A pessoa que mais contribuiu pode ter sido alguém de quem nunca ouvimos falar." Ele riu. "Então, Carlos, na próxima vez, talvez deva escrever um ensaio sobre *mim*! Não alguém que esteja nos livros de história."

Os meninos riram. "Acha que algum de nós estará nos livros de história?", Carlos perguntou.

"Eu, com certeza, não," disse Ivo.

"Bem, independente do seu nome estar num livro de história, todos *serão* lembrados por alguém, por causa de alguma coisa," o pai falou. "Dependerá de vocês se será por algo bom, ou não-tão-bom, que fizeram."

"Pelo que gostaria de ser lembrado, Sr. Faria?", Tomás perguntou.

"Eu? Gostaria de ser lembrado como alguém que amou o Senhor e fez tudo o que pôde para servi-lo," ele respondeu. "Alguém que compartilhou o plano de Deus para a salvação com os outros, e que o serviu testemunhando e ajudando outras pessoas."

Joel se levantou. "Bem, preciso ir para casa, cortar a grama e encarar os livros," falou, "ou serei lembrado como preguiçoso e repetente." Os outros garotos riram e ele continuou. "Sabe de uma coisa — pode escrever sobre o seu pai agora, Carlos, mas vou trabalhar bastante e, daqui a uns 100 anos, seus bisnetos poderão escrever um ensaio 'Grande Celebridade' sobre *mim*."

COMO VOCÊ SERÁ LEMBRADO POR QUEM O CONHECE?

Como uma pessoa gentil? Honesta? Trabalhadora? Um cristão que fala sobre Jesus aos outros? Será lembrado por algo? Ser lembrado como alguém que amou Deus e viveu por Ele é mais importante do que qualquer fama que puder conquistar. Use os dons que o Senhor lhe deu para glorificar o Seu nome e para levar outros a crerem em Jesus. Faça tudo o que puder para servir a Deus.

FAÇA TUDO O QUE PUDER POR JESUS

VERSÍCULO-CHAVE

...seja um exemplo na maneira de falar, [...] de agir, no amor, na fé...
—1 TIMÓTEO 4:12

12 de outubro

LEITURA:
SALMO 6:2-4,9

CONSERTO NECESSÁRIO

"**N**ão podemos, querida. Lamento." A mãe de Elena virou-se para que a filha não visse seus olhos cheios de lágrimas.

"Mas, mãe! Todos os que conheço vão ao acampamento," a menina protestou. "Não é justo!" Seus lábios tremiam ao ajudar a mãe a dobrar as toalhas.

"Se houvesse uma forma de mandar você, faria, mas simplesmente não posso agora," a mãe respondeu colocando as toalhas dobradas de volta no cesto.

"Por que papai teve que nos deixar?" Elena chorou. "Pensei que me amava."

"Ah, querida, ele ama você!", a mãe falou. "Precisamos orar por ele. Está passando por um momento difícil. Empregos estão escassos e ele acha que não está cuidando da família como deveria." A mãe colocou um monte de meias sobre a mesa e começou a separá-las em pares.

"E isso dá a ele o direito de ir embora?", Elena perguntou. "Que bem faz para gente!" Ela secou uma lágrima com uma das meias. "Esta está furada," falou. "Vou jogar fora." Enrolou a meia e foi na direção da lata de lixo.

"Espere querida," a mãe falou, pegou a meia e examinou. "Posso consertar," e continuou. "Seu pai tem um... buraco na vida dele, Elena. Só precisa encontrar uma forma de consertar."

A menina deu de ombros. "A campainha tocou," disse. "Deve ser a Meire querendo falar do acampamento."

Elena ficou surpresa ao abrir a porta e ver o pai com um buquê de flores. "Papai!" gritou, abraçando-o com força.

"Estou de volta, querida, se sua mãe concordar," ele falou baixinho.

Bem nessa hora a mãe entrou na sala. O pai lhe deu as flores e a abraçou também. "Você está bem?", ela perguntou.

O pai tirou a pequena Bíblia do bolso e disse: "Estive lendo este livrinho, e percebi que em vez de fugir de meus problemas, preciso deixar Deus cuidar deles."

Elena pensou na meia. "Mamãe conserta meias, e Deus pode consertar seu problema," falou. Lembrou-se do acampamento, mas ele não parecia mais tão importante agora. "Estou muito feliz que tenha voltado," completou.

"Eu também," o pai respondeu. "Eu também!"

VOCÊ TEM PROBLEMAS QUE PRECISAM DE CONSERTO?

Acha que vai desistir de tentar ir bem na escola, estar com alguém, ou fazer novos amigos? Não! Nunca desista de si mesmo ou dos outros. Volte-se para Deus. Ele é poderoso e pode curar ou consertar o que estiver quebrado. Ore todos os dias por você mesmo e por aqueles que ama. Confie que o Senhor ajudará, confortará e ensinará as lições que Ele quer que você aprenda quando passar por momentos difíceis.

NÃO DESISTA; VOLTE-SE PARA DEUS

VERSÍCULO-CHAVE

Ele cura os que têm o coração partido e trata dos seus ferimentos.

—SALMO 147:3

NADA DE ATALHOS

13 de outubro

LEITURA:
2 CORÍNTIOS 5:10;
COLOSSENSES 3:23-25

"Acha que vovô espera que a gente tire nove e dez para ganhar o prêmio?" Alice perguntou ao irmão Felipe. "Ele sabe que fizemos isso ano passado." O avô estava vindo visitar e tinha prometido um prêmio se os netos mostrassem que haviam se esforçado na escola naquele semestre. "O que será que ele vai nos dar?", Alice continuou. "Espero que tenha me saído bem o suficiente."

"Sem problemas," Felipe respondeu a caminho da porta. "Até agora só tive dez."

"Eu sei, mas como?", ela perguntou. "Mal vejo você estudando."

O menino baixou a voz. "É que eu…" fez uma pausa. "Sou inteligente."

"Você cola de alguém?", Alice sussurrou. Ele não respondeu. "Cola ou não?", ela perguntou furiosa. "Isso é trapaça! Vou contar!"

"Vai contar o quê?", ele perguntou. "Você não *sabe* nada." Alice teve que admitir que era só uma suspeita.

O avô chegou no mesmo dia que eles receberam os boletins. Os dois mostraram orgulhosamente suas notas e diversos trabalhos. Para surpresa deles, o avô começou a fazer perguntas sobre o conteúdo deles. Alice quase não teve dificuldades, mas Felipe deu uma resposta errada atrás da outra.

"Acho que esqueci quase tudo," o menino murmurou com o rosto vermelho.

"Ou talvez tenha tomado um atalho para as boas notas, colando," disse o avô. "É possível?"

"Eu… eu…" Felipe gaguejou, sem saber o que dizer. "Como soube?", acabou soltando e olhou para a irmã. "Alice contou!"

"Você me contou dando respostas erradas," o avô respondeu. "Lamento, mas não posso lhe dar o prêmio — não há atalhos para o prêmio que planejei para você."

Naquela noite quando o pai chegou, soube o que aconteceu. Felipe estava constrangido e envergonhado. "Achou que poderia apenas exibir as notas para o seu avô sem mostrar o verdadeiro resultado de seu trabalho," falou. "É como a lição do nosso grupo bíblico de ontem. Fomos lembrados de que um dia estaremos perante Deus e prestaremos contas a Ele. Espero que lembre-se disso e não passe vergonha naquela hora."

VOCÊ É UM CRISTÃO QUE NÃO FICARÁ ENVERGONHADO…

…na presença de Deus? Ele verá as coisas boas, honestas e prestativas que fez? Ou ficará constrangido e terá que confessar que não viveu para Ele? Você *terá* que prestar contas ao Senhor pela forma como leva a sua vida. Viva de modo a receber o Seu prêmio e ouvi-lo dizer "Muito bem!"

VOCÊ DEVE RESPONDER A DEUS

VERSÍCULO-CHAVE

Assim, cada um de nós prestará contas de si mesmo a Deus.
—ROMANOS 14:12

14 de outubro

LEITURA:
JOÃO 3:14-17

A CESTA DE RESGATE

"Uau!", Celso exclamou.

Ele estava passando o fim de semana com Gil, na casa do tio do amigo. Tio Marcos era piloto de um serviço de emergência, e tinha prometido levar os garotos para um passeio de helicóptero. "Deve ser numa hora em que eu e meu helicóptero estejamos de folga," o tio havia dito.

"Uau!" Celso repetiu alguns dias mais tarde quando subiu a bordo. "Nunca pensei que teria chances de voar num destes!"

"Sempre tenho passageiros ansiosos," o tio falou rindo. "O último, por exemplo, eram dois jovens que estavam fazendo escaladas perto daqui, e um deles caiu de um penhasco, numa saliência da rocha. Um lugar complicado, onde ninguém podia descer para ajudar, então tive que ir resgatar."

"Como conseguiu?", Celso perguntou. "Havia lugar para aterrissar?"

"Não", o tio respondeu, "mas este helicóptero tem vários equipamentos especiais, como aquela cesta de resgate ali." Ele apontou para uma grande cesta de ferro presa numa corda. "Enquanto eu mantinha o helicóptero sobre o local, meu parceiro baixou a cesta para o homem. Como não estava muito machucado, ele pode entrar sozinho na cesta e o puxamos a bordo." O tio riu. "Aquele homem estava muito mais feliz a bordo do que vocês."

Os garotos riram também enquanto examinavam a cesta. Um pouco depois o tio acrescentou, "Sabem, garotos, somos um pouco como aquele alpinista. Ele não foi capaz de se salvar, e nós somos pecadores indefesos que não podemos nos salvar também."

"É," Gil falou. "Aquela cesta de resgate era a única coisa que poderia salvá-lo naquele dia, e Jesus é o único que pode nos salvar, certo?"

"Exatamente," o tio concordou. "Só Jesus pode nos salvar de nossa natureza pecaminosa e nos levar para a segurança de Sua família."

"Então deveríamos ser mais agradecidos do que o alpinista foi," Celso falou. "A vida dele na terra está salva por um tempo, mas Jesus nos salva por toda a eternidade."

"Isso mesmo," concordou tio Marcos. "Totalmente certo."

DEUS LHE DEU UM CAMINHO PARA O CÉU?

Sim, Ele deu Seu Filho Jesus, que morreu na cruz e pagou o preço pelo seu pecado. Jesus é o único que pode resgatá-lo da morte, e lhe dar a vida eterna. Aceite Jesus como seu Salvador hoje. E agradeça pela grande salvação que Ele lhe oferece.

SÓ JESUS PODE TRAZER A SALVAÇÃO

VERSÍCULO-CHAVE

...para que todos os que crerem nele [Jesus] tenham a vida eterna.

—JOÃO 3:15

A CESTA DE RESGATE 2

15 de outubro

LEITURA:
1 PEDRO 5:8-11

"Isso é tão legal!", Gil exclamou quando o tio sobrevoou o rio. Tio Marcos, um piloto de helicóptero de resgate, estava dando um presente especial para ele e Celso — um passeio pelo céu.

Celso riu. "Conte sobre alguns resgates que fez," pediu.

"Bem," o tio começou apontando na direção do rio, estão vendo aquelas árvores brancas lá embaixo, perto da cachoeira?", os garotos acenaram. "Há placas ao longo do rio alertando os barqueiros para não passarem daquelas árvores, porque a corrente é forte e há um redemoinho perigoso naquela parte do rio. Quem cai ali, acaba indo direto para a cachoeira."

"Já resgatou algum?", Celso perguntou ansioso.

"Algumas semanas atrás, um pescador estava no rio, sentado quieto, com o barco à deriva enquanto pescava. Ele não notou a correnteza e, sem perceber, acabou passando das árvores e não conseguiu voltar."

"Você usou a cesta de resgate para salvá-lo?", Gil perguntou.

"Usamos," o tio respondeu. "Meu parceiro estava comigo e baixou a cesta. O pescador subiu rapidamente e chegou a salvo ao helicóptero, bem na hora que o barco desceu a cachoeira."

"Uau!", Gil assoviou. "Essa foi por pouco."

"Sim," falou o tio. "Ele disse que estava à deriva e de repente percebeu que havia cruzado a linha de perigo."

"Ele não ultrapassou a linha de propósito, só ia com a correnteza", disse Celso.

"Isso mesmo. Guardem isso no coração, meninos, ir a favor da correnteza pode ser perigoso," tio Marcos falou. "Vocês podem sentir vontade de fazer isso algumas vezes."

"Vamos lembrar — mas quase não navegamos em rios," Gil respondeu.

"Eu sei, mas é fácil ficar à deriva de outras formas," o tio falou. "É fácil ir com a turma em prazeres mundanos. Em vez de apenas fazer o que todos fazem, precisam pensar sobre o que Deus fala e o que agrada a Ele."

Os garotos concordaram.

"Ouçam a Deus," o tio continuou, "e obedeçam ao que Ele diz para não se afastarem dele."

VOCÊ ESTÁ INDO COM A MULTIDÃO?

Já pensou que se todos estiverem fazendo algo, então não há problema? Fazer coisas que sabe que são erradas, algumas vezes parece não ser tão ruim? Se for assim, peça a Jesus que o perdoe por estar seguindo o caminho fácil e se afastando dele. Estude a Sua Palavra e a obedeça. A cada dia, peça a Deus que o ajude, proteja e o mantenha perto dele.

NÃO SIGA A MULTIDÃO

VERSÍCULO-CHAVE

Não vivam como vivem as pessoas deste mundo...
—ROMANOS 12:2

16 de outubro

LEITURA:
MATEUS 6:25-34

UMA CURVA DE CADA VEZ

"**A** Sra. Mendes vai gostar do jantar que estamos levando," Kátia falou, apertando o cinto de segurança e olhando os pãezinhos sob o pano de prato.

A mãe sorriu. "Acho que sim. Ela deve andar muito ocupada com o bebê."

A menina segurou a travessa com as duas mãos. "Mãe," perguntou, "quando eu crescer vou ter um bebê? Ou gêmeos? Menino ou menina?"

"Não sei, querida," a mãe respondeu. "Só Deus sabe."

"Mas eu quero saber. Quero que Ele me diga agora." Kátia falou, olhando pela janela.

"Vire à direita no próximo cruzamento," instruiu a voz do GPS um pouco depois. A mãe obedeceu.

"Da última vez não passamos em frente à biblioteca?", Kátia perguntou. "O GPS está errado?"

"Não. Ele sabe para onde vamos," a mãe garantiu. "Os Mendes se mudaram no mês passado, lembra?"

"Ah, é! Tinha esquecido," a menina respondeu. "A gente sempre se perdia antes de você comprar o GPS. Ele ensina o caminho direitinho, não é?".

"Eu sei," a mãe concordou rindo. "É mais ou menos como Deus faz," continuou. "Ele direciona cada curva da nossa vida — uma de cada vez."

"Mas… não ouço Ele dando instruções por meio da Bíblia." Kátia disse.

"Sim, normalmente é por meio da Bíblia," a mãe respondeu. "E algumas vezes o Senhor usa outras situações para nos mostrar a direção certa. Como… se sabemos que um vizinho está doente, podemos pegar o correio para ele. Ou uma ligação telefônica nos informando que alguém está no hospital, pode também nos dizer que devemos orar por essa pessoa, ou lhe fazer uma visita."

"Vire à esquerda," a voz do GPS interrompeu.

"Quando dirijo, não preciso saber todas as curvas que terei que fazer adiante. Só preciso saber a *próxima* curva," a mãe falou. "Não precisamos saber todas as curvas da nossa vida também. Quando estamos atentos, Deus revela a próxima curva na hora certa."

Kátia riu quando o carro entrou numa calçada de cascalho. "Acho que sei a minha próxima curva," falou. "É levar esses pãezinhos para a Sra. Mendes!"

VOCÊ SE PERGUNTA O QUE SERÁ QUANDO CRESCER?

Onde irá morar? Quem serão seus amigos? Deus conhece cada detalhe de seu futuro, mas você não precisa saber tudo agora. Que caminhos Ele mostra a você hoje? É ir à escola ou ajudar seu pai? É fazer a lição bíblica ou ir ao ensaio do coral? Confie que Deus mostrará as curvas que deverá fazer, uma a uma — e seja fiel em fazer o que Ele lhe mostrar!

CONFIE EM DEUS NO PRÓXIMO PASSO

VERSÍCULO-CHAVE

…não fiquem preocupados com o dia de amanhã…

—MATEUS 6:34

17 de outubro

LEITURA:
1 JOÃO 1:5-9

ME PERDOE, ME PERDOE

"...**E** por favor me perdoe. Em nome de Jesus. Amém." Ana suspirou ao deitar-se na cama. Depois de mentir para a mãe alguns dias antes, a menina tinha pedido perdão a Deus — mas de vez em quando ainda se sentia culpada. Então havia pedido perdão novamente. A mãe sorriu, deu um beijo na filha e desligou a luz.

No dia seguinte à tarde, de repente a mãe exclamou, "Ah, Ana, eu devia ter perguntado a você se queria ir ao *shopping* com a vovó hoje, mas esqueci! Acho que já é tarde demais. Desculpe."

"Ah-h-h-h," choramingou a menina. "Teria sido tão divertido."

A mãe sentiu-se muito mal. "Me perdoa?", pediu. Ana disse que sim.

Quando a família sentou-se para jantar naquela noite, a mãe olhou para a filha. "Desculpe-me por esquecer a ida ao *shopping* hoje, querida," falou. "Por favor, me perdoe."

"Tudo bem, mãe," ela respondeu pegando a travessa de frango. "Parece tão gostoso!", falou ao se servir.

Depois do jantar, a menina ajudou a mãe a tirar a mesa. "Querida, estou me sentindo tão mal por você não ter saído com a vovó," a mãe falou. "Vai me perdoar?"

Ana olhou intrigada. "Já disse, está tudo bem," falou sem notar o sorriso da mãe.

Naquela noite, quando a menina estava pronta para dormir, orou, pedindo perdão a Deus mais uma vez pela mentira. "Sobre a ida ao *shopping*, querida," a mãe começou, arrumando o cobertor, "pode me perdoar por…"

"Mãe! Você já pediu desculpas um monte de vezes!", contestou Ana. "Eu perdoei na primeira vez, mas parece que você não acredita em mim!"

A mãe sorriu. "Não é assim que está fazendo com Deus?", perguntou. "Você pecou quando mentiu sobre onde estava outro dia. Se arrependeu e confessou a mim e a Deus, e penso que sabe que a perdoei. O Senhor diz que perdoa, mas você continua a confessar a mesma coisa um monte de vezes — como se não acreditasse nele."

Ana ficou assustada. Então sorriu. "Acho que está certa," admitiu. "Só vou agradecer a Ele por ter me perdoado — e obrigada também mãe."

VOCÊ SENTE CULPA APÓS CONFESSAR UM PECADO?

Continua a pedir perdão diversas vezes? Quando você peca, deve confessar a Deus — e algumas vezes, a mais alguém também — e pedir perdão. Então lembre-se de que o Senhor diz que o perdoa na primeira vez que lhe pede sinceramente. Acredite. Ele se agrada quando você age assim.

ACEITE O PERDÃO DE DEUS

VERSÍCULO-CHAVE

...se confessarmos os nossos pecados a Deus, [...] ele perdoará...
—1 JOÃO 1:9

18 de outubro

LEITURA: ROMANOS 6:18-22

A LEI DA LIBERDADE

"Melissa, você conhece a regra," a mãe falou. "Só dorme na casa de alguém se os adultos estiverem presentes. Então — não, você não pode dormir na casa da Vitória na sexta-feira." A menina reconheceu o tom de "ponto final", e a mãe mudou de assunto. "Já deu comida aos peixes?"

"Eu vou dar comida aos peixes!", o pequeno Mário gritou e foi para a sala.

"Não! Você não sabe fazer!" Melissa correu atrás dele. "Achei que este era um país livre," reclamou, certificando-se de que a mãe não podia escutar. "Mas, com certeza, não existe liberdade nesta casa! 'Não, não pode ir.' 'Faça isso.' 'Não faça aquilo.'"

"O que é *libedade*, mana?", o menino perguntou.

"*Liberdade*," ela corrigiu. "É fazer o que você quer, e quando quer."

"Eu quero dar comida aos peixes," Mário disse. A irmã o ignorou, salpicou pequenos grãos de comida na água. Os peixes correram para comer. "Gosto de peixes," ele falou. "Eles também gostam de mim." Encostou o nariz no vidro. "Peixinhos, querem sair e brincar comigo?"

"Não, eles não querem," Melissa respondeu. "Estão bem felizes ali dentro." Ela colocou a latinha de comida na gaveta, fechou e saiu da sala.

A menina estava emburrada em seu quarto, quando Mário entrou e esticou a mão. "Este peixinho não brinca," ele disse, segurando um peixe morto. "Ele quis sair do aquário. Eu dei *libedade*, mas ele não brinca mais."

A raiva subiu em Melissa. "Que coisa idiota...", ela começou. Então parou quando, de repente, percebeu algo importante. *Aquele peixe estava seguro e livre enquanto estava no aquário*, pensou. *Acho que eu também só estou segura nos ambientes certos. É por isso que papai e mamãe fazem as regras*. Ela pegou uma caixinha na gaveta de sua mesa e entregou ao irmão. "O peixe morre quando fica fora da água, Mário," falou. "Coloque aqui. Mais tarde vamos enterrá-lo."

A menina sentou em sua mesa e começou a escrever. "Querida Vitória, obrigada pelo convite para dormir em sua casa, mas não vou poder ir. Desculpe...".

AS REGRAS DE SUA CASA AMEAÇAM A SUA LIBERDADE?

A verdadeira liberdade tem limites. As regras e leis, na verdade garantem a liberdade. Agradeça a Deus pelos pais que criam as regras para ajudar a mantê-lo em segurança, e por aquelas que Ele mostra em Sua Palavra. Obedeça. Se você é cristão, é livre; é servo do Senhor. Comportar-se de maneira que agrada o Senhor, traz a verdadeira liberdade e alegria.

LIBERDADE TEM LIMITES

VERSÍCULO-CHAVE

Se o Filho os libertar, vocês serão, de fato, livres.
—JOÃO 8:36

PÔNEIS E CAMAS DE DOSSEL

19 de outubro

LEITURA:
FILIPENSES 4:11-13

"**M**ãe, posso passar o fim de semana na casa da Cristina?" Eva pediu quando chegou da escola. "A mãe dela disse que posso ir direto do colégio na sexta-feira. Daí, vamos para a igreja no domingo, e volto para casa depois da Escola Dominical. Pode ser?", a menina ficou esperando ansiosa pela resposta da mãe. "Você sabe, a Cristina mora numa fazenda e tem um pônei."

A mãe sorriu. "Conhecemos bem os pais dela e tenho certeza de que não haverá problemas," concordou.

Na tarde de sexta-feira, quando as garotas chegaram à casa de Cristina, correram direto para o estábulo. O pônei era lindo e tão manso, que Eva não teve medo dele. "Cris, você tem tanta sorte," ela falou enquanto alimentavam o animal com cubos de açúcar e escovavam sua crina dourada. "Gostaria de ter um cavalo." Elas mudaram de roupa e se revezaram na cavalgada.

Quando as meninas foram para a cama naquela noite, Eva admirou o quarto de Cristina. "Parece como nas fotos das revistas da mamãe!", exclamou. "Amo sua cama ornamentada, verdadeiro dossel. Sempre quis uma assim. Seu quarto é perfeito! Amei!"

"Obrigada," Cristina respondeu.

"Seu pai deve ser muito rico!" Eva comentou, e colocou a mão na boca. "Não que seja da minha conta," acrescentou. "É só porque sua casa é tão bonita. Você tem tudo o que eu sempre sonhei."

"Também gosto dela — em especial do meu quarto — mas nem sempre tivemos uma casa tão legal," Cristina falou. "Papai herdou essa fazenda quando a vovó morreu no ano passado." As lágrimas brotaram de seus olhos. "Desistiria de tudo se pudesse ter a vovó de volta! Sinto tanta falta dela!"

Eva ficou acordada muito tempo naquela noite, pensando em suas avós. *Não perderia as minhas avós por nada!* pensou. Antes de adormecer, pediu ao Senhor para confortar Cristina. *E obrigada pelas minhas duas avós*, orou em silêncio. *Obrigada por minha família e minha casa — e meu quarto. É muito bom! Obrigada. Amém.* Então se virou e dormiu.

SEUS AMIGOS PARECEM TER TUDO O QUE VOCÊ DESEJA?

Talvez eles desejem algo que você tem. Em vez de ver o que Deus deu a outra pessoa, olhe todas as coisas boas que Ele lhe deu.. Não apenas os bens materiais, como brinquedos, roupas ou comida. Ele dá bênçãos como paz, conforto, dons e as promessas encontradas em Sua Palavra. O Senhor quer que você pare de desejar as coisas dos outros e se contente com o que tem.

CONTENTE-SE

VERSÍCULO-CHAVE

...fiquem satisfeitos com o que vocês têm...
—HEBREUS 13:5

20 de outubro

LEITURA:
SALMO 14:1-3

PORCOS SERÃO PORCOS

"Esse é o leitão para o nosso projeto do trimestre!" Maria gritou quando o caixote foi descarregado do caminhão. "É fêmea, não é fofa, mãe? Vamos chamá-la de Bela?"

A mãe olhou a porquinha dentro do caixote, dizendo: "Leve-a para o chiqueiro, Enzo, e não se esqueça de fechar a cerca."

"O chiqueiro!" Maria reclamou quando a mãe voltou para dentro da casa. "Bela vai detestar o chiqueiro sujo!", disse ao irmão.

"É," ele concordou. "Vamos dar um banho nela e montar uma caminha de feno."

"Boa ideia!", ela sorriu e foi buscar a mangueira. "Segura firme," Maria disse, enquanto a porquinha tentava se soltar. Finalmente, a deixaram razoavelmente limpa, e colocaram um laço cor-de-rosa em seu pescoço. "Mamãe precisa ver!"

"Vamos colocá-la no canteiro de rosas," Enzo sugeriu. "Ela vai gostar." Então soltaram Bela no jardim e correram para chamar a mãe.

Quando voltaram, o jardim estava uma bagunça, as plantas arrancadas, a porquinha havia sumido e a mãe não ficou nem um pouco contente! "O que estavam pensando?" falou. "Talvez Bela tenha achado o chiqueiro, que é o seu lugar."

"De jeito nenhum!" — o menino exclamou, mas foi onde a encontrou coberta de lama. "Bela!" Enzo gritou. "Por que veio para cá?"

"Faz parte da natureza dela gostar de chafurdar na lama," a mãe disse e fez uma pausa. "Sabiam que, de certa maneira, crianças são como porcos?", ela piscou ao falar.

"Mãe!", o menino protestou, olhando a porquinha. "Como pode dizer isso?"

A mãe riu. "Bem, é natural crianças falarem e fazerem coisas que não deveriam — por exemplo, colocar porcos no canteiro de rosas. É claro que isso foi bobagem, mas a questão é que é da natureza humana — adultos ou crianças — chafurdar-se na lama do pecado."

"Mas nós a limpamos," Maria choramingou, "e até coloquei um laço nela."

"Mas isso não mudou sua natureza," a mãe respondeu.

Maria olhou para a porquinha e suspirou. "Que porquinha suja," falou. "Detesto pensar que sou como você."

VOCÊ JÁ SE COMPAROU A UM PORCO?

Não parece uma comparação muito boa, não é? Mas assim como a natureza do porco é chafurdar-se na lama, a sua natureza é pecar. Um banho e um belo laço não mudam a natureza do porco, e tentar limpar sua vida com boas ações, não mudam a sua natureza. Somente o sangue de Jesus Cristo pode fazer isso. Admita que é um pecador e que não pode salvar-se a si mesmo. Conheça Jesus como Salvador ainda hoje.

VOCÊ PECOU

VERSÍCULO-CHAVE

Todos pecaram e estão afastados da presença gloriosa de Deus.
—ROMANOS 3:23

21 de outubro

LEITURA:
SALMO 32:1-5

TELHAS TORTAS

O celular do pai tocou enquanto ele colocava as telhas na garagem com Bernardo. "Era o meu chefe," disse depois que desligou. "Preciso ir lá dentro conferir um documento e ligar para ele de volta. Pode demorar um pouco, então, por que não descansa, filho?"

"Posso continuar sozinho?", Bernardo perguntou.

"Pode, mas estávamos começando uma nova carreira. As telhas devem ficar alinhadas com a anterior. Se deixá-las tortas, as seguintes ficarão tortas também," o pai alertou. "Quanto mais fizer, pior será."

"Vou tomar cuidado," o menino garantiu. "Não se preocupe." *Vou mostrar o quanto posso fazer*, pensou. Então, Bernardo começou a colocar os pregos, se apressando para fazer o máximo possível. Mas quando iniciou a segunda carreira, percebeu que a anterior estava um pouco torta. *Não está tão ruim*, pensou. *Vou fazer melhor nesta aqui.*

"Uau! Fez três carreiras inteiras!", o pai exclamou ao voltar. E franzindo a testa, disse: "Desça aqui e olhe o telhado."

Bernardo desceu e se afastou para ver o trabalho. "Ah, não," reclamou. Como o pai havia alertado, as carreiras seguintes foram ficando cada vez mais tortas.

"Foi um pouco rápido demais, não é?", o pai perguntou. "Quando terminou a primeira, ela não estava reta. Em vez de refazer, tentou consertar na seguinte, mas as coisas foram piorando."

"Como resolver?", o menino perguntou.

"Só há uma solução," ele respondeu. "Teremos que tirar todas as telhas até onde começaram a entortar, e prendê-las de novo corretamente. Vamos fazer isso juntos."

Enquanto trabalhavam, o pai falou. "Há uma boa lição aqui. Sabe qual é?"

"Ah…". Bernardo parou e pensou. "Não," respondeu.

"É uma lição espiritual," o pai sorriu. "Assim como as telhas tortas, o pecado não deve ser ignorado. Quando pecamos, devemos acertar as coisas antes de ir em frente. Precisamos confessar ao Senhor, e receber o Seu perdão."

"É. Ou então seremos como essas telhas tortas." O menino riu. "Com certeza não quero acabar ficando assim!"

IGNOROU ALGUMA COISA ERRADA QUE FEZ...

…e achou que não importava? Viu as coisas irem piorando aos pouquinhos? Continuará assim até que faça algo para parar. Não tente evitar o problema achando que lidará com ele mais tarde. Assim que perceber que fez algo errado, confesse a Deus. Quanto mais esperar, mais difícil será e terá mais trabalho para consertar.

CONFESSE E RENUNCIE AO PECADO

VERSÍCULO-CHAVE

Eu confesso as minhas maldades e os meus pecados…
—SALMO 38:18

22 de outubro

LEITURA:
COLOSSENSES 3:12-15

UNIDOS

"**M**ãe! Olha como está o meu cachecol!" Com uma bola de lã seguindo pelo chão, Érica correu para a cozinha, segurando suas agulhas de tricô e o cachecol que estava aprendendo a fazer. "Olha como está ficando comprido! Acho que está quase pronto. Não está perfeito?", ela esticou o cachecol na mesa. "Ah, não — tem um buraco aqui, bem no meio!", reclamou. "Como isso aconteceu?", as lágrimas começaram a brilhar em seus olhos.

A mãe se aproximou e pegou o cachecol. "Parece que você perdeu uma laçada no meio dessa carreira," falou. "Por isso o grande buraco. Mas não se preocupe — podemos consertar."

Érica fungou. "Podemos?"

"Claro," a mãe disse. "Mostro a você assim que colocar meu bolo de carne no forno."

Então, enquanto o bolo de carne assava, a mãe mostrou à Érica como resgatar o ponto solto e consertar o buraco na malha. "Uau! Obrigada!", ela abraçou a mãe. "Pensei que tinha que jogar este fora e começar tudo de novo."

"Claro que não," a mãe respondeu. "Sabe," continuou, "acho que podemos aprender algo com este cachecol. Você ainda está bem zangada por que a Luíza não a convidou para ir ao zoológico na semana passada, não é?"

"Bem… sim," ela admitiu. "Se fosse amiga mesmo, não me deixaria de fora daquele jeito!"

"Ela não levou você no piquenique do dia do trabalho?", a mãe perguntou. "E lembra quando torceu o pé e ela veio aqui brincar com você? E ajudou também com o seu dever de casa."

"Sim, mas…". Érica não estava entendendo onde a mãe queria chegar.

"Então," ela continuou, "me parece que a Luiza foi uma boa amiga no passado. O apóstolo Paulo falou sobre o coração dos amigos serem 'unidos em amor.' Então não acho que você deva jogar fora sua amizade com Luiza só porque ela 'perdeu uma laçada' no meio. A amizade também pode ser consertada, e Deus nos ensina como fazer — devemos perdoar."

Érica ficou calada por um momento. "Você está certa. Luíza é uma boa amiga," finalmente disse. "Que tal convidá-la para jantar conosco hoje?"

VOCÊ JÁ SE ZANGOU COM UM AMIGO?

Talvez ele tenha dito algo maldoso ou não o incluiu numa atividade. Isso provavelmente o deixou mal, mas não devia acabar com a amizade. Ouça o lembrete de Deus para amar, perdoar e encorajar um ao outro. Se há um "buraco" em sua amizade com alguém, não ceda à tentação de acabar com ela. Em vez disso, siga as instruções do Senhor e veja como consertar rapidamente.

CONSERTE OS BURACOS DA AMIZADE

VERSÍCULO-CHAVE

…o coração deles se encha de coragem e eles sejam unidos em amor…

—COLOSSENSES 2:2

23 de outubro

LEITURA:
SALMO 121

FONTE DE AJUDA

"**U**au, pai! Viu aqueles peixes?" os olhos de Samanta brilhavam quando tirou o rosto da água e ajustou sua máscara de mergulho.

"Vi!", o pai riu. "Aqueles azuis pequenos pareciam com uns que vimos no aquário da loja de animais."

"E eu quase toquei num com listras pretas e amarelas." A menina borbulhava de animação.

O pai olhou para o sol se pondo. "Está ficando tarde," falou. "Melhor começar a nadar de volta para a praia. Pronta?"

"Já?", ela perguntou. "Está bem… vamos. Aposto que chego primeiro." Eles começaram a nadar, mas era mais longe do que a menina imaginava. "Pai, podemos descansar um minuto?", pediu depois de um tempo.

O pai balançou a cabeça. "Se pararmos, essa corrente pode nos levar para mais longe. Aqui…", o pai estendeu a mão para Samanta. "Eu puxo você um pouco." E logo alcançaram a praia: cansados, mas em segurança.

Quando chegaram à casa, a menina contou à mãe o que aconteceu. "Foi bom papai estar lá para me rebocar até a praia," ela falou rindo. "Fiquei muito cansada!"

A mãe sorriu. "Sabe, esta tarde também precisei de um pequeno reboque," ela falou e a filha se surpreendeu. "Estava preparando a lição da Escola Dominical que ensinarei na próxima semana, e quase desisti. Deus usou a vovó e alguns versículos que li na Bíblia para me encorajar. Foi como se eu tivesse sido 'rebocada' de volta."

O pai concordou. "Sei que aceitou Jesus como seu Salvador, Samanta, mas algumas vezes pode ficar um pouco cansada de fazer as coisas que sabe que são corretas," falou. "Onde acha que vai encontrar motivação e ajuda nessas horas?"

"Em você e na mamãe," ela respondeu rapidamente.

O pai riu. "Bom," falou. "Pode contar conosco, mas Deus costuma usar outros cristãos para nos ajudar quando lutamos contra a corrente da tentação ou em situações difíceis. E há uma fonte de ajuda melhor ainda — o próprio Senhor. Precisamos aprender a depender dele. Algumas vezes quase parece que Ele está me dizendo. 'Aqui… Eu puxo você um pouco.'"

VOCÊ SE DESANIMA EM VIVER PARA O SENHOR?

Parece que é o único que obedece a algumas regras? Vê outras crianças indo a lugares que seus pais não o deixariam ir? Quando se sente excluído, procura outros cristãos para motivá-lo? Isso é bom, mas peça também ajuda diretamente a Deus. Ele pode lembrá-lo de um versículo bíblico, enviar alguém para conversar, ou usar qualquer outra forma de socorro. Dependa do Senhor.

BUSQUE A DEUS PARA OBTER AJUDA

VERSÍCULO-CHAVE

…Eu lhes dou forças e os ajudo; Eu os protejo com a minha forte mão.
—ISAÍAS 41:10

24 de outubro

LEITURA:
APOCALIPSE
21:1-4, 22-27

NÃO É CHATO

Natã ficou olhando a pequena Maria. O bebê piscou, balançou a cabeça e finalmente seus olhos fecharam quando se acomodou no bercinho do carro. Quando o menino teve certeza de que ela estava dormindo, falou baixinho para a mãe. "Sabe, fiquei pensando no sermão de ontem, do pastor," disse. "Foi sobre o céu, mas não acho que quero ir para lá tão cedo — pelo menos não por muito tempo mesmo."

A mãe olhou para ele. "Por quê?"

Natã se encolheu. "Bem, eu sei que pastores sempre dizem que o céu será maravilhoso, mas toda aquela música e cânticos parecem chatos," confessou. "Gosto da igreja, mas não acho que gostaria de ficar lá o tempo todo. Sentiria falta do futebol, dos hambúrgueres e da TV. O mundo aqui é bem legal!"

De repente, Maria acordou e começou a chorar. A mãe olhou para o filho, enquanto ele acalmava o bebê. "Acha que Maria estava pensando assim há alguns meses?", ela perguntou.

O menino ficou intrigado. "Ela só tem dois meses!"

"Sim, mas já era um ser vivo antes de nascer," a mãe respondeu. "Talvez quisesse ficar onde estava."

"Duvido," ele falou. "Ela estava no escuro e não podia se mexer antes de nascer."

"Verdade," ela concordou, "mas estava aquecida, confortável e nunca tinha fome. Se alguém pudesse perguntar se queria nascer e fazer parte desse novo mundo, talvez ela dissesse, 'Não, prefiro ficar aqui.'"

"E perderia muita coisa," Natã declarou.

"Concordo," a mãe respondeu. "Nem poderíamos começar a descrever as imagens, sons e sabores. Ela teria que experimentar para compreender." E sorriu para o filho. "Tenho certeza de que é assim com o céu também, Natã. O que viveremos no céu será muito mais fantástico do que podemos imaginar, e infinitamente melhor do que conseguimos compreender aqui."

"Certo," ele falou. "Mas ainda gosto de viver aqui," acrescentou.

"Tudo bem. Até chegarmos ao céu, Deus quer que apreciemos todas as coisas que Ele tem para nós aqui na terra," a mãe garantiu. E o menino sorriu.

VOCÊ TEM MEDO DE QUE O CÉU NÃO SEJA DIVERTIDO?

Que seja até chato? Deus criou você e tudo o que o alegra aqui, e Ele também é responsável pelo céu. Leia os textos bíblicos de hoje. Não sabemos tudo que veremos ou experimentaremos lá, mas tenha a certeza de que não será chato. Confie em Deus.

O CÉU SERÁ MARAVILHOSO

VERSÍCULO-CHAVE

Na casa do meu Pai há muitos quartos, e eu vou preparar um lugar...

—JOÃO 14:2

25 de outubro

LEITURA:
JOÃO 1:35-42

VOCÊ O CONHECE?

"Ei, Caio, espere," Júlio chamou, correndo para alcançar o garoto novo de sua turma. "Você não acabou de se mudar para cá, vindo do interior do Rio Grande do Sul?"

"Sim," Caio respondeu. "Chegamos semana passada."

"Não é a cidade onde Zé Cunha nasceu, o jogador de vôlei?", Júlio perguntou. "Você o conhece?"

"Ah, sim, conheço," o menino disse, feliz em fazer um novo amigo que se interessava por vôlei. "Eu o vi jogar diversas vezes, e ele até autografou uma bola para mim. Tenho todas as figurinhas de Zé Cunha, e todos os álbuns também. Ele me ensinou tudo o que sei sobre vôlei."

Júlio e Caio se tornaram muito amigos. Quando não estavam jogando vôlei estavam conversando sobre o assunto e desejando poder ver o Zé Cunha jogar. Caio sempre falava com orgulho de sua amizade com o famoso jogador. "Minha mãe diz que eu escuto mais ele do que a ela," falou rindo.

Os pais deles fizeram planos para ver o jogador em quadra. As famílias sentariam juntas algumas fileiras acima da rede. Todos estavam esperando o grande dia.

No domingo antes do jogo, Júlio mal podia se conter ao compartilhar a notícia com sua turma da Escola Dominical. "Adivinha! Vou conhecer o Zé Cunha!", falou.

"O jogador de vôlei?", o professor perguntou.

"Sim! Meu amigo o conhece. Temos ingressos para vê-lo jogar esta semana!"

"Que ótimo!", falou o Sr. Alves.

"Caio fala de Zé Cunha o tempo todo," Júlio disse. E, após contar algumas coisas que Caio tinha falado, acrescentou, "Como o Caio conhece ele, vamos ser apresentados depois do jogo!"

O Sr. Alves levantou sua Bíblia. "Nossa lição de hoje fala da importância de falar aos outros sobre Jesus," disse, "e seu amigo Caio é um bom exemplo de alguém que está ansioso para falar de uma pessoa importante que conhece. Aqueles que conhecem Jesus deveriam ser assim — ansiosos para contar aos outros sobre Ele. Vamos fazer uma pausa para orar e pedir a Deus que nos ajude a aprender a fazer isso."

VOCÊ FICA ANSIOSO PARA CONTAR AOS AMIGOS SOBRE

...alguém importante que conhece? Fala a eles sobre Jesus? A leitura bíblica de hoje relata sobre como André trouxe seu irmão para Jesus. Você apresentará um irmão, irmã ou amigo a Jesus também? Que tal explicar-lhes sobre como podem se tornar amigos de Jesus? Pode encorajá-los a conhecer o Senhor melhor: orando, lendo a Bíblia e seguindo os Seus ensinamentos.

COMPARTILHE CRISTO COM OS OUTROS

VERSÍCULO-CHAVE

Aqueles que tinham sido espalhados anunciavam o evangelho...

—ATOS 8:4

26 de outubro

LEITURA:
MATEUS 7:21-23;
FILIPENSES 3:8-10

VOCÊ O CONHECE? 2

Júlio, Caio e suas famílias, se juntaram a centenas de torcedores que foram ao estádio assistir ao jogo da final do campeonato de vôlei.

No final do último set, com o placar apertado, Zé Cunha estava novamente no saque. Os meninos mal continham a ansiedade. "Vamos lá, Zé!", Caio gritou. "Você consegue."

"Ele acertou!", gritou Júlio. "Olha a força daquela bola!", ele deu um pulo. "Venceram! Venceram!" A multidão se levantou, enquanto a equipe abraçou Zé Cunha para comemorar.

"Vamos ao vestiário," Júlio disse quando o estádio começou a esvaziar.

"Não vão deixar ninguém entrar, querido," a mãe falou.

"Não, mas Caio conhece o Zé, e quero conhecê-lo também. Vamos, Caio," Júlio chamou. "Você consegue colocar a gente lá dentro, não é? Estou esperando por isto!"

"Ah, ele vai estar ocupado demais," o menino murmurou, se dirigindo ao portão com seus pais e sua irmãzinha.

"Então vai me apresentá-lo?", Júlio pediu. Caio deu de ombros e continuou a andar.

De repente Júlio percebeu que Caio não conhecia Zé Cunha de verdade — ele apenas conhecia sobre ele.

"Hora de ir, garoto," o pai de Júlio falou baixinho.

No dia seguinte, na Escola Dominical, o menino contou ao professor: "Caio mentiu," falou. "Ele disse que conhecia o Zé Cunha, mas não o conhece de verdade."

"Algumas vezes as pessoas dizem que conhecem alguém, quando, na verdade, apenas sabem algo sobre ele," falou o Sr. Alves.

"É — como o Caio fez," o menino concordou.

"Sim, e muitas pessoas que se dizem cristãs fazem isso também," o professor continuou. "Eles leram sobre os milagres de Jesus e ouviram sobre Sua morte na cruz. Vão à igreja e até citam os versículos bíblicos. Dizem que conhecem Jesus, mas nunca o aceitaram como Salvador. Eles não o conhecem pessoalmente — apenas ouviram falar sobre Ele."

"Bem, não estou cometendo esse erro," Júlio garantiu. "Não sei apenas sobre Jesus; eu realmente o conheço — já o aceitei como meu Salvador."

VOCÊ CONHECE JESUS COMO SEU AMIGO E SALVADOR?

Ou apenas sabe algo sobre Ele? Jesus quer e pode ser o seu melhor amigo. Conheça-o pessoalmente, aceitando-o como seu Salvador. Então, conheça-o melhor ainda lendo a Sua Palavra e conversando com Ele diariamente em oração.

VOCÊ PODE CONHECER JESUS PESSOALMENTE

VERSÍCULO-CHAVE

...quero é conhecer a Cristo e [...] o poder da sua ressurreição...

—FILIPENSES 3:10

TREINAMENTO DE DEUS

27 de outubro
LEITURA:
COLOSSENSES 3:12-14

"Oi mãe," Sheila colocou os livros na mesa. "Oi vó."

"Por que estamos arrumados?", a avó perguntou.

"Vamos jantar com os Cortez," a mãe disse.

"Os Cortez são tão bons. Lembro-me de quando passamos uma semana com eles no lago. Era tão bonito…", a voz da avó sumiu, e Sheila suspirou. "Por que estamos arrumados?", ela perguntou novamente, e a mãe respondeu pacientemente mais uma vez. "Os Cortez são pessoas tão boas," a avó disse. Sheila fez uma careta, pegou os livros e foi para seu quarto.

"Como pode ter tanta paciência quando a vovó repete as coisas milhares de vezes?", a menina perguntou mais tarde.

"Eu só lembro a mim mesma que ela não consegue evitar," a mãe respondeu. "Está com Alzheimer e esquece as coisas."

"Eu sei, mas por que ela tem que morar aqui?", a menina perguntou.

"Porque amamos a vovó e é o melhor para ela," a mãe respondeu.

"Bem, estou cansada de ouvir as mesmas coisas centenas de vezes," Sheila disse suspirando. "Queria ter a idade suficiente para ir ao campo missionário que nem a Srta. Barros, a pregadora do domingo passado. Assim não escutaria diversas vezes as mesmas histórias da vovó."

"Também há pessoas difíceis no campo missionário," a mãe disse. "Semana passada, a Srta. Barros falou de uma senhora que olhava pela janela, e a encarava todos os dias. Imagina como isso deveria ser irritante."

"Estaria fazendo um trabalho importante para Deus," Sheila disse, "valeria a pena."

"Vovó também é importante," a mãe respondeu. "Em situações familiares, Deus nos prepara para outros ministérios. Nossas experiências diárias são como treinamentos que Deus usa para nos ensinar lições que precisaremos no futuro."

Nessa hora, a avó veio até a porta e perguntou, "Por que estamos arrumados?"

Sheila suspirou e olhou para a mãe. "Vamos jantar com os Cortez, vovó," falou.

"Eles são pessoas boas. Lembro-me que fomos ao lago juntos," a avó disse.

Sheila hesitou. "Me conte como foi, vó," ela respondeu com um sorriso.

VOCÊ PRECISA DEMONSTRAR MAIS PACIÊNCIA OU...

...compreensão com um membro da família ou um amigo? Conhece alguém que fala ou anda um pouco mais lentamente? Ou alguém que tem dificuldades para escutar e fica pedindo para você repetir? Peça ao Senhor que o ajude a ser paciente. Você honrará a Deus, ao mostrar amor e gentileza agora, e também se preparando para o ministério que o Senhor tem para você quando for adulto.

SEJA PACIENTE E COMPREENSIVO

VERSÍCULO-CHAVE

...ajudem os fracos na fé e tenham paciência com todos.
—1 TESSALONICENSES 5:14

28 de outubro

LEITURA:
SALMO 119:9-12;
2 TIMÓTEO 3:16,17

PRONTO PARA TUDO

A luz forte de um raio e o barulho do trovão fizeram Amanda pular. Quando baixou o livro que estava lendo, as luzes se apagaram. "Mãe!", ela gritou. Esperou um minuto. "Mãe!", gritou de novo.

"Estou aqui," a mãe respondeu entrando no quarto.

"Onde está o pa-papai?", a menina gaguejou quando um novo trovão fez a casa tremer. "Aquele trovão é tão barulhento!"

"Eu sei," a mãe disse. "Vamos descer e procurar lanternas."

Amanda e a mãe foram para o andar de baixo. Quando entraram na sala de estar, a menina esbarrou em algo, "Ah!", gritou surpresa.

Ouviu um riso. "Sou eu, querida," era a voz reconfortante do pai. "Encontrei duas lanternas, mas não funcionam."

"Mas precisamos delas! Está tão escuro que nem vi você," Amanda disse. "Qual o problema?" e a casa tremeu com um novo trovão.

"Não as usamos há muito tempo e as pilhas descarregaram," o pai falou. "Vou comprar pilhas novas amanhã."

Um relâmpago iluminou a sala. "Acho melhor usarmos as lanternas mais vezes e deixá-las prontas para quando tiver outra tempestade assim," a menina falou.

"Verdade," a mãe concordou, "mas agora vou buscar umas velas. Sei onde estão, junto com os fósforos. Estou preparada!"

"Ótimo!", o pai aprovou. "Isto lembra a alguém o sermão de domingo passado?"

Amanda deu de ombros. "Não," falou. "Não foi sobre tempestades de trovões."

"Não," a mãe disse, "mas mencionou outra tempestade. O pastor falou que estudar a Palavra de Deus todos os dias ajuda a nos manter prontos para as tempestades da vida. A Bíblia nos dá luz também — luz para o nosso caminho pela vida."

"Isso mesmo. Se usarmos a Bíblia só quando precisamos dela — como fizemos com as lanternas — talvez não saibamos para onde nos virar," disse o pai. "Mas quando temos intimidade com ela, encontramos os versículos que nos ajudarão."

"Agora eu lembro!", Amanda falou. "Podemos até lembrar alguns sem precisar olhar," disse. "Vejamos... Qual podemos usar esta noite?"

VOCÊ LÊ A BÍBLIA TODOS OS DIAS?

Ler a Palavra de Deus regularmente o ajuda a se preparar para quando se sentir solitário ou triste, ou ser tentado a fazer algo errado. Se decorar versículos, ou ler as passagens bíblicas diversas vezes, eles virão à sua mente quando precisar deles. Lembrará que o Senhor está com você e que Ele o ajuda a escapar da tentação. A Bíblia dá conforto, motivação e instruções. Use-a diariamente.

LEIA A BÍBLIA REGULARMENTE

VERSÍCULO-CHAVE

A tua palavra [...] é luz que ilumina o meu caminho.
—SALMO 119:105

29 de outubro

LEITURA:
MATEUS 5:13-16

PASSE O SAL

"**P**ega!", a mãe jogou um pacote de guardanapos para Renato, que estava ajudando a preparar a cesta de piquenique. "Certo, temos pratos, talheres, guardanapos, copos… o que falta?", olhou pela cozinha. "Sal! Vamos precisar para o peixe que vão pescar, e para o milho."

Bem nessa hora, o pai entrou na cozinha. "Prontos?", perguntou. "Já coloquei todo o equipamento no carro. Vamos!" Renato pegou a cesta de piquenique, a mãe, o *cooler*, e foram para o lago.

Para alegria do menino, logo pescaram um peixe. O pai ensinou como cortá-lo e tirar as espinhas, e então grelharam, enquanto a mãe preparava o restante. "Que cheiro bom!", Renato exclamou. "Abriu o meu apetite!"

Quando o peixe ficou pronto, o pai deu graças a Deus. "Estou faminto!", o menino falou e colocou um bom pedaço na boca. "Opa! Falta sal."

"Sal!", a mãe falou. "Não vi na cesta. Lembro-me de ter comentado, mas não coloquei. E você, filho?"

"Ah, não!", o menino disse. "Esqueci também!" Mas como não havia sal, comeram assim mesmo.

"Sabem," a mãe falou quando terminaram, "parte da comida do nosso piquenique ficou sem gosto pela falta do sal, e me ocorreu que a vida das pessoas pode ser assim também. Acho que Deus quer que a gente dê um pouco de sal a elas."

"Do que está falando?", Renato perguntou. "Como podemos colocar sal na vida de alguém?", ele riu. "Jogá-lo na cabeça de alguém não faz sentido."

O pai riu. "Não, mas acho que sua mãe está certa," falou. "Ah… pense um pouco no Walter. Desde que o pai morreu, a mãe dele anda ocupada. Walter não faz coisas legais, então talvez sua vida esteja meio sem gosto. Se o tivéssemos convidado para este piquenique, teríamos dado um pouco de sabor à sua vida. Certo, querida?"

"Sim — e eu desejaria fazer mais," a mãe falou. "Vamos tentar adicionar sal à vida de pelo menos uma pessoa esta semana."

"Podemos fazer outro piquenique no próximo sábado?", Renato pediu. "Vou convidar Walter — e não vou esquecer de colocar o sal na cesta!"

VOCÊ SABIA QUE OS CRISTÃOS SÃO COMO O SAL?

São eles que deveriam ajudar a melhorar a vida das pessoas. Como se pode fazer isso? Você pode convidar alguém para uma festa ou para brincar em sua casa? Pode ajudar um amigo com o dever de casa ou com as tarefas? Até enviar um bilhete simpático ou telefonar pode melhorar o dia de alguém. Colocar "sal" na vida de uma pessoa pode ser o primeiro passo para trazê-la para Jesus.

AJUDE OS OUTROS

VERSÍCULO-CHAVE

Vocês são o sal para a humanidade…

—MATEUS 5:13

30 de outubro

LEITURA: COLOSSENSES 4:2-6

PASSE O SAL 2

"Nosso versículo de hoje é Colossenses 4:6. 'Que as suas conversas sejam sempre agradáveis e de bom gosto…'", falou o professor da Escola Dominical. "O que o sal faz?"

Renato levantou a mão. "Ele dá sabor," disse, e compartilhou o que tinha aprendido com o peixe sem sal que sua família havia comido no dia anterior.

"Então está dizendo que os cristãos deveriam adicionar sabor à vida dos outros, ajudando-os," comentou o Sr. Alves. "Muito bom. Alguém pode falar outra coisa que o sal faz?"

"O sal dá sede," sugeriu Isabela. "Quando a gente come coisas salgadas, como batata frita — fica com sede."

"Boa lembrança," falou o professor. "E como o sal, os cristãos deveriam fazer as pessoas ficarem com sede espiritual. Elas deveriam querer saber mais sobre Cristo, por causa da nossa vida."

Olívia levantou a mão. "Meu pai disse que um colega de trabalho perguntou na semana passada como ele conseguia ter tanta paciência quando algo dava errado. Papai o ajudou com um problema e teve a chance de testemunhar. Esse homem e sua esposa vieram à igreja hoje com a gente."

"Ótimo!", disse o Sr. Alves.

"Mas nem sempre funciona assim, não é?", falou Carlos. "Minha mãe é sempre legal com a vizinha, mas quando quer falar sobre Jesus, ela fica irritada e não escuta."

"Isso nos leva a outra característica do sal," respondeu o professor. "Antigamente, antes da medicina moderna, ele era usado para desinfetar feridas. Quando aplicado sobre um machucado, ardia, mas era necessário. De certa forma, seu testemunho pode 'arder' na pessoa também, por deixá-la ciente de seus pecados. Talvez não goste, mas, como o sal, a verdade é necessária, mesmo quando dói." Ele sorriu para Carlos. "Talvez esteja acontecendo isso quando sua mãe testemunha, mas quem sabe ela tenha a felicidade de trazer essa senhora para Jesus no futuro?"

O sino tocou. "Estão dispensados," disse o Sr. Alves. "No caminho, pensem sobre formas de ser como o sal durante a semana."

SEU TESTEMUNHO FEZ ALGUÉM TER SEDE DE JESUS?

Algum conhecido quis saber mais sobre Ele? Talvez uma pessoa fique na defensiva ou zangada quando você fala sobre Jesus. Não se sinta desencorajado se o seu testemunho — em palavras ou ações — não for bem recebido de imediato. Lembre-se de que o sal tem muitas funções. Seja fiel no uso do sal, e deixe os resultados com Deus.

TESTEMUNHE FIELMENTE

VERSÍCULO-CHAVE

Que as suas conversas sejam sempre agradáveis e de bom gosto…

—COLOSSENSES 4:6

31 de outubro

LEITURA:
EFÉSIOS 2:4-10

GROSSO OU FINO

Quando o avô tirou algumas fotos da gaveta e começou a contar sobre sua recente pescaria no gelo, Natália mal conseguiu acreditar no que ouvia. "Quer dizer que você dirigiu sobre o gelo, vovô?", perguntou.

"Sim, claro," ele respondeu. "Dirigi sobre o lago e pesquei por um buraco no gelo."

"Mas você disse que papai quase perdeu a vida porque confiou no gelo!", a menina exclamou.

O pai de Natália sorriu. "A diferença entre o perigo que corri naquele rio, e a segurança do vovô no lago, é a espessura do gelo," explicou. "Diferente do congelamento do rio naquele dia, o gelo do lago era bem grosso, e vovô não correu perigo."

"Exato!", o avô falou. "Sabem o que isto me lembra?"

O pai de Natália riu. "Conhecendo você, imagino que seja algo que está na Bíblia, certo?", falou.

"Lembra -me de nossa confiança em Cristo," o avô disse. "Natália — seu pai poderia ter muita fé no rio congelado, mas não ajudaria. Por outro lado, mesmo que eu estivesse descrente, o gelo do lago iria me aguentar, porque era grosso e forte."

"E qual é a lição?", a menina perguntou.

"Que o mais importante é em quem confiamos, não em nossos sentimentos," o avô explicou. "Algumas pessoas têm a certeza de que frequentar a igreja ou fazer boas ações, vai levá-las para o céu — mas é como confiar no gelo fino que não aguenta. Outras sabem que são pecadoras e não merecem o amor de Deus. Sabem que Jesus morreu para salvá-las, então colocam sua confiança nele. Mas pecam algumas vezes e se perguntam se realmente estão salvos. Jesus é como o gelo grosso e forte. Se a sua confiança está nele, você está salvo."

"Apesar de… como… talvez quando eu fizer algo errado, não me sentir cristã?", a menina perguntou. "Mas Deus diz que eu sou porque aceitei Jesus como meu Salvador, certo?"

"Exatamente!", o avô concordou. "Sua fé pode ser fraca, mas Jesus — em quem você confia — é forte, e a apoia e sustenta."

ONDE ESTÁ A SUA CONFIANÇA?

Você acredita que as boas ações lhe darão a salvação? Será o mesmo que confiar na camada fina de gelo que não vai aguentá-lo. Deus diz que ninguém é salvo por meio das obras. É preciso aceitar Jesus, que morreu por nossos pecados. Se a sua fé estiver nele, você está salvo e a caminho do céu! Deixe o gelo fino da confiança em boas obras, e coloque a sua fé em Jesus ainda hoje!

COLOQUE SUA FÉ EM JESUS

VERSÍCULO-CHAVE

…Creia no Senhor Jesus e você será salvo…

—ATOS 16:31

AJUDA DISPONÍVEL

Cristãos precisam de ajuda para viver para Deus. Use as pistas no final desta página e coloque as palavras na ordem correta. Você encontrará a mensagem que revela quem é a melhor fonte de ajuda para os cristãos.

QUE	TERRA	MEU	FEZ
SENHOR	E	CÉU	VEM
SOCORRO	SALMO 121:2	O	DO
A	DEUS		

___ ___ ___ ___ ___
1   2   3   4   5

___ ___ ___ ___ ___
6   7   8   9   10

___ ___ ___ . ___
11 12 13   14

PISTAS:
1) A 2.ª palavra começa com S e termina com O.
2) A 10.ª palavra é vista como um lugar acima das nuvens.
3) A 5.ª palavra é geralmente usada para Deus ou Jesus.
4) A 12.ª palavra tem apenas uma letra.
5) A 3.ª palavra tem a letra V no começo.
6) A palavra com a letra M vai no primeiro espaço.
7) E é a 11.ª palavra.
8) A 8.ª palavra começa com F.
9) A 7.ª palavra é a única com a letra Q.
10) O 14.º espaço é a referência bíblica.
11) O 9.º espaço é O.
12) A 13.ª palavra tem cinco letras e duas delas são vogais.
13) A 6.ª palavra é o pai de Jesus.
14) Do é a 4.ª palavra.

1.º de novembro

LEITURA:
1 CORÍNTIOS 15:57,58;
16:13,14

PRECISA-SE DE AJUDA

"**N**unca mais vou convidar o Alex para a Escola Dominical!", Maurício explodiu, batendo a porta. "Ele é malvado — e pensa que é esperto!", o menino secou os olhos com as costas da mão. "Quando o convidei, ele riu de mim e disse que eu era um idiota por ir à Escola Dominical toda semana. Falou para os outros garotos que eu tinha que ir porque era uma criancinha."

A mãe suspirou. "Com certeza Alex não percebe…", ela foi interrompida por um latido agudo seguido de um uivo de dor.

"É Missy," Maurício gritou correndo para a porta dos fundos. Achou sua cadelinha enroscada no chão, com a pata presa sob a cerca. Cada vez que ela se mexia, o arame farpado feria sua pele. "Ah, coitadinha," o menino murmurou se ajoelhando. Ele esticou a mão em direção à pata presa. "Gr-r-r-r-r!", ela rosnou. Maurício se afastou surpreso. "Missy! Está rosnando para mim? Só quero ajudar."

Ela rosnou novamente quando a mãe se ajoelhou, e segurou a pata dizendo: "Segure a cabeça, Maurício, e fale com carinho, vou tentar ajudar."

Enquanto o menino falava suavemente e fazia carinho no animal, a mãe soltou e examinou a pata cuidadosamente. "Tem um pequeno corte aqui," falou, "mas ela vai esquecer". Missy lambeu a mão da mãe, que riu e se afastou. "Acho que ela está me agradecendo, mas posso passar sem beijos de cachorro." E acariciou a cabeça da cadelinha. "Filho, e se tivéssemos nos afastado e deixado Missy de lado quando ela rosnou?"

"Jamais faríamos isso!", ele respondeu. "Ela não rosnou de propósito. Só não estava percebendo que a gente queria ajudar. Estava assustada e ferida."

"Missy me lembra o Alex," a mãe disse. "Quando ele ri por você convidá-lo para a Escola Dominical, também não percebe o que está fazendo. Não pare de tentar ajudá-lo só porque ele zombou de você."

"Au, au!", Missy concordou, correndo em volta deles.

Maurício riu para a cadelinha. "Ela ainda está agradecendo," falou. "Quem sabe — algum dia Alex vai me agradecer também por tentar ajudá-lo."

ALGUÉM "ROSNA" PARA VOCÊ QUANDO O CONVIDA...

...para a Escola Dominical? Riem de você e tentam fazer com que se sinta um bobo na frente dos outros? Fica tentado a parar de convidar, orar por eles ou falar-lhes sobre Jesus? Não ceda a essa tentação. Seja uma testemunha fiel de Jesus. Jamais desista de alguém — mesmo quando essa pessoa implicar com você.

CONTINUE TESTEMUNHANDO

VERSÍCULO-CHAVE

Não nos cansemos de fazer o bem...
—GÁLATAS 6:9

2 de novembro

LEITURA:
ROMANOS 13:1-5

A DEMONSTRAÇÃO

"Ninguém gosta do novo diretor," André reclamou um dia. "Ele está mudando tudo na escola."

"Tudo?", o pai perguntou.

"Quase tudo," ele respondeu. "O Sr. Pacheco não deixa a gente sair para o intervalo do meio-dia antes das 11h45. Não podemos nem entrar em fila antes da hora — ele diz que fazemos muito barulho. E não deixa comer nada no pátio. E mudou muitas outras coisas também. Vai ser difícil acostumar-se com ele e suas regras!"

"Bem, é comum haver divergência de opiniões quando alguém novo assume," o pai falou. "Na verdade, algumas dessas regras me parecem boas."

No dia seguinte, quando André voltou da escola, tinha novidades. "Os garotos estão muito irritados com todas as novas regras," contou aos seus pais. "Alguns estão planejando um protesto. Vão desfilar pelos corredores, gritando palavras de ordem."

"Espero que não esteja pensando em juntar-se a eles," a mãe disse.

"André, você precisa ter em mente um princípio que está na Bíblia," o pai alertou. "Deus diz que devemos obedecer 'aos líderes' e respeitá-los. Um protesto como esse não demonstra o respeito que se deve ao diretor da escola."

"Mas muitas das novas regras não fazem sentido," o menino reclamou.

"Pode ser difícil compreender todas elas. Algumas podem até não ser as melhores, mas a Bíblia diz que a você cabe obedecer," o pai falou. "Convença-se de que as coisas deverão ser feitas do jeito do Sr. Pacheco. Ele é o responsável pela escola. Quando se acostumar com as regras, talvez descubra que não são tão ruins assim."

"É isso que espero," André falou com um suspiro. "Os garotos querem que eu participe do protesto, mas sei que não devo. Sabia que você ia dizer que o diretor é o chefe. Já falei isso para eles — e vou fazer o que ele mandar."

"Muito bom," aprovou o pai. "Assim, demonstrará seu respeito pelos outros, bem como sua fé e obediência a Deus."

A mãe concordou. "Precisamos de demonstrações desse tipo todos os dias."

SEU DIRETOR CRIA REGRAS QUE VOCÊ NÃO GOSTA?

Não esqueça — ele é o chefe da escola. Seus professores têm regras que parecem irracionais? Eles são responsáveis pela turma. Você discorda de seus pais? Eles são responsáveis pela casa. Obedeça a Deus, demonstrando respeito e obediência pelas autoridades.

OBEDEÇA AS AUTORIDADES

VERSÍCULO-CHAVE

Obedeçam aos seus líderes e sigam as suas ordens...
—HEBREUS 13:17

REALMENTE LIVRE

3 de novembro

LEITURA:
EFÉSIOS 2:8,9;
TITO 3:4-7

"**O**lha, pai!", Lia falou quando o pai parou o carro num sinal de trânsito no caminho para casa. "Tem uma placa dizendo 'Lavagem grátis.'"

O pai abriu a boca para responder, mas um jovem se inclinou na janela do motorista. "Quer lavar o carro, senhor?", perguntou. "É de graça!"

"Ah, claro que é," o pai respondeu. "Grátis em troca de uma doação, certo?"

"Não! É realmente grátis! Verdade!", insistiu o jovem, mas o pai não acreditou e foi embora.

"Ele realmente precisa ser lavado," Lia falou quando saltou do carro.

"Precisa sim," o pai concordou. "Vamos pegar a mangueira e os panos, e lavar."

Quando a mãe viu o que iam fazer, sugeriu. "Leve o carro até a escola," falou. "Estão lavando de graça."

"Você caiu nessa?", o pai perguntou rindo. "Tem que haver alguma pegadinha."

"Não há não," a mãe garantiu. "Ouvi no rádio que os comerciantes farão doações por cada carro que os garotos lavarem. O dinheiro vai para um banco de alimentos. Quanto mais carros lavarem, mais dinheiro arrecadarão para o banco de alimentos, mas não custará um centavo a você."

"Mesmo?", o pai exclamou. "Vem, Lia. Vamos colocar aqueles meninos para trabalhar." Eles entraram no carro e correram de volta para a escola.

Quando o pai estacionou, havia apenas algumas pessoas. Um homem se aproximou e o pai abriu a janela, esperando as instruções. "Lamento, senhor, mas já fechamos," o homem disse. "Se tivesse vindo mais cedo, lavaríamos seu carro, mas agora é tarde demais. Os garotos já se foram e o equipamento está sendo levado."

"Tarde demais. Não gosto dessas palavras!", Lia falou quando se afastaram. "Você perdeu uma lavagem grátis porque não acreditou que era de graça."

"Você está certa," o pai disse. "É assim que acontece com o presente de Deus — a salvação," ele continuou. "Muitas pessoas pensam que há uma pegadinha, que devem pagar de alguma forma por sua salvação. Mas Deus diz que é um presente — que é de graça. Devemos aceitar Cristo como Salvador antes que seja tarde demais."

VOCÊ SABIA QUE A VIDA ETERNA É UM PRESENTE?

Acredite em Deus quando Ele diz que é de graça. Um presente não pode ser conquistado ou comprado. Deve ser apenas recebido. O Senhor oferece hoje esse presente a você, mas um dia, será tarde demais para recebê-lo. Que palavras terríveis — tarde demais! Aceite Jesus como seu Salvador agora, enquanto a oferta ainda está de pé.

A SALVAÇÃO É DE GRAÇA

VERSÍCULO-CHAVE

...o presente gratuito de Deus é a vida eterna...
—ROMANOS 6:23

4 de novembro

LEITURA:
1 PEDRO 1:3-9

LADEIRA COLUMBIA

"De novo não!", Rodolfo reclamou ao final de uma tarde cheia. "Fiz entrega para a Sra. Ramos hoje de manhã."

"Desculpe, Rodolfo, mas ela esqueceu umas coisas," disse o Sr. Bastos, dono da mercearia.

"Mas ela mora lá em cima na Ladeira Columbia!", o menino falou. "É tão íngreme! Nem consigo subir direto com a bicicleta."

"Eu sei," o chefe respondeu, "mas ela é uma de nossas melhores freguesas. Além disso, somos a única mercearia da cidade que oferece entrega grátis para idosos."

Irritado, Rodolfo colocou as compras na cesta e subiu na bicicleta. Ao pé da ladeira, respirou fundo e pedalou furiosamente. Mas não adiantou. No meio do caminho, teve que descer e empurrar a bicicleta o restante do caminho.

Naquela noite, durante o jantar, o menino estava calado demais. "Cansado, filho?" o pai perguntou.

"Acho que vou sair do meu emprego de entregas de sábado," falou.

"Mesmo?", o pai estranhou. "Pensei que gostava."

"Gostaria se não fosse a Ladeira Columbia," ele disse. "A Sra. Ramos mora lá em cima, e precisa de entregas toda semana. Na verdade, hoje tive que subir a ladeira duas vezes. Não quero fazer isso de novo!"

"Bem, não se decida tão rapidamente," o pai falou. "Encarar e vencer a Ladeira Columbia, vai ajudar você a encarar outras Ladeiras Columbia ao longo de sua vida."

"Outras!", o menino exclamou. "Não há outras como aquela nesta cidade, não é?"

O pai sorriu. "O que chamo de outras Ladeiras Columbia, são outros problemas que terá que enfrentar na vida," falou. "A Ladeira Columbia é um grande problema para você neste momento, e a única forma de resolver, é subir. Fazer isso em vez de fugir, fortalece você fisicamente. Espero que também o ensine que a única forma de resolver um problema é encará-lo de frente, e não tentar fugir dele. Quando você busca a ajuda de Deus, cresce espiritualmente."

"Eu... entendo o que está dizendo," Rodolfo falou. "Vou pensar sobre isso — mas já sei que você está certo."

QUE TIPO DE PROBLEMAS VOCÊ ENCARA HOJE?

Há ladeiras difíceis que gostaria de evitar? Problemas com os pais, irmãos, saúde, escola ou pressão dos colegas? Fugir deles não funciona, mas não é possível resolver isso sozinho — e não precisa. Deus está disposto a ajudá-lo a vencer qualquer Ladeira Columbia.

DEUS DÁ FORÇA PARA ENCARAR OS PROBLEMAS

VERSÍCULO-CHAVE

Com a força que Cristo me dá, posso enfrentar qualquer situação.
—FILIPENSES 4:13

5 de novembro

LEITURA:
2 CORÍNTIOS 6:14-18

ONDE É A CASA DE DEUS?

Enquanto esperavam a aula da Escola Dominical começar, as crianças conversavam sobre os programas de sábado à noite na TV. "Viu *Alto e Poderoso*?", Gilberto perguntou.

"É meu predileto!", João comentou, e outros concordaram. "Lembra a cena que José fica bêbado e joga dois policiais pela janela?", ele continuou. "*Bam!* Para fora!"

"É. Queria ser uma das namoradas," falou Regina, "como aquela que ele beijou na pista de dança. Não foi divertido quando o marido dela apareceu?" De repente, o grupo notou que o professor estava à porta.

"Crianças, que tal uma festa no próximo sábado à noite?", o Sr. Machado sugeriu.

"Sim!", os alunos responderam, e combinaram tudo.

No sábado, quando chegaram para a festa, o professor levou os alunos para o templo. Havia uma televisão no púlpito. "Para que isso?", Gilberto perguntou. "Vamos assistir a um vídeo?"

"O programa de TV favorito de vocês é hoje, não é?", o Sr. Machado respondeu. "Podemos assistir juntos."

"Aqui?", alguém murmurou. "Na *igreja*?" O professor ligou a TV.

Os primeiros minutos não foram tão ruins. Então um dos personagens praguejou, e uma atriz com roupas indecentes entrou em cena. Os garotos se entreolharam incomodados. "Você... não vai gostar. Melhor desligar," um deles falou.

"Achei que vocês gostavam," o Sr. Machado respondeu, desligando a TV. "Qual o problema?"

"Bem, a igreja é... a casa de Deus," João falou. "Parece errado assistir aqui."

"Deus gostaria que assistissem a esse programa em algum outro lugar?", o professor perguntou. "Às vezes esquecemos que Jesus não está só na igreja. Está em todos os lugares. Se vocês são cristãos, são o templo de Deus — ou seja, a Sua casa. Ele vive *em vocês*. Por isso precisam ter muito cuidado aonde vão, com o que fazem e o que ouvem e assistem. Precisam viver para Deus o tempo todo — não apenas quando estão no prédio da igreja!" Os garotos ficaram em silêncio. "Pensem sobre isso," o Sr. Machado acrescentou. "Agora... vamos fazer umas brincadeiras!"

LEMBRE-SE DE QUE DEUS ESTÁ EM TODOS OS LUGARES.

O Seu Espírito vive em você? Fica feliz por Ele saber o que assiste, escuta, fala e como se comporta? Está satisfeito em ter o Senhor junto com você em todos os lugares por onde for? Não ceda a Satanás quando ele o tentar a fazer algo que glorifique o pecado e que zomba dos mandamentos de Deus. Se você é cristão, é o templo de Deus. Honre o Senhor escolhendo apenas boas atividades.

O ESPÍRITO DE DEUS HABITA NOS CRISTÃOS

VERSÍCULO-CHAVE

...são o templo de Deus e que o Espírito de Deus vive em vocês.
—1 CORÍNTIOS 3:16

6 de novembro

LEITURA:
ROMANOS 12:9-21;
GÁLATAS 5:22,23

PRÍNCIPES E PRINCESAS

Melissa se enrolou no sofá com seu novo livro de história. "Quase já terminei," falou. "É sobre uma princesa que durante muito tempo, nem sabia que era princesa."

"Como?", Alex perguntou. "Se eu fosse um príncipe, saberia disso!"

"Ela foi sequestrada quando era bebê," Melissa explicou, "mas mesmo depois de ser encontrada pela família, não se comportava como princesa. O pai dela queria que morasse no palácio, mas a menina ficou com medo e perdida. Queria ficar com as pessoas que conhecia, então continuou vivendo num velho barraco caindo aos pedaços. O rei comprou roupas novas e bonitas, mas ela deixou que ficassem sujas e rasgadas como as antigas."

"Interessante," a mãe falou. "Às vezes nós agimos e vivemos assim."

"Vivemos?", Alex perguntou.

"Não usamos roupas rasgadas," Melissa protestou. "E eu não sou uma princesa."

"Na verdade você é, de certa forma," a mãe respondeu, "e Alex é um príncipe."

"Papai é um rei disfarçado?", ela perguntou rindo. "E você é uma rainha?"

A mãe sorriu. "Não, eu também sou uma princesa, e seu pai é um príncipe. Aceitamos Jesus como Salvador, e fomos adotados na família de Deus," explicou. "Somos Seus filhos, e Ele *é* um Rei — não um rei qualquer, mas o Rei dos reis!"

"Ah, sim!", Melissa exclamou. "Tivemos uma lição bíblica sobre isso."

"Como filhos de Deus, somos Seus herdeiros," a mãe continuou. "Temos um futuro maravilhoso no céu, além das bênçãos e promessas que Ele nos dá aqui na terra. Mas às vezes esquecemos que também temos responsabilidades. Agimos como se não soubéssemos que somos filhos do Rei, e vivemos como se ainda pertencêssemos ao mundo."

"E como um príncipe — ou princesa — deve agir?", Alex perguntou.

"Pode começar aprendendo — e praticando — o que chamamos de fruto do Espírito," a mãe falou. "Eles são encontrados no capítulo 5 de Gálatas. Deem uma olhada!"

"Certo, e se aprendermos, podemos comer um pouco daquela bala de frutas que você comprou ontem?", Melissa perguntou. A mãe concordou.

SABIA QUE AO ACEITAR JESUS COMO SALVADOR...

...você se torna filho do Rei — do Rei dos reis? Sua vida reflete isso? Como Seu filho, você responsabilidades e privilégios. Muitos versículos bíblicos ensinam como Deus quer que Seus filhos se comportem. A leitura bíblica de hoje lista algumas coisas que Ele quer que você faça. Elas são encontradas em sua vida?

VIVA COMO FILHO DO REI

VERSÍCULO-CHAVE

Que o Espírito de Deus, [...] controle também a nossa vida!
—GÁLATAS 5:25

7 de novembro

LEITURA:
SALMO 33:1-5

O QUE VOCÊ OUVE

"**S**amuel!", a mãe chamou. "Quantas vezes tenho que dizer para não tocar esse tipo de música?"

"Ah, mãe, todo muito ouve um pouco de rock pesado às vezes," ele protestou. "Nem sempre quero escutar música cristã. Não vai me fazer mal."

"Faz sim!", ela respondeu. "As palavras entram em sua mente e o influenciam mesmo sem notar. Até o ritmo da música pode influenciar a forma como encara as situações."

Samuel suspirou e desligou o rádio. "Papai está em casa?", perguntou, pegando seu barco de montar. "Ele prometeu que ia me ajudar hoje."

"Ainda não chegou," a mãe respondeu. "Desde que foi promovido a gerente do restaurante, assumiu coisas extras. Que tal irmos lá para fazer-lhe uma surpresa?"

"Sim! Posso tomar um super *Sundae*?", ele perguntou. "É o melhor!"

A mãe riu. "Veremos."

"Que bom que vieram," o pai falou quando os viu entrar. "Está na hora do meu intervalo, já venho ficar com vocês."

Quando o pai se virou, perceberam que ele cantarolava. O menino prestou atenção, então deu uma gargalhada. "Papai está fazendo propaganda da concorrência!", Samuel falou a caminho da mesa. "Você escutou aquilo? A música que ele está cantarolando é o *jingle* que o restaurante do outro lado da rua usa no comercial de TV."

Quando o pai voltou um pouco depois, ainda cantarolava a música. "Você sabe o que está cantando?", o menino perguntou.

"Espero que não tenha feito isso o dia todo," a mãe censurou.

O pai ficou assustado. Então riu envergonhado quando percebeu qual era a música. "Cantei isso desde cedo," admitiu. "Escutei no rádio do carro quando vinha para o trabalho, acho que grudou na minha cabeça."

A mãe olhou para o filho. "Estava falando com Samuel ainda há pouco que a música entra em nossa cabeça e nos influencia, mesmo sem percebermos," falou. "Isso não significa que devemos escutar apenas música cristã, mas quer dizer que é importante tomar cuidado com o que ouvirmos."

"Certo, mãe," o menino murmurou. "Entendi. Nada mais de rock pesado."

QUE TIPO DE MÚSICA VOCÊ ESCUTA?

Você acha que música não é nem certa nem errada? De certa forma, isso pode ser verdade, mas publicitários sabem que a letra de uma música é mais assimilada do que apenas palavras faladas. E há estudos mostrando que até a melodia influencia o humor das pessoas. Assegure-se de que Jesus se agradaria da letra e da melodia da música que você escuta.

A MÚSICA TEM INFLUÊNCIA SOBRE VOCÊ

VERSÍCULO-CHAVE

Disse também [Jesus]: Cuidado com o que vocês ouvem!

–MARCOS 4:24

8 de novembro

LEITURA: PROVÉRBIOS 6:16-19

NADA DEMAIS?

"Minha luva de goleiro sumiu!" Felipe falou, entrando na cozinha. Então reclamou. "Daniel deve ter pego. Sempre pega coisas que não são dele."

Bem nessa hora, Daniel entrou na cozinha. "Eu ouvi, Felipe," disse. "Você fala como se eu fosse um ladrão!"

"Pegou a luva de seu irmão?", a mãe perguntou.

"Peguei," ele admitiu, "mas não roubei. Peguei emprestada. Não é nada demais."

"Para mim, é," Felipe respondeu. "Já falei diversas vezes que você tem que pedir se quiser usar alguma coisa minha. Não pode sair pegando como se fosse sua!"

A mãe concordou. "Devolva a luva para Felipe," ela mandou.

Em silêncio, Daniel obedeceu. Quando voltou, a mãe não estava na cozinha, então não se preocupou em pedir desculpas.

Naquele dia, quando a mãe estava colocando roupas na máquina de lavar, Daniel correu até ela com sua camiseta. "Pode lavar para mim?", pediu. "Está suja. Olha!"

"Está bem suja," ela concordou, "mas já coloquei muita roupa. Por que não usa outra blusa? Não é nada demais, né?"

"É! A equipe de basquete vai tirar foto amanhã, então eu *preciso* desta camiseta," ele respondeu.

A mãe olhou novamente para a camiseta. "Certo. Acho que tem lugar para mais uma peça." Então a colocou na máquina e virou-se para o filho. "Sabe, Daniel, esperar alguns dias para lavar sua camiseta, não parecia nada demais para mim. Mas era para você. Muitas vezes, o que não parece importante para uma pessoa, é para outra. Como o incidente da luva. Aquilo era importante para Felipe, lembra?", o menino suspirou e acenou. "A coisa mais importante a pensar é como Deus vê isso. Nós podemos achar que uma coisa errada que fazemos não é nada demais, mas o Senhor detesta *qualquer* pecado."

"Eu... vou tentar lembrar de pedir para usar as coisas dele," Daniel prometeu. "E vou pedir desculpas sobre a luva."

"Bom," a mãe respondeu. "Você precisa fazer isso, e espero que peça perdão a Deus também."

VOCÊ PENSA QUE ALGUMAS COISAS ERRADAS...

...não são nada demais? Devia repensar! A Bíblia não chama nenhum pecado de "pequeno." Coisas que você pode considerar pequenas — como mentir ou ter orgulho — estão na mesma lista que aquelas que você pode achar que são grandes, como matar, por exemplo. Deus detesta qualquer pecado. Se você realmente estiver arrependido de seu pecado, confesse-o e não o faça mais.

NENHUM PECADO É PEQUENO

VERSÍCULO-CHAVE

...Deus tem misericórdia de quem confessa os seus pecados...

—PROVÉRBIOS 28:13

9 de novembro

LEITURA:
SALMO 119:33-38

ALGO PARA TODOS

"Gostaria que ainda tivesse culto infantil todo domingo. O sermão da semana passada foi chato," Gerson reclamou, enquanto mergulhava batatas fritas no *ketchup* e comia. "Por que…"

A mãe apontou a boca e ele entendeu que devia terminar de mastigar antes de falar. "Por que as crianças precisam ouvir aquela coisa sobre o casamento?", falou um pouco depois. "Tudo aquilo sobre amar a esposa e pensar nela em vez de pensar em si mesmo. E respeitar o marido. Acho que, se é casado, tudo bem, mas não acho que vocês precisam de um sermão inteiro sobre o assunto. E não *me* ajuda."

"Mas ajudou a mim," o pai disse, "e, acredite ou não, acho que ajudou você também."

"Como?", Gerson apontou para a embalagem do restaurante. "Posso comer o último hambúrguer?"

"Sim — a menos que sua mãe queira," o pai concordou. "E… foi aquela mensagem que me inspirou a comprar o almoço hoje para sua mãe descansar um pouco depois da manhã ocupada que teve. Uma forma de abençoar minha esposa é comprar refeições às vezes, em vez de ficar na poltrona enquanto ela cozinha e esfrega as panelas depois de comermos." Ele piscou para a mãe.

Gerson sabia que não seria educado mostrar ao pai que sua atitude nem era tão legal, mas queria provar seu argumento, "Mamãe nem gosta de hambúrgueres."

O pai deu um olhar questionador para a mãe. Ela sorriu. "Hambúrgueres são bons," falou. "Estão crescendo no meu conceito."

Durante um tempo, todos ficaram em silêncio. Então o pai falou novamente. "Bem, acho que sua mãe aprendeu com o sermão também. Estou grato por seu respeito."

O menino parou de mastigar.

"Então," o pai continuou, "chato ou não, você se beneficiou do sermão. Seus pais foram lembrados de algumas coisas da Palavra que os ajuda a lhe dar um lar alegre e tranquilo." O pai sorriu e disse. "E mais, você teve que comer hambúrguer hoje."

"Certo," Gerson respondeu e riu para a mãe. "Quer dividir o último, mãe?", perguntou, mas ficou feliz quando ela disse que não.

SUA MENTE ÀS VEZES VAGA QUANDO…

…a Palavra de Deus é lida na igreja — na Escola Dominical ou no momento devocional da família? Acha que algumas partes da Bíblia não afetam a sua vida? O livro de 2 Timóteo 3:16 diz que "…toda a Escritura Sagrada é inspirada por Deus e é útil para ensinar a verdade…". Toda a Bíblia tem uma mensagem para você. Leia, ouça cuidadosamente as lições e pratique o que ela ensina.

A BÍBLIA TEM LIÇÕES PARA VOCÊ

VERSÍCULO-CHAVE

Ajuda-me a compreender as tuas leis…
—SALMO 119:27

10 de novembro
LEITURA: JOÃO 3:1-7

O RELÓGIO

Rebeca ficou animada ao receber dos pais, seu presente de aniversário — uma caixa enorme. "Uau! Isso deve ser algo grande! Como… uma TV para o meu quarto?" e riu. Sabia que os pais não lhe dariam uma TV. Ela rasgou o papel e, dentro da grande caixa, encontrou uma caixa menor, e dentro dela, uma menor ainda! Finalmente, desembrulhou a última. "Um relógio!", falou encantada. "O meu está quebrado há tanto tempo! E tem três pulseiras diferentes. Posso combinar com a minha roupa. Amei!" Ela correu para abraçar e beijar os pais.

"Deixa eu ver," pediu Alan.

A menina esticou o braço. "Queria ter um assim, não é?", ela implicou. "Podia usar esta linda pulseira cor de rosa hoje."

"De jeito nenhum," o irmão respondeu. "Essas pulseiras bonitinhas não fazem ele funcionar. É o mecanismo que faz um relógio ser bom — ou um ruim."

"Verdade," o pai concordou. "Não se pode ver a parte mais importante do relógio — e se pensarmos, é mais ou menos como vocês."

"Como nós?", Rebeca perguntou.

"Bem," falou o pai, "seu corpo é como a caixa do relógio. É o que vemos, e pode durar muito tempo. Mas o seu eu verdadeiro — sua alma — não pode ser vista."

Alan balançou a cabeça. "Pai, como você consegue fazer essas comparações? Mas há diferenças: podemos abrir a caixa do relógio e ver o que tem dentro, mas não podemos abrir nossos corpos e ver nossas almas."

"Verdade," o pai concordou. "Outra diferença é que a parte do relógio que o faz funcionar pode parar, mas sua alma é eterna! Se você aceitou Jesus como Salvador, sua alma viverá com Ele no céu."

"Entendi," Rebeca falou. "É bem triste para as pessoas que nunca aceitarão Jesus, porque a alma delas vai viver no inferno com Satanás. Isso é horrível!"

"Sim." A mãe concordou. "É importante nascer de novo, como disse Jesus."

A menina olhou para o seu relógio novo. "É hora de todos pensarem para onde querem que sua alma vá," murmurou. "Estou feliz em saber para onde vai a minha. Sei, porque aceitei Jesus como meu Salvador."

SABIA QUE A ALMA É SUA PARTE MAIS IMPORTANTE?

Ninguém pode vê-la, mas ela viverá para sempre — seja no céu ou no inferno. Se você aceitou Cristo como seu Salvador, irá viver com Ele no céu um dia. Se ainda não fez isso, não espere. Aceite Jesus e nasça de novo hoje.

VIVA PARA SEMPRE NO CÉU

VERSÍCULO-CHAVE

…ninguém pode ver o Reino de Deus se não nascer de novo.
—JOÃO 3:3

11 de novembro

LEITURA: SALMO 119:97-104

O RELÓGIO 2

"Rebeca, você deixou seu relógio na beira da pia," Alan falou uma manhã. "Eu não vi e derrubei dentro da água."

A menina pegou o relógio da mão do irmão e o colocou. Tentou ver a hora. "Ah, não!", reclamou. "Não está funcionando!"

"Mamãe e papai lhe deram um relógio e você nem cuidou direito dele," Alan bronqueou. "Melhor aprender a não ser tão descuidada!"

"Calma irmãozinho! Eu só esqueci," Rebeca respondeu impaciente.

Bem nessa hora o pai entrou na sala e a menina mostrou o relógio. "Pega o secador de cabelos," ele falou. "Vou tirar a parte de trás e vamos tentar secá-lo." Ele trabalhou um tempo e, para o alívio de Rebeca, o aparelho voltou a funcionar. "Sabe, filha, seu relógio mais uma vez me lembra vocês," o pai o entregou para a menina.

Rebeca riu. "Como assim?", perguntou. "Não pode ser porque você tirou a tampa de trás e viu o interior. Já falamos que isso não pode ser feito com a gente."

"Não, mas se não tivéssemos secado, seu relógio provavelmente ficaria enferrujado por dentro," o pai disse. "Isso também pode acontecer com vocês."

"Pode?", Alan perguntou surpreso.

"É, pai," ela falou. "Coisas de metal enferrujam, mas pessoas não são feitas de metal. Como alguém pode enferrujar por dentro?"

"Não, vocês não são de metal," o pai respondeu sorrindo," mas... sim! De um jeito diferente, podem enferrujar. Vocês dois aceitaram Jesus como Salvador, e agora precisam cuidar para não enferrujar espiritualmente, esquecendo-se de Deus e de como viver para Ele."

"Entendo o que quer dizer! E provavelmente evitamos enferrujar indo à igreja toda semana, né?" perguntou Rebeca.

"E à Escola Dominical," Alan sugeriu, "e ao estudo bíblico."

O pai concordou. "Tudo isso ajuda. É importante, mas devocionais diárias também são," falou. "Vocês devem separar um tempo todos os dias para ler a Bíblia e orar." Ele sorriu. "Vamos todos fazer isso."

VOCÊ LÊ A PALAVRA DE DEUS TODOS OS DIAS?

Medita no que ela diz? Ou passa diversos dias sem ler a Bíblia, pensar no Senhor ou falar com Ele em oração? Tome cuidado para não enferrujar espiritualmente. Vá à igreja, Escola Dominical, estudo bíblico e a outros lugares onde a Bíblia é estudada. Isso lhe dá uma boa ajuda espiritual. Mas também passe tempo a sós com Deus, regularmente, para manter um relacionamento íntimo com Ele.

LEIA A PALAVRA DE DEUS E ORE

VERSÍCULO-CHAVE

Como eu amo a Tua lei! Penso nela o dia todo.
—SALMO 119:97

12 de novembro

LEITURA:
1 JOÃO 1:5-9

O RELÓGIO 3

Onde deixei meu relógio? Rebeca se perguntou um dia. *Achei que tinha posto aqui em cima da mesa. Talvez…* Foi até o quarto, mas não conseguiu encontrar.

Uma semana mais tarde, Alan entrou em casa e entregou o relógio à irmã. "Você fez a mesma coisa de novo," ele reclamou. "Encontrei seu relógio no quintal, ele parou de novo."

"Procurei por todos os lugares," Rebeca suspirou. "Não lembro de sair com ele para o quintal." Ela olhou para o relógio. "Talvez papai possa consertá-lo novamente."

O pai examinou a pequena máquina. "Vai precisar de uma boa limpeza," falou. "Melhor levarmos até a relojoaria — e você é que terá que pagar."

"Tudo bem. Podemos levar agora?" Rebeca pediu e o pai concordou.

O relojoeiro ouviu a menina explicar o problema. "Deve ter muita terra aqui, mas vou cuidar disso," falou. "Fica pronto em uma semana." Entregou um recibo e eles voltaram para casa.

"Então… consertou seu relógio?", Alan perguntou quando sentaram-se para jantar.

"O relojoeiro disse que vai consertar," ela respondeu e virou-se para o pai. "Então," acrescentou com uma piscadinha. "Lembra-se daquelas lições que você ensinou usando o relógio como exemplo? Como ele tem uma parte importante que não vemos, assim como nossas almas? E como eu devia manter meu relógio seco para não enferrujar, e que não devíamos enferrujar espiritualmente também?"

"Claro que lembro," o pai respondeu. "Por quê?"

"Pensei em outra lição," Rebeca falou sorrindo. "Quando o meu relógio ficou sujo, levamos para o relojoeiro limpar. E quando fazemos algo errado, é importante buscar o Senhor e pedir que Ele nos limpe."

O pai sorriu. "Boa lembrança," abraçou a filha. "Aquele relógio realmente nos ensinou muitas coisas, não é? Que tal sairmos todos para tomar sorvete depois do jantar — como prêmio por tudo que aprendemos?"

A menina riu e Alan respondeu. "Sim!", exclamou. "Muito bem, Rebeca — mas eu ainda acho que você deve ser mais cuidadosa com o seu relógio."

"Eu sei," ela falou, "e vou ser. Vou mesmo!"

QUAL A SUA REAÇÃO QUANDO FAZ ALGO ERRADO?

Quando diz coisas que não deveria? Olha para o que não deveria olhar? Ou faz coisas que não deveria fazer? Você aceitou Jesus como seu Salvador? Isso é o mais importante, mas não deixe de confessar sempre que pecar. Busque o Senhor, reconheça o seu pecado e peça perdão. Assim você poderá aproveitar a sua amizade com Ele.

MANTENHA SEU CORAÇÃO LIMPO

VERSÍCULO-CHAVE

…se confessarmos os nossos pecados a Deus, ele […] nos limpará…
—1 JOÃO 1:9

13 de novembro
LEITURA:
LUCAS 21:1-4

PEQUENOS PRESENTES

Uma mecha de cabelo caiu na testa de Rafael quando ele olhou para a mãe, que preparava a massa de biscoito. Ela notou a expressão preocupada do filho. "Problemas?", perguntou.

"Estou tentando ganhar dinheiro para a oferta missionária de domingo," ele respondeu com um suspiro, "mas tudo o que consegui foram os cinco reais que a Sra. Galvão me deu por varrer a calçada dela. Que diferença vai fazer? É quase nada!" Rafael afundou-se na cadeira. "Tenho certeza de que os outros vão dar muito mais!"

"Filho, sei que não parece ser muito," a mãe respondeu, "mas mesmo sendo pouco, você deseja dar tudo para o trabalho do Senhor." O menino deu de ombros.

Alguns minutos mais tarde, a mãe colocou o último tabuleiro no forno. "Li uma história que pode encorajá-lo," falou. "Durante a Segunda Guerra Mundial, um homem chamado Bohn Fawkes pilotou um bombardeiro B-17. Enquanto voava sobre a Alemanha, seu avião foi atingido no tanque de combustível. Mas sabe o que aconteceu? O avião não explodiu!"

"Uau!", o menino exclamou. "Mesmo com o tanque atingido?"

"Pois é," a mãe falou. "Quando o avião aterrissou, os técnicos encontraram não uma, mas *onze* cápsulas não explodidas no tanque. Todas foram abertas e estavam vazias — exceto uma que tinha um bilhete dentro."

"Bilhete?", Rafael estranhou. "O que dizia?"

"Dizia 'Isto é tudo que podemos fazer por você agora.' Aparentemente, alguns trabalhadores da linha de produção haviam deixado aquelas cápsulas vazias de propósito," a mãe explicou. "Eles não podiam acabar com a guerra, mas como fizeram o que podiam, muitas vidas foram salvas." Ela sorriu e continuou. "Se você doar o que pode e fizer o que for possível — mesmo que não pareça muito — Deus usará o seu dom."

"Entendi," Rafael disse. E levantou-se e foi para a porta. "Vou ser se encontro outros vizinhos que queiram me contratar para fazer alguma coisa. Se não conseguir, cinco reais será tudo o que terei para doar, mas sei que Deus vai entender e usar isso."

É POUCO O QUE PODE FAZER OU DAR?

Na leitura de hoje, Jesus diz que, aos olhos de Deus, o pouco que a viúva deu foi mais do que as grandes ofertas dos outros. O Senhor pode usar o seu presente, sejam alguns centavos ofertados, seja separar um tempo para um amigo em meio a um dia cheio. Nenhuma ação ou oferta, grande ou pequena, passará despercebida por Deus. Ele a usará porque você tem o desejo de dar o que puder.

DEUS USA O POUCO QUE VOCÊ TIVER

VERSÍCULO-CHAVE

Tudo o que você tiver de fazer faça o melhor que puder...
—ECLESIASTES 9:10

14 de novembro

LEITURA: 1 Coríntios 3:18-23

UM INTERMEDIÁRIO

"Ah, Max! Você está sempre se gabando de suas boas notas," reclamou Júnior. E levantou o nariz para imitar o irmão. "Eu tirei um 10 nisto! E sozinho, ganhei um 10 naquilo. Sou tão inteligente!"

"Bem, sou o mais inteligente da minha turma," implicou Max.

"Meninos, já chega!", o pai falou seriamente. Então, pegando sua carteira, tirou algumas notas. "O que acha disso, Max?", perguntou.

O menino arregalou os olhos. "Uau! Uma nota de R$50,00! E uma de R$100,00!"

"Sim," o pai disse. "Lembram-se do aspirador que o tio Jairo nos pediu para vender quando ele se mudou para o nordeste? Bem, vendi esta manhã e o homem me pagou em dinheiro. Isto seria útil, não acha?"

"Sim, mas… você não vai gastar, não é?", o filho perguntou.

"Por que não?", o pai falou. "O homem deu a mim."

"Mas não é seu," Júnior respondeu. "Pertence ao tio Jairo, não é?"

"Isso, pai. O aspirador era dele," Max falou, "então, se ficar com o dinheiro, vai estar roubando, não é?"

O pai sorriu. "Você está certo. Eu estaria roubando," concordou. "O comprador entregou o dinheiro para mim, mas na realidade, estava pagando ao tio Jairo. Eu sou apenas um intermediário. Como você, Max."

"Como eu?", ele perguntou. "Como assim?"

"Quero dizer que todas as habilidades e talentos que tem, grandes ou pequenos, vieram de Deus," o pai respondeu. "Ele está deixando você usá-los, mas pertencem ao Senhor. Algumas vezes as pessoas irão elogiar você por causa deles, mas você é apenas um intermediário. Deus lhe emprestou essas habilidades para que possa usá-las para glorificar o nome dele, não o seu."

Max parecia envergonhado. "Então… você está dizendo que eu não deveria me orgulhar de ser inteligente, certo?"

"Isso mesmo," o pai respondeu. "Agradeça a Deus pelos talentos que Ele lhe deu. Quando alguém o elogiar, apenas lembre-se de que o elogio é para o Senhor."

"Certo, pai," Max falou. "Vou tentar me lembrar. Não quero roubar nada dele."

VOCÊ É BOM NA ESCOLA OU NOS ESPORTES?

Se sai bem com música ou falando em público? Talvez os seus talentos sejam na organização e na ajuda aos outros. Qualquer dom que tenha veio de Deus. Aceite os elogios, mas lembre-se sempre de que você não merece o crédito pelo que é capaz de fazer. Nunca se gabe de ser bom em algo. Em vez disso, use os seus talentos para Deus e dê o crédito a Ele.

TODOS OS SEUS DONS PERTENCEM A DEUS

VERSÍCULO-CHAVE

…Por acaso não foi Deus quem lhe deu tudo o que você tem?…

—1 Coríntios 4:7

15 de novembro

LEITURA:
1 CORÍNTIOS
12:12-14,26,27

DOR DE DENTE

"**N**ão sei por que eu tenho que ir ao hospital visitar a Ana," reclamou Diana. "Estamos na mesma turma da Escola Dominical, não somos muito amigas, e quero fazer outras coisas!"

"A Ana deve querer fazer muita coisa também," a mãe falou, "mas também não pode. Nós dissemos que íamos visitá-la no hospital, e hoje é o único dia que podemos ir."

"Ah, está bem!" Diana concordou, não muito satisfeita. E ainda reclamava quando saíram. "Continuo achando que é uma perda de tempo," murmurou baixinho.

A mãe tirou o carro da garagem em silêncio. Então, após algumas quadras, virou-se para a filha. "Lembra-se do que Carlinhos falou no mês passado quando você teve dor de dente?"

"Claro que sim!", ela respondeu. "Queria que eu jogasse bola com ele mesmo com dor! Os irmãos são tão insensíveis!"

"Mas o que ele disse?", a mãe insistiu.

Diana estranhou. "Ele falou que eu não ia jogar com o dente — só com as mãos e pés — então eu podia esquecer a dor! Que ideia boba!"

"E por que você não podia?", a mãe perguntou.

A menina olhou para a mãe sem acreditar. "Mãe! Você também!", protestou. "Quando meu dente estava doendo, me senti muito mal, porque o dente faz parte do meu corpo. Foi como você explicou ao Carlinhos, não lembra?"

A mãe sorriu. "Ah, lembro sim," falou. "Só queria saber se você lembrava. Achei que tinha esquecido."

"Por quê?", Diana perguntou.

"Você não entende por que devemos visitar a Ana," a mãe respondeu, "mas ela é parte do Corpo de Cristo, assim como nós — e todos os cristãos — são. Quando ela se sente mal, nós devíamos nos sentir também. Quando você teve a dor de dente, teria feito qualquer coisa para melhorar, não é? Quando uma parte do Corpo de Cristo se machuca, devemos fazer o que pudermos para essa pessoa se sentir melhor também. Talvez nossa visita ilumine o dia da Ana."

"Eu…", a menina hesitou. "Certo," concordou. "Vamos fazer uma boa visita!"

VOCÊ FAZ O QUE PODE PARA AJUDAR QUEM...

...está com problemas? Quando um amigo cristão está solitário, triste ou com dor, o sofrimento dessa pessoa lhe diz respeito também? Você tenta aliviar o fardo de alguém, separando um tempo para ajudá-lo? Compartilhe um livro ou jogo, ou envie um cartão ou email. Você ora por quem está doente ou com algum problema? Deus manda compartilhar os fardos uns dos outros, assim como as alegrias.

DEMONSTRE AMOR E COMPARTILHE OS FARDOS

VERSÍCULO-CHAVE

Alegrem-se com os que se alegram e chorem com os que choram.
—ROMANOS 12:15

16 de novembro

LEITURA:
ROMANOS 14:11,12

JULGAMENTO JUSTO

Elisa levantou os olhos ao ouvir o suspiro da mãe. "Ah, não sei o que pensar," a mãe disse. "Fiquei bem confusa com o caso que ouvi no tribunal hoje."

"Conte sobre o caso, mãe," a menina falou. "Talvez a gente possa ajudar."

"Não… não posso," ela respondeu. "Um membro do júri não tem permissão para falar sobre o caso, até acabar."

"Em nosso país, a pessoa tem direito a um julgamento, Elisa," o pai explicou. "Ou seja, escolhem-se cidadãos para ouvir as evidências e testemunhos, e decidir se o acusado é culpado ou não pelo crime. A decisão deve ser baseada apenas no que foi apresentado."

"Isso mesmo," a mãe concordou, "e é por isso que os membros do júri não podem falar sobre o caso. Outras pessoas não ouviram todas as evidências e podem dar informações que pensam ser verdadeiras, mas podem não estar corretas — ou serem importantes. Então a opinião de alguém pode influenciar um membro do júri e sua decisão pode ser baseada numa informação errada."

Finalmente o caso foi encerrado e a mãe pôde explicar à família porque o júri decidiu que o acusado não era culpado de roubo.

"Parece que teve uma semana interessante, mãe," Elisa comentou.

"Tive sim," a mãe concordou. "Aprendi muito sobre julgamentos. E também aprendi a gostar da Bíblia e do Senhor de um jeito novo."

"Como?", ela perguntou.

"Bem, creio que todos nós do júri queríamos ser justos e tomar a decisão certa, mas levamos um bom tempo debatendo algumas questões," a mãe explicou, "então…" ela fez uma pausa.

"Mas o que isso tem a ver com a Bíblia e Deus?" Elisa perguntou.

"Fez-me perceber que independentemente do quão justo um julgamento possa ser, ainda somos humanos," ela respondeu. "Apenas Deus é totalmente sábio e justo. Fico feliz que Ele seja o Juiz do mundo inteiro, como é chamado no livro de Gênesis. Todos nós ficaremos perante Ele um dia, então me alegra saber que Ele é um Deus justo e misericordioso com todos os que confiaram nele."

VOCÊ JÁ ASSISTIU A UM JULGAMENTO PELA TV?

Juízes e membros do júri normalmente fazem o melhor que podem para decidir entre o certo ou o errado, mas nem sempre podem determinar quem está falando a verdade e quem está mentindo. São apenas seres humanos e podem cometer erros. Apenas Deus é onisciente. Apenas Deus é totalmente justo. Você não fica feliz por Ele estar cuidando de tudo?

DEUS É UM JUIZ JUSTO

VERSÍCULO-CHAVE

…Tu és o juiz do mundo inteiro e por isso agirás com justiça.
—GÊNESIS 18:25

17 de novembro

LEITURA:
COLOSSENSES 3:16-24

OCUPADO COMO UMA ABELHA

Davi manteve distância enquanto observava o pai levantar a tampa de uma colmeia. "Tem muitas abelhas aí, não é pai?", ele falou, "e todas parecem bem ocupadas." Ele riu. "São ocupadas como abelhas."

O pai sorriu. "Isso mesmo. Cada colmeia tem muitas delas — milhares, para ser exato," ele disse, "mas sempre há apenas uma rainha."

"O que ela faz?", o menino perguntou. "Governa as outras?"

"Ela é a mãe das abelhas," o pai disse rindo, "e você sabe como as mães são ocupadas. Mas todas as abelhas também têm uma determinada função. As operárias coletam a comida. Os guardas protegem contra intrusos. Há as que coletam água para regular a umidade e as que consertam as colmeias. As abelhas exploradoras alertam as outras sobre oportunidades e perigos do mundo externo, e há as que retiram as abelhas mortas da colmeia."

"Uau!", Davi se impressionou. "Nunca soube disso."

"São como uma família," o pai disse. "Numa família bem estruturada, cada pessoa tem suas obrigações. Cada um precisa fazer a sua parte para a estrutura funcionar." Ele olhou para o filho. "É por isso que tiramos alguns dos seus privilégios quando você foi jogar bola em vez de aparar a grama, como mandamos."

"Eu ia fazer mais tarde," o menino protestou.

"Mais tarde nem sempre funciona," o pai falou. "Se algumas das abelhas decidirem executar suas tarefas mais tarde, muitos membros da colmeia podem morrer."

"Bem, aparar a grama mais tarde não iria ferir ninguém," Davi comentou.

"Não, mas sair ileso disso, iria motivá-lo a adiar outras coisas importantes," o pai concordou. "Aceitar responsabilidades e executar as tarefas na hora certa fortalecem o caráter. Ajuda a preparar você para o futuro — para o trabalho que Deus tem para você um dia." O pai mexeu no cabelo do filho. "Posso confiar que será responsável da próxima vez que receber uma tarefa para fazer?"

"Serei ocupado como uma abelha," Davi prometeu sorrindo.

VOCÊ ACEITA A RESPONSABILIDADE DE SUAS TAREFAS?

Você as faz prontamente e de boa vontade? Ou acha que pode fazer em seu tempo, quando quiser? Quando recebe um trabalho, espera-se que o faça logo, mesmo que não tenha sido estipulado um prazo. Retardar a obediência é, na verdade, desobediência. Deus se agrada quando você aceita responsabilidades e obedece às autoridades rapidamente.

ACEITE AS RESPONSABILIDADES

VERSÍCULO-CHAVE

O que vocês fizerem façam de todo o coração...
—COLOSSENSES 3:23

18 de novembro

LEITURA:
JEREMIAS 17:7-10

ATRÁS DA MÁSCARA

Quando duas pessoas estranhas apareceram na porta da sala de estar, Tiago, de 3 anos, deu um pulo e correu para trás da cadeira da mãe. Um dos recém-chegados riu. "Pode sair, Tiago. Como a gente está?", falou uma voz conhecida. "Não gosta do nosso visual?"

O menino esticou o pescoço, mas não saiu de onde estava. Com certeza *não* tinha gostado da aparência daquelas pessoas! Estavam vestidas de um jeito engraçado e usavam máscaras. Um parecia um velho mendigo com um bigode grosso, grandes óculos escuros e roupas rasgadas. O outro usava um vestido longo e muitas "joias" coloridas. Ela tinha cabelo louro e longo, e uma coroa de papel brilhante.

A mãe riu. "Vocês dois fizeram um bom trabalho com as fantasias para a festa," ela falou. "Tirem as máscaras para que Tiago veja quem são."

As máscaras, óculos e bigode foram retirados, e o menino reconheceu seu próprio irmão, Ronaldo e… sua irmã, Marina? Ela tirou a peruca loura. "Me reconheceu agora?", ela perguntou sorrindo.

Pouco tempo depois, Tiago também estava experimentando as máscaras e a peruca, e rindo de si mesmo em frente ao espelho. "Festas a fantasia são divertidas! Mal posso esperar até sábado," Marina declarou. "Não contei a ninguém o que vou vestir. Vamos ver quanto tempo consigo enganar todo mundo."

O pai sorriu. "Fico feliz que estejam se divertindo com isso," falou, "mas não usem máscaras todos os dias!"

"Quem faria isso?", Ronaldo perguntou.

"Bem, de certa forma, muitas pessoas fazem," o pai respondeu. "Algumas vivem tentando parecer algo que não são. Por exemplo, há pessoas que vão à igreja, doam dinheiro à caridade e fazem muitas boas ações para provar que são excelentes cristãos, mas nunca se entregaram a Jesus. É como se estivessem usando uma máscara, mas por trás delas, têm corações pecadores."

"É como se estivessem tentando encobrir os seus pecados," Marina falou. "Elas precisam de Jesus!"

VOCÊ USA ALGUMA MÁSCARA TODOS OS DIAS?

Aceitou Jesus como seu Salvador, ou apenas finge ser cristão, sendo bonzinho, indo à igreja e tentando ter uma vida boa? Você pode enganar muitas pessoas, mas jamais enganará a Deus. Ele vê o seu coração. Se estiver usando uma máscara, livre-se dela. Coloque hoje a sua fé e confiança em Jesus.

DEUS VÊ O SEU CORAÇÃO

VERSÍCULO-CHAVE

Eu, o Senhor, examino os pensamentos e ponho à prova os corações…

—JEREMIAS 17:10

FAÍSCAS DURADOURAS

19 de novembro

LEITURA:
EFÉSIOS 5:8-17

"Uau!" Gustavo exclamou quando centenas de faíscas subiram ao céu como fogos de artifício. Era noite de sexta-feira, e ele estava num acampamento com sua turma da Escola Dominical. Tinham se divertido pescando, nadando e cozinhando. Tostaram salsichas para o jantar e *marshmallows* (doce feito com raiz de alteia ou xarope de milho, açúcar, albume e gelatina, batidos até atingirem consistência esponjosa, Houaiss, 2009) para a sobremesa. Sentaram-se em volta da fogueira contando piadas e histórias, e mexendo no fogo.

Gustavo riu quando as faíscas voaram. "Viram?", perguntou. "Algumas subiram um pouco e se apagaram, mas outras continuaram subindo até as perdermos de vista."

"É! Devem estar a caminho da lua," brincou Beto.

O professor sorriu. "Vamos usá-las para ilustrar nosso estudo de hoje," ele disse. "Conseguem imaginar a semelhança das faíscas com os cristãos?"

Gustavo deu de ombros. "Não entendi," falou. E ninguém deu qualquer sugestão.

"Bem," o professor começou, "às vezes, quando as pessoas são salvas, vivem para o Senhor por algum tempo, e então é como se a sua luz apagasse. Dali em diante, ninguém seria capaz de dizer que foram salvas."

"Então são como aquelas primeiras faíscas que apagaram, certo?", Beto perguntou. "Outras vivem mais tempo por Jesus? Talvez até acontecer um problema, ou serem ridicularizados?"

Alguns garotos começaram a falar, cada um tentando completar o raciocínio do outro. "Alguns cristãos são como as faíscas que perdemos de vista," Leo falou.

"Isso," Miguel concordou. "A luz deles brilha para sempre!"

"Vocês entenderam a ideia," comentou o professor. "Com certeza as faíscas não são uma ilustração perfeita, mas nos fizeram pensar. Cada um pergunte a si mesmo, 'Que tipo de faísca sou? Os outros veem a luz de Jesus em mim?' Reflitam sobre isso." Ele se levantou. "Agora, vamos ler alguns versículos sobre deixar a nossa luz brilhar. Depois apagaremos o fogo e iremos dormir."

Os versículos foram lidos e o fogo apagado. "Boa noite," disse o professor. "Vemo-nos pela manhã. Lembrem-se — Deus quer muitas faíscas duradouras!"

QUE TIPO DE FAÍSCA É VOCÊ?

Sua luz brilha por Jesus? Os outros veem "as coisas boas"? Boas ações não podem salvá-lo, mas devem ser vistas em sua vida como um testemunho do que Deus fez por você. Não permita que situações desmotivadoras prejudiquem o seu testemunho. Permita que as suas ações brilhem como uma luz que mostra o tempo todo que você pertence ao Senhor.

BRILHE POR JESUS

VERSÍCULO-CHAVE

...a luz de vocês deve brilhar para que os outros vejam [...] o Pai...
—MATEUS 5:16

20 de novembro

LEITURA: LUCAS 4:1-15

ISCA BONITA

Helena procurou na caixa de pescaria até encontrar a isca prateada e brilhante que o pai pediu. "É esta?", perguntou.

O pai pegou. "Sim." E riu. "É esta. Quando o Sr. Peixe ver isto, duvido que não vá mordê-la."

"Então nós o pegaremos e o comeremos, não é?", ela sorriu animada.

"Com certeza," o pai concordou. Após prender a isca na linha, ele a lançou no lago. "Quer puxar e ver se fisgamos um peixe?", perguntou.

"Da próxima vez," ela respondeu. "Deixa você pegar um primeiro."

"Certo," ele disse, rolando o molinete. "Ei! Acho que o fisgamos!"

"Oba!" Helena bateu palmas enquanto o pai tirava um grande peixe da água. "Uau! Vamos comê-lo hoje à noite?", perguntou.

"Você sabe que sim!", ele disse. Quando lançou a linha novamente, o pai perguntou. "Sabe por que aquela coisa brilhante que me deu se chama isca?"

"Não exatamente," ela balançou a cabeça.

"A isca serve para atrair alguma coisa, e aquilo atrai peixes," ele explicou. "Para eles é bonita e faz com que achem que é boa para comer, mas quando mordem, são fisgados." Entregou a vara de pescar para a filha. "Sabia que Satanás usa iscas para atrair e fisgar as pessoas?"

Helena balançou a cabeça, começando a rolar o molinete. "Usa?"

"Sim, mas não desse tipo," o pai continuou. "Satanás costuma enganar as pessoas, fazendo o pecado parecer bonito. Ele pode fazer você pensar que é inofensivo — até divertido. Pode chamar sua atenção para alguém que se dá bem contando mentiras ou furtando, e levar você a achar que deveria tentar também. Ou pode usar um programa de TV para tornar coisas como a bebida, charmosas."

A menina terminou de enrolar a linha. "Nenhum peixe mordeu a isca dessa vez," falou lançando a linha novamente. "Eu terei cuidado para não morder as iscas de Satanás também. Não quero ser fisgada por ele!"

"Muito bom!", o pai concordou. "Quando ele a tentar, peça ajuda a Deus para resistir — e use os versículos bíblicos que aprendeu para lembrar-se do que é certo."

VOCÊ CONHECE AS ISCAS DE SATANÁS?

Ele fará o que puder para levar você a fazer o que é errado. Até tentou atrair Jesus para o pecado, mas o Senhor citou versículos da Palavra de Deus. Jesus o ajudará a resistir a Satanás também. Quando estiver propenso a fazer algo que os seus pais proíbem, ou que não agrada a Deus, pense nos versículos que aprendeu e ore pedindo forças para dizer não.

RESISTA ÀS ISCAS DE SATANÁS

VERSÍCULO-CHAVE

...enfrentem o Diabo, que ele fugirá de vocês.
—TIAGO 4:7

21 de novembro

LEITURA:
SALMO 96:4-9

SEJA INTELIGENTE

"Lucas, você tem medo de Deus?" Tânia perguntou ao irmão quando revisavam alguns versículos para decorar.

"Não, acho que não," ele respondeu. "Por que deveria ter?"

"Este versículo diz, 'Para ser sábio, é preciso primeiro temer a Deus,'" ela falou. "O que quer dizer?"

Nessa hora, Jairo, o encrenqueiro da vizinhança chegou. "Ei, Lucas," chamou, "pega sua bicicleta e vem comigo. Ricardo me desafiou a subir a cerca ao redor do transformador da central elétrica, então vou lá."

Lucas arregalou os olhos. "Melhor não, Jairo. Papai diz que é perigoso chegar perto daquela coisa," falou.

"Pode ser para garotinhas e bebês, mas eu não tenho medo de nada," ele se vangloriou. "Você vem?"

"Não," ele balançou a cabeça. "Não quero ser eletrocutado. Por que acha que tem uma cerca tão alta, com todas aquelas placas de 'Proibido atravessar'?"

"Para afastar os assustadinhos," zombou, girou a bicicleta e saiu em disparada.

Lucas ficou olhando ele ir embora e então se levantou. "Vou contar para mamãe," disse.

Quando a mãe soube da história, ligou para a polícia. E logo escutaram as sirenes se aproximando. "Jairo vai ficar surpreso," Tânia disse. "Ele se acha tão inteligente! Disse que não tinha medo de nada."

"Medo pode ser bom ou ruim," a mãe suspirou. "É inteligente temer algumas coisas. Ter medo das coisas certas pode evitar problemas."

"Devemos ter medo de Deus?", ela perguntou. "O versículo fala de temer o Senhor."

"Tememos a Deus no sentido de respeito, honra e confiança," a mãe explicou. "Isso nos faz temer a Sua disciplina quando o desobedecemos."

"Como respeito e obedeço a você e o papai?", Lucas disse. "Não temo vocês, mas tenho medo de desobedecer. Se formos realmente inteligentes, vamos honrar, respeitar e obedecer a Deus, e não ficar achando que podemos fazer tudo sozinhos."

"É melhor alguém dizer isso ao Jairo," Tânia falou. "Dizer que ele precisa ser inteligente."

VOCÊ TEM MEDO DE DEUS?

Se você não é cristão, tem razão para temer. Precisa aceitar Jesus. Se você é cristão, Deus é seu Pai celestial. Ele o ama e você não precisa ter medo dele. Mas é necessário temer ao Senhor no sentido bíblico — ou seja, respeitar e obedecer. Faça isso e não terá motivo algum para ter medo.

TEMA A DEUS

VERSÍCULO-CHAVE

Para ser sábio, é preciso primeiro temer a Deus...
—SALMO 111:10

22 de novembro
LEITURA: MATEUS 26:36-44

ÀS VEZES NÃO

"Não, Duquesa! Quieta!" Tadeu gritou para seu pastor alemão que corria atrás do *frisbee* em direção à rua. A cadela parou e o menino correu para agarrar sua coleira. Tadeu a levou para o quintal cercado e fechou o portão.

"O que a Duquesa fez?" A mãe perguntou quando ele entrou na casa. "Escutei você gritando com ela."

"Joguei o *frisbee* e ela correu para pegar," o menino respondeu. "Estava indo direto para a rua movimentada, então precisei pará-la. Ela não gostou disso — se mexeu com tanta força que quase não consegui segurar a coleira."

"Você precisa ter mais cuidado quando joga o *frisbee*," a mãe disse rindo. "Acho que é melhor brincar com ela no quintal."

Tadeu se virou quando ouviu o pai abrir a porta dos fundos. "Você chegou tarde!", falou, dando um abraço no pai.

"De novo," ele respondeu, colocando a pasta na mesa. "E não tenho boas notícias," continuou. Deu um suspiro e mexeu no cabelo do filho. "Não vou poder ir a Fortaleza este fim de semana. Terei que trabalhar."

"Ah, pai, você não pode! Nós planejamos essa viagem!" Tadeu reclamou. "Diz para eles que você não pode trabalhar. Não estrague o nosso fim de semana, pai."

"Desculpe, mas não é possível," o pai falou num tom sério.

Mais tarde, Tadeu conversou com a mãe. "Sei que papai não pode dizer ao chefe que não vai trabalhar," falou, "mas não entendo por que Deus não dá um jeito de irmos. Ele podia ter feito isso. Orei tanto!"

"Lembra como a Duquesa agiu quando você não a deixou ir para a rua?", a mãe perguntou. "Por que não permitiu que ela fizesse o que queria?"

"Porque ela podia ser atropelada!", ele respondeu.

"Então, algumas vezes você precisa dizer não ao que sabe que ela quer," a mãe continuou. "Apesar de amá-la."

"Sim, entendi," ele falou relutante. "Algumas vezes Deus diz não para nós também, apesar de nos amar."

"Na verdade, é *porque* Ele nos ama," ela respondeu, "e sabe o que é melhor para nós. Confie na resposta que o Senhor der."

É DIFÍCIL ACEITAR QUANDO DEUS LHE DIZ NÃO?

Até Jesus precisou aceitar um "não" de Deus Pai. Você vai orar como Ele orou: "Não seja feito o que eu quero, mas o que tu queres?". Jesus não estava ansioso para morrer numa cruz, mas estava disposto a fazer isso para que você pudesse ser salvo (veja a leitura bíblica de hoje). Quando você pede alguma coisa a Deus, a resposta dele sempre será a melhor. Confie nele!

DEUS SABE; CONFIE NELE

VERSÍCULO-CHAVE

...que não seja feito o que eu quero, mas o que tu queres.

—MATEUS 26:39

CAPITÃO NOTURNO

23 de novembro

LEITURA:
HEBREUS 12:1-3

João, de 8 anos, se colocou em frente à TV para assistir desenhos animados. Seu predileto era Capitão Noturno, e de vez em quando fingia *ser* o personagem, com sua capa preta e capacete.

"Mãe, ontem coloquei uma nota de dois reais na minha gaveta, e sumiu!", disse Cássia, irmã de João.

"Tem certeza?", a mãe perguntou.

"Certeza absoluta!", a menina confirmou.

A mãe virou-se e disse: "Sabe de algo, João?", perguntou, mas ele estava prestando tanta atenção à TV que não percebeu que ela falava com ele. A mãe tentou novamente. "Vejamos…" riu. "Terra chamando Capitão Noturno! Responda Capitão!"

João amava essa brincadeira e respondeu engrossando a voz. "Capitão Noturno falando. Como posso ajudar hoje?"

"Sumiu uma nota de dois reais de Cássia," ela falou. "Pode nos ajudar, Capitão?"

"Posso resolver o mistério facilmente," ele disse. "Capitão Noturno tira dos ricos para dar aos pobres. O dinheiro foi dado ao garoto mais pobre da turma do Capitão Noturno." Admitindo isto, ele gritou. "Acima e avante." Abriu os braços e fingiu que estava voando para a escola.

"Espere um pouco," a mãe falou segurando seu braço. "Brincamos de Capitão Noturno com você porque achamos que era uma brincadeira inofensiva, mas acho que foi longe demais, João!"

"Mas eu fiz uma coisa boa com o dinheiro," ele protestou. "Dei para o Arnaldo. Ele precisa."

"Mas não era seu," a mãe respondeu. "Você roubou." Ela balançou a cabeça. "Parece que você fez do Capitão Noturno um exemplo para sua vida. A Bíblia nos diz que nosso exemplo deve ser Jesus. Você sabe o que Deus acha sobre roubar. Jesus pegaria algo que não é dele?"

"Bem… não," o menino resmungou.

"João, você sabe que ficará de castigo," a mãe disse. "Não poderá assistir desenhos animados durante uma semana. E terá que pagar os dois reais para Cássia com sua mesada. Espero que não se esqueça desta lição!"

VOCÊ TEM UM HERÓI?

Uma pessoa ou personagem que admira? Pode ser um atleta, músico, escritor — ou até um personagem de desenho animado. Admirar pessoas não é problema — especialmente as que fazem grandes conquistas ou boas ações. Mas Jesus deve ser o exemplo supremo para seguirmos. Quando se perguntar qual o certo a fazer, pense no que Ele faria. Jesus jamais o levará ao mau caminho.

FAÇA DE JESUS O SEU HERÓI

VERSÍCULO-CHAVE

Conservemos os nossos olhos fixos em Jesus…
—HEBREUS 12:2

24 de novembro

LEITURA:
HEBREUS 6:11,12; 12:1,2

É PRECISO PERSISTIR

Durante uma semana, todas as tardes, Renato pegava seus lápis, tintas e cartolina assim que chegava da escola. "Quero vencer o concurso de arte que a biblioteca está promovendo," disse à mãe. "Amo desenhar."

No dia do julgamento, ele esperou ansioso pela decisão dos juízes. Finalmente chegaram a uma conclusão e um deles colocou a fita de terceiro lugar num dos cartazes. Não era o de Renato. O prêmio de segundo lugar foi para outro cartaz, que também não era o dele. A ansiedade cresceu. Enfim um juiz pegou a fita do primeiro prêmio, andou até um cartaz e a prendeu. Renato piscou para segurar as lágrimas ao notar que não havia ganhado nada.

"Como foi o concurso?", o pai perguntou ao chegar do trabalho.

"Horrível! Não ganhei nada," Renato reclamou. "Vou desistir de desenhar."

"Mesmo?", o pai estranhou. "Hoje no trabalho, os caras estavam falando do Pelé. Sabe quem é ele?"

"Claro," ele respondeu. "Foi um famoso jogador de futebol."

"Isso mesmo," o pai falou. "Ele fez mil gols durante sua carreira, mas sabia que também bateu para fora muitas vezes?"

"Foi?", o menino perguntou.

"O que fez dele um ótimo jogador, foi continuar, enquanto outros teriam desistido," falou. "É preciso persistência em tudo… seja com a bola, seja desenhando."

"Acho que você está dizendo que não devo desistir, não é?" Renato perguntou com um suspiro.

O pai sorriu. "Você não ganhou um prêmio, mas precisa deixar isso para trás e esquecer," falou. "Gosta de artes e parece ter talento. Quem lhe deu esse dom foi Deus. Em vez de desistir, devia usá-lo."

"Bem…", Renato hesitou. "O comitê de missões quer que as turmas da Escola Dominical ajudem a arrumar e decorar o salão para a conferência. Talvez eu deva pensar nisso."

"Ótimo!", o pai disse. "Deus fala que a paciência 'sem desânimo' é uma qualidade que devemos cultivar. Usar seu talento para essa conferência missionária vai ajudar."

VOCÊ CONTINUA TRABALHANDO PACIENTEMENTE…

…nas tarefas que Deus coloca à sua frente? Às vezes pode achar que é muito trabalho e que as coisas não seguem a direção que você quer, mas não desista. Continue trabalhando para aprimorar e usar os seus talentos para o Senhor. Talvez você não ganhe prêmios aqui na terra, mas eles duram pouco. Use os seus dons para ganhar um prêmio eterno dado por Deus quando o seu trabalho na terra terminar.

CONTINUE TENTANDO PACIENTEMENTE

VERSÍCULO-CHAVE

…continuemos a correr, sem desanimar, a corrida marcada para nós.
—HEBREUS 12:1

25 de novembro

LEITURA:
HEBREUS 1:10-12; 13:8

CASA DE ESPELHOS

Quando Miguel terminou de comer a maçã do amor no parque, a mãe olhou para o relógio. "Está quase na hora de ir para casa," falou. "Temos tempo de fazer mais uma coisa. O que será?"

O menino olhou para os lados, tentando decidir a última coisa que faria antes de ir embora. À frente viu as luzes da montanha-russa piscando. À direita, os carrinhos bate-bate vermelhos, circulando ao som da música. À esquerda, viu um prédio grande. "Cada de Espelhos," leu no letreiro sobre o prédio. "É isso, mãe. Quero ir ali."

"Certo," ela concordou. "Então vamos para a Casa de Espelhos."

Após comprar os ingressos, Miguel e sua mãe passaram por um corredor estreito e escuro. Ele entrou na primeira sala pequena e correu para o espelho. "Mãe, olha eu nesse espelho," falou. "Pareço mais alto do que uma girafa."

"Eu também," a mãe disse e ambos riram.

O menino andou para a esquerda a apontou. "Naquele, pareço mais gordo do que um hipopótamo!"

"Uau!", ela falou. "Então vou ficar longe dele!"

Os dois passaram por todas as salas e corredores. Riram de cada mudança e distorção que viam. "Foi divertido!" Miguel disse quando saíram do prédio. "Podemos ir de novo?"

A mãe balançou a cabeça. "Não temos tempo… mas sabe o que aqueles espelhos me fizeram pensar?"

"Ah… provavelmente está feliz em não ter que limpar todos eles," sugeriu.

"Isso também," ela riu, "mas… pensei que podemos deixar as circunstâncias distorcerem nossa imagem de Deus." Miguel pareceu não entender. "Vejamos… como posso explicar?", ela continuou. "Quando acontecem coisas que consideramos boas, achamos que o Senhor está sendo bom e generoso. Se as situações são ruins, podemos nos questionar se Ele realmente cuida de nós. Mas não devíamos usar os acontecimentos como um espelho para ver como Deus é. O maravilhoso é que Ele nunca muda. O Senhor sempre nos ama e precisamos confiar nele, não importa o que acontecer em nossa vida. Entendeu?" Miguel concordou pensativo.

OS ACONTECIMENTOS MUDAM A SUA OPINIÃO SOBRE DEUS?

Quando as coisas vão bem, você o vê como um Deus amoroso e cuidadoso? E quando elas vão mal ou não do jeito que você quer, se pergunta se Jesus o ama mesmo? Ele o ama. Lembre-se de que o Senhor é sempre o mesmo. Ele não muda. Então confie que Deus se importa com você o tempo todo.

DEUS NÃO MUDA

VERSÍCULO-CHAVE

…Eu sou o Senhor e não mudo…
—MALAQUIAS 3:6

26 de novembro

LEITURA:
JOÃO 14:1-6;
1 TIMÓTEO 2:5,6

SINCERAMENTE ERRADO

"Mas conhecemos muita gente boa," Daniel argumentou um dia. Ele e a irmã, Diana estavam passando a semana com os tios e conversavam sobre como chegar ao céu. "Conhecemos pessoas que frequentam igrejas diferentes e que tem outras ideias," continuou, "mas acreditam sinceramente em sua religião. Nosso pastor diz que o importante é ser sincero."

"Não é o que a Bíblia fala," Tio Paulo respondeu. "Ela diz que somente quem aceitou Jesus vai para o céu."

"Não acredito que os nossos amigos não estarão lá. São ótimas pessoas," Diana insistiu. O irmão concordou e nada que o tio falasse, os faria mudar de ideia.

Naquela noite, Diana ouviu um gemido vindo do quarto de Daniel, e foi ver o que era. "Ah," ele gemeu, "minha barriga! O que eu faço?"

"Você comeu demais," ela falou. "Eu também. Mas tia Elza me deu um pouco daquela coisa rosa que usamos lá em casa. Por que não toma também? Está na bancada do banheiro."

Daniel foi até o banheiro, encontrou um frasco e tomou uma colherada. Então tentou dormir, mas logo desistiu. Chamou a irmã. "Acho que aquele remédio me fez piorar."

"Tomou a coisa rosa?", ela perguntou.

"Rosa?", ele gemeu. "Acho que era branca. Estava na bancada, como você disse."

Diana correu até o banheiro para ver o que o irmão tinha tomado. Era loção hidratante. Ela chamou a tia e explicou o que tinha acontecido. "Não acho que fará mal, Daniel," a tia disse, "mas vamos falar com o médico."

No dia seguinte, Daniel estava pensativo. "Agora entendi o que quis dizer sobre as pessoas que não vão para o céu, mesmo sendo sinceras," falou quando o tio se aproximou. "Acreditei que aquela coisa que tomei ontem faria eu me sentir melhor, mas não adiantou." Suspirou. "Percebo que é bobagem achar que não importa no que acreditamos, desde que sejamos sinceros."

"É verdade," o tio concordou. "Você errou sinceramente sobre o remédio, não é? Foi bem ruim, mas é muito pior estar sinceramente errado sobre o caminho para o céu. Jesus é o único caminho."

VOCÊ TAMBÉM PENSA QUE A RELIGIÃO NÃO IMPORTA...

...que o que pratica ou acredita é suficiente? Pensa que todos que fazem sinceramente o seu melhor vão para o céu? A Bíblia diz que isso não é verdade. Jesus fala do lugar especial que Ele está preparando — o céu, onde habita Deus o Pai. Jesus diz que Ele é o único caminho para chegar lá. Não há outro. Aceite Jesus hoje.

VOCÊ PODE SER SINCERO, MAS ESTAR ERRADO

VERSÍCULO-CHAVE

...Eu sou o caminho [...] ninguém pode chegar até o Pai a não ser por mim.
— JOÃO 14:6

27 de novembro

LEITURA:
2 TIMÓTEO 3:14-17

INSTRUÇÕES

Stela riu depois de rasgar o papel do presente de aniversário que ganhou dos pais. "Ah, obrigada!" falou e abraçou os dois. "Queria muito uma bicicleta, mas não podia imaginar o que tinha dentro dessa caixona! Não sabia que as bicicletas vinham em caixas."

O pai riu. "Vêm, quando se compra as que precisam ser montadas," falou, "e agora terei que fazer isso. Pode me ajudar?"

"Claro!", ela exclamou e foi com o pai para a garagem. "Aqui estão as instruções," Stela disse.

O pai olhou distraidamente para o papel enquanto tirava as peças da caixa. "Obrigado, querida," falou, "mas não acho que vou perder tempo lendo tudo isso. Deve ser bem fácil." Ele se concentrou na tarefa, organizando as partes e juntando muitas peças grandes e pequenas. Depois de um tempo, o pai balançou a cabeça. "Não parece estar certo," falou.

Nessa hora, a mãe chegou. "O jantar está pronto," disse. Olhou para as peças no chão. "Como está indo?"

"Nada bem," o pai suspirou. "Volto após o jantar. Vamos comer."

Depois da refeição, o pai olhou para Stela e riu. "Acho que eu devia ter lido o papel que você me mostrou," disse. "Perdi muito tempo tentando montar sua bicicleta sem usar as instruções do fabricante." Então acrescentou, "Fico me perguntando quanto tempo todos nós perdemos tentando viver o dia a dia, sem ler e seguir as instruções do nosso fabricante."

"Nosso fabricante?", a menina perguntou. "O que quer dizer?"

O pai sorriu. "Falo de Deus," disse. "Ele nos fez, e Seu livro de instruções — a Bíblia — nos dá conselhos sobre a vida diária, o casamento, a criação de filhos, o uso do dinheiro e todo tipo de coisa. Devemos usá-la todos os dias." Ele pegou a Bíblia da família na prateleira da sala de jantar. "Vamos ler um pouco juntos agora," acrescentou.

Após ler e comentar diversos versículos, Stela e o pai voltaram para a garagem. Dessa vez, o pai seguiu as instruções.

VOCÊ LÊ AS INSTRUÇÕES DE DEUS TODOS OS DIAS?

O Senhor criou você e sabe como sua vida deve funcionar. Ele lhe dá instruções sobre muitos assuntos. Quando tiver dúvidas sobre o que fazer em determinada situação, ou como lidar com um problema, descubra em Sua Palavra o que Deus fala a respeito. Decida agora ler as instruções do Senhor — a Bíblia — todos os dias. Familiarize-se com as orientações que Ele tem para você em Sua Palavra.

USE SUA BÍBLIA TODOS OS DIAS

VERSÍCULO-CHAVE

...toda a Escritura Sagrada [...] é útil para ensinar a verdade...

—2 TIMÓTEO 3:16

28 de novembro

LEITURA:
SALMO 100

A GRAMA NÃO É MAIS VERDE

"**N**enhuma das minhas amigas precisa comer o que não gosta!" Emília reclamou quando a mãe insistiu que comesse um pouco de cenouras. "E por que nunca posso ver nada bom na TV? Outros pais acham legais os programas que vocês não me deixam assistir." Na hora de ir para cama, reclamou novamente. "Não posso ficar mais tempo acordada? Ninguém tem que ir para cama tão cedo."

A mãe suspirou. "Não pode ser grata em vez de viver reclamando?", perguntou. "Você precisa aprender que a grama do vizinho não é mais verde."

"A grama não é mais verde?", ela disse. "Não entendi."

"É um antigo ditado — a grama do vizinho é mais verde. Ele vem das vacas, que sempre tentam passar pela cerca para pastar do outro lado," a mãe sorriu e explicou. "Quando conseguem, normalmente descobrem que a grama dos dois lados da cerca é igual. Como as vacas, pessoas tendem a achar que os outros vivem de um jeito melhor."

"Bem, todo mundo faz melhor," Emília murmurou. "Queria poder viver como as outras crianças."

Alguns dias mais tarde, a mãe caiu e torceu o tornozelo. "O médico falou que ela precisa de repouso uns dias," Emília contou quando estava na casa de Tina, no dia seguinte.

"Poderia ficar aqui conosco," a mãe da amiga falou. "Será mais fácil para sua mãe. Se quiser, posso ligar para ela e perguntar agora." As duas meninas gostaram muito da ideia, e a mãe de Emília concordou.

Quando a mãe pôde andar novamente, Emília parecia feliz em voltar para casa. "Como foi comer só seus pratos favoritos?", ela perguntou. "E espero que não tenha ficado acordada até muito tarde todas as noites, vendo programas de TV escandalosos."

"Ah, não, mãe," a menina garantiu. "A família inteira vai para cama cedo, e tínhamos que comer de tudo — até cenouras. A família da Tina é muito legal, mas não é mais legal do que aqui em casa." Ela riu. "Você estava certa: a grama do vizinho não é mais verde."

NO DIA DE AÇÃO DE GRAÇAS, VOCÊ AGRADECE...

...por sua própria grama? Ou as coisas parecem melhores do outro lado? Lembre-se de que os outros provavelmente acham que você está bem — e estão certos! Pense em todas as coisas boas que Deus lhe deu. Tente listá-las. Como diz a música, se contar suas bênçãos, "ficará surpreso o quanto Deus já fez." Hoje, e todos os dias, agradeça sinceramente ao Senhor por tudo o que Ele lhe dá.

SEJA GRATO POR TUDO O QUE VOCÊ TEM

VERSÍCULO-CHAVE

...Louvem a Deus e sejam agradecidos a ele.

—SALMO 100:4

29 de novembro

LEITURA:
2 CORÍNTIOS 6:14-18

AS MANCHAS

"**N**ão sei por que não posso ver TV hoje na casa da Patrícia." Marta continuou a argumentar enquanto arrumava a mesa. "Como isso vai me afetar?"

A mãe suspirou. "Vou repetir: Patrícia e suas amigas vão a lugares e fazem coisas que os cristãos devem evitar. Elas têm maus hábitos, querida, e se você…".

"Ah, já sei o que você vai dizer," a menina interrompeu. "Já ouvi isso antes. Mas como posso trazê-las para o Senhor se não for amiga delas?"

"Ser amigável é uma coisa. Passar tanto tempo juntas, sem supervisão, é outra." A mãe olhou para o relógio. "Chame os gêmeos para jantar, por favor."

Minutos depois, Marta e os gêmeos entraram na cozinha, seguidos do pai. "Ah, não! Olhem só vocês!", a mãe reclamou. "Tomaram banho antes do cochilo, e já estão imundos!"

"A gente estava brincando com Bufão." Sérgio, de 3 anos, riu. "Ele estava sujo de lama." O pai e Marta riram e foram ajudar os gêmeos a se lavarem.

"Patrícia quer que eu vá na casa dela hoje ver TV," ela falou, evitando o olhar da mãe "Posso ir, pai?"

"Patrícia não é aquela menina que veio aqui com a Jane e a Elena?", o pai perguntou. "Se me lembro bem, ficou se gabando de furtar no *shopping*, e usava uma linguagem pesada, não é? Acho que não confio nos programas de TV que ela escolhe."

"Ela é legal, pai. Se for lá hoje, talvez possa lhe falar sobre Jesus."

O pai olhou para a filha. "Quando os gêmeos foram brincar, estavam limpos. Bufão não estava. Quando brincaram, Bufão ficou limpo, ou os gêmeos ficaram sujos?"

"Eles ficaram sujos, claro," ela respondeu franzindo a testa.

"Isso mesmo," o pai falou, "por que a sujeira, não a limpeza, mancha. Queremos que você traga Patrícia e suas amigas para o Senhor, mas não pode fazer isso 'brincando na sujeira' com elas — se juntando a elas em atividades que são erradas, como assistir aos programas ruins. De certa forma, a influência delas vai manchar você. Precisamos ser mais parecidos com Jesus, não com incrédulos. Certo?"

Marta suspirou, mas concordou. "Certo."

VOCÊ TENTA TESTEMUNHAR PARA OUTROS...

...se unindo a eles nas coisas ruins que fazem para mostrar que é igual a eles? Essa não é a maneira de Deus. Seu caminho é ser diferente. Você deve ser agradável e simpático com todos, mas deve passar a maior parte do tempo com quem crê em Jesus. Deixe que as crianças incrédulas vejam que você se diverte fazendo as coisas certas. Seu testemunho é melhor ao mostrar como é bom ser cristão.

NÃO PODEMOS TESTEMUNHAR AO FAZERMOS ALGO ERRADO

VERSÍCULO-CHAVE

...purifiquemos a nós mesmos de tudo o que torna impuro o [...] corpo...

–2 CORÍNTIOS 7:1

30 de novembro

LEITURA:
ROMANOS 12:6-8

A ESTRELA

Nicolas bateu a porta quando chegou em casa. Seu cão correu para cumprimentá-lo, mas ele o afastou. "Para lá, Bozo! Não estou no clima."

"Nicolas!", a mãe falou. "Lamento se o seu dia não foi tão bom, mas não deve agir assim! Qual o problema?"

"Ah, é aquela peça que vamos ter na escola! Não é justo," ele reclamou. "Nunca fico com um dos papéis importantes."

"Bem, qual o seu papel?", ela perguntou.

"Nenhum!" Nicolas reclamou. "Por que não posso ser a estrela uma vez? Tudo o que vou fazer é dirigir a equipe que trabalha no cenário."

"Bem, você tira muitos dez em artes," a mãe lembrou. "Muitas crianças amariam poder desenhar como você." O menino deu de ombros e saiu da sala.

Enquanto trabalhava no cenário nas semanas seguintes, ele fervilhava de ciúmes. Ficou feliz quando a peça acabou.

Alguns dias mais tarde, estava se divertindo patinando, quando... "Ai! Isso dói!", gritou. Tinha caído e quebrado o punho.

No início ficou orgulhoso do gesso que o médico colocou em seu braço, mas logo ficou impaciente. "Mãe, não consigo amarrar meus sapatos, abotoar minha camisa ou escrever qualquer coisa legível!", reclamou.

"Eu sei," ela respondeu, ajudando-o com a blusa. "Nicolas, lembra-se de quando queria ser a estrela da peça da escola, mas foi escolhido para desenhar o cenário?"

"Claro," ele falou. "A peça acabou na semana passada."

"Estava pensando... você não funciona bem sem seus dedos, não é?", a mãe perguntou e o menino balançou a cabeça. "Bem, o cenário era tão necessário para a peça, como seus dedos são para você," disse. "Aquela peça não seria tão boa sem a sua contribuição. Nem todas as crianças poderiam ser a tal estrela do show."

Nicolas suspirou. "Acho que não."

"A Bíblia diz que temos dons especiais, ou talentos, e Deus quer que usemos para o bem," continuou. "Uns são estrelas em certas coisas, e outros, em outras. O importante é desenvolver e usar seus talentos de forma a honrar o Senhor. Pense nisso."

VOCÊ QUERIA FAZER ALGO TÃO BEM QUANTO OUTRO FAZ?

Talvez cantar tão bem quanto um amigo? Praticar esportes tão bem como um colega? Ser capaz de falar em público? Não tenha medo de tentar diversas coisas e descobrir o que gosta e no que é bom. E daí, desenvolva as habilidades que Deus lhe deu. Não perca tempo desejando um dom diferente. Todos os talentos dados por Deus são importantes. Use os seus para servir o Senhor.

DESENVOLVA E USE OS SEUS TALENTOS

VERSÍCULO-CHAVE

...usemos os nossos [...] dons de acordo com a graça que Deus nos deu...
—ROMANOS 12:6

1.º de dezembro

LEITURA:
JOÃO 20:24-29

INVISÍVEL

"**M**ãe! Meu braço!" Bruno gritou ao entrar na cozinha. "Está sangrando muito! Caí da bicicleta e acertei aquela janela da lateral da garagem."

A mãe olhou para o braço. "Meu carro está na oficina, mas vamos chamar ajuda," falou, pegando o telefone para ligar para o serviço de socorro. Enquanto falava, pressionou uma toalha com força contra o corte.

Logo escutaram a sirene e a ambulância chegou. Acompanhado da mãe, Bruno foi levado ao hospital. Um médico examinou a ferida e começou uma transfusão de sangue quase imediatamente.

"Você perdeu muito sangue, meu jovem, mas vai ficar bem," disse o Dr. Nelson com um sorriso. "Este sangue salvou sua vida."

Nos dias seguintes, Bruno pensou várias vezes sobre o que o médico tinha dito. "Eles me deram o sangue de alguém que salvou a minha vida," falou para a mãe um dia. "De quem era o sangue? O Dr. Nelson falou?"

"Não sei, mas gostaria de saber: Queria poder agradecer," a mãe respondeu, "mas ele veio de um banco de sangue. Parece estranho, não é? Saber que aquele sangue que veio de alguém que você nunca viu, salvou a sua vida!"

O menino concordou. Pensando nisso, lembrou-se do dia em que foi à Escola Dominical com o seu amigo Mateus. O professor falou algo assim, Bruno pensou. "Quem nos salva é Jesus," ele havia explicado. "Seu sangue lava os nossos pecados. Se não fosse por Jesus e Sua morte na cruz, não teríamos a esperança de ir para o céu."

"Não entendo," Bruno disse a Mateus depois da aula. "Como o sangue de Jesus pode me ajudar? Ele viveu séculos atrás. Nunca o vi!"

"Você pode acreditar sem vê-lo," Mateus respondeu. "Eu acredito."

Mateus estava certo! Bruno pensou. Se o sangue de alguém que eu nunca vi pôde salvar a minha vida aqui na terra, acho que o sangue de alguém que nunca vi pode me levar ao céu também. Posso acreditar em Jesus, mesmo não o vendo. Tinham conversado sobre isso há um tempo. Vou falar com Mateus de novo, Bruno decidiu, e vou falar sobre isso com a mamãe também.

VOCÊ GOSTARIA DE PODER VER JESUS?

Muitas pessoas o viram, não apenas enquanto Ele viveu na terra antes de morrer na cruz, mas também depois que Ele ressuscitou dos mortos. Ele está vivo. Mesmo que você não possa ver, pode conhecê-lo. Não é preciso ver Jesus para crer nele.

CREIA EM JESUS

VERSÍCULO-CHAVE

...Felizes são os que não viram, mas assim mesmo creram!

—JOÃO 20:29

2 de dezembro

LEITURA: 1 TESSALONICENSES 4:13-18

ADEUS POR ENQUANTO

"Vovô, pode me levar para casa?", Emília pediu. "Estou cansada." Ela e a irmã Tânia estavam na casa dos avós fazendo biscoitos.

Tânia, que misturava os ingredientes, disse. "Não quero ir agora! Acabamos de chegar."

"Mas não estou me sentindo bem," Emília respondeu, sentando.

"Levo você," o avô falou. "Tânia pode ficar, e quando estiver pronta, a levo também."

O avô e Emília saíram de carro. Tinham andado apenas algumas quadras, quando um motorista ultrapassou o sinal vermelho e os atingiu no lado do passageiro. O avô não ficou muito ferido, mas a menina foi levada para o hospital.

"Ela vai ficar bem?" Tânia perguntou aos prantos, quando foi ver a irmã.

"Vamos orar por ela," a mãe respondeu. Mas Emília morreu um dia depois.

As semanas seguintes foram difíceis para Tânia, que não conseguia dormir, comer, e chorava todos os dias. "Sinto tanta falta dela!", soluçou uma noite.

"Eu sei," o pai falou, sentado ao seu lado na cama. "Eu e sua mãe também — só Deus sabe o quanto! Mas Emília está muito feliz com Jesus agora." Ele a abraçou. "Sentimo-nos tristes," continuou, "mas temos o conforto que aqueles que não conhecem a Jesus, nunca terão."

"Lembra-se de quando ela foi para o acampamento no verão passado?", a mãe disse. "No início fiquei preocupada. Sabe o que me deixou melhor, Tânia?", a menina balançou a cabeça. "Foi você," a mãe disse. "Você me lembrou que Emília tinha muitos amigos e amava atividades ao ar livre. 'Ela amará o acampamento,' você disse, e eu sabia que estava certa. Ao perceber que ela estava feliz lá, me senti melhor." A mãe fez uma pausa. "Agora é mais ou menos assim," continuou. "Sei que ela está feliz no céu, e isso me ajuda a melhorar quando a tristeza parece ser demais."

"Mas o acampamento durou só um pouco," Tânia chorou. "A gente sabia que ia vê-la de novo."

"Sim, mas a situação é a mesma," a mãe disse. "Dissemos adeus por enquanto — mas como temos Jesus como nosso Salvador, um dia estaremos com ela no céu."

VOCÊ ESTÁ TRISTE PORQUE ALGUÉM QUE AMA MORREU...

...e foi para o céu? É natural ficar triste porque sente saudades daquela pessoa, mas sinta-se confortado também quando perceber que ela está feliz com Jesus. E se você conhece Jesus também, pode esperar ver seu ente querido novamente um dia.

OS CRISTÃOS SE ENCONTRARÃO NOVAMENTE

VERSÍCULO-CHAVE

Não fiquem tristes como [...] aqueles que não têm esperança.
—1 TESSALONICENSES 4:13

ADEUS POR ENQUANTO 2

3 de dezembro

LEITURA:
SALMO 147:1-5

"Sinto falta da Emília," Tânia chorou. Ela sabia que veria a irmã um dia, mas ainda lutava para aceitar o fato de que a irmã tinha morrido. Secando as lágrimas, continuou. "Deus não se importa com o nosso sofrimento? Sei que minha irmã está feliz no céu, mas por que o Senhor não deixou ela ser feliz com a gente? O Natal é daqui a algumas semanas, mas sem Emília, não será um dia feliz."

"Eu sei, querida," o pai abraçou a filha, "mas talvez a gente precise do Natal para compreender que Deus não nos dá nenhum sofrimento que Ele mesmo não teve. Afinal, comemoramos o Natal porque Deus se dispôs a dizer adeus a *Seu* Filho. Ele entende o nosso sofrimento."

"É verdade," a mãe concordou. "No Natal nos alegramos por nosso Salvador ter vindo ao mundo. Ele nos dá o caminho para nossos pecados serem perdoados e irmos para o céu. Então, para nós, é um momento feliz. Vamos comemorar com uma bela decoração, festa e presentes. É um dia de alegria. Mas o primeiro Natal — quando Jesus nasceu — deve ter sido doloroso para Deus."

"E quando Jesus cresceu," o pai concordou. "Embora Ele amasse as pessoas, muitas o odiavam, e no final, cuspiram, bateram e o crucificaram. Deus permitiu, mesmo sofrendo muito."

"Mas por que Deus deixou que fizessem tudo aquilo?" Tânia perguntou. "Por que Ele não os deteve?"

"Ele poderia," o pai respondeu, "mas sabia que precisávamos de um salvador, então Jesus se dispôs a assumir o castigo pelos nossos pecados. Podemos ir para o céu um dia, porque Deus deixou isso acontecer. Por esse motivo, Emília pode estar no céu hoje, e podemos esperar vê-la de novo."

"*Nós* dissemos adeus a Emília e, de certa forma, *Deus* disse adeus a Jesus, que deixou a glória celeste para vir à terra," a mãe completou. "Neste Natal vamos nos lembrar de que Deus entende a dor da saudade que sentimos dela."

"Nunca tinha pensado nisso," Tânia disse lentamente. "Quando ficar triste, vou lembrar-me de que Ele realmente entende e se importa."

VOCÊ ESTÁ MAGOADO POR ALGO QUE LHE ACONTECEU?

Pensa que ninguém entende o que está passando? Deus entende. Ele quer confortá-lo. Confie nele, mesmo quando não compreender porque algumas coisas acontecem. Todos ficam tristes às vezes — você não evitará isso. Mas pode confiar em Deus. Ele sabe como você se sente. Conforte-se ao lembrar que o Senhor entende e se importa.

DEUS ENTENDE E SE IMPORTA

VERSÍCULO-CHAVE

Deus [...] é grande e poderoso; a Sua sabedoria não pode ser medida.
—SALMO 147:5

4 de dezembro

LEITURA: NEEMIAS 8:1-8

POR UMA BÍBLIA

"Oi vovô!", Ângela disse entrando na sala num domingo, depois da igreja. "Mamãe o chamou para vir almoçar com a gente?" Ela jogou sua revista de Escola Dominical e a Bíblia no braço de uma poltrona e foi até a estante. "Tem algum livro que eu possa ler esta tarde?"

A menina viu o avô franzir a testa quando a Bíblia escorregou para o chão. Ele a pegou em silêncio e foi olhar os livros. "Vai gostar deste," o avô sugeriu, puxando um livro. "Estou pronto. Vamos?"

Naquela tarde, Ângela leu o livro que o avô escolheu. Era a história de Mary Jones, uma garota inglesa dos anos 1700, que orava fervorosamente para ter uma Bíblia. *Uau! Pensou a menina. Será que ela conseguiu?* Continuou lendo, e descobriu que uma escola foi aberta e Mary aprendeu a ler. *Mas ainda não tinha uma Bíblia*, pensou. A história prosseguiu, contando que aos 16 anos, Mary Jones soube de alguém que vendia Bíblias numa cidade a 40 quilômetros de onde morava. *Como posso conseguir uma?* Mary se perguntou. *Já sei! Vou andando.* Ela pediu permissão aos pais, pegou todo o dinheiro que tinha, andou até a cidade e comprou uma Bíblia. A viagem de 40 quilômetros de volta pareceu curta, perto da alegria de levar sua Bíblia para casa.

Ângela levantou os olhos. "Que tal o livro?", o avô perguntou.

"Essa menina andou 40 quilômetros para comprar uma Bíblia, e teve que voltar!", ela disse. "Foram *80* quilômetros por uma Bíblia!"

"O quanto você andaria por uma?", o avô quis saber. A menina não sabia o que responder ao olhar sua Bíblia sobre a mesa. "Temos tantas, que acho que não damos tanta importância à Palavra de Deus, como Mary dava," o avô continuou. "Acabamos sendo descuidados e muitas vezes não a lemos como deveríamos."

"Foi por isso que escolheu este livro, não é?", a neta perguntou. "Lembrar-se da história desta garota vai me ajudar a cuidar melhor da minha Bíblia."

VOCÊ RESPEITA E HONRA A PALAVRA DE DEUS?

As pessoas da leitura bíblica de hoje não puderam ouvir a Palavra de Deus durante muitos anos e, quando a leram, honraram o Senhor e demonstraram respeito. Até hoje, em alguns países muitas pessoas não têm o privilégio de possuir ou ler uma Bíblia. Seja cuidadoso. Agradeça a Deus pela sua. Manuseie-a com carinho e, mais importante, use-a: leia, pense sobre o que ela diz, e a obedeça.

TRATE SUA BÍBLIA COM RESPEITO E A USE

VERSÍCULO-CHAVE

Que a mensagem de Cristo [...] viva no coração de vocês!...

—COLOSSENSES 3:16

5 de dezembro

LEITURA:
SALMO 66:16-20

LEVE O LIXO PARA FORA

"Papai ainda não chegou?", Paulo perguntou uma tarde. "O Sr. Walter, da loja de ferragens, está procurando alguém para ajudar a varrer e limpar durante mais ou menos uma hora, todos os dias depois da escola. Ele disse para eu falar com papai, e se ele deixar, o emprego é meu!"

A mãe sorriu. "Seu pai vai chegar logo — mas antes que ele chegue, é melhor levar o lixo para fora," ela falou. "Deveria ter feito isso ontem, e ele falou novamente hoje de manhã, mas o lixo ainda está lá."

"Ah, está," o menino concordou, tirou o casaco e foi para o quarto.

Um pouco depois, Paulo escutou o pai chegar e correu para a cozinha. "Pai," ele disse, "preciso falar uma coisa com você."

"Certo," o pai respondeu, "mas vejo que ainda não levou o lixo para fora. Faça isso primeiro." O pai foi lavar as mãos.

Quando ele voltou, Paulo tentou novamente, "Pai, tenho a chance de conseguir um emprego…".

O pai levantou a mão. "Espere," falou. "Vejo que o lixo ainda está aqui."

"Eu sei," o menino respondeu impaciente. "Vou levar num minuto, mas…".

"Você já teve muitos minutos," o pai disse e começou a ler o jornal.

"Pai, não podemos conversar?", reclamou Paulo.

"Podemos, assim que levar o lixo para fora," o pai respondeu num tom sério.

O menino ficou em silêncio, e então rapidamente foi cuidar do lixo. "Pronto — Desculpe não ter feito antes," falou ao terminar. O pai sorriu e baixou o jornal para escutar o que o filho tinha a dizer sobre a oportunidade de trabalho.

Naquela noite, mais tarde, durante a devocional da família, o pai pediu que Paulo lesse o Salmo 66. (Veja a leitura de hoje.) Quando terminou, o menino riu. "Entendi o que ele diz quando fala que Deus não vai nos ouvir se tivermos o pecado em nosso coração," falou. "Foi como você, pai. Não ia me escutar até que eu levasse o lixo para fora — e o Senhor não vai nos ouvir também, até nos livrarmos do lixo do pecado em nossa vida."

DEUS O OUVE QUANDO VOCÊ ORA?

Você está agarrado a um pecado — como colar, praguejar, desobedecer ou mentir? Livre-se dele. Talvez o Senhor esteja dizendo, "leve o lixo para fora." Deus quer que converse com Ele, pois o escuta quando você ora. Mas não espere que o Senhor responderá se continuar a desobedecê-lo e preso ao pecado. Procure em seu coração e livre-se de qualquer pecado que encontrar. Confesse a Deus e peça-lhe perdão.

CONFESSE E ABANDONE O PECADO

VERSÍCULO-CHAVE

...se eu tivesse guardado maus pensamentos [...] não teria me ouvido.
—SALMO 66:18

6 de dezembro

LEITURA:
1 CORÍNTIOS 13

FALAR A VERDADE

Laura estava com um olhar triste quando entrou na cozinha. "Problemas, querida?", a mãe perguntou.

"Ah, só estou cansada da Maria querer dar ordens!", ela reclamou. "Às vezes queria não ter me preocupado em ser amiga dela."

"É a garota nova da sua turma, não é?", a mãe perguntou. "Acho bom que tenha sido simpática com ela. Devia ajudar as crianças novas a se enturmarem."

"Eu sei," Laura falou, "mas desde que me aproximei e a incluí em nossas brincadeiras, ela decidiu se tornar a Diretora do Pátio. Vive dando ordens em todo mundo," reclamou. "As meninas tentaram ser legais e participar de suas brincadeiras, mas estão ficando cheias disso. A maior parte nem brinca mais com ela."

"E você?", a mãe perguntou.

"Brinco," Laura respondeu, "mas quando ela reclamou hoje que as meninas prefeririam brincadeiras bobas no lugar das *dela*, eu disse que preferia ficar com elas. A Maria ficou furiosa." Ela suspirou. "Eu… bem, queria muito mostrar isso a ela, mas não falei mais nada."

"Acho que foi sábio — mas a Bíblia diz para falar a verdade," a mãe falou.

"Quer dizer que eu devia ter dito que ela é egoísta e mandona?", Laura engasgou.

"Não exatamente," a mãe sorriu, "mas vá dar uma olhada em Efésios 4:15."

Laura pegou sua Bíblia e voltou para a cozinha. Achou o versículo e leu lentamente. "…falando a verdade com espírito de amor, cresçamos em tudo até alcançarmos a altura espiritual de Cristo, que é a cabeça." A menina estranhou. "Falando a verdade com espírito de amor," repetiu. "Como posso fazer isso?"

"Sua atitude quando falar com Maria deve ser amorosa, não azeda ou acusadora," a mãe respondeu. "Tente explicar calmamente por que ela está perdendo todas as amigas, e ajude-a a perceber que todos querem poder decidir o que fazer. Certo?", Laura concordou. "Não será fácil," a mãe continuou, "mas peça ajuda a Deus para dizer o que Ele quer, do jeito que Ele quer. Eu e seu pai estaremos orando por você também."

VOCÊ CONHECE ALGUÉM QUE PRECISA SABER...

…a verdade sobre si mesmo? Pode fazer isso "com amor"? Não basta falar diretamente. Ore sobre o problema; leia novamente 1 Coríntios 13 para saber mais sobre o amor; decore o versículo-chave de Efésios 4:15. Então, se tiver a certeza de que o Senhor quer que mostre um defeito para alguém, faça isso amorosamente — não com o espírito crítico, mas apenas se for para ajudar.

FALE A VERDADE EM AMOR

VERSÍCULO-CHAVE

…falando a verdade com espírito de amor, cresçamos em tudo...
—EFÉSIOS 4:15

FALAR A VERDADE 2

7 de dezembro
LEITURA:
PROVÉRBIOS 1:1-5

Maria estava sentada sozinha nos degraus vendo um grupo de garotas brincando quando Laura chegou. A menina sentou-se ao seu lado, e Maria revirou os olhos. "Achei que você iria brincar daquele jogo bobo com elas," falou cinicamente. "Vai lá. Não ligo se ninguém gosta de mim. Também não gosto delas!"

Silenciosamente, Laura pediu ajuda ao Senhor para encontrar as palavras certas. Então respirou fundo. "Por que está sentada sozinha?", perguntou. "As garotas iriam gostar que fosse brincar."

"Aquele jogo bobo?", Maria reclamou. "Conheço um mais divertido. Mas elas querem saber? Ah, não!"

"Você conhece muitas brincadeiras divertidas," Laura concordou, "e é divertido brincar com você... mas não está vendo? Os outros também gostam de escolher. Elas não desgostam de você. Apenas não querem que diga sempre o que devem fazer. Então, vem brincar com a gente. Acho que vai gostar, e podemos brincar do seu jogo mais tarde."

Maria hesitou. "Eu não conheço as regras," disse.

"Vamos ensinar," Laura falou se levantando. "Estou indo. Vem também."

Maria ficou olhando Laura se afastar. Tentou ficar irritada com a menina por deixá-la sozinha, mas lá no fundo sabia que ela estava certa. Talvez eu devesse ir até lá e aprender o jogo delas, pensou. Deu um suspiro, se levantou lentamente e aproximou-se do grupo. "Você pode me ensinar essa brincadeira?", pediu timidamente.

Suzana sorriu. "Claro, vem," disse. As outras meninas esperaram em silêncio enquanto ela explicava as regras a Maria. Tinham acabado de recomeçar, quando o sinal tocou para o início da aula.

No intervalo da manhã, a menina foi brincar novamente com as outras. Na hora de voltar para a sala, se aproximou de Laura. "Mal posso esperar o intervalo da tarde!", falou. "Foi tão legal!" E parou. "Você estava certa," admitiu. "Suas brincadeiras também são divertidas. Desculpe ter sido tão mandona."

"Tudo bem," Laura respondeu. "Fico feliz que tenha mudado de ideia e se juntado a nós."

ALGUÉM TENTOU LHE DIZER QUE É MANDÃO...

...egoísta, preguiçoso ou teimoso? Não fique zangado quando receber uma crítica. Agradeça a Deus pelos pais e professores que querem ajudá-lo. Agradeça a Ele por um amigo que quer — e ousa — ajudar. Pense seriamente sobre o que é dito. Peça ajuda ao Senhor para mudar as áreas de sua vida que não estão lhe agradando.

ACEITE AS CRÍTICAS CONSTRUTIVAS

VERSÍCULO-CHAVE

Estes provérbios aumentam a sabedoria dos sábios...
—PROVÉRBIOS 1:5

8 de dezembro

LEITURA:
2 CORÍNTIOS 3:2-6

VALE A PENA?

O pai de Davi pisou forte no freio quando uma caminhonete, a toda velocidade passou à sua frente. "Quase levou meu para-lama!", exclamou. "Estava vendo pelo espelho e ele vinha costurando no trânsito feito um louco."

"É daquela empresa de encanamentos da esquina da Av. Brasil com a República," o menino falou vendo a caminhonete se afastar. "Olha! Na traseira diz, 'Para um serviço rápido e educado, nos ligue.'" Davi riu e pegou seus livros, que haviam caído quando o pai freou. "Se aquela empresa conduz seu negócio do jeito que o motorista dirige, o serviço pode ser rápido, mas as pessoas não devem ser muito educadas!"

Naquela noite, à mesa do jantar, o menino contou para o resto da família sobre a caminhonete que tinham visto no caminho para casa. "Aposto que a empresa perde muitos clientes por causa do jeito que aquele cara dirige," concluiu. "Quem o vê na estrada não vai querer que trabalhe em seu encanamento."

"Acho que não!", a mãe concordou. "Possivelmente não percebe que sua forma de dirigir é uma propaganda ruim para os negócios." disse. "Acho que todos nós, às vezes, esquecemos que fazemos propaganda onde vamos, tanto com nossas ações, quanto com tudo o que falamos."

"Somos cristãos, e as pessoas estão nos observando. Quando somos gentis, é uma boa propaganda de Jesus. Mas se formos detestáveis e desonestos, manchamos a imagem dele e a nossa."

Um pouco mais tarde, a mãe virou-se para Davi. "Seu teste de matemática foi tão difícil quanto imaginava?"

"Sim, mas o pior é que os alunos tinham um plano para colar, e parecia que todo mundo estava combinado, menos Meire, Guilherme e eu. Então provavelmente vamos tirar as piores notas," ele reclamou.

"Mesmo?", a mãe questionou. "Bem, desta vez ficaremos orgulhosos, mesmo que sua nota seja baixa. É mais importante viver de acordo com as suas convicções cristãs, do que ter boas notas."

"É verdade," o pai disse. "Hoje, ao se recusar a colar, você fez uma boa propaganda de Jesus."

VOCÊ FAZ UMA BOA PROPAGANDA DE JESUS?

Se você é cristão, as pessoas devem ver que é gentil, honesto, prestativo, alegre e amigável. Elas devem perceber que você ama o Senhor e se importa com elas também. A forma como trata os outros pode fazê-los querer conhecer Jesus, ou se afastar dele. A propaganda é uma ferramenta muito poderosa. Tenha o cuidado de passar uma mensagem positiva no que você faz ou diz.

FAÇA PROPAGANDA DE JESUS

VERSÍCULO-CHAVE

...vocês são uma carta escrita pelo próprio Cristo...
—2 CORÍNTIOS 3:3

9 de dezembro

LEITURA:
HEBREUS 10:19-25

DESCULPAS BOBAS

"Está tão frio," Pedro falou ao olhar pela janela. "Precisamos mesmo ir ao coral jovem e à igreja hoje à noite? Não podemos ficar em casa, quentinhos?"

"Não acho que ir à igreja seja um sacrifício," o pai sorriu. "O carro é quente, e a igreja também."

"Miguel não vai," Pedro disse. "Acabou de me mandar uma mensagem. Falou que pode ficar doente se sair nesse clima frio. Não quero pegar um resfriado também."

"Como? Vocês não estavam preocupados em ficar doentes ontem, quando jogaram bola a tarde toda no Lago Azul?" Luiz, o irmão mais velho, perguntou.

"Eu… bem, não estava tão frio ontem," Pedro respondeu.

"Estava quase tão frio quanto hoje," Luiz disse, ligando a TV e afundando no sofá para ver o canal de esportes. "Ei, olha isto!"

A família se virou para a tela e viu um jogo de futebol em andamento. A chuva caía no campo, mas as pessoas ainda estavam lá, amontoadas e torcendo por suas equipes.

"Isso é bem interessante," a mãe comentou. "Milhares de pessoas ficam horas sentadas sob um clima ruim para ver um jogo de futebol, enquanto que outras usam a mesma desculpa do tempo frio para não ir à igreja."

"Satanás fica maravilhado com a rapidez com que achamos motivos para não aprender mais sobre o Senhor," o pai falou. "A Palavra de Deus fala claramente que não devemos parar de nos encontrar. Que precisamos da orientação da Bíblia e também do convívio cristão que temos indo à igreja."

"É." Luiz olhou para o irmão. "Vou colocar minhas botas, capa de chuva, casaco, cachecol e luvas! Vamos nos amontoar para ficar aquecidos." Ele riu. "E se nevar depois da Escola Dominical talvez possamos fazer um boneco de neve na frente do templo!"

VOCÊ INVENTA DESCULPAS PARA NÃO IR À IGREJA?

Não use a desculpa de que está muito frio ou calor demais. Descubra as atividades de que você gosta. Se gostar de cantar, entre para o coral. Se gostar de esportes, entre para a equipe ou ajude a criar uma. Você precisa do estudo bíblico da Escola Dominical e do culto, e também do convívio cristão. Muitas pessoas gostam de adorar ao lado de velhos amigos!

VÁ À IGREJA REGULARMENTE

VERSÍCULO-CHAVE

Não abandonemos [...] o costume de assistir às nossas reuniões...

–HEBREUS 10:25

10 de dezembro

LEITURA:
1 PEDRO 1:18-21

NÃO É PRECISO PAGAR

"Mãe," Carol disse um dia. "A gente devia ter um médico como este do livro que acabei de ler! Em vez de as pessoas irem ao seu consultório quando adoeciam, ele ia à casa delas. Não seria legal?"

"Há muito tempo atrás — antes de eu nascer, era assim," a mãe respondeu.

"O Dr. Barros era um médico missionário," Carol falou. "Trabalhava numa aldeia africana que não tinha médico. O livro conta a história de uma menina que ele ajudou. Ela tinha a minha idade e estava muito doente. A família era pobre e não podia pagar um médico, mas o Dr. Barros cuidou dela — e conseguiu comida para a família. Ele dizia que não precisavam pagar por nada. Era tudo de graça!"

Mauro, irmão de Carol, levantou os olhos. "De graça? Ah, você está certa — deveríamos ter um médico assim!", falou rindo, e a menina riu também.

"Mas não entendi esta parte," ela continuou. "A mãe da garota disse que era bom que ninguém mais estivesse doente, porque a maioria dos médicos não cuidaria de quem não pudesse pagar. Mas o Dr. Barros disse a ela que todos estavam doentes no pecado. Falou que precisavam melhorar espiritualmente, mas que não havia como pagar pelo tratamento." Carol fez uma pausa. "Não entendi o que é estar doente no pecado," falou.

"Acho que quer dizer que temos uma natureza pecaminosa e que não conseguimos evitar fazer coisas erradas," a mãe explicou. "É como ter uma doença incurável. Nada que eles pudessem fazer ou comprar curaria essa doença do pecado. Só Deus pode fazer isso, e Seu remédio para o pecado é de graça para quem quiser."

"Entendi!", Mauro falou. "Não podemos pagar pelo perdão, mas quando aceitamos Jesus e nos arrependemos, Ele nos perdoa. É um presente."

"Ah!", Carol exclamou. "Como o tratamento que o médico deu para aquela menina foi um presente. Sem isso, ela não teria sua saúde de volta."

"Exatamente!", a mãe concordou com um sorriso. "E falando em ficar saudável, teremos canja de galinha no jantar, então é melhor lavarem as mãos!"

VOCÊ QUER SER PERDOADO PELO SEU PECADO?

Você sabe que nada do que fará será suficiente para comprar o perdão de Deus? Jesus pagou o preço para que você fosse curado espiritualmente. Ao confiar nele, você é perdoado e Deus lhe dá a vida eterna de presente. É de graça!

A SALVAÇÃO É UM PRESENTE

VERSÍCULO-CHAVE

...o presente gratuito de Deus é a vida eterna...

—ROMANOS 6:23

11 de dezembro

LEITURA:
SALMO 97:10-12;
1 CORÍNTIOS 6:19,20

FISGADO

Rafael estava folheando sua revista de esportes quando um grito cortou o ar, em seguida outro, então outro! Ele deu um pulo e correu para a garagem, onde os dois irmãos mais novos brincavam. José segurava a vara de pescar, e o anzol estava preso na mão de Luiz.

"Fui fisgado!" Luiz gritou quando viu o irmão. "José me fisgou!" As lágrimas rolavam pelo seu rosto. "Tira isso, Rafael."

"Não queria ferir você," José gritou. "Desculpe."

"Quietos, os dois!", Rafael falou e olhou em volta. "Cadê o papai?"

Naquele momento, o pai chegou. Quando viu o que tinha acontecido, examinou a mão de Luiz, removeu cuidadosamente o anzol, desinfetou e fez um curativo na ferida. "Você vai ficar bem," falou. "Não foi profundo."

"Mas dói," ele disse.

"Fique feliz do José não jogar o anzol mais alto e fisgar seu cérebro," brincou Rafael. Luiz se virou, franziu a testa e foi brincar no quintal com José.

Naquela noite, o pai comentou. "Alguns pais pediram ao conselho da biblioteca para colocar um filtro nos computadores, para evitar que as crianças olhem pornografia acidentalmente, ou de propósito. Mas foi negado," falou, balançando a cabeça.

"Pornografia?", Rafael perguntou. "O que é isso?"

"São fotos e outros materiais que levam pessoas a ter pensamentos impuros," o pai explicou. "Você disse a Luiz para ficar satisfeito do José não ter fisgado o cérebro dele, filho. Não há perigo do gancho de pesca fazer isso, mas em certas revistas e sites, há coisas — como pornografia — que fisgam o seu cérebro."

"Como?", ele quis saber.

"Pensamentos ou ideias podem se fixar de tal forma na mente das pessoas, que não serão esquecidos," o pai explicou. "Esses pensamentos podem influenciar as suas ações. As pessoas podem até fazer o que jamais fariam se estivessem pensando claramente. Lembre-se sempre de que a pornografia pode arruinar a sua vida, Rafael. Nunca mexa com isso."

"Vou lembrar," ele prometeu.

VOCÊ USA O COMPUTADOR?
É uma fonte maravilhosa de informação e pode ser muito útil. Mas também pode ser muito perigoso. Nunca passe tempo em sites da internet que seus pais não permitiriam, ou que Deus desaprovaria. Se vir algum acidentalmente, desligue na mesma hora. Se não... cuidado! Pode ser fisgado com facilidade!

NÃO SEJA FISGADO PELO MAL

VERSÍCULO-CHAVE

...evitem todo tipo de mal.
—1 TESSALONICENSES 5:22

12 de dezembro

LEITURA: 2 TESSALONICENSES 3:10-13

FALTA UM INGREDIENTE

"Estou cansada de trabalhar! Queria não ter todas essas obrigações," Lia reclamou um sábado pela manhã.

"Diversão é bom, mas Deus fez do trabalho, parte da vida, e nos dá a habilidade de gostar. Na verdade, a vida seria bem chata sem ele", a mãe disse.

"Não acho," Lia discordou.

"Tudo bem," a mãe decidiu após pensar um pouco. "Terá o dia de folga. Nada de trabalho hoje, certo?"

Lia animou-se. Enquanto a família trabalhava no jardim, a menina leu, falou com os amigos e jogou *videogame*. Para sua surpresa, logo ficou entediada. O que posso fazer? Pensou. Ah, já sei! Vou fazer um bolo. Vou surpreender todo mundo.

Lia tinha acabado de confeitar o bolo quando a família entrou para descansar. "Um bolo!", a mãe exclamou. "Que lindo! Mas você não queria trabalhar hoje."

"Achei que seria bom ficar sem fazer nada, mas acabou sendo um pouco chato," admitiu. "Experimentem o bolo. É seu favorito, Alex."

"Bolo de limão?", perguntou o irmão, pegando um pedaço. "Não parece com o da mamãe, exceto pela cobertura," falou.

Lia experimentou. "Alex está certo," concordou. "Não tem muito gosto."

"Você seguiu exatamente a receita?", a mãe perguntou.

"Acho que sim." Ela pegou a receita e leu os ingredientes. "Ah, não!", exclamou. "Devia ser um bolo de limão, mas esqueci de colocar o suco de limão! É claro que não tem muito sabor. Só está doce."

"De vez em quando gostamos de coisas muito doces," o pai disse, "mas normalmente preferimos algo com um pouco mais de sabor."

"É mais ou menos assim também com as coisas que fazemos," a mãe observou. "Um dia de folga sem fazer nada — ou até uma semana — pode ser divertido, mas normalmente somos mais felizes quando cumprimos nossas tarefas e conquistamos algo. Foi assim que Deus nos fez. Trabalho e diversão — precisamos dos dois."

"Acho que estão certos," Lia concordou. "Certo. Vou lá para fora trabalhar com vocês, assim que terminar de lavar estes pratos."

VOCÊ RECLAMA QUANDO PRECISA TRABALHAR?

Acha que seria mais feliz se pudesse simplesmente pular as obrigações e só brincar? Todos precisam de diversão e relaxamento, mas uma vida só de brincadeiras não tem sentido e é chata. Deus quer que você trabalhe. Ele planejou trabalho honesto que lhe trará recompensas. Agradeça ao Senhor pelas oportunidades de brincar e de trabalhar. Execute suas tarefas com alegria e também se divirta.

APRECIE OS DOIS — TRABALHO E DIVERSÃO

VERSÍCULO-CHAVE

Quem trabalha tem com o que viver...
—PROVÉRBIOS 14:23

13 de dezembro

LEITURA:
MATEUS 9:10-13

A GANGUE

"Sabem o que está acontecendo no colégio?" Rogério perguntou um dia na Escola Dominical. "Um garoto novo, o Gil, está sempre criando problemas. Está tentando montar uma gangue e juntou um grupo de garotos que ficam fazendo o que ele faz."

O Sr. Portes, o professor, ficou pensativo enquanto outros alunos faziam comentários. "O que podemos fazer?", Kátia perguntou.

"Bem… vamos pensar," disse o professor. "Quero ouvir suas ideias — o que acham que vocês podem fazer para não deixar esses garotos criarem problemas?"

"Talvez a gente possa convencê-los a não andar com o Gil," sugeriu Isaque.

"Podem tentar," o Sr. Portes concordou, "mas mesmo que consigam com alguns garotos, outros continuarão saindo com ele. Outras sugestões?"

Sara levantou a mão. "A gente podia fazer o Gil ir para outra escola," falou.

O professor sorriu, mas balançou a cabeça. "Creio que não," respondeu. "Acho que precisam encontrar formas de resolver o problema em sua escola."

"Acho que os meninos entram em gangues porque precisam de amigos," Rogério falou, "então, talvez a gente devesse ser mais sociável e tentar incluí-los no que fazemos."

Zinho completou. "Podemos nos aproximar deles na sala e convidá-los para a Escola Dominical e para nossas festas."

Cris concordou. "Talvez venham conosco em vez de entrar na gangue do Gil."

"Gil é o líder, e acho que a gente devia incluir ele também," Rogério disse. "Se tentarmos fazer amizade com ele, talvez não crie tantos problemas."

"Muito bom! Vocês estão na direção certa," disse o professor. "Não estou sugerindo que se tornem melhores amigos de alguém que tende a criar problemas, mas é importante fazer os outros se sentirem aceitos. Seus melhores amigos devem ser aqueles que exercem boa influência, mas também é bom fazer outros garotos sentirem-se bem-vindos ao grupo."

"Vamos tentar," Rogério decidiu. "Certo, gente?"

O Sr. Portes ficou feliz ao ver tantas cabeças concordando.

JESUS QUER QUE VOCÊ TESTEMUNHE PARA...

...alguém que normalmente evitaria? Ele lhe deu o exemplo. Comeu com os pecadores, mas não se juntou a eles em nenhuma atividade pecaminosa. Siga o exemplo dele. Seja cordial, mostre aceitação e ame como Jesus amou, mas nunca se junte aos outros para fazer coisas erradas.

ESTENDA A MÃO PARA TODOS

VERSÍCULO-CHAVE

[Jesus disse] Porque eu vim para chamar os pecadores e não os bons.

—MATEUS 9:13

14 de dezembro

LEITURA:
1 CORÍNTIOS 9:19-13

A GANGUE 2

"Lembra-se que lhe falei da nova gangue na escola?", Rogério perguntou ao pai. "Bem, nossa turma da Escola Dominical vai tentar falar com eles sobre Jesus. Gil é o líder, então vou tentar fazer amizade com ele e ver se consigo levá-lo à Escola Dominical."

"Bom, mas cuidado," o pai concordou. "Não espere ganhar Gil sozinho — o Espírito Santo tem que fazer isso. Não se surpreenda se ele rir e evitar você. Ore e peça ajuda de Deus. Vou orar também."

O pai estava certo: Gil foi hostil. Quando Rogério se ofereceu para estudar para uma prova de história, o menino olhou para ele de modo suspeito e disse grosseiramente, "Quando quiser sua ajuda, eu peço!" Após Rogério andar com ele para a aula algumas vezes, Gil pareceu começar a agir um pouco mais amigavelmente. Então Rogério o convidou para a Escola Dominical. "Ir à igreja? Ah, claro! É tudo o que eu queria fazer," ele zombou. "Sabe de uma coisa — vou com você no domingo de manhã, se sair com a nossa gangue no domingo à noite. Justo?"

"Nã-não," Rogério gaguejou. "Lamento, mas não posso sair com sua gangue." Ele estava ficando desmotivado.

Um dia, quando o pai voltou do trabalho, o menino estava esperando impacientemente. "Pode me ensinar tudo sobre sua coleção de selos agora?", pediu.

"Espere um pouco, filho," o pai estava surpreso. "Faço isso logo depois do jantar, mas por que este interesse repentino? Achei que não ligava para selos."

"Bem... estava tentando pensar em como poderia fazer amizade com Gil," começou a explicar, "e lembrei de um sermão que falava como o apóstolo Paulo se tornou 'tudo para todos' para trazê-los para Jesus. Escutei Gil falando sobre a coleção de selos dele, e achei que se aprender sobre eles isso ajudará a trazê-lo para Jesus, devo tentar. Falei sobre a sua coleção e ele quer ver. Vou estudar um pouco e então convidá-lo... se você concordar, pai."

O pai sorriu. "Isso é bom," concordou. "Este pode ser seu primeiro passo para ganhar Gil para o Senhor."

ALGUÉM QUE QUER GANHAR PARA CRISTO...

...tem algum interesse especial? Se for uma coisa boa, nada que o Senhor desaprove, mostre interesse também. Você pode não ligar para uma coleção de selos ou moedas, skate, um esporte em particular, trabalhos manuais ou outra coisa qualquer, mas pode ser um bom ouvinte. Faça isso com alegria. Pode ser o primeiro passo para ganhar essa pessoa para Jesus.

TESTEMUNHE POR MEIO DA AMIZADE

VERSÍCULO-CHAVE

...eu me torno tudo para todos a fim de poder [...] salvar alguns.

—1 CORÍNTIOS 9:22

15 de dezembro

LEITURA:
LUCAS 2:7-16

CADÊ O ANIVERSARIANTE?

"**A**mo o Natal!", Cristina declarou, jogando um jogo com sua amiga Alice. "Viu aquela árvore enorme no shopping? Ela vai até o teto! E amo todas as luzes, festas — e presentes! Acho que vou ganhar aquele vídeo game novo de que falei."

"Minha avó vai me dar uma boneca," Alice contou, "e eu quero um patinete. Acho que o Natal é a melhor época do ano! Espero ganhar muita coisa."

A mãe levantou os olhos do livro que estava lendo e sorriu. "Parece que vocês duas estão esquecendo o verdadeiro sentido do Natal," falou.

Cristina franziu a testa e puxou a manga da blusa da amiga. "Vem, Alice. Vamos brincar com a casa de bonecas, no meu quarto."

Na tarde seguinte, Cristina e a mãe foram à festa de aniversário do priminho de 3 anos, Júlio. Quando chegaram lá, a maior parte dos primos estava brincando no porão — mas não viram Júlio.

"Cadê o aniversariante?", Cristina, que gostava muito do priminho, perguntou. "Quero que veja o presente que comprei. Eu mesma embrulhei!"

Tia Patrícia riu. "Ele está tirando uma soneca no quarto. Estava tão animado com a festa que acordou cedo demais e logo após o almoço adormeceu no chão. Vou acordá-lo daqui a pouco."

"Não acho certo todo mundo se divertir sem o Júlio," a menina disse à mãe, quando a tia foi para a cozinha. "É seu aniversário e ninguém está sequer lembrando dele!"

"Aah! Bem, antes de ficar zangada demais com as crianças aqui, deixa eu lhe fazer uma pergunta," a mãe falou. "Lembra-se da sua conversa ontem com Alice?"

"Sobre os presentes de Natal e essas coisas?", ela perguntou.

"Sim," a mãe respondeu. "Vocês falaram de toda a diversão deste Natal. Você disse que amava as festas, presentes e toda a decoração. Mas não deu uma palavra sobre Jesus, que é o aniversariante que deveria ser lembrado."

"Bem, eu… eu…", Cristina gaguejou.

"É bom se divertir," a mãe completou. "Natal é uma festa, mas devemos sempre incluir Jesus quando comemoramos o Seu aniversário."

VOCÊ GOSTA DAS FESTAS DE NATAL?
Das comidas, presentes, programações especiais e tudo o mais? Isso é bom, mas não se esqueça de que Jesus é o aniversariante. Coloque Ele no topo da lista daqueles de quem quer lembrar. Louve o Senhor e dê a Jesus um presente especial, compartilhando a história do Natal com outros, servindo a Ele ao servi-los e cantando louvores.

NÃO DEIXE CRISTO FORA DO NATAL

VERSÍCULO-CHAVE

Hoje mesmo, na cidade de Davi, nasceu o Salvador de vocês…
—LUCAS 2:11

16 de dezembro

LEITURA:
LUCAS 2:1-7;
HEBREUS 13:1,2

SEM LUGAR

"Anna, que tal ter uma colega de quarto durante uns dias?", a mãe perguntou quando a menina chegou da escola. "O pastor está procurando lugares para as crianças dos Pinheiros ficarem enquanto a mãe está no hospital. Achei que poderíamos ficar com a Marta."

"Ah, mãe!", Anna reclamou. "Ela vai querer ficar grudada em mim!", disse e correu para o quarto.

Naquela noite, a família leu parte da história de Natal durante o momento de devocional. "Imaginem a decepção de José quando pediu um quarto e o homem da estalagem disse que não tinha," o pai falou quando fechou a Bíblia. Então orou pedindo que sua família tivesse o cuidado de não fazer o mesmo.

Quando foi para a cama, Anna ficou pensando naquilo. Quase podia ouvir o homem da estalagem dizendo. "Desculpe. Não temos lugar!" Quando tentou dormir, parecia continuar a escutar. "Sem lugar! Sem lugar!" *Sem lugar para o Filho de Deus!*, ela pensou. Isso é horrível! Então as palavras de um versículo ecoaram em sua cabeça: "Não deixem de receber bem aqueles que vêm à casa de vocês; pois alguns que foram hospitaleiros receberam anjos, sem saber." Ela tentou esquecer, mas não conseguiu. *Marta não é um estranho, nem um anjo*, pensou, *mas acho que o versículo se aplica a ela assim mesmo.*

Quando Anna se sentou à mesa para o café da manhã, sorriu para a mãe. "Você disse ao pastor para mandar a Marta para cá?", perguntou.

"Ainda não," a mãe respondeu.

"Bem, vamos falar com ele," a menina pediu. "Sei que é bem mais nova, mas talvez eu possa ajudar a Marta a esquecer um pouco dos seus problemas."

A mãe sorriu. "Fico feliz que tenha resolvido, mas o que mudou?"

"Pensei no homem da estalagem ontem à noite," ela disse. "Não quero errar como ele."

"O homem da estalagem?", a mãe estranhou. "Ah! O que não tinha lugar para Jesus?"

"Não é Jesus vindo aqui — é só a Marta," ela explicou, "mas acho que Jesus quer que eu abra espaço para ela na minha vida neste Natal. Não deixar ela vir, seria como não permitir Ele vir também."

VOCÊ ABRIU ESPAÇO EM SEU CORAÇÃO PARA JESUS?

Abrir espaço para Ele, algumas vezes inclui abrir espaço para outros também — um vizinho, um colega de turma, uma pessoa mais idosa que esteja solitária, ou alguém que se divirta menos do que você. Quando os ajuda, está agradando a Jesus. Então seja hospitaleiro — receba as pessoas em sua vida e em sua casa.

SEJA HOSPITALEIRO

VERSÍCULO-CHAVE

Não deixem de receber bem [...] pois alguns [...] receberam anjos.

—HEBREUS 13:2

O ALUNO DO INTERCÂMBIO

17 de dezembro

LEITURA:
EFÉSIOS 3:14-21

"Foi uma boa peça," falou José, um aluno do intercâmbio que veio do México, e que estava morando na casa de Reginaldo. Eles voltavam para casa após uma programação de Natal na igreja. "Ouvi muito sobre a Bíblia, mas nunca tinha ido a uma apresentação como aquela."

"Olha! Aqueles cantores," Reginaldo apontou. "Eles vão de casa em casa, cantando músicas de Natal. Vocês têm isso no México?"

"Não," José respondeu, "mas temos *Los Peregrinos*. Como Maria e José, as pessoas vão de casa em casa. Fingem que estão procurando um lugar para ficar. É planejado com antecedência, então a terceira casa em que batem, os deixa entrar. Há uma *piñata* (caixa feita em papel maché, cheia de brinquedinhos) pronta para as crianças e bebidas quentes para os adultos."

"Parece divertido!", Reginaldo comentou.

"Em casa, podemos procurar fotos deles na internet e de outras tradições de Natal que temos," o menino sugeriu. "Posso explicar tudo." Reginaldo riu e concordou.

Naquela noite, mais tarde, o pai e Reginaldo embrulhavam presentes, enquanto José ligava para sua família no México. "Está gostando de o José estar aqui?", o pai perguntou.

"Muito," ele respondeu. "Na escola lemos livros e vimos vídeos sobre o México, mas não é a mesma coisa do que conhecer um mexicano. É muito melhor aprender com ele vivendo aqui e explicando as fotos." O menino amarrou uma bela fita vermelha num pacote. "Se só tivesse lido sobre o México sem conhecer José, não saberia metade do que sei agora sobre sua cultura."

O pai colocou sua tesoura e fita adesiva sobre a mesa. "De forma similar, apenas conhecer sobre a Bíblia é muito diferente do que conhecer Jesus e ter um relacionamento pessoal com Ele," falou.

"É." Reginaldo concordou. "Acho que deveríamos explicar isso a José. Ele parece saber bastante sobre a Bíblia, mas devíamos ter certeza de que compreende por que Jesus veio e que precisa conhecê-lo pessoalmente." O menino fez uma pausa. "Vou falar com ele."

"É uma boa ideia, filho," o pai respondeu.

VOCÊ CONHECE A JESUS PESSOALMENTE?

Já o aceitou como seu Salvador e Senhor? Estudar a Bíblia é ótimo, mas apenas saber muitas histórias, decorar versículos e aprender os fatos não é o suficiente. Você precisa entender que é um pecador e que não pode ganhar a sua salvação. Jesus veio à terra para morrer e pagar o preço para que você possa ir para o céu. Precisa aceitar Jesus como seu Salvador.

VOCÊ PODE CONHECER JESUS PESSOALMENTE

VERSÍCULO-CHAVE

...quero é conhecer a Cristo e [...] o poder da sua ressurreição...

—FILIPENSES 3:10

18 de dezembro

LEITURA:
ISAÍAS 43:25;
COLOSSENSES 3:12-14

ÁGUAS PASSADAS

"Sabe por que o Théo veio para nossa escola este ano em vez de voltar para a que estava?", Marcos perguntou, enquanto fazia seu dever de matemática. "Ele foi expulso por colar!"

"Como sabe disso?", a mãe perguntou.

"Caio me disse. O primo dele frequenta aquela escola," o menino respondeu. "O primo do Caio contou que o Théo ficou de castigo no recreio a semana inteira! A gente devia contar à professora que ele cola?"

"Tenho certeza de que ela recebeu toda a informação que precisa sobre o garoto," a mãe respondeu calmamente. "São águas passadas."

"O que isso quer dizer?", ele perguntou.

"É um ditado que significa que não deve ficar remoendo o que houve no passado," ela explicou. "Esqueça."

"Mas ainda vou tomar cuidado para o Théo não olhar a minha prova," Marcos falou. "Ele senta ao meu lado. Falei para os outros garotos ficarem de olho também."

"Marcos, você não devia contar aos outros sobre o passado do menino. Não sabe nada," a mãe bronqueou. "Há quanto tempo isso aconteceu? Foi mais de uma vez? Você nem mesmo sabe se é verdade. Se for, Théo já foi punido, e isso não é problema de ninguém." O menino resmungou, mas não respondeu.

Um pouco mais tarde, Beto, o irmão, chegou correndo até a cozinha. "Posso levar seu telescópio para casa do Natan?", Marcos perguntou.

"Não!", ele respondeu. "Não confio em você. Mês passado você perdeu minha calculadora."

"Mas paguei por ela," ele lembrou.

"É... foi," Beto admitiu, "mas ainda assim não acho que seja cuidadoso."

"Mas, Beto," Marcos argumentou, "não é justo desconfiar de mim para sempre! Principalmente depois de pedir desculpas e pagar!"

"Não é o mesmo que está fazendo com o Théo?", a mãe perguntou na mesma hora. "Ele pagou por seu erro e precisa de uma chance para recomeçar. Jesus disse que se queremos misericórdia, devemos ser misericordiosos. Deus também nos diz para perdoar como Ele faz. Isso é algo que precisa ser lembrado."

QUANDO JESUS PERDOA O PECADO, ELE ESQUECE.

Você faz isso também? Quando alguém o magoa ou simplesmente fica sabendo sobre algo errado que o outro fez, é difícil esquecer. Mas pode parar de falar sobre o assunto. Com a ajuda de Deus, pode até mesmo controlar seus pensamentos e parar de pensar sobre ele. Peça a ajuda do Senhor e esqueça.

PERDOE E ESQUEÇA

VERSÍCULO-CHAVE

...Assim como o Senhor perdoou vocês, perdoem uns aos outros.
—COLOSSENSES 3:13

O VIDREIRO

19 de dezembro

LEITURA:
2 CRÔNICAS 15:1-4;
JEREMIAS 29:11-13

"Acham que gostariam de ter vivido aqui há mais de 100 anos?", a professora de Carla perguntou, enquanto a turma visitava uma cidade histórica restaurada.

"Não, mas é interessante," a menina falou rindo. Ela apontou para peças de vidro numa prateleira. "Isso é bonito," disse. "Como será que fizeram?"

A professora sorriu. "Foram feitos por um vidreiro, e vamos assistir uma demonstração," falou. "Venham."

As crianças foram para a sala de demonstração e cercaram o Sr. Souza, o vidreiro. Ouviram atentos enquanto ele explicava o que fazia. "Aquecemos o vidro até quase 1.000 graus Celsius," ele falou. "Então eu pego uma bola desse material fundido com a ponta do meu soprador e sopro nele." O homem mostrou a eles como moldava o vidro. "Só posso mudar a forma do vidro quando ele está muito quente," continuou. "Se ele esfriar, não poderá mais ser moldado... a menos que seja reaquecido." Ele aqueceu novamente o vidro e mostrou que podia alterar sua forma.

Naquela noite, Carla contou à família o que tinha aprendido com o vidreiro no passeio. "O Sr. Souza disse que o vidro tem que estar quente para ser moldado," falou.

"Interessante," o pai murmurou. "Isso não faz você pensar no que o pastor falou domingo passado?"

"Não exatamente," Carla respondeu.

"Ele disse que nós, que somos cristãos, devemos manter nossos corações aquecidos para que o Espírito Santo possa nos moldar no formato que Deus quer para nós," o pai disse. "Se nossos corações esfriam, Ele não pode moldar a nossa vida."

"Quem lembra-se de coisas que podemos fazer para manter os nossos corações aquecidos?", a mãe perguntou.

Carla pensou por um minuto. "Podemos orar e ler a Bíblia," sugeriu.

"Isso, e precisamos estar dispostos a fazer o que o Senhor quiser que façamos," disse seu irmão Lucas.

"Muito bom," o pai concordou. "Espero que tenhamos sempre um coração aquecido e santo, para que Deus possa moldar nossa vida do jeito que Ele quiser."

SEU CORAÇÃO É AQUECIDO PARA O SENHOR?

Está disposto a deixar Deus conduzir sua vida e fazer o que Ele quiser? Há muito, muito tempo, Ele disse ao Seu povo que se o procurassem, iriam encontrá-lo. Isso ainda é verdade hoje. Siga o conselho do versículo-chave. Chegue perto de Deus por meio da oração, leitura de Sua Palavra e pela busca de Sua vontade. Quando fizer isso, seu coração se manterá aquecido para o Senhor.

PERMITA QUE DEUS O MOLDE

VERSÍCULO-CHAVE

Cheguem perto de Deus, e Ele chegará perto de vocês...
—TIAGO 4:8

20 de dezembro

LEITURA: TIAGO 1:2-4

TRÊS PROBLEMAS

"Nada ainda, pai?", Márcio perguntou ao chegar da escola. O pai balançou a cabeça, e o menino suspirou. Muitas pessoas já haviam sido demitidas na fábrica onde o pai trabalhava. E ele ainda procurava outro emprego. Márcio estava preocupado e sabia que o pai também.

Quando o menino voltava da escola no dia seguinte, parou na loja de seu professor da Escola Dominical. O Sr. Castanho fazia armários e, enquanto conversavam, Márcio notou uma grande diferença entre as diversas peças de madeira que o professor estava usando. "A textura de algumas madeiras é tão suave e lisa," falou, "e outras peças tem diversos círculos e linhas tortas."

"Algumas pessoas gostam de um tipo de madeira, e outras preferem um tipo diferente," disse o Sr. Castanho. "De qual você gosta mais?"

"Gosto das que têm círculos e linhas tortas," Márcio respondeu. "O que faz elas serem diferentes?"

"A parte que você gosta é chamada de nó," ele respondeu. "Os nós são encontrados no local onde o galho sai do tronco. Também ocorrem quando há um problema — como uma invasão de insetos numa parte ou quando a árvore tem uma doença."

"Então se a árvore tem problemas, a madeira fica mais bonita," ele concluiu.

"Sim. É maravilhoso como Deus trabalha," o professor falou sorrindo. "E sabe de uma coisa, Marcio? É mais maravilhoso ainda, pois se eu entrego minha vida a Deus. Ele transforma os meus problemas em algo belo. O Senhor os usa para deixar a textura da minha vida, isto é, o meu caráter — mais bonito. Ele fará isso com você também."

No caminho de casa, Márcio pensou sobre o que o Sr. Castanho havia dito. Quando chegou, falou: "Você sabia que estes problemas que Deus está deixando que a gente tenha estão criando belos nós na textura de nossas vidas?", ele riu do olhar intrigado do pai.

O menino explicou o que queria dizer, e os dois riram juntos. "Boa lição," o pai falou. "Acho que alguns belos nós que Deus quer desenvolver em nossa vida são o da paciência e da confiança nele."

VOCÊ SE PERGUNTA POR QUE TEM PROBLEMAS?

Por que fica doente, seu cachorro morre ou não pode comprar coisas que quer ou que precisa? Confie em Deus em qualquer situação. Os problemas e provações não são divertidos, mas o Senhor os permite para desenvolver o nosso caráter e nos deixar mais belos, aprendendo a sermos paciente e vivendo para Ele.

OS PROBLEMAS NOS ENSINAM PACIÊNCIA

VERSÍCULO-CHAVE

...quando a sua fé vence essas provações, ela produz perseverança.

—TIAGO 1:3

21 de dezembro

LEITURA:
ÊXODO 20:1-3,7

PALAVRÕES E CEBOLAS

Janaína e sua amiga Carmem estavam assistindo a um jogo de futebol na escola. "Olha!", Carmem apontou, acrescentando o nome de Deus à exclamação. "Olha o cabelo horroroso da líder de torcida!"

Janaína se assustou quando a amiga praguejou, mas não disse nada. Bem nessa hora a líder se movimentou e Janaína pode vê-la. "Caramba!" falou. "É horrível mesmo!"

Quando o time adversário fez um gol, Carmem gritou o nome de Jesus num tom de revolta. Janaína se assustou de novo, e disse. "Maldição, Carmem! Tem que praguejar tanto?"

A menina olhou para a amiga. "Certo! Admito que não deveria," e fez uma careta. "Você parece a minha professora da Escola Dominical — só que você também pragueja e ela não! Não sei por que fica incomodada."

"Eu não praguejo!", Janaína protestou irritada.

"Acabou de fazer," Carmem insistiu. "E sei que uso muito o nome do Senhor em vão, mas você fala *meu Deus* toda hora. Às vezes eu uso a palavra dizendo só a letra "M", mas você diz *maldição*. Qual a diferença? Só algumas letras."

"É que… não é a mesma coisa," ela respondeu.

"A Sra. Cruz diz que é," Carmem falou. "É que nem cebola."

"Como assim?", ela perguntou.

"Ela diz que detesta descascar cebolas porque ardem os olhos, então às vezes usa as que já vem picadas," Carmem explicou. "São secas, vem numa embalagem plástica e tem gosto de cebola, mas não ardem os olhos. A professora falou que pessoas como você não usam os palavrões normais porque machucam seus ouvidos, então usam eles *picados* — ela os chama de palavrões picados. Até o dicionário diz que significam a mesma coisa que as palavras que eu uso — e a Sra. Cruz disse que procurou na internet e encontrou diversos *sites* que confirmam. Se o que eu falo é errado, então o que você fala também é!"

Janaína sentou na arquibancada e orou silenciosamente. *Querido Deus, desculpe-me por usar o nome do Senhor em vão. Não tinha percebido. Por favor, perdoa-me. Em Teu nome eu oro. Amém.*

NÃO PRAGUEJE OU FALE PALAVRÕES

VOCÊ RESPEITA O NOME DE DEUS?

Essa é uma questão que o Senhor leva muito a sério. Seu nome é santo — nunca o use negligentemente. Evite até determinadas expressões, por causa do que elas representam. Peça ajuda a Deus para dar um melhor testemunho usando apenas uma linguagem que irá honrá-lo.

VERSÍCULO-CHAVE

Não use o Meu nome sem o respeito que ele merece…
—ÊXODO 20:7

22 de dezembro

LEITURA: TIAGO 1:12-16

DE QUEM É A CULPA?

Joel cruzou os braços com raiva. "Por que tenho que fazer meu dever de casa na hora do jogo de futebol? Eu queria assistir," reclamou. "Não é culpa minha ter tirado nota baixa na prova de história. Eu estava ocupado demais para estudar." Fez careta. "Além disso, Deus podia ter me ajudado. Afinal, o que me deixou ocupado foi um projeto da Escola Dominical!"

"Então a culpa é de Deus?", a mãe falou. "Eu não acho! Antes de começar seu dever, recolha as suas coisas," disse. "Estão espalhadas por toda a casa. Leve-as para o seu quarto e o limpe também. Você precisa aprender a cuidar de suas coisas ou elas vão sumir."

"Mas, mãe," Joel protestou, "não consigo evitar ser bagunceiro — é o meu jeito. Até você diz que Deus faz todo mundo diferente. Foi assim que Ele me fez." O menino olhou para a mãe, mas ela não parecia impressionada, então ele obedeceu.

Quando voltou, perguntou se podia fazer uma ligação telefônica antes de estudar. "O dever primeiro," ela insistiu. "Pode ligar para seu amigo depois, se ainda tiver tempo antes de ir para cama — e depende para quem vai ligar." Ela suspirou. "Alguns de seus amigos não têm boa reputação."

"Ah, mãe, você fica zangada com tão pouco!", reclamou. "E qual o problema de alguns garotos praguejarem? Eu não faço a mesma coisa. Além disso, não tem ninguém com quem andar nessa vizinhança. Se eu tivesse um trabalho depois da escola, não teria que sair com eles. Tenho orado por um trabalho, mas ainda não tenho."

"Certo. Então você culpa Deus por suas notas ruins, pelas suas coisas espalhadas e pelos amigos não muito bons," ela falou. "Deus é culpado pelos seus problemas, é isso?"

Joel virou o rosto. "Eu... não quis dizer isso," murmurou.

"Espero que não," a mãe disse, "mas acho que é hora de assumir seus erros e pedir ajuda ao Senhor para melhorar". Ela apontou para a mesa. "Neste momento, é melhor cuidar do dever de casa."

VOCÊ ASSUME OS SEUS ERROS?

Ou culpa outra pessoa, talvez até o Senhor, quando erra? Jamais culpe Deus. Ele nunca o tentará a fazer algo errado. Em vez disso, admita que pecou e peça-lhe que o purifique e transforme. O Senhor tem o poder para transformá-lo para melhor — mesmo após você ter cometido erros!

NÃO CULPE DEUS POR SEUS PECADOS

VERSÍCULO-CHAVE

...Deus não pode ser tentado pelo mal e Ele mesmo não tenta ninguém.
—TIAGO 1:13

23 de dezembro

LEITURA:
JOÃO 13:34,35;
1 JOÃO 3:16-18

ROTULADO

"Já voltou?", a mãe perguntou quando Patrícia entrou com a sacola de mantimentos. "Achou o molho de tomate?"

"Claro. E olha o que comprei," ela tirou várias latas da sacola. "Tinha certeza de que iria querer. Estavam baratas pois são sem rótulo. Economizei bastante."

"Mas nem sabemos o que são!", a mãe disse e riu. "Certo. Escolha uma para o jantar. O que for, terá que comer. Você comprou — você come!"

"Combinado!", Patrícia concordou. "Vai ser divertido," examinou a fila de latas e separou uma para o jantar. "Acho que é milho," arriscou.

Naquela noite, Paulo torceu o nariz quando a mãe trouxe uma tigela para a mesa. "Que cheiro estranho é esse?", perguntou.

"É chucrute. Sua irmã escolheu para comermos hoje," a mãe respondeu. "Espero que goste." Ela riu para a expressão desanimada da filha. "Você primeiro, Patrícia. Tente deixar o bastante para nós!"

O pai riu quando ouviu a história das latas sem rótulo e serviu-se de uma boa porção. "Bem, fico feliz que tenha comprado," falou. "Não como isso há anos. E gosto! É muito bom." Mas os filhos ao provar, não concordaram.

"O que será que tem nas outras latas?", a menina se perguntou com preocupação. "Por isso essa coisa estava tão barata!"

Na hora da devocional familiar, o pai entregou uma Bíblia a cada um. "Aprendemos que os rótulos são importantes," falou. "Os cristãos também têm rótulos. Um está em João 13:34,35. Quem pode me dizer o que é?"

Patrícia e Paulo se apressaram para ver quem achava primeiro. "Achei!", ela gritou. "É amor."

O pai concordou. "Deus diz que os outros devem notar que somos cristãos pelo nosso rótulo de amor, por meio de nossas ações e atitudes com os outros."

"Patrícia, você deveria comer outra porção deste chucrute," Paulo falou sorrindo. "Isso nos mostraria seu amor, porque nós não teríamos que comer muito." Quando a menina franziu a testa, ele riu e comeu um pouco mais. "Estou só brincando. Acho que estou começando a gostar," acrescentou.

AS PESSOAS VEEM AMOR EM SUAS PALAVRAS?

Em suas ações? Em seu comportamento? Ou você tem o hábito de botá-las para baixo, zombar ou ignorá-las? Não é assim que demonstra pertencer a Deus. Ele diz que devemos ser gentis, honestos, amigáveis, prestativos e que devemos perdoar. Dessa forma, o rótulo do amor será visto por todos em sua vida. Amor envolve ação. Deus diz que essa é uma forma de demonstrar que somos cristãos.

AMOR É AÇÃO

VERSÍCULO-CHAVE

...um amor verdadeiro, que se mostra por meio de ações.
—1 JOÃO 3:18

24 de dezembro

LEITURA:
MATEUS 2:1,2,9-11;
2 CORÍNTIOS 8:1-5

UM DIA IMPORTANTE

Alberto acordou animado e pulou da cama rapidamente. Correu para baixo, se perguntando o que haveria nos presentes sob a árvore. "É um dia importante, mãe," ele falou quando entrou na cozinha para tomar o café da manhã. A mãe levantou os olhos da mesa. "Por quê?", perguntou.

"Ah, mãe, você sabe! É véspera de Natal," ele respondeu, "é dia de abrirmos um de nossos presentes!"

Durante todo o dia, Alberto passou pela árvore para olhar os embrulhos. Quase não aguentava esperar mais, quando o jantar acabou e a família se reuniu para abrir os pacotes. Ele não ficou decepcionado. Ganhou o que mais queria, um par de luvas de goleiro! Já estava sonhando com o verão... mas o pai começou a falar.

"Vamos ler sobre os presentes que os sábios levaram para Jesus," ele disse, abrindo no evangelho de Mateus 2. Após a leitura, acrescentou. "Damos presentes para demonstrar o nosso amor uns pelos outros, e também temos um presente para Jesus." Ele pegou uma caixa vermelha brilhante. "Como sabem, esta caixa contém as ofertas que cada um de vocês trouxe," continuou.

Alberto concordou. Sentia-se bem em dar um pouco de seu dinheiro para Jesus.

"Vamos ouvir enquanto sua mãe lê mais alguns versículos," o pai falou, e ela leu em 2 Coríntios 8. "A leitura foi sobre pessoas que deram presentes para ajudar o apóstolo Paulo. Assim como eles, vocês deram dinheiro para ser usado no trabalho do Senhor," ele disse. "Agora, gostaria de perguntar se, também como eles, vocês deram a Jesus o que Ele mais quer. Deram *suas vidas* a Ele?"

O menino ficou pensando naquilo quando foi deitar. Sabia que nunca havia se entregado realmente a Jesus. De repente, pulou da cama e voltou correndo para a sala. "Quero dar minha vida a Jesus," gritou.

Mais tarde, a mãe o levou de volta para o quarto. "Eu disse que hoje era um dia importante," Alberto falou. "É o dia que entreguei minha vida a Jesus. Isso é muito mais importante do que abrir todos os presentes, não é?" A mãe concordou.

VOCÊ LEMBROU-SE DE PRESENTEAR JESUS?

O Natal é a comemoração de Seu aniversário — o momento que Deus o enviou à Terra. Jesus estava disposto a vir e dar Sua vida para que os nossos pecados fossem perdoados. O que você deu a Ele em troca? Se ainda não o fez, dê a Jesus o seu coração e sua vida agora. Faça deste, o dia mais importante de sua vida.

ENTREGUE SUA VIDA A JESUS

VERSÍCULO-CHAVE

...Primeiro, eles deram a si mesmos ao Senhor...
—2 CORÍNTIOS 8:5

25 de dezembro

LEITURA:
SALMO 51:1-7

NATAL BRANCO

O Natal sempre foi o momento familiar favorito de Marcela, mas este ano, estava se sentindo triste. Quando arrastou os pés pela cozinha naquele dia para o café da manhã especial, a família a ouviu murmurar. "Simplesmente não consegui entrar no espírito do Natal este ano."

"É," Luciana, a irmã, concordou. "Como alguém pode comemorar o Natal nessa temperatura tão alta? Quase queria que nunca tivéssemos mudado para o nordeste!"

"Isso é bobagem," Mauro fez cara feia. "Aposto que quem sempre viveu aqui detesta o frio e a neve lá do sul. Além disso, não é o clima que faz o Natal."

A mãe colocou uma travessa de frutas sobre a mesa e sorriu para as filhas "Seu irmão está certo," falou.

"O espírito do Natal deve vir de dentro," o pai concordou, "não do clima que faz lá fora. Na verdade, podemos ter um Natal branco hoje, bem aqui no nordeste."

"Um Natal branco? Aqui? No nordeste?", Marcela perguntou. "Não imagino coqueiros cobertos de neve. Então, o que quer dizer?"

"Estou pensando em um salmo," o pai explicou com um sorriso. Ele pegou a Bíblia e abriu no Salmo 51. "Aqui, Luciana, leia a última parte desse versículo." O pai apontou o que queria que fosse lido.

Pegando a Bíblia, a menina leu, "Lava-me, e ficarei mais branco do que a neve." E olhou para o pai.

"Davi escreveu isso após pecar," ele explicou. "Vejam, meninos, quando nos arrependemos e pedimos perdão a Jesus, Ele limpa o nosso coração — e o deixa mais branco do que a neve do sul ou de qualquer outro lugar." O pai sorriu e acrescentou, "Isso é mais importante do que ter um Natal branco lá fora!"

"Bem, ainda sinto falta do frio no Natal," Marcela suspirou, "mas realmente estou feliz por Jesus ter vindo e eu poder ter um tipo diferente de Natal branco onde quer que esteja."

"Antes de passarmos a comida, vamos agradecer a Deus por podermos ter o melhor tipo de Natal branco," a mãe falou quando se sentou à mesa.

DE ONDE VEM O SEU ESPÍRITO DE NATAL?
Você acha que é pelo clima, pelas roupas que vai usar, ou pelos presentes que vai ganhar? Ou pelo real significado do Natal? Se já aceitou Jesus como seu Salvador, deixe que a verdadeira alegria do Natal venha do fato de conhecê-lo pessoalmente. Ele deixou seu coração tão branco quanto a neve!

NATAL É JESUS

VERSÍCULO-CHAVE

...lava-me, e ficarei mais branco do que a neve.
—SALMO 51:7

26 de dezembro

LEITURA:
SALMO 73:3-7, 12-18, 25-28

GABRIEL E O VELHO ASAFE

Gabriel cruzou os braços e torceu o nariz. "Os pais do Hélio o deixam fazer tudo o que quer," disse ao pai, "e parece que tudo dá certo para ele. Acabou de ganhar um skate de Natal!" O menino começou a ficar azedo ao pensar em todas as coisas que o amigo tinha. Estalou os dedos e continuou. "Achava que Deus trataria melhor as pessoas que o amam, do que trata aquelas que não. Hélio não é cristão, mas tem coisas melhores do que eu! Como pode?"

"Você está parecendo Asafe," o pai comentou.

"Quem?", o menino olhou intrigado para o pai.

"Asafe. Foi um homem que escreveu alguns dos Salmos," ele explicou. "Vem aqui que vou lhe mostrar."

Os dois se sentaram à mesa da cozinha e o pai abriu o Salmo 73. "Olha aqui, Gabriel," falou, "No início do Salmo, Asafe está reclamando com Deus porque as pessoas más estão prosperando e tendo sucesso, enquanto, coisas terríveis estavam acontecendo com ele." O pai leu diversos versículos.

"Uau! Sei bem o que ele quer dizer," Gabriel falou.

"Achei que saberia," o pai disse. "Outros versículos mostram que Asafe mudou de ideia. Foi lembrado de que incrédulos só podem esperar o inferno e a destruição no final. Os salvos terão um bom futuro quando sua vida na terra terminar."

O menino pensou um pouco e concordou. "Acho que não estou tão mal assim," decidiu. "Hélio vai ver o que o aguarda um dia."

"Opa!", o pai disse. "Calma aí. Podemos ser gratos por Deus nos mostrar misericórdia. Apenas porque aceitamos Jesus é que não receberemos o que merecemos. Mas não cabe a nós julgar o Hélio ou qualquer outra pessoa. Em vez disso, devemos orar por ele. Peça ao Senhor para mostrar-lhe como ganhar seu amigo para Jesus para que tudo fique bem para ele no final. Certo?"

"Certo," Gabriel concordou. "Eu sei que Jesus também ama o Hélio."

VOCÊ CONHECE INCRÉDULOS QUE PARECEM TER...

...mais coisas e menos problemas que você? A menos que aceitem Jesus Cristo como Salvador, eles não terão um futuro no céu. Agradeça ao Senhor pelo que tem e ore por aqueles que não conhecem Jesus. Fale aos outros sobre a sua fé em Cristo. Diga-lhes que podem ser salvos do pecado e ir para o céu também. Faça o que puder para ganhá-los para o Senhor.

RECONHEÇA AS BÊNÇÃOS DE DEUS.

VERSÍCULO-CHAVE

...os que desobedecem às leis de Deus serão completamente destruídos...
—SALMO 37:38

27 de dezembro

LEITURA:
LUCAS 16:10-13

GOSTE DISSO OU NÃO

"Onde você andou?", a mãe perguntou quando Kiko entrou em casa. "O jantar já está pronto e diversos clientes ligaram para perguntar por que os jornais não tinham sido entregues na hora."

"Ah, não foram entregues tão tarde," o menino protestou. "Esta rota chata está arruinando as minhas férias. Todos os garotos podem ficar no parque o dia todo, mas eu tenho que sair cedo e ir de porta em porta com esses velhos jornais idiotas! Queria não ter que substituir nosso entregador. Posso sair?"

O pai sentou. "Você se comprometeu a entregar os jornais, não foi?", perguntou.

"Sim… mas," Kiko admitiu, "mas só falta uma semana. Que mal faria se eu saísse uma semana antes?"

"Faria mal à empresa, porque só terão alguém para o seu lugar daqui a uma semana," o pai respondeu. "Faria mal também aos clientes, porque não receberiam seus jornais. E seria bem egoísta de sua parte."

"Mas eu sempre tenho que sair cedo e ir entregar jornais quando estamos nos divertindo," o menino reclamou. "Não quero mais."

"Todos nós temos momentos em que precisamos fazer coisas que não queremos," o pai respondeu.

"Nem sempre quero fritar frango ou preparar hambúrgueres para você, mas faço, goste eu disso ou não," a mãe concordou. "E tenho certeza de que seu pai nem sempre gosta de ir trabalhar, mas ele continua fazendo as suas obrigações."

"Seu compromisso de entregar jornais é como o meu contrato de trabalho," o pai falou. "É importante ser responsável no cumprimento dele." O pai pegou a Bíblia da família e a olhou pensativo. "A Bíblia diz que os que são responsáveis no cumprimento das pequenas coisas, serão também nas grandes — e vice-versa. Em outras palavras, se você não for responsável em coisas como a sua rota de jornais, não será responsável nas grandes questões da vida."

Kiko suspirou, mas concordou "Certo, pai. Vou terminar de fazer a rota de entrega," falou relutante, e deu um risinho para a mãe, "Pelo menos não tenho que fritar frango como você!"

NESTE MOMENTO, QUAL É O SEU TRABALHO?

É entregar jornais? Suas tarefas escolares? Ajudar o pai ou a mãe? Seja o que fizer para ajudar em casa, na igreja ou na escola, seja responsável. Deus premia a fidelidade. E você também será uma boa influência para os seus irmãos e amigos que talvez precisem de um lembrete para fazer a parte deles.

SEJA RESPONSÁVEL

VERSÍCULO-CHAVE

O que se exige de quem tem essa responsabilidade é que seja fiel...
—1 CORÍNTIOS 4:2

28 de dezembro
LEITURA: LUCAS 2:15-20

BISCOITOS PÓS-NATAL

"O que eu faço?", Angélica reclamou, andando pela casa alguns dias depois do Natal.

"Que tal brincar com sua boneca nova?", sugeriu a mãe. "Ou montar um dos seus quebra-cabeças novos."

"Já fiz tudo isso," ela falou.

"Todos aqueles brinquedos de Natal, e nada para fazer?", a mãe perguntou. Então teve uma ideia. "Vem para a cozinha," chamou. "Vamos fazer biscoitos." Angélica não tinha certeza se queria fazer isso, mas a mãe insistiu, e logo estavam de farinha até os cotovelos.

"Mãe, fizermos todos os tipos de biscoitos de Natal — e ainda sobraram alguns. Por que ainda estamos fazendo biscoitos?", perguntou.

A mãe sorriu. "Porque vamos dar de presente," falou. "Lembra aquela sensação de tristeza que você teve hoje de manhã? Queria algo para fazer. Outras pessoas também ficam tristes, em especial os portadores de necessidades especiais e os que vivem em asilos. Elas recebem muita atenção antes do Natal — cantores, visitantes, programas e tudo mais. Agora que o Natal passou, podem estar solitárias. Gostaria de ir e animá-las?"

Angélica abriu um sorriso. "Certo, vamos fazer," disse. "Vou arrumar uma bela caixa de biscoitos. Será como um presente pós-Natal."

Quando elas voltaram para casa naquela tarde, os olhos da menina brilharam ao contar ao pai sobre a visita que tinham feito. "As pessoas do asilo ficaram tão felizes em nos ver!", exclamou. "E sabe de uma coisa? Um senhor idoso me perguntou por que estávamos nos importando com eles depois do Natal. Eu não sabia o que dizer, então só falei que Jesus o amava depois do Natal também. Ele disse que não sabia muito sobre aquilo, então a mamãe falou e ele aceitou a Cristo! Vamos visitá-lo de novo — e a todos os outros também!"

O pai sorriu. "Isso é maravilhoso!", exclamou. Abriu a Bíblia no segundo capítulo de Lucas. "Você me lembra os pastores," ele falou. "Depois de verem o menino Jesus, contaram aos outros sobre Ele. Vamos ler essa passagem juntos."

APÓS A AGITAÇÃO DAS FESTAS DE NATAL...

...você fica com uma sensação de tristeza? Muitas pessoas ficam. Em especial as que não têm a família ao seu lado todos os dias. Você consegue pensar numa forma de compartilhar o amor de Jesus com elas? Pode fazer alguma coisa legal para um idoso ou por seus pais? Alguma coisa ao redor da casa ou no quintal. Se você é salvo, faça Jesus ser conhecido por meio de suas palavras e ações.

FAÇA JESUS SER CONHECIDO

VERSÍCULO-CHAVE

Então contaram o que os anjos tinham dito a respeito dele.

—LUCAS 2:17

A LIMITAÇÃO DE LEO

29 de dezembro

LEITURA:
MATEUS 25:35-40

Sheila, de 10 anos, entrou em casa e fechou a porta em silêncio. Sentou-se à mesa da cozinha e ficou olhando para a janela. "Oi querida, não ouvi você chegar," a mãe falou. "Tudo bem?"

"Sim, estou bem," ela suspirou. "Só estava pensando."

"Quer conversar?", a mãe perguntou, sentando ao lado da filha.

"Claro. Hoje tivemos um visitante — o Leo. Ele tem uma disfunção motora chamada dispraxia. Algo que aconteceu no cérebro quando ele era bebê. Tem problemas para se mover, e… não fala." A menina tinha lágrimas nos olhos. "A única forma que tem se comunicar é digitar no computador, uma letra de cada vez, e leva uma *eternidade* para escrever uma frase."

A mãe a abraçou. Sabia que o coração de Sheila era sensível às crianças portadoras de necessidades especiais por causa da sua irmã, Ângela, que tinha distrofia muscular.

"Por que, mãe?", a menina chorou. "Por que é tão difícil para algumas crianças?"

"Não sei, querida. Não sei as razões de Deus, mas Ele trabalha de formas misteriosas para mostrar o Seu amor," a mãe respondeu. "Sei que o Senhor tem usado a vida de muitas crianças debilitadas para transformar o coração de várias pessoas. Por exemplo, *você* é sensível por causa da distrofia de Ângela. Ela a ensinou a se importar com alguém além de si mesma. Entende isso?"

"Acho que nunca pensei porque ela sempre precisou de ajuda. É parte de nossa família," Sheila respondeu. "Acha que talvez seja por isso que eu sempre quis ser enfermeira ou fisioterapeuta? Para cuidar de crianças portadoras de necessidades especiais?"

"Tenho quase certeza," a mãe respondeu dando mais um abraço. "Deus tem um plano para cada pessoa que nasce. Acredito que Ele usou o Leo hoje para ajudar outras crianças a aceitarem e serem sensíveis às pessoas com limitações."

"Acho que está certa," Sheila disse. "Trouxe um poema lindo que o Leo escreveu, mas vou ler hoje à noite, como parte de nossa devocional, pode ser?"

"Claro! Mal posso esperar para ouvir," a mãe disse.

VOCÊ TEM UM AMIGO OU CONHECE ALGUÉM...

...que seja portador de necessidades especiais? Conhecer essa pessoa o ajudou a aprender lições sobre cuidados com o outro? Jesus se importava com pessoas doentes e deficientes quando estava na terra. Pense nisto e aprenda com Ele. Agradeça a Deus pelas habilidades que lhe deu, e peça-lhe um coração sensível. Lembre-se — quando fizer coisas para os outros, também estará servindo a Jesus.

SE IMPORTE COM OUTROS

VERSÍCULO-CHAVE

...vocês fizeram isso ao mais humilde [...] foi a mim que fizeram.
—MATEUS 25:40

30 de dezembro

LEITURA:
2 CORÍNTIOS 4:16-18; 5:1

A LIMITAÇÃO DE LEO 2

"Tivemos uma visita especial em nossa escola hoje," Sheila falou quando sentou com a família para jantar. Contou ao pai sobre Leo e sua limitação. Explicou que o menino não podia falar, mas que usava o computador para digitar seus sentimentos e o que queria dizer.

Depois que a sobremesa foi servida, Sheila pegou o papel que trouxe da escola. "Mamãe disse que eu podia ler este poema em nossa devocional de hoje. Foi Leo quem escreveu. Você deixa, pai?", pediu.

"Claro, querida," ele respondeu. "Vamos ouvir!"

Sheila levantou o papel. "Se chama 'Grandes mudanças, um dia'," falou e virou-se para a irmã. "Você vai gostar, Ângela," disse e começou a leitura. O primeiro verso falava como Leo ficaria feliz um dia, porque iria para o céu e Deus estaria lá também. Falava da esperança que Leo tinha no futuro por causa de sua forte fé em Deus.

Foi na estrofe final do poema que realmente Sheila começou a engasgar:

Poucos irão perguntar aos santos naquele dia,
"Quais foram suas provas e causas de desânimo?"
A música será alegre e feliz então,
Para contemplar nosso Senhor, Sua imagem vestir.
Ele nos vestirá em glória para sempre
Para ser como Ele, com Ele, e perfeitos um dia.

Todos estavam em silêncio quando Sheila colocou o papel sobre a mesa. Em lágrimas, olhou para os pais e para a irmã. "Será assim um dia para você também, Ângela," disse. "Não é, pai? Ela será perfeita no céu, não será?"

Ângela deu um grande sorriso, e os pais secaram os olhos. "Sim, querida," ele respondeu. "Um dia no céu, tanto Ângela como Leo serão perfeitos." Ele sorriu para as filhas. "Obrigado, Sheila, por trazer esse poema para casa," continuou. "É um grande lembrete do versículo da carta aos Romanos 8:18, que fala sobre o sofrimento e como as coisas serão diferentes no céu. Vamos ler esse versículo agora e agradecer ao Senhor por Suas promessas."

VOCÊ JÁ SE PERGUNTOU AS RAZÕES DE DEUS PARA...

...permitir deficiências em crianças ou adultos? Você pode não compreender os Seus propósitos, mas lembre-se de que Deus é amoroso e cuidadoso, e conhece cada necessidade. Pare um minuto agora e ore pelos portadores de necessidades especiais de sua comunidade. Peça a Deus para lhes dar o que precisam hoje; seja ajuda física ou espiritual. Se eles confiarem nele, Ele providenciará.

TUDO SERÁ PERFEITO NO CÉU

VERSÍCULO-CHAVE

...o que sofremos [...] não pode ser comparado [...] com a glória...
—ROMANOS 8:18

31 de dezembro
LEITURA:
SALMO 27:1,13,14

FALAR SOBRE JESUS

Talita afundou em seu pufe preferido. Começou a roer as unhas e a mãe percebeu. "Preocupada?", perguntou.

A menina olhou para as mãos e suspirou. "Tem uma garota nova na escola, a Natália. Os pais se divorciaram e ela mudou para cá com o pai. Tenho certeza de que ela não gosta."

A mãe sentou-se. "Que pena, mas o que está preocupando você?"

"Bem," Talita começou, "acho que deveria dizer a ela que Deus a ama, e convidá-la para a Escola Dominical. Mas tenho medo de que me ache esquisita e que zombe de mim na frente dos outros."

"É difícil falar com alguém sobre Deus pela primeira vez," a mãe respondeu. "De fato, ainda me sinto assim sempre que o Senhor me manda falar com um colega de trabalho ou amigo."

"Sente?", a menina ficou chocada. "Você fala sobre Deus com as pessoas tantas vezes!"

"E a cada vez, preciso pedir coragem ao Senhor," disse a mãe. De repente, ela riu. "Isso me faz lembrar de uma história que minha avó me contou. Quando ela era criança, a primeira escada rolante do shopping perto de sua casa estava sendo instalada. Ela estava muito animada, e no dia da inauguração, vovó ficou ansiosa para subir. Mas a sua mãe também estava com medo e também não deixou a vovó usar a escada. Elas ficaram olhando por um tempo, e depois de ver outras pessoas chegando lá em cima, a mãe dela finalmente disse que podiam experimentar." A mãe sorriu. "Vê? Eu e você não somos as únicas a ter medo de fazer algo pela primeira vez. Na verdade, a maior parte das pessoas fica nervosa com coisas novas."

"Até você," Talita disse e abraçou a mãe. "Obrigada. Vou falar com a Natália amanhã."

"Bom," a mãe respondeu. "Deus lhe dará a coragem que precisa. Tenho a sensação de que a Natália está triste e assustada. Provavelmente o Senhor quer usar você para ajudá-la."

A mãe se levantou e esticou a mão para Talita se levantar também. "E, se me perguntar," disse, "isso é muito mais especial do que ter coragem de usar a escada rolante pela primeira vez!"

VOCÊ TEM MEDO DE FALAR SOBRE JESUS COM AMIGOS?

Ou de convidá-los para ir à igreja? É normal ter medo na primeira vez que se faz algo novo — e isso inclui testemunhar por Jesus. Mas não permita que o medo o impeça de fazer o que Deus deseja que faça. Peça coragem a Ele; e em seguida, faça! Com a Sua ajuda, você descobrirá que é muito mais fácil do que pensava!

DEUS DÁ CORAGEM E AJUDA PARA TESTEMUNHAR

VERSÍCULO-CHAVE

Não fiquem com medo, pois estou com vocês...
—ISAÍAS 41:10

A MARCA DO CRISTÃO

Antes de retornar ao céu, Jesus deu uma importante ordem. Ela não é uma sugestão — é uma ordem, e é encontrada pelo menos 13 vezes na Bíblia.

Encontre essa ordem descobrindo a letra que falta nas linhas do alfabeto abaixo. Escreva a letra que falta no espaço de cada linha.

BCDEFGHIJKLMNOPQRSTUVWXYZ _____
ABCDEFGHIJKLNOPQRSTUVWXYZ _____
ABCDFGHIJKLMNOPQRSTUVWXYZ _____
ABCDEFGHIJKLNOPQRSTUVWXYZ _____

ABCDEFGHIJKLMNOPQRSTVWXYZ _____
ABCDEFGHIJKLMOPQRSTUVWXYZ _____
ABCDEFGHIJKLMNOPQRTUVWXYZ _____

BCDEFGHIJKLMNOPQRSTUVWXYZ _____
ABCDEFGHIJKLMNPQRSTUVWXYZ _____
ABCDEFGHIJKLMNOPQRTUVWXYZ _____

ABCDEFGHIJKLMNPQRSTUVWXYZ _____
ABCDEFGHIJKLMNOPQRSTVWXYZ _____
ABCDEFGHIJKLMNOPQRSUVWXYZ _____
ABCDEFGHIJKLMNOPQSTUVWXYZ _____
ABCDEFGHIJKLMNPQRSTUVWXYZ _____
ABCDEFGHIJKLMNOPQRTUVWXYZ _____

* Verifique o resultado de seu trabalho em João 15:12.

Você pode ver a palavra no desenho ao lado? O que é?_____
Se você é um cristão, faça disto sua marca!

RESPOSTAS

pág. 36
PALAVRA CRUZADA

pág. 66
SOMAR PARA COMPLETAR

Não fiquem com medo, pois estou com vocês, não se apavorem, pois eu sou o seu Deus. Eu lhes dou forças e os ajudo, eu os protejo com a minha forte mão. Isaías 41:10

pág. 98
ENIGMA

BUSCAI
PRIMEIRO
REINO
JUSTIÇA

pág. 256
QUEM É O PAI?

Hofni e Finéias — Eli
Caim e Abel — Adão
João Batista — Zacarias
Arão e Moisés — Anrão
José — Jacó
Jacó e Esaú — Isaque
Tiago e João — Zebedeu
Salomão — Davi
Isaque — Abraão
Josué — Num
Davi — Jessé
Roboão — Salomão
Nadabe e Abiú — Arão

Z	O	A	B	R	A	A	O	A
E	A	M	A	N	R	A	O	R
B	O	C	A	J	A	M	I	A
E	L	A	A	M	P	V	L	O
D	N	C	N	R	A	B	A	A
E	O	U	A	D	I	D	K	E
U	M	C	A	A	A	A	A	L
I	S	A	E	U	Q	A	S	I
S	A	L	O	M	A	O	A	N
O	T	A	E	S	S	E	J	S

pág. 160
QUEM É A MÃE?

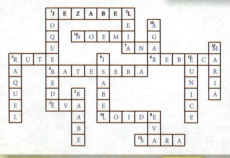

pág. 287
QUEBRA-CABEÇA

COM A FORÇA QUE
CRISTO ME DÁ
POSSO ENFRENTAR
QUALQUER SITUAÇÃO

pág. 320
AJUDA DISPONÍVEL

MEU SOCORRO VEM DO SENHOR
DEUS QUE FEZ O CÉU E A TERRA. SALMO 121:6

pág. 382
A MARCA DO CRISTÃO

AMEM UNS AOS OUTROS

Palavra no desenho: amor